AYAHUASCA
LA LIANA DE LOS ESPÍRITUS

EDITORIAL CÁNTICO
COLECCIÓN · LA FLORESTA
COLECCIÓN DIRIGIDA POR RAÚL ALONSO

cantico.es · @canticoed

Suscríbete a nuestro blog en
Medium @canticoed

Editorial Cántico
Parque Logístico de Córdoba
Carretera de Palma del Río, km. 4
14005 Córdoba
Diseño de cubierta: Raúl Alonso

ISBN: 978-84-10288-15-7
Depósito legal: CO 687-2025

Impresión y encuadernación:
Black Print

WALTER MENOZZI

AYAHUASCA
LA LIANA DE LOS ESPÍRITUS

EL SACRAMENTO MÁGICO-RELIGIOSO

DEL CHAMANISMO AMAZÓNICO

EDITORIAL CÁNTICO

COLECCIÓN LA FLORESTA

SOBRE EL AUTOR

WALTER MENOZZI es licenciado en Economía y Finanzas por la Universidad Bocconi de Milán. En 1998, durante un intercambio universitario en Brasil, entra en contacto con la ayahuasca a través de la religión ayahuasquera del Santo Daime. Desde entonces inicia un estudio profundo sobre el tema que lo lleva a pasar regularmente varios meses en la selva amazónica. Desde 2008 es representante legal de ICEFLU en Italia (la Iglesia del Santo Daime). En 2013 es uno de los fundadores de Stella Azzurra ETS, de la cual es presidente, dedicada a la investigación y promoción cultural, ética y espiritual, comprometida con la realización de proyectos socioambientales, especialmente en Italia y en la selva amazónica (www.stellazzurra.org).

PREFACIO A LA SEGUNDA EDICIÓN

Ayahuasca, la liana de los espíritus llega a su segunda edición revisada en 2024, después de 19 años desde la primera redacción (2005), publicada por primera vez en 2007. En estos años, el conocimiento y la difusión de la ayahuasca han progresado notablemente. Se han multiplicado los estudios científicos, pero también los casos jurídicos a nivel mundial, y el consumo de esta bebida sacramental ha crecido constantemente, aunque, a pesar de haberse convertido para algunos casi en una moda, ha permanecido limitado a un nicho de interesados que han abordado la experiencia con la planta maestra principalmente movidos por una búsqueda espiritual y terapéutica.

Esta segunda edición revisada presenta una actualización y una ampliación en particular del capítulo 9 "Ayahuasca y ciencia", y del capítulo 11 "Historiografía del reconocimiento jurídico del uso ritual de la ayahuasca". Solo en la década 2012-2022 se han publicado cerca de 350 artículos científicos sometidos a revisión por pares sobre la ayahuasca. Las temáticas relevantes responden a las cuestiones referentes a la presencia o no de riesgos para la salud en el consumo de ayahuasca, en particular dentro de un contexto ritual controlado, y si hay bases para demostrar las potencialidades del uso terapéutico.

La dirección prácticamente unitaria de la investigación científica acreditada internacional es que, hechas las habituales consideraciones y prudentes notas sobre los posibles excepcionales efectos adversos de una sustancia, la ayahuasca se presenta como de buena tolerabilidad y beneficiosa para el cuerpo humano. Emerge, en verdad, una buena seguridad del uso de la ayahuasca, específicamente en contexto ritual controlado, con beneficios para la salud de los usuarios a medio-largo plazo, y se confirman las potencialidades de las propiedades terapéuticas de la ayahuasca (véase capítulo 9).

El informe estadístico sobre el consumo global de ayahuasca, publicado en 2023 por el International Center for Ethnobotanical Education, Research and Service (ICEERS), proporciona una estimación de la prevalencia del consumo de ayahuasca en las Américas, en Europa, Australia y Nueva Zelanda. El análisis se concentra en dos datos: el número de personas que han tomado ayahuasca al menos una vez en la vida hasta 2019, y el número de tomas de ayahuasca en 2019. Las estadísticas muestran que más de 4,2 millones de personas en el mundo han tomado ayahuasca al menos una vez en la vida (3,2 millones en las Américas, 940.000 en Europa, 120.000 en Oceanía), y que, solo en 2019, resultan 5,8 millones de tomas registradas a nivel mundial, de las cuales 5,2 millones en las Américas, 500.000 en Europa y 70.000 en Oceanía (ICEERS, 2023). Solo en Italia, se estima que la Iglesia Italiana del Santo Daime (ICEFLU Italia) ha registrado más de 50.000 tomas hasta 2022, año en que la ayahuasca fue formalmente incluida en las tablas de las sustancias psicotrópicas en Italia mediante decreto ministerial del Ministerio de la salud.

En este contexto de difusión "informal" es comprensible que las autoridades de justicia y los gobiernos nacionales se hayan encontrado teniendo que tratar con una sustancia psicoactiva, aunque de consumo antiquísimo, utilizada en nuevos contextos también no tradicionales. La ansiedad cultural frente al concepto de la "nueva droga de los chamanes" que llega al occidente bienpensante, alimentada por un sistema mediático de masas sensacionalista, ha llevado a acciones más o menos represivas en diferentes países a nivel global.

En verdad, consideramos que la prudencia de las instituciones públicas frente a un instrumento de modificación de la conciencia tan potente como la ayahuasca es comprensible y compartible, no tanto por motivos de salud pública, dado que, aunque algunos gobiernos hayan intentado dar valor a los riesgos para la salud, no solo la ayahuasca no genera dependencia, sino que la comunidad científica es prácticamente unánime sobre la buena tolerabilidad y seguridad en su consumo tanto en los efectos agudos como a largo plazo; más bien tal prudencia es comprensible por motivos de orden público, de contexto protegido de utilización, de código ético de quien facilita la experiencia.

La cuestión es prevenir casos de abuso pero proteger el uso controlado en contexto protegido, y nos estamos refiriendo ante todo al uso religioso que ya desde hace casi cien años ha mostrado una seguridad para la salud y el orden público reconocida a nivel internacional tanto desde el punto de vista científico como institucional. También el uso terapéutico es considerado una utilización controlada segura que proteger y promover, que asume sin embargo una articulación más compleja entrando en el campo de los tratamientos y de la medicina "oficiales", mientras que el uso religioso controlado asume un perfil formalmente más modesto facilitando el bienestar general de la persona, en particular por los beneficios espirituales que los participantes en las ceremonias religiosas con ayahuasca afirman recibir con profundidad y continuidad. Además, es necesario tener en consideración el tema fundamental del derecho universal a la libertad de religión, que puede ser limitado solo y exclusivamente por comprobados motivos de riesgos para la salud y el orden público, riesgos precisamente que, al estado actual de la investigación científica, resultan no ser apreciables en el uso ritual en contexto religioso controlado.

En el capítulo 11 presentaremos una recopilación de los principales casos jurídicos a nivel internacional. En todos los países en los que se ha afrontado el tema desde el punto de vista jurídico, el resultado es que la ayahuasca permanece como una sustancia psicotrópica bajo control. Incluso en Brasil, la patria de las religiones ayahuasqueras como Santo Daime, Barquinha y União do Vegetal, la ayahuasca es considerada de todos modos bajo control y solo está permitido el uso ritual en contexto controlado. Además de Brasil y Perú, también en Estados Unidos y Canadá, aunque la ayahuasca permanezca como una sustancia bajo control, ha sido reconocido jurídicamente y protegido por las instituciones el uso religioso controlado en los contextos de toma de las Iglesias del Santo Daime y de la União do Vegetal (UDV), en cuanto no presenta riesgos para la salud y el orden público. En España hay precedentes jurídicos de tolerancia y despenalización del uso religioso considerado como un "uso personal de grupo" en contexto privado y no abierto al público. En otros países europeos como Francia, Bélgica, Holanda e Italia, la ayahuasca ha sido formalmente declarada bajo control por los tribunales o por los gobiernos, y, en 2024, mientras escribimos este texto, aún debe ser reconocida la salvaguardia del derecho a la libertad de religión.

Las llamadas religiones ayahuasqueras, en particular las Iglesias del Santo Daime y la União do Vegetal, ambas de base cristiana, partiendo de la selva amazónica brasileña han continuado expandiéndose en todos los continentes, llevando la luz de la Verdad de Jesucristo integrada en un mensaje de unión de todas las religiones y de todas las líneas espirituales, en la conciencia de que la espiritualidad en el universo es una sola, que puede ser expresada en el pequeño planeta Tierra con tantos nombres, pero siempre y solo una permanece.

La ayahuasca entonces constituye también un elixir para enraizarse en la naturaleza, en el planeta Tierra, y al mismo tiempo para subir en espiral hacia lo alto, hacia el Cielo, hacia lo Divino, despojándose y purificándose de todo lo que es superfluo para llegar a lo esencial, que abre las puertas de la vida eterna del Espíritu. Este proceso de despojamiento coincide con la natural maduración espiritual. La madurez espiritual reconoce la necesidad de los valores universales de armonía, amor, verdad y justicia, porque reconoce que somos Uno, y solo de esto deriva naturalmente la paz.

En la visión espiritual y también histórica de las fases epocales del planeta Tierra, en que la humanidad ha llegado hace pocos instantes, lo que debe suceder sucede según un diseño superior: de esfera ardiente hija del Sol, enfriándose se convirtió en tierra, recibiendo el don y la bendición del agua ha generado la vida orgánica y se ha cubierto y adornado de vegetación exuberante, hasta que un día, en el verde de la vegetación primitiva, ha florecido la primera flor, antes no había flores sino solo plantas, y luego el Espíritu de la naturaleza se ha manifestado a través de las flores para expandir su propia fragancia en la continuación de la vida, un momento muy especial en la Tierra en el progreso de la vida de la naturaleza, del planeta, del Espíritu.

La vida ha continuado manifestando el Espíritu del universo a través del desarrollo de la tecnología animal, poblando el planeta con todo tipo de criatura animada, hasta que, hace pocos instantes, la vida orgánica animal ha comenzado a desarrollar la conciencia de sí misma y del universo en que se encuentra, posiblemente también gracias a la alimentación de hongos psicoactivos, y la humanidad ha surgido erigiéndose dentro del reino animal. Estamos convencidos de que el papel de la humanidad, nacida hace poco, debe aún manifestarse en su plenitud, y que el progreso espiritual es una fuerza imparable y natural que proviene del Espíritu del universo, arrastrando consigo a todos aquellos que se sintonizan en las mismas frecuencias Divinas de amor y paz y expulsando naturalmente a aquellos que se resisten a la continua transformación en el perfeccionamiento de la vida.

Hacia el final del invierno, las ramas están aún todas desnudas y el aire frío sopla sobre la naturaleza durmiente que parece muerta, pero, en el momento justo, el sol comienza a entibiar el aire, los brotes florecen en las ramas y la primavera llega con todo su esplendor llenando la vida de flores, perfumes y belleza. Nadie puede detener el natural desenvolvimiento de los acontecimientos, que parte desde los orígenes de la creación y se manifiesta según los diseños del Gran Arquitecto Divino.

Aprovechamos la ocasión de este prefacio para agradecer en primer lugar a Dios Omnipotente Creador de este universo, Gran Espíritu santificado en el poder de la vida, por la oportunidad de esta encarnación en el planeta Tierra para la purificación e iluminación de nuestro espíritu gracias al poder y a las enseñanzas de Nuestro Señor Jesucristo, Nuestro Maestro e Emperador. Agradecemos a todas nuestras guías espirituales, en espíritu y en materia, de cada religión y de cada línea espiritual, por el continuo acompañamiento y la constante protección. Agradecemos al espíritu de todas las plantas maestras, en particular de la ayahuasca y de las plantas que la componen, porque representan un santo vehículo vegetal de manifestación de los Seres Divinos para el cuidado y la curación de todas las enfermedades de la humanidad.

Un agradecimiento especial para mis padres, Carlo y Rosa, por haberme acogido en materia y por haber respetado mis elecciones, apoyándome y no dudando incluso en los momentos de prueba. El momento es propicio para agradecer con profunda gratitud también a mi esposa Mara, un ángel en materia, por haberme acompañado, cuidado y aconsejado en esta misión en la Tierra. La belleza del espíritu resplandece en la materia, como dice el himno: "se a matéria é mais perfeita, o espírito sempre é bom".

Axé para todos los seres vivientes, que sean felices y que la paz reine en todas partes.

Buena lectura.

Stella Azzurra, 18 de octubre de 2024
San Lucas Evangelista, patrono de la medicina

INTRODUCCIÓN

Desde la década de 1950 en adelante, el conocimiento científico de la botánica y la química de las plantas psicoactivas se ha desarrollado enormemente. Esto ha sido posible gracias al esfuerzo conjunto de etnobotánicos, que han trabajado en la recolección e identificación de las especies botánicas utilizadas por los indígenas, y de fitoquímicos, que han aislado y caracterizado los ingredientes biodinámicos responsables de estas propiedades. Se estima que el número de especies de plantas superiores está entre 400.000 y 800.000; entre estas, los vegetales psicoactivos conocidos comprenden hoy aproximadamente 1.200 especies (entre las cuales al menos 180 son hongos); de estas especies, varios centenares son utilizados tradicionalmente como enteógenos por sus propiedades psicoactivas. El término "enteógeno" es un neologismo al que se atribuye el significado "que genera [la experiencia de] lo divino interior", derivando de la raíz griega *en-theos*, divino interior, y el sufijo *-gen*. Desde finales de los años 70 se utiliza en publicaciones especializadas para referirse a aquellas sustancias de uso milenario, de procedencia vegetal, que el ser humano ha consumido desde los orígenes de la prehistoria con finalidades explícitamente mágico-religiosas, para experimentar lo que puede corresponder a la idea primordial de divinidad y de realidad espiritual. Estas sustancias vegetales también se definen dentro de la categoría de los "psicodélicos" o "alucinógenos", términos que se consideran lingüísticamente imprecisos tanto por su significado literal como por el contenido negativo con el que se ha cargado el término "alucinógeno", engañoso y muy distante de la profunda sacralidad con la que los seres humanos han consumido estas sustancias psicoactivas dentro de tradiciones ancestrales de origen milenario.

En ninguna otra parte del planeta se han desarrollado de manera tan extensa el conocimiento y el uso de plantas endémicas con propiedades psicoactivas como en la cuenca amazónica superior de Sudamérica. Entre las varias plantas psicoactivas utilizadas por las poblaciones indígenas en la Alta Amazonia, ninguna ha recibido un estudio tan completo desde los puntos de vista botánico, químico y etnográfico como la liana y la bebida derivada, conocidas como ayahuasca o yagé.

La palabra ayahuasca deriva de la lengua quechua. Además de identificar a una de las mayores etnias difundidas en la Amazonia occidental, el término quechua se refiere también a la lengua oficial de la civilización inca, desarrollada precisamente a partir de una tribu originaria de tal etnia. En quechua "Aya" significa "espíritu, alma, persona muerta" y "huasca" ("waska") quiere decir "cuerda, liana, vid", de donde ayahuasca es la cuerda (liana) de los espíritus (de las almas, de los muertos).

La ayahuasca es una infusión psicoactiva de tradición milenaria considerada sagrada por millones de personas indígenas en toda la cuenca de la Selva Amazónica. Actualmente cerca de 72 etnias indígenas (Luna, 1986) de la Alta y de la Baja Amazonia, y de las altas cuencas andinas continúan consumiendo esta bebida dentro de un contexto ritual religioso. El uso de la ayahuasca resulta ser el componente cultural principal de los sistemas de vida y creencias de estos numerosos pueblos. En particular, la "cultura del yagé" (otro de los tantos nombres indígenas de la ayahuasca), con la que los antropólogos definen el núcleo de grupos indígenas pertenecientes a un área más restringida, interna al llamado piedemonte amazónico, que se extiende desde el norte del Perú hasta el sur de Colombia, es considerada por muchos como la última de las tradiciones chamánicas que se conserva con mayor grado de pureza en el planeta (Zuluaga, 2002).

El interés mágico-religioso y biomédico por las propiedades y los poderes de la ayahuasca han suscitado en el siglo XX el nacimiento de nuevas tradiciones culturales ligadas a la utilización de esta bebida, que se han distinguido del uso tradicional indígena adquiriendo una identidad específica propia, pero que al mismo tiempo presentan muchos rasgos característicos estructurales en común con el empleo indígena, aunque con contenidos nuevos y eclécticos en función de las diversas influencias científico-culturales que confluyen en estas nuevas tradiciones. En particular, se pueden distinguir las siguientes formas de utilización de la ayahuasca que serán presentadas y descritas, con un enfoque multidisciplinario, en los capítulos de este texto.

Uso indígena: el primer y antiguo uso de la ayahuasca es el de la tradición indígena, dentro de los rituales sagrados de los pueblos amazónicos y andinos, que continúa estando difundido en los territorios relativos a los actuales Venezuela, Colombia, Ecuador, Perú, Brasil y Bolivia. El consumo de ayahuasca dentro del contexto ritual chamánico es el instrumento principal de comunicación con el mundo espiritual, con finalidades relativas a la toma de decisiones, curación, resolución de conflictos intrafamiliares e intratribales, etc.; y resulta ser un agente muy eficiente en el fomento de la unión y la paz tribal. No se puede explicar la cultura ni la vida de estos pueblos, o entender la evolución de su mundo religioso, festivo, tradicional, sin comprender el papel de la ayahuasca en sus vidas. La ayahuasca resulta también ser el factor y protagonista principal de la cosmología indígena en lo que respecta a la tradición mitológica y las convicciones religiosas tales como el destino *post-mortem*, la inmortalidad, la comunicación con las fuerzas espirituales de la naturaleza.

Uso mestizo: la urbanización y la mezcla étnica y cultural derivada de la integración histórica de los indígenas con europeos y africanos, han suscitado la natural definición de una utilización de la ayahuasca por parte de mestizos, y blancos en general, dentro del denominado curanderismo, o medicina popular, que se observa sobre todo, pero no solo, en ciudades como Iquitos y Pucallpa en Perú o Mocoa en Colombia. Los curanderos, algunos de los cuales son cualificados como chamanes, dan una importante contribución de curación psicosomática a la salud de los habitantes del área (Luna, 1984). Entre ellos existen los llamados vegetalistas o especialistas en plantas, los cuales usan una serie de plantas que definen como doctoras o "plantas maestras". Los vegetalistas están convencidos de que si respetan ciertas condiciones de aislamiento y siguen una dieta prescrita, estas plantas son capaces de "enseñarles" a diagnosticar y curar enfermedades, a realizar otras actividades chamánicas usualmente a través de melodías mágicas también llamadas *ikaros*, y a usar otras plantas medicinales de las que las mismas "plantas maestras" revelan las propiedades terapéuticas.

Las prácticas de los vegetalistas, que generalmente, aunque no siempre, han seguido un recorrido formativo e iniciático con chamanes indígenas u otros vegetalistas, incorporan técnicas y conceptos derivados de otras influencias además de las de la tradición indígena: espiritismo, magia blanca, magia negra, esoterismo, y también cristianismo.

Uso en los modernos movimientos religiosos: a partir de la década de los años 1930 se encuentra también un consumo occidentalizado de la ayahuasca por parte de nuevos movimientos religiosos nacidos en Brasil: las religiones ayahuasqueras, como han sido definidas las Iglesias del Santo Daime, de la Barquinha y de la União do Vegetal. En estas realidades se da un uso sacramental de la ayahuasca (que toma el nombre respectivamente de Santo Daime, Daime y Vegetal) dentro de rituales místico-religiosos estructurados, que unen a las prácticas derivadas de la tradición indígena (uso de la ayahuasca, centralidad de cantos y músicas), contenidos y enseñanzas filosófico-religiosas que provienen del cristianismo, del kardecismo (filosofía espiritualista), de la tradición africana (afrobrasileña) y del esoterismo europeo. Actualmente el uso de la ayahuasca dentro de estos nuevos contextos religiosos, en particular Santo Daime y União do Vegetal, se ha difundido a nivel urbano en todo Brasil y, desde los años 70 y 80 en adelante, también en el extranjero, en particular en Europa, Estados Unidos, Canadá, Japón y Australia.

Mientras que para las tradiciones indígena y mestiza se presentará una panorámica derivada del estudio de la literatura clásica sobre el tema, los contenidos relativos a los modernos movimientos eclécticos se basan predominantemente en las observaciones derivadas de la experiencia en el campo del autor de estas páginas. Experiencia que en el curso de los años, desde 1998 hasta hoy, ha podido acumular experimentando directamente la actividad espiritual del movimiento del Santo Daime, visitando durante meses en diversas ocasiones algunas de sus comunidades religiosas internas a la Selva Amazónica, y algunos centros urbanos del Santo Daime y de la Barquinha, en Brasil y en Europa.

Uso médico-terapéutico: a partir del descubrimiento de los efectos de la ayahuasca por parte de científicos, en la década de los años 1950, se ha incrementado el interés por estudiar esta mezcla, por desentrañar su manera de actuar sobre el cuerpo y la mente humanos, y por encontrar aplicaciones en psicoterapia y en otros campos de la medicina. Desde la década de los años 1980 se está usando la ayahuasca en tratamientos pioneros de toxicodependencias. Numerosos y autorizados estudios ya han sido realizados para analizar su farmacología, los efectos físicos y psíquicos y las posibles aplicaciones terapéuticas. En base a estos estudios, que serán profundizados en el cap. 9, se puede afirmar que, aunque no hay resultados estadísticos definitivos, el uso de la ayahuasca en contexto controlado, tanto religioso como terapéutico, no presenta riesgos apreciables para la salud, incluso a largo plazo, y que su utilización terapéutica tiene efectos beneficiosos.

La ayahuasca está compuesta por un mínimo de dos ingredientes vegetales. El término ayahuasca se emplea para denominar tanto a uno de los componentes vegetales, la liana *Banisteriopsis caapi* (nombres populares: ayahuasca, *jagube*, *mariri*, etc.), como al resultado final de la ebullición de este vegetal, junto a una o más otras plantas, que representa la homónima bebida psicoactiva. Para que el resultado de la decocción sea apreciablemente psicoactivo es imprescindible que, a la liana ayahuasca, se añada otra planta que sea la fuente del principio activo psicoactivo: normalmente las hojas del arbusto *Psychotria viridis* (chacruna, *rainha*, etc.) que contienen sustancias tipo-dimetiltriptamina (dmt), un alcaloide psicoactivo presente en numerosos vegetales y animales, incluido el hombre (en el tejido cefalorraquídeo - cfr. Strassman, 1991). La dmt endógena es una sustancia secretada en nuestro propio cuerpo por la glándula pineal, responsable también de la actividad de los sueños nocturnos (Fericgla, 2000; Barbanoj y Riba, 2000).

Dado que la ayahuasca requiere, para ser elaborada, de los dos componentes mínimos citados, se calcula que podría haber miles de posibilidades de combinar dos plantas que aporten los alcaloides necesarios para realizar una infusión con el mismo efecto psicoactivo (Fericgla, 2000). Además de esto, hay que añadir que cada uno de los grupos étnicos indígenas que la consumen, e incluso cada familia, tiene su receta particular para elaborar la ayahuasca, añadiendo plantas que varían sus efectos. Langdon (1986) describe 18 tipos diferentes de ayahuasca consumidos por el pueblo siona, con efectos psicoactivos diferentes en función del tipo de *B. caapi* usada, de la composición de los aditivos, y del tipo de preparación. McKenna, Luna y Towers (1986) presentan información fitoquímica y etnobotánica para cerca de 50 géneros de plantas medicinales que son utilizadas como aditivos de la ayahuasca en la etnomedicina mestiza contemporánea. Actualmente se conocen más de 90 especies vegetales diferentes repartidas en 38 familias (un cuarto de las cuales son plantas de por sí psicoactivas) utilizadas como aditivos a la *Banisteriopsis caapi* en la preparación de la ayahuasca (Fericgla, 1997, p. 28). En los movimientos religiosos modernos (Santo Daime, Barquinha y UDV) se utiliza exclusivamente la ayahuasca en su receta "clásica" derivada de la decocción de las solas *Banisteriopsis caapi* y *Psychotria viridis*. Esta praxis ya históricamente afirmada ha sido suscrita oficialmente en una declaración conjunta por parte de las religiones ayahuasqueras con el apoyo de los órganos de control del Gobierno brasileño.

El uso de plantas psicoactivas con fines religiosos es una constante en la historia de la humanidad presente en numerosas culturas indígenas y civilizadas localizadas en los diferentes continentes. Hasta la fecha se han conservado algunas tradiciones nativas en las que el consumo de plantas psicoactivas forma parte de un sistema chamánico que integra religión, medicina y resolución de los problemas sociales; el uso indígena y mestizo de la ayahuasca representa uno de los ejemplos más preservados de estas tradiciones. Numerosos estudios antropológicos han evidenciado cuán difundido estaba el uso de sustancias psicoactivas, incluso en civilizaciones evolucionadas, en todos los continentes. Se considera obvio el hecho de que casi toda sociedad dispone de uno o más enteógenos reconocidos por su propia tradición, cuyo consumo constituye una parte importante de sus formas culturales. Diversas sustancias psicoactivas actualmente utilizadas en la sociedad occidental, como por ejemplo el tabaco, la coca y el café, han sido integradas en los hábitos de consumo occidentales tras la absorción de tradiciones principalmente basadas en el uso religioso de la sustancia.

El tabaco era y es considerado una potente planta sagrada por los indígenas de las dos Américas, aunque en la cultura occidental el fumar cigarrillos es obviamente recreacional, llegando a ser uno de los mayores problemas de salud pública. La planta de la coca, en el cultivo y en el uso de las tribus indígenas andinas, era tratada como una divinidad, Mama Coca (quechua), valorada por sus propiedades saludables vigorizantes, mientras que la cocaína es una droga, como los cigarrillos, puramente recreacional cuyo abuso es extremadamente arriesgado. El café parece que fue descubierto y usado por primera vez por los sufíes islámicos que valoraron sus propiedades estimulantes porque les permitía largas noches de oración y meditación, se convirtió en una bebida de moda y recreacional en la sociedad europea del siglo XVII, y fue también prohibido por un período porque se consideraba demasiado peligroso. Además, diversos estudios etnobotánicos y antropológicos han mostrado el papel de plantas psicoactivas con efectos visionarios en numerosas culturas en todo el mundo, en el pasado y en el presente. Entre los varios, citamos los estudios de Gordon Wasson sobre los cultos mesoamericanos basados en los hongos psicoactivos; por ejemplo, en la civilización azteca los hongos sagrados (*Psilocybe* sp. y *Stropharia cubensis*) eran llamados Teonanácatl ("carne de los dioses"), y aún hoy los indígenas mazatecos de México continúan la tradición del uso ritual de los hongos sagrados (Metzner, 1997); los trabajos de Richard Evan Schultes (1998), Director del Museo Botánico de la Universidad de Harvard, sobre la profusión de sustancias naturales visionarias usadas durante miles de años en las Américas, como es el caso del uso sacramental del cactus Peyote (*Lophophora williamsii*) y del cactus San Pedro (*Trichocereus pachanoi*), aún hoy preservado en las culturas nativas respectivamente del centro-norte y del sur de América (área andina), pero también otras plantas psicoactivas menos famosas, como la Guayusa (*Ilex Guayusa*) y el Yaupon (*Ilex vomitoria*) de las Aquifoliáceas, el Ololiuqui (*Turbina corymbosa*) de las Convolvuláceas, el Red Bean o Mescal Bean (*Sophora secundiflora*) de las Leguminosas, el Yopo y la Vilca (*Anadenanthera peregrina* y *A. columbrina*); además naturalmente de todos los estudios realizados sobre la tradición del uso ritual de la ayahuasca. En África encontramos los cultos relativos a la raíz del arbusto *Tabernanthe iboga*. En Europa y en Asia es conocida la tradición del uso chamánico de los hongos sagrados tanto de las *Psilocybe* sp. como de la *Amanita muscaria*, esta última particularmente relevante en la tradición chamánica siberiana e himaláyica (Fericgla, 1997; Samorini, 1990, 1992 y 2001); de las bebidas alcohólicas en el mundo cristiano; de la *Atropa Belladonna* y de las diversas *Datura* sp. en el mundo europeo pagano (Fericgla, 1997); de la ruta siria (*Peganum harmala*) entre los árabes y los bereberes (ibídem). Según Wasson, Hofmann y Ruck (1978), una bebida psicoactiva derivada del hongo del cornezuelo de centeno era usada en Grecia como sacramento iniciático de los misterios de Eleusis. Finalmente, es común la convicción de que también la legendaria bebida del haoma y, por comparación, del soma, derivasen de plantas psicoactivas, según Wasson de la *Amanita muscaria*, según Flattery y Schwartz (1989) de una combinación de la *Peganum harmala* con un aditivo vegetal con alcaloides psicoactivos, como por ejemplo el *Desmodium gangeticum*. La investigación etnobotánica y antropológica ha descubierto la existencia de más de doscientos psicoactivos de origen vegetal tradicionalmente consumidos en las sociedades de todos los continentes (Fericgla, 1997, p. 22).

En la tradición del uso ritual de la ayahuasca, y en las otras tradiciones nativas que hacen uso de plantas psicoactivas (por ejemplo, el peyote entre los indígenas americanos), las ceremonias rituales unen la finalidad puramente religiosa con las de curación física y de resolución de los problemas personales y sociales. El uso de las plantas sagradas y los estados modificados de conciencia derivados forman parte de un sistema ritual que expresa la concepción de profunda integración de cuerpo, mente y espíritu; estas ceremonias unen al mismo tiempo medicina, psicoterapia y religión. Esta concepción contrasta con lo que ocurre en la sociedad occidental, en la que medicina, psicología y espiritualidad religiosa están netamente separadas por diferencias aparentemente insuperables. Esta separación se inscribe en una más amplia escisión existente en el mundo occidental entre la ciencia y la espiritualidad, cada una de las cuales se atrinchera en terrenos presuntamente exclusivamente propios sin querer que la otra interfiera. El mundo científico, abandonada su propia alma espiritual, se ha encontrado a merced del racionalismo materialista, causa del desarrollo de una concepción de progreso tecnológico basado en la explotación de los "recursos naturales" y no en la preservación de la naturaleza y armonización con la Madre Tierra.

Según Ralph Metzner (1993), los orígenes de esta separación entre la ciencia y la religión, y por tanto entre naturaleza y espiritualidad, se remontan principalmente a la concepción mecanicista adoptada por el mundo científico en los siglos XVI y XVII a raíz del conflicto y la consiguiente ruptura que se produjo entre la Iglesia y la nueva ciencia experimental de científicos como Newton, Galileo, Descartes y otros. Esta ruptura, aunque fue necesaria y positiva para obtener la autonomía de la ciencia del dominio y de las persecuciones de la Iglesia, dio como resultado la separación de la concepción del mundo científica de la espiritual. La primera confinada exclusivamente en la materia y en todo lo que podía ser medido. La segunda dominante sobre todo lo que concernía a los valores, la moral, la subjetividad, la psique y el espíritu, temáticas de las que la ciencia se cuidaba bien de mantenerse alejada. Con este presupuesto, los fenómenos siempre existentes y testimoniados de experiencias interiores y espirituales, de percepciones sutiles, fueron considerados por la ciencia como no gestionables y medibles, y en consecuencia objeto de reduccionismo y desvalorizados en cuanto formas inferiores derivadas de realidades fenoménicas "meramente subjetivas". Esta mentalidad ha alimentado un racionalismo mecanicista que ha llevado a excluir cada vez más del análisis científico la percepción de la realidad espiritual de la naturaleza, con el resultado de que la cultura dominante ha comenzado a ver con sospecha todo lo que pudiera ser etiquetado como espiritual hasta llegar incluso a ridiculizarlo como "entusiasmos" o "misticismos" equivocados. Esta dicotomía fundamental "fenómenos medibles - fenómenos subjetivos" se ha impuesto durante mucho tiempo también en el campo de las ciencias sociales (psicología, sociología, antropología, ciencias políticas) que han adoptado e imitado los métodos empíricos y cuantitativos de las ciencias naturales.

A pesar de esta incredulidad racionalista, el hombre continúa, como ha hecho siempre, viviendo en primera persona esas experiencias interiores que le inspiran la intuición de la realidad espiritual y de su profundo valor. La civilización científica guiada por una concepción de la naturaleza meramente material y desprovista de valores espirituales, ha llevado a la explotación irreverente del mundo natural, orientando la investigación científica predominantemente hacia finalidades ligadas al desarrollo de armamentos militares y al beneficio económico. Frente a los graves resultados negativos sobre el ecosistema derivados de tal concepción, en la conciencia de un número cada vez más elevado de personas se abre camino la conciencia de la importancia fundamental de devolver los valores de la espiritualidad, aunque superiores, al menos al mismo plano que los de la realidad material, en particular en lo que respecta a la revalorización de la esencia espiritual de la naturaleza, que debe volver a ser tenida en cuenta por el mundo científico.

Hoy en día observamos una difundida revalorización de las tradiciones ligadas a orígenes chamánicos, como es el caso de las modernas religiones ayahuasqueras descritas en este volumen, pero también de otros movimientos religiosos que hacen uso ritual de las medicinas nativas, como por ejemplo la Native American Church, que usa ritualmente el cactus Peyote, y el Culto de los Bwiti africanos, basado en el consumo ritual de la potente raíz del Iboga. Lo que está ocurriendo es una fuerte recuperación de los valores de comunión con la naturaleza, una recuperación que encuentra en particular en el redescubrimiento y en la revalorización del antiguo saber chamánico la reunificación tan esperada de lo sagrado con lo natural. La conciencia de la sacralidad de la Naturaleza estimula en el corazón de las personas una actitud reverencial de profundo respeto hacia ella. Esta revalorización del saber chamánico se inscribe dentro de un amplio conjunto de movimientos que manifiestan el general despertar de la conciencia de la integración de la vida orgánica natural con la vida espiritual, y llevan alta la bandera del respeto incondicional hacia la naturaleza. Es una respuesta a nivel mundial a la degradación de los ecosistemas y de la biosfera, una respuesta que incluye movimientos que tienen que ver con ecología, ecopsicología, medicina natural, agricultura biológica, alimentación natural, medicinas alternativas, etc. Estas escisiones culturales entre ciencia y religión, entre progreso tecnológico y preservación de la naturaleza, entre espiritualidad religiosa y mundo natural, presentes en la sociedad occidental están en neto contraste con la esencia espiritual de la naturaleza que está en la base de las culturas indígenas y también de las de nuestros antepasados que vivieron en épocas de sociedades preindustriales. La recuperación de tradiciones derivadas del chamanismo y de la profunda integración armoniosa con la naturaleza, representa una reacción de la conciencia del hombre para sanar la escisión entre ciencia y espiritualidad.

Durante finales de los años 70 y los años 80, las revoluciones sociales han abandonado gradualmente el ánimo y las aspiraciones emotivas de los grupos intelectuales en la sociedad urbana. Ha comenzado lentamente a expandirse un renacido sentido de búsqueda espiritual, manifestándose en una nueva gama de fenómenos religiosos que han comenzado a difundirse en casi todas las ciudades modernas. Centros de espiritualidad oriental, esoterismo, neoespiritualismo, holismo, etc., han comenzado a nacer y continúan multiplicándose en concomitancia y a veces entrelazándose con los movimientos llamados "new age". Entre estos se destaca una corriente social que aspira a la profundización de los misterios, despertando aquel instinto religioso cuyo residuo adormecido podía parecer casi perdido en el mundo moderno a merced de la racionalidad, de la despersonalización y de la contradicción de las aspiraciones más íntimas del ser con el ambiente que lo rodea. En este sistema idealista en el que cada uno debería encajarse en el engranaje planificado virtualmente por la mente humana, se abre camino avanzando desde lo profundo del espíritu una nueva manera de hacer religión, una nueva forma de ponerse frente al mundo, que ha sido definida con el concepto de nueva conciencia religiosa (Andrade, 2002).

Usando las palabras del antropólogo escocés-brasileño Edward MacRae, esta nueva corriente involucra en particular a individuos de las clases medias urbanas con alto grado de instrucción, "abiertos" a valorar también patrimonios culturales diferentes del estándar dado por sentado por el "sistema", dispuestos a poner en discusión a sí mismos y la tradición adquirida, especialmente el "peso represivo" de las tradiciones religiosas (MacRae, 1992). En particular:

Estos sujetos ejemplares del modelo individualista-laicizante llegan a mostrarse cada vez más atraídos por la fe religiosa, por los misterios del éxtasis místico, por el redescubrimiento de la comunión comunitaria, por el desafío del saber esotérico, por la eficacia de las terapias alternativas y de la alimentación «natural». El holismo místico-religioso sustituye para ellos el clamor de las revoluciones sociales y sexuales. (MacRae, 1992, cit. en: Andrade, 2002)

La nueva conciencia religiosa pone como prioridad la situación existencial del hombre frente a la lógica despersonalizada del mundo racionalista. Y en este contexto se inscribe también el fenómeno de la recuperación del chamanismo ayahuasquero, con una propuesta espiritual que tiene en su base la reconciliación auténtica del hombre con la naturaleza y «la correspondiente búsqueda de sentido para la existencia concreta, a partir de una conciencia de sí mismo, en armonía con el cosmos. El contenido de la nueva conciencia religiosa es una vida consciente de su propio sentido» (Andrade, 2002).

El reciente y profundo interés por la ayahuasca tanto en sus aspectos religiosos como en los médico-científicos, la consecuente rápida difusión geográfica de su utilización, ha creado un caso jurídico dada la presencia dentro de la bebida sagrada de un principio activo incluido en la lista de las sustancias psicotrópicas bajo control: la ya mencionada DMT (n,n-dimetiltriptamina), presente en las hojas de la *Psychotria viridis*, una de las dos plantas con las que se prepara la bebida sagrada. Tras precisas indagaciones, que duraron varios años, sobre los efectos fisiológicos y psicológicos de la ayahuasca en el hombre, el órgano de control sobre los estupefacientes del Gobierno brasileño (ex CONFEN, hoy CONAD) concluyó, a finales de los años 80, que la ayahuasca no puede ser considerada un estupefaciente y su uso no es comparable al fenómeno del abuso de drogas, dadas también las consideraciones médicas y sociológicas sobre la ausencia de apreciables riesgos para la salud y el orden público. Esta decisión ha sido posteriormente confirmada, desde el punto de vista científico, por estudios médico-farmacológicos (cfr. cap. 9) y, desde el punto de vista estrictamente jurídico, por una declaración oficial del International Narcotics Control Board (INCB) —el órgano de la ONU formalmente encargado de expresar pareceres en materia de legislación internacional sobre las sustancias psicotrópicas— que ha subrayado que la ayahuasca no está bajo el control internacional y por tanto no sujeta a ninguno de los artículos de la Convención de Viena de 1971 sobre las Sustancias Psicotrópicas.

Aunque la presencia de esta sustancia ha llevado a las autoridades en algunos países a indagar sobre los relativos movimientos religiosos y el uso hecho de la bebida sagrada, las mismas autoridades de justicia y de salud, en Brasil desde 1986, en España en 2001, en Estados Unidos y en Canadá en 2006, en Perú en 2008, han reconocido jurídicamente: que la ayahuasca conteniendo sustancias naturales tipo-dmt no puede ser identificada farmacológicamente y jurídicamente con el mismo principio activo y en particular con la dmt sintética presente en la tabla de las sustancias psicotrópicas bajo control; que la asunción ritual de la ayahuasca en contexto religioso controlado no resulta ser abuso de sustancia y no presenta riesgos apreciables para la salud y el ordenamiento social; que es legítimo el uso religioso controlado del sacramento en el contexto de las ceremonias de las Iglesias del Santo Daime y de la UDV; que es deseable estimular la investigación científica para la utilización terapéutica de la ayahuasca.

No obstante, en otros países la confrontación con las instituciones públicas está aún abierta, y las religiones ayahuasqueras han sufrido persecuciones judiciales, llegando a una inicial prohibición genérica de la ayahuasca, que no tiene aún en cuenta el contexto y las modalidades de asunción. Es el caso de Francia, Bélgica, Holanda y recientemente (2022) también Italia. En Francia se promulgó una ley en 2006 para introducir explícitamente en las tablas de las sustancias bajo control la ayahuasca y las plantas que la componen. En Bélgica la Corte Suprema concluyó un proceso jurídico penal contra exponentes de la Iglesia del Santo Daime declarando ilegítimo también el uso religioso. También en Holanda, después de 18 años en los que el uso religioso en el contexto de la Iglesia del Santo Daime había sido declarado legítimo por parte del Tribunal de Ámsterdam, en 2019 la Corte Suprema revocó las sentencias anteriores declarando que también el uso ritual presenta riesgos para la salud y el orden público, a pesar de que en los 18 años de legalidad no había habido ningún caso de intoxicación o abuso de sustancia. Es posible que esta sentencia estuviera dirigida a contener la moda de un uso no controlado por parte de particulares o "chamanes" improvisados que se estaba difundiendo en Holanda, con algunos problemas de orden público, y que se defendía jurídicamente detrás de los casos jurídicos precedentes en favor del Santo Daime. En Italia, finalmente, como en Francia, el Ministerio de la salud emitió en 2022 un decreto ministerial para la prohibición explícita de la ayahuasca y de las plantas que la componen. La Iglesia del Santo Daime solicitó la anulación del decreto primero al Tribunal Administrativo Regional (TAR) y luego al Consejo de Estado (CDS) pero en ambos casos el recurso fue rechazado. No obstante, el Consejo de Estado dejó una apertura esperanzadora indicando, en la sentencia de rechazo, la posibilidad de solicitar una excepción a la ley sobre los estupefacientes para un uso ritual en contexto religioso controlado (mayores detalles en el cap. 11).

Hay que tener presente, sin embargo, que incluso en todos los países donde, hoy en día, en 2024, es reconocido legítimo el uso religioso (Brasil, Perú, Estados Unidos, Canadá), tal reconocimiento está insertado en un marco jurídico en el que la ayahuasca en general es considerada ilícita y bajo control, y está permitido solo un uso controlado dentro de un contexto específico y normado. Los defensores del uso ritual de la ayahuasca sostienen que, desde el punto de vista jurídico, la ayahuasca no es un estupefaciente según la legislación internacional ratificada por los países miembros de la ONU, y sobre todo que el derecho fundamental del hombre a la libertad de religión no puede ser reprimido si no es por motivos inherentes a la salud y al orden público, riesgos que se ha mostrado que no son relevantes desde el punto de vista médico y social en el uso ritual controlado de la ayahuasca.

Antecedentes personales

Leí por primera vez sobre la "legendaria bebida" de los indígenas amazónicos, llamada yagé, en 1997 en un libro de Terence McKenna. En ese período frecuentaba la Facultad de Economía en Milán, pero el profundo interés por la espiritualidad chamánica y por la etnobotánica asociada me impulsó a realizar estudios personales sobre la materia. El año siguiente tuve la oportunidad de hacer un intercambio universitario de cinco meses en la Universidad Federal de Río de Janeiro (UFRJ), durante este período de intercambio universitario conocí el centro del Santo Daime llamado Céu do Mar dirigido por el psicoterapeuta carioca Paulo Roberto Silva e Souza, localizado dentro de la Floresta de Tijuca, el parque natural interno a la ciudad de Río de Janeiro constituido por montañas cubiertas de mata atlántica sobre las cuales domina la imponente estatua del Cristo Redentor (Corcovado). En aquella ocasión pude participar en dos Trabalhos de Estrela (cfr. cap. 6), rituales espirituales de la línea del Santo Daime. Pasaron cerca de dos años desde el regreso de Brasil antes de que tuviera conocimiento de la existencia de un par de pequeños grupos de daimistas connacionales. Con ocasión de la Semana Santa del 2000 participé de nuevo en los rituales del Daime, esta vez en el centro Casa Regina della Pace en Asís, bajo el ala protectora de San Francisco. Desde hacía tiempo estaba planeando tomar un período sabático para viajar un semestre al extranjero. Decidí entonces que partiría para conocer la selva amazónica y alcanzar los orígenes de la tradición chamánica ligada al uso ritual de la bebida psicoactiva.

En octubre del 2000 partí hacia el Céu do Mapiá, la sede central de la ICEFLU (la mayor organización perteneciente a las Iglesias del Santo Daime) en medio de la selva. Desde Rio Branco (Acre, Brasil) recorrí en coche durante seis/ocho horas una carretera sin asfaltar (que en el período de lluvias estaba cubierta por un palmo de barro) hasta llegar al entonces deteriorado pueblecito de Boca do Acre (Amazonas, BR), donde encontré un canoero que me llevó en canoa, adentrándose durante dos días en el corazón de la selva virgen, remontando el pequeño río Mapiá hasta la homónima comunidad, actualmente bajo la dirección de Alfredo Gregorio de Melo, hijo del fundador, Sebastião Mota. El Céu do Mapiá fue fundado en 1983 y cuenta actualmente con cerca de ochocientos habitantes. Es una comunidad espiritual basada en el uso religioso del Santo Daime que se consume regularmente dentro de los trabajos espirituales. Además de las actividades de agricultura sostenible en la selva y de artesanía, realiza proyectos ecológicos en colaboración con el WWF, con el IBAMA (instituto ambiental del gobierno brasileño) y con ONG como por ejemplo "Ingenieros sin Fronteras" que ha dotado a la comunidad de placas solares para llevar la energía eléctrica a cerca de ciento veinte familias residentes.

Pasé cuatro meses en el Céu do Mapiá, pudiendo así profundizar el estudio del movimiento religioso en sus aspectos doctrinales, litúrgicos y cosmológicos. Posteriormente me adherí a una expedición para visitar con "Padrinho" Alfredo su nueva comunidad, el Céu do Juruá, fundada en una antigua área de extracción del caucho (*seringal*) a tres días de barco desde Cruzeiro do Sul (Acre, BR). La experiencia fue muy intensa, dado que en aquel tiempo la pequeña comunidad contaba con cerca de cien habitantes *caboclos* (mezcla de indígenas con europeos y africanos inmigrados a la selva para la extracción del caucho), de los cuales la mitad niños, que vivían en condiciones extremas, sin electricidad y con limitados cultivos agrícolas. Los días transcurrían trabajando junto a los *caboclos*, intercalados con sesiones de Santo Daime aproximadamente dos veces a la semana. Pude aprender a reconocer algunas plantas utilizadas en la etnomedicina local, además de participar en la recolección de la liana nativa y en la preparación de la bebida sagrada.

Después de casi siete meses pasados en Brasil regresé a Italia, donde continué profundizando con un enfoque multidisciplinario las temáticas relativas al estudio del uso ritual de la ayahuasca y a la doctrina del Santo Daime, revisitando regularmente los lugares de la selva amazónica.

El texto de este volumen toca temas propios de las ciencias sociales y naturales, de derecho e historia de las religiones con un enfoque y un lenguaje no exclusivamente técnico respecto a cada campo del saber. Este escrito está por tanto dirigido a un público no solo especialista sino a cualquier lector interesado en profundizar en el tema y al hombre culto en general. Se considera que, aunque específico, el tema es de extrema actualidad sobre todo en lo que respecta al tema de la confrontación y fusión entre sistemas culturales "otros" el uno respecto al otro. Por tanto se espera pueda estimular el interés del lector precisamente porque representa un ejemplo, de alto valor simbólico, de los procesos de encuentro y síntesis socioculturales que están ocurriendo en este período histórico, con repercusiones que involucran tanto el saber científico como la reflexión jurídico-institucional.

CAPÍTULO I

IDENTIFICACIÓN BOTÁNICA DE LOS COMPONENTES DE LA AYAHUASCA

Desde la época más remota en la que los europeos penetraron en el extremo occidental de la selva amazónica, múltiples viajeros y misioneros informaron sobre las plantas psicoactivas utilizadas por los indígenas. Richard Evans Schultes (1986) detalló los primeros relatos históricos del uso de la ayahuasca: a finales del siglo XVII, un clérigo jesuita, Chantre, mencionó por primera vez una bebida utilizada por los indígenas del Maynas, en la Amazonia peruana, hecha de «*ayahuasca*»; otro jesuita, Magnin, se refirió en 1740 a la «*ayahuasca*» como la medicina empleada por los aborígenes en la misma región del país; en 1737, otro misionero, Maroni, la describió con más detalle: «una bebida [...] ingerida con intenciones adivinatorias y otras más, llamada *ayahuasca*». Más menciones de la «*ayahuasca*» provienen de un viajero alemán que permaneció algunos años en el Perú en la primera mitad del siglo XIX, y también del «*yogé*» (yagé) de un misionero, Albis, que en 1854, en Colombia, describió el uso de esta bebida por los curanderos indígenas makaguaje.

La primera identificación correcta —según la botánica occidental— de la planta utilizada para la preparación de la bebida empleada por los indígenas la realiza el botánico británico Richard Spruce, uno de los pioneros en explorar extensamente la selva amazónica brasileña, venezolana y ecuatoriana entre 1849 y 1864.[1] Spruce estuvo a punto de morir de disentería y malaria, pero sobrevivió y se convirtió en

1 Spruce realizó un gran número de valiosos descubrimientos botánicos, entre ellos el de *Havea*, el género del árbol que produce el látex del que se obtiene el caucho (*Havea brasiliensis*, llamada *seringa* en portugués brasileño), y la *cinchona*, de la que se obtiene la quinina (Grob, *et al.*, 1996).

uno de los principales coleccionistas botánicos del mundo. En 1852 presenció una fiesta indígena en la zona del río Vaupés, cerca de la frontera entre Brasil y Colombia. Los participantes de esta fiesta tomaban una bebida muy amarga preparada a partir de una planta trepadora denominada *caapi,* de la que consiguió recoger algunas muestras. Al reconocerla como una especie nueva para la ciencia, elaboró su propia descripción y la bautizó *Banisteria caapi.* Spruce no publicó este nombre inmediatamente; de acuerdo con los criterios botánicos de la época, este descubrimiento vio la luz oficialmente en un tratado sobre *Malpighiaceæ* del botánico alemán Grisebach (1858, *op. cit.* en: Schultes, 1986). Así pues, el nombre correcto de esta especie es *Banisteriopsis caapi.* En relación con el descubrimiento, Spruce afirma:

> Había casi una docena de plantas de *caapi* adultas, trepando por los árboles del borde de la *roça* (zona cultivada) y varias más pequeñas. Afortunadamente, estaban en flor y tenían frutos jóvenes. Para mi sorpresa, vi que pertenecían al orden *Malpighiacea* y al género *Banisteria, por lo que* deduje que se trataba de una especie no descrita y la bauticé *B. caapi.*
>
> (Spruce, citado en: Schultes, 1986)

En 1853, Spruce tuvo la oportunidad de conocer el uso del *yagé* dos veces más en el Perú. En sus *Notes of a Botanist,* sobre la Amazonia y los Andes, describe los ingredientes, la preparación y los efectos del yagé en sí mismo, aunque estos últimos fueron de poca importancia, ya que la experiencia de Spruce se caracterizó principalmente por los efectos de las náuseas y los vómitos (Stafford, 1977).

En 1886, la primera información sobre el uso de mezclas de diferentes plantas en la preparación de la bebida de ayahuasca fue proporcionada por el testimonio de un viajero, Simson, que exploró el interior de Ecuador y describió cómo los piojes y sus vecinos, los zaparos, «beben *ayahuasca* mezclada con *yagé,* hojas de *sameruja* y ramas de *guanto*» (Simson, 1886, *op. cit.* en: Schultes, 1986). Spruce había afirmado anteriormente que los indígenas de esta región utilizaban *Banisteriopsis caapi* sola, aunque sospechaba que había aditivos responsables de los efectos psicoactivos (Spruce, 1873 y 1908, *op. cit.* en: Schultes, 1986; Stafford, 1977). Las muestras de *B. caapi* que Spruce envió a Inglaterra para su análisis químico no fueron examinadas hasta más de un siglo después. Analizadas en 1966, seguían siendo psicoactivas (Stafford, 1977). El primer estudio taxonómico serio después del descubrimiento de Spruce se publicó en 1931, cuando el botánico americano Morton describió una nueva especie de *Banisteriopsis* en Colombia, nombrándola *B. inebrians* (Morton, 1931, *op. cit.* en: Schultes, 1986). En el mismo artículo, sostuvo que al menos tres especies se utilizaban como plantas psicotrópicas en el Putumayo colombiano: *Banisteriopsis caapi*, *B. inebrians* y *B. quitensis*, y que la *Banisteriopsis longialata* y *Banisteriopsis rusbyana* (hoy conocida como *Diplopterys cabrerana*) podían formar parte de la bebida como aditivos. Al parecer, este informe representa la primera identificación botánica de una de las plantas más importantes utilizadas como mezcla en la bebida, una especie de *Diplopterys*. Actualmente, las tres especies de *Malpighiaceæ* identificadas por Morton (*B. caapi*, *B. inebrians* y *B. quitensis*) se conocen con el nombre común de *Banisteriopsis caapi* (Gates, 1986).

En 1923, Ficher aisló un alcaloide cristalino de *B. caapi* al que dio el nombre de *telepatina*, ya que creía que era la sustancia que producía los efectos telepáticos. Ese mismo año, Barriga-Villalba y Albarracin aislaron dos alcaloides de la bebida, a los que denominaron *yageina* y *yageinina* (Stafford, 1977). Más tarde, en 1928, Lewin aisló un alcaloide y lo denominó *banisterín*. También en 1928, Wolfes, así como Rumpf y Elger, afirmaron que todos estos alcaloides eran idénticos y reconocieron que se trataba de harmalina, un derivado aislado previamente de las semillas de una planta oriental conocida desde la antigüedad, *Peganum harmala* (ruda siria).[2] La harmalina se aisló por primera vez en 1841 a partir de la ruda siria, su estructura química se estableció en 1919 y fue sintetizada en 1927 por Richard Manske (Stafford, 1977). En 1929, los químicos alemanes Keller y Gottauf identificaron químicamente el material del que disponían (hojas y flores) como una «especie de *Banisteria*» y extrajeron un «alcaloide de tipo harmina» (Keller y Gottauf, 1929, *op. cit.* en: Schultes, 1986).

Las conclusiones de Wolfes, Rumpf y Elger permanecieron en entredicho durante algún tiempo hasta que, en 1939, Chen y Chen, de la *Eli*

---

2 La alharma, también conocida como harmal o ruda siria, es una planta de la familia Nitrariaceae nativa de las regiones comprendidas entre el este del Mediterráneo e India. Se utiliza también como condimento en la comida oriental. [N. del T.]

Lily Co., demostraron que los alcaloides previamente aislados y denominados *telepatina*, *yageína* y *banisterín* eran idénticos a la harmalina, un alcaloide previamente conocido de la planta asiática de la familia *Cigofilaceæ*, la *Peganum harmala* (Chen y Chen, 1939, *op. cit.* en: Schultes, 1986). Análisis posteriores permitieron identificar que los alcaloides contenidos en *Banisteriopsis caapi* son harmina, harmalina y tetrahidroharmina (THH), algunas de las sustancias conocidas como *β-carbolinas* (Deulofeu, 1967; Schultes, 1970; Schultes y Hofmann, 1980). Aunque la *Diplopterys cabrerana*, identificada como componente de la bebida de ayahuasca por Morton en 1931 y que contiene sustancias tipo DMT, es el aditivo más utilizado en el extremo noroccidental de la selva amazónica, sin duda, en la Amazonia brasileña, ecuatoriana y peruana se utiliza con mucha frecuencia otro aditivo: las hojas de *Psychotria viridis* (Pinkley, 1969), un arbusto de la familia de las *Rubiaceæ*, conocido como chacrona, chacruna (*chaqruy*, en quechua) o *rainha*. De los estudios de Rivier y Lindgren (1972) y posteriores, se desprende que las especies de *Psychotria viridis* exhiben la presencia de sustancias similares a la DMT.[3] En la ayahuasca resultante, según la preparación «clásica», de la decocción de las dos plantas (*B. caapi* y *P. viridis*), se encontraron principalmente cantidades apreciables de harmina y tetrahidroharmina, y cantidades modestas de harmalina y DMT (véase el capítulo 9).

Los alcaloides del tipo DMT y las *β-carbolinas* (harmina, harmalina y tetrahidroharmina), los ingredientes activos presentes en la ayahuasca, son sustancias endógenas en el cuerpo humano. La DMT es producida por el cerebro y está presente en el líquido cefalorraquídeo, en la médula espinal, en la orina y en la sangre (Strassman, 1991). La DMT también está presente en muchos animales (particularmente en el cerebro de todos los mamíferos —véase Barker *et al.*, 1981; Christian *et al.*, 1977—) y en varias plantas comunes, como la acacia.[4] Los alca-

3 Concretamente la N,N-dimetiltriptamina (DMT) y la 5-metoxi-dimetiltriptamina (5-MeO-DMT).

4 Algunas plantas que contienen DMT son: *Acacia longifolia*; *Acacia phlebophylla*; *Anadenanthera colubrina* (vilca, huico, curupay); *Anadenanthera peregrina* (yopo); *Diplopterys cabrerana* (chalipanga o yajé-uco); *Mimosa hostilis* (jurema); *Mucuna pruriens*; *Phalaris aquatica*; *Phalaris arundinacea*; *Psychotria viridis* (chacrona); *Virola calophylla*.

loides derivados de la *harmala,* llamados *β-carbolinas,* también están presentes en el cuerpo humano, presumiblemente sintetizados en la glándula pineal, y muy extendidos en el mundo vegetal, por ejemplo, en las hojas del tabaco (Stafford, 1977).

La DMT tomada solo por vía oral no tiene ningún efecto porque, metabolizado por ciertas enzimas del tracto digestivo (monoamino oxidasa - MAO), no entra en el torrente sanguíneo y, por lo tanto, no llega al sistema nervioso central (SNC). McKenna postuló por primera vez en 1984 que el efecto psicoactivo de la ayahuasca se debe a la inhibición de las enzimas MAO por las *β-carbolinas* presentes en la bebida gracias a la *B. caapi.* Esta inhibición permitiría la absorción parcial de la DMT en el tracto gastrointestinal (McKenna *et al.*, 1984). Así, el efecto psicoactivo de la bebida de ayahuasca deriva exclusivamente de los efectos conjuntos de los dos ingredientes mínimos: *B. caapi* conteniendo las *β-carbolinas* que inhiben las enzimas MAO, y *P. viridis* (o *D. cabrerana*) proporcionando las sustancias psicoactivas similares a la DMT, que son parcialmente absorbidas en el tracto digestivo solamente después de la inhibición de las enzimas MAO por las *β-carbolinas.*

Botánicos, farmacólogos y médicos se han sorprendido notablemente de que los pueblos indígenas hayan sido capaces de combinar plantas precisas utilizándolas de la forma correcta para conseguir el resultado deseado. Todavía sigue siendo un gran misterio para la ciencia cómo el conocimiento indígena, sin ninguna comprensión directa de química o farmacología, pudo haber logrado un resultado tan sofisticado de ingeniería vegetal como el de la acción farmacológica de los componentes de la ayahuasca.

Tabla 1. *Malpighiaceæ* utilizadas
por los indígenas en la preparación de la ayahuasca (*fuente*: Gates, 1986).

Nombres de las *malpighiaceæ*, según los reportes, utilizadas en la preparación de la ayahuasca	**Nombres conocidos actualmente**	**Zona geográfica de referencia**	**Principios activos**
BANISTERIOPSIS CAAPI (Spruce - Grisebach) Morton BANISTERIOPSIS QUITENSIS (Niedenzu) Morton BANISTERIOPSIS INEBRIANS Morton	BANISTERIOPSIS CAAPI (Spruce - Grisebach) Morton	Brasil, Colombia, Perú, Ecuador	Derivados de *harmala* (harmina, harmalina, THH)
BANISTERIOPSIS MURICATA (Cavanilles) Cuatrecasas BANISTERIOPSIS ARGENTEA (HBK) *Robinson in Small*	BANISTERIOPSIS MURICATA (Cavanilles) Cuatrecasas	Ecuador, Perú	Derivados de *harmala*
BANISTERIOPSIS RUSBYANA DIPLOPTERYS CABRERANA (Cuatrecasas) Gates	DIPLOPTERYS CABRERANA (Cuatrecasas) Gates	Sudeste de Colombia	DMT
TETRAPTERYS METHYSTICA Schultes	TETRAPTERYS STYLOPTERA Adr. Jussieu	Brasil, Perú, Colombia, Venezuela y Surinam	
CABI PARAENSIS (Jussieu) Grisebach MASCAGNIA PSILOPHYLLA (Jussieu) Grisebach var. ANTIFEBRILIS Niedenzu	CALLAEUM ANTIFEBRILE (Grisebach) Johnson	Perú, Pará (Brasil)	Derivados de *harmala*

Nota: En esta tabla solo se consideran las especies de la familia Malpighiaceæ, *a la que pertenece la liana* Banisteriopsis caapi. *En la preparación de la ayahuasca pueden intervenir otros ingredientes vegetales pertenecientes a otras familias.*

Figuras 1 y 2. Vista parcial de la selva amazónica a lo largo del valle del río Juruá, Amazonas, Brasil.

Figura 3. Tallos de *Baniseriopsis caapi* alrededor del tronco de un árbol en la comunidad de Céu do Juruá (Brasil, Estado de Amazonas en la frontera con Perú).

Figura 4. Detalles de *Banisteriopsis caapi*.

Figura 5. *Semillas de Banisteriopsis caapi.*

Figura 6. *Pychotria viridis* en la selva junto al valle del río Juruá (Amazonas, Brasil).

Figura 7. *Pychotria viridis* en la selva del valle del río Juruá (Amazonas, Brasil).

CAPÍTULO II

ARQUEOLOGÍA Y MITOLOGÍA SOBRE EL ORIGEN DE LA AYAHUASCA

Después de la última glaciación, en el Pleistoceno, cuando las heladas exterminaron las grandes vegetaciones, quedaron pequeños refugios o parches de flora y fauna, a partir de los cuales, una vez restablecidas las condiciones climáticas, se formaron los ecosistemas actuales. En Sudamérica se han identificado nueve refugios o *hot-points*, uno de los cuales se encuentra en la región del río Napo, en la Amazonia ecuatoriana (Cerón, 1991, *op. cit.* en: Zuluaga, 2002). Este refugio en el Napo dio origen a los ecosistemas del llamado piedemonte amazónico, que se extiende desde el norte de Perú hasta el sur de Colombia. Por lo tanto, las *Banisteriopsis sp.* y otras plantas utilizadas por los grupos indígenas para sus prácticas chamánicas tienen este refugio como centro de origen y propagación (Zuluaga, 2002).

No existe ninguna evidencia cierta sobre los orígenes de la ayahuasca, ni en términos de cuándo ni, lo que es más importante, de cómo los pueblos indígenas de la Amazonia descubrieron y empezaron a utilizar la combinación de las dos especies botánicas necesarias para obtener la bebida psicoactiva de la tradición chamánica amazónica. La única evidencia cierta se refiere, en primer lugar, a los informes sobre el uso de ayahuasca o yagé por parte de misioneros religiosos y aventureros a partir de finales del siglo XVII y, en segundo lugar, a la observación de que, cuando los botánicos occidentales empezaron a interesarse por las plantas que componen la ayahuasca en el siglo XIX, su uso estaba muy extendido entre los numerosos grupos étnicos indígenas que poblaban la cuenca de la selva amazónica.

Aunque no existen pruebas inequívocas sobre los orígenes prehistóricos de la ayahuasca, prestigiosos antropólogos y etnógrafos, como Plutarco Naranjo[5] (1979, 1986 y 1995) y Dennis McKenna[6] (1999), coinciden en la posibilidad de que el inicio del uso de la ayahuasca haya acompañado la difusión de la artesanía alfarera en las civilizaciones precolombinas.

La invención de la cerámica apareció por primera vez en el hemisferio occidental en la cultura llamada Valdivia (4000 a.e.c. - 2000 a.e.c.), en la península ecuatoriana de Santa Elena (Naranjo P., 1986 y 1995). La cerámica más antigua data del 4000 a.e.c., pero es el rico conjunto de hallazgos que datan del 3000 a.e.c. lo que indica claramente el uso de plantas psicoactivas. Naranjo describe detalladamente esta abundante evidencia arqueológica de cerámica y la asocia con el uso de numerosas plantas psicoactivas por culturas prehistóricas en el territorio del actual Ecuador. La mayoría de los hallazgos arqueológicos, sin embargo, se refieren al uso de plantas psicoactivas distintas a la ayahuasca. Naranjo describe con detalle el conocimiento y uso (incluso sofisticado), en culturas prehistóricas de la época de Valdivia, de hojas de coca, tabaco, *Ipomoea carnea* (conocida popularmente como florón en Ecuador y que contiene un derivado del ácido lisérgico), y el polvo de rapé psicoactivo derivado de las semillas de *Anadenanthera peregrina*, conocida en el Caribe como *ñ*opo o *yopo* (Naranjo P., 1995). Según Naranjo y McKenna, es probable que culturas tan sofisticadas en el uso de una gran variedad de plantas psicoactivas, transversal a una cerámica especialmente elaborada, también estuvieran familiarizadas con la ayahuasca y su preparación. Por lo menos mil años después de la cultura Valdivia (que desapareció alrededor del 2300 a.e.c.), aparecen por primera vez en la cerámica de culturas peruanas y mesoamericanas cerámicas relacionadas con el uso de plantas psicoactivas. Varias imágenes encontradas en la cerámica de las civilizaciones preincaica e incaica se relacionan con el uso de la hoja de coca y el cactus *Trichocereus pachanoi*, conocido como San Pedro. Según Plutarco Naranjo (1995), fue a través del comercio transandino entre la zona costera y la región amazónica del actual Ecuador que la coca primero y la ayahuasca

5 Academia Nacional de Historia de Ecuador.

6 Dennis McKenna (EE.UU.), PhD, director de *Botanical Dimensions* (Minneapolis, MN - EE.UU.) y uno de los principales investigadores mundiales de la ayahuasca, con numerosos trabajos publicados sobre el tema.

después llegaron a las zonas costeras occidentales de América del Sur. En particular:

> *Banisteriopsis caapi* también se ha encontrado en la costa norte de Ecuador, donde se conoce como *nepi* y *pilde*. En la cerámica de la cultura Milagro-Quevedo (500 a.e.c. - 500 a.e.c.) aparecieron ciertos vasos ceremoniales ricamente adornados con figuras zoomorfas y antropomorfas. Conocidos hoy como *vasos de brujo* o *cocinas de brujo*, debieron de utilizarse para cocer o hervir plantas psicoactivas.
>
> (Naranjo, 1995)

Aunque no existen pruebas inequívocas, la hipótesis más probable indica que el uso de la ayahuasca se extendió en la prehistoria junto con el descubrimiento de la cerámica y su uso ceremonial religioso. Cabe señalar que tanto el comercio transandino entre las zonas costeras y las regiones de la selva amazónica, como la existencia de al menos diez civilizaciones que ya habían colonizado las tierras entre el actual Ecuador y el lago Titicaca, en el actual Perú, antes de los incas, y sus movimientos migratorios atestiguados por numerosas leyendas difundidas por toda América del Sur (Cavatrunci *et al*, 1989), sugieren que el uso de la ayahuasca ya debía estar muy extendido en las regiones interiores y costeras de lo que más tarde se convertiría en el Imperio inca.

Si comprobamos qué explicaciones sobre los orígenes de la bebida dan los distintos tipos de usuarios, pasamos de un análisis de corte puramente histórico-arqueológico a recurrir a fuentes mitológico-religiosas más o menos integradas con testimonios históricos y leyendas populares muy extendidas en el continente sudamericano.

En el caso de la tradición indígena amazónica, cada grupo de usuarios indígenas posee sus propios mitos originales en los que siempre emerge la presencia central de la ayahuasca como planta y bebida sagrada. La tradición animista indígena considera que la naturaleza, es decir, la realidad visible y material, está impregnada de fuerzas espirituales invisibles que la animan y dominan. Dichas fuerzas, dotadas de inteligencia y conciencia, pueden otorgar poder y conocimiento a los chamanes que entran en contacto con ellas y buscan su alianza. Para los chamanes indígenas, por tanto, la respuesta a la pregunta sobre los orígenes de la ayahuasca está relacionada con las entidades espirituales de la selva que habrían enseñado a sus antepasados, durante los sueños o en viajes extáticos, a seleccionar plantas «curativas» y les habrían mostrado cómo utilizarlas y combinarlas.

Del mismo modo, los ayahuasqueros mestizos dirían, aún hoy, que este conocimiento deriva directamente del espíritu de las «plantas maestras» (Luna, 1984) que se manifiesta a los que buscan el conocimiento chamánico e instruye detalladamente al aprendiz, en sueños y visiones, sobre las propiedades y formas de uso de las plantas de la selva.

Cada uno de los cultos brasileños modernos (Santo Daime, Barquinha y União do Vegetal) remonta los orígenes del uso de la ayahuasca a tradiciones muy antiguas a través de la construcción de una mitología que incorpora leyendas populares sudamericanas y revelaciones espirituales recibidas de los respectivos fundadores de los cultos. Los maestros de la União do Vegetal afirmarían con la mayor convicción que el descubrimiento de la bebida *Hoasca* (como es llamada por los miembros de la UDV) y el conocimiento de su uso derivaron del «primer científico», el rey bíblico Salomón. Luego, este transmitiría dicha tecnología a su vasallo Caiano (o *Incaiano*), antecesor de los reyes Incas, a través de cuyas sucesivas encarnaciones el uso de la Hoasca se extendería a las diferentes culturas en contacto con la selva amazónica (véase capítulo 8, § *Mitología de la UDV: la* «História da Hoasca»). Los orígenes y la transmisión del conocimiento de la Hoasca en las épocas sucesivas forman parte de una revelación, llamada la «*História da Hoasca*», recibida por el fundador de la UDV, José Gabriel da Costa, durante sus primeras experiencias con la bebida. Esta revelación, que también se basa en leyendas populares de la Amazonia occidental, ha adquirido el carácter de «versión oficial» y es considerada una verdad literal por los miembros del movimiento religioso. Como veremos con más detalle en el capítulo sobre la UDV, la *História da Hoasca* representa el mito fundacional que subyace a la razón de ser del movimiento.

En el movimiento Santo Daime, fundado por Raimundo Irineu Serra, es posible reconstruir una mitología original del uso de la ayahuasca a partir de los testimonios de antiguos miembros contemporáneos del fundador, que relatan historias de estos sobre el tema. En este caso, sin embargo, no se ha reconstruido una historia oficial, y el conocimiento de estos mitos no suele transmitirse y, por lo tanto, ni siquiera está extendido entre los miembros del movimiento. Todos los creyentes saben que el Mestre Irineu recibió la misión de establecer la doctrina del Santo Daime a partir de una revelación de la Virgen María que se le presentó bajo la apariencia de la Reina de la Selva, pero no todos saben que se dice que Irineu Serra aprendió los conocimientos sobre la ayahuasca y sus técnicas de preparación de un *caboclo*[7] peruano llamado Pisango, que pertenecía a un linaje espiritual de ayahuasqueros peruanos descendientes de la civilización incaica, en particular en línea directa de transmisión del rey Huáscar, el XI gobernante inca, que según las leyendas populares escapó de Cuzco durante la invasión española y se instaló con parte de su pueblo en una comunidad dentro de la selva (véase la ficha 1, en el capítulo 6).

De hecho, no existen pruebas históricas de que el uso de la ayahuasca estuviera realmente extendido en la religiosidad inca, y algunos estudiosos excluyen la posibilidad porque la capital inca, Cuzco, desde donde se llevó a cabo la expansión militar sobre el vasto territorio que conformaba el Imperio inca, se encuentra en una zona montañosa donde la liana *B. caapi* no crece de forma silvestre.

Por otro lado, existen algunos indicios que podrían sugerir que el conocimiento de la ayahuasca era compartido por la clase sacerdotal inca, o al menos no excluir la posibilidad. En primer lugar, como muestra Plutarco Naranjo (1995), tanto la civilización preincaica como la inca estaban familiarizadas con el uso de varias plantas psicoactivas, entre las que se han confirmado la coca y el cactus de San Pedro (que ni siquiera crece en las montañas de Cuzco, sino lo más cerca posible a lo largo de la costa del actual Perú). Según Naranjo, el uso de la coca, y posteriormente de la ayahuasca, siempre se habría extendido desde la selva amazónica hasta la costa occidental de Ecuador ya en la época preincaica debido al comercio transandino existente. Así, al menos durante su notable expansión militar, la civilización inca entró en contacto con poblaciones donde el uso de la ayahuasca ya estaba extendido.

En segundo lugar, es cierto que la tribu que fundó Cuzco y dio origen a la civilización inca se supone originaria de las montañas (y, por

7 Nombre de un tipo de entidad espiritual que identifica el espíritu de un guerrero indígena fuerte, leal e indomable. El término *caboclo* también se utiliza para definir tanto la mezcla étnica de indígenas con brasileños (blancos y africanos) como la cultura rural resultante.

tanto, tradicionalmente no relacionada con *B. caapi*), pero también es bien sabido que pertenece a la etnia quechua, que se extiende por una vasta zona del oeste de Sudamérica y a la que pertenecen muchas tribus indígenas de la selva amazónica. Además, la mitología sudamericana narra leyendas en las que la historiografía oficial reconoce evidencias válidas de fuertes presiones migratorias ocurridas en la época preincaica (Cavatrunci *et al.*, 1989), lo que puede sugerir el contacto entre tribus serranas y otras de tradición amazónica, y tal vez el propio origen de las primeras a partir de las segundas. Por no hablar del hecho —no particularmente relevante en sí mismo, pero no por ello menos indicativo— de que la palabra «ayahuasca» (uno de los términos más comunes para definir la bebida en la tradición chamánica amazónica) deriva precisamente del quechua, que era la lengua oficial de la civilización inca.[8] Se puede especular que, según la etimología quechua, el significado del nombre Huáscar puede remontarse —como también en la segunda parte del término «ayahuasca»— al de «cuerda» o «liana», de lo que se deduce que el XII gobernante inca se habría llamado a sí mismo «Rey Liana». Sin duda, una analogía imaginativa para yuxtaponer la figura del emperador inca con la liana y la bebida sagrada, pero quizá no descartable del todo.

Por último, tampoco se puede pasar por alto que, no solo entre los miembros de las tres religiones ayahuasqueras, sino también en las tradiciones de las culturas mestizo-cabocla de la zona amazónica entre Perú, Bolivia y Brasil, existe la suposición generalizada, a veces la convicción, de que la ayahuasca se utilizaba en los rituales religiosos de la clase sacerdotal inca y que de ahí derivó la tradición de los ayahuasqueros peruanos. En la «Leyenda de la Hoja de Coca» (*Lenda da Folha da Coca*, en la publicación *Cadernos Andinos* del Instituto Nacional de Cultura del Perú) se cuenta que un emperador inca visitó a los indígenas jíbaros (Shuar) y al tomar ayahuasca tuvo una visión de la entidad espiritual de la planta de coca.

8 Como hemos visto, *aya* significa «alma, espíritu, muerto» y *huasca* significa «cuerda, soga, liana», por lo que «ayahuasca» significa «cuerda/liana de los espíritus/muertos». Por ejemplo, en el calendario inca, el mes de noviembre se llama «Aya-marca», que significa «procesión en honor de los muertos».

Es comprensible que no tenga especial relevancia histórica, ya que el uso de la ayahuasca no habría estado extendido entre la población, sino restringido a una élite sacerdotal.

Por supuesto, los elementos destacados no constituyen prueba de un conocimiento real de la ayahuasca por parte de la civilización inca, pero pueden ser pistas para no excluir *a priori* esta posibilidad. Es interesante que ciertos elementos característicos de la cultura inca estén presentes, retomados de forma más o menos consciente, dentro de las diversas tradiciones sobre el uso de la ayahuasca que serán exploradas en este volumen. Para dejar más claro este aspecto, concluimos este capítulo con un breve y conciso apéndice sobre lo que la historiografía ha descubierto acerca de la civilización de los emperadores incas que resulta de particular interés a la hora de comparar las diferentes tradiciones sobre el uso ritual de la ayahuasca.

Apéndice
Historia y mitología: notas sobre el imperio teocrático de los incas[9]

Cuando los españoles conquistaron la región sudamericana en torno al actual Perú, encontraron allí establecida una gran unidad política, el llamado Imperio Inca. Sus orígenes siguen siendo un misterio que la historiografía no ha podido aclarar. Existen, sin embargo, mitos y leyendas repartidos por toda Sudamérica. Dos en particular gozan de amplia fama en todo el continente: la Leyenda del lago Titicaca y la Leyenda de los Hermanos Ayar (Cavatrunci *et al.*, 1989). La primera leyenda cuenta que Manco Cápac y Mama Ocllo, hijos del Sol, emergieron de las aguas del lago Titicaca hacia el año 1000 de esta era, con una misión encomendada por su padre: fundar una ciudad que sería la capital de un gran imperio, a la que dieron el nombre de Cuzco. La segunda leyenda habla de cuatro hermanos, jefes de tribus o Ayar, encabezados por el mayor, Manco Cápac, que con cuatro de sus respectivas hermanas (las ocho de origen divino, hijas del Sol) emprendían un

9 La información aquí consignada ha sido tomada de: Cavatrunci *et al.*, 1989; Imbelloni José (1949), director de la sección antropológica del Museo de Historia Natural de Buenos Aires.

viaje desde las «cuevas de la aurora», en las montañas de Paucartambo, para fundar un reino según la voluntad divina, transmitida a Manco Cápac a través de un amuleto con forma de pájaro llamado Inti («sol» en quechua). Durante la peregrinación, tres hermanos de Manco perecieron violentamente y fue Manco quien llegó, con su esposa Mama Ocllo, al valle del río Huatanay y formó la ciudad de Hurin-Cuzco según la voluntad divina. Las figuras divinizadas de Manco Cápac y su esposa Mama Ocllo, a quienes se atribuye la descendencia de Inti, el Sol, están asociadas al mito fundacional de la dinastía gobernante del Imperio inca, de la que se dice que Manco Cápac es el progenitor. Las investigaciones historiográficas más recientes contabilizan un total de trece gobernantes incas hasta la conquista española a finales de 1533, cuando los conquistadores de Francisco Pizarro dieron muerte al decimotercer gobernante inca, Atahualpa.

Tabla 2. Sucesión de los trece gobernantes incas.

Nombre del gobernante inca		**Permanencia en el trono**	**Destacados**
Manco Cápac	I	Fase legendaria para la que no hay datos cronológicos	Fundó Cuzco Junto con su esposa Mama Ocllo, ambos hijos de Inti, el Sol, hacia el año 1000.
Sinchi Roca	II		El monarca se llama Sinchi. La dinastía no siempre es hereditaria.
Lloque Yupanqui	III		
Mayta Cápac	IV		
Cápac Yupanqui	V		
Inca Roca	VI		Golpe de Estado e introducción del término «Inca» para despojar al monarca. Consolidación de la hegemonía sobre el territorio. Gobernante de gran energía, famoso por su actividad constructora y civil (introducción de acueductos en Cuzco, escuelas, nuevos barrios, ampliación del Templo Dorado dedicado al Sol).
Yáhuar Huácac	VII		Invasión de la nación vecina *Chanca.*
Viracocha	VIII		Salvó a la dinastía y al Estado de la invasión de los pueblos vecinos, proclamándose Inca (emperador) en el campo de batalla.

<table>
<tr><td>Pachacútec Inca Yupanqui</td><td>IX</td><td>1438-1471</td><td>Conocido por sus reformas. Introducción de la monarquía absoluta y teocrática. Reforma administrativa del Estado inca. Inicio de la gran expansión militar del Imperio.</td></tr>
<tr><td>Túpac Inca Yupanqui</td><td>X</td><td>1471-1493</td><td rowspan="2">Continúa la expansión militar.</td></tr>
<tr><td>Huayna Cápac</td><td>XI</td><td>1493-1525</td></tr>
<tr><td>Huáscar</td><td>XII</td><td>1525-1532</td><td rowspan="2">Guerra de sucesión entre los dos hermanos. Invasión española, caída del Imperio inca y asesinato de Atahualpa por los españoles el 29 de agosto de 1533.</td></tr>
<tr><td>Atahualpa</td><td>XIII</td><td>1532-1533</td></tr>
</table>

La historiografía ha reconstruido que, en el siglo XIII, una tribu serrana de linaje y lengua quechua, cuyo símbolo totémico era Inti, el Sol, sentó las bases, en un valle peruano, de lo que pronto se convertiría en un gran imperio, militarmente hegemónico sobre las demás tribus.

Los inicios del estado inca fueron muy modestos, y solo con Pachacútec, el IX Inca, se transformaría en una monarquía absoluta y teocrática, iniciando la expansión militar que, en menos de un siglo, le llevaría a cubrir una vasta extensión: territorios que hoy pertenecen a cinco naciones modernas, por una longitud de tres mil kilómetros (de norte a sur) y una anchura de quinientos kilómetros (de este a oeste). Los habitantes, según el censo ordenado por el virrey español en la segunda mitad de 1500, eran once millones, de los cuales cuarenta mil se encontraban solo en la ciudad de Cuzco.

La organización del Imperio inca (*Tahuantinsuyu*), introducida por la estructuración política y administrativa llevada a cabo por Pachacútec, el Reformador, era piramidal. En la cúspide se situaba el monarca —*Inca*, o más exactamente *Sapa-Inca*—, jefe supremo por derecho divino. El emperador vivía en Cuzco, junto con la corte, formada principalmente por el Consejo Imperial, compuesto por los gobernadores de los cuatro cantones (*suyus*). Sus subordinados eran los gobernadores de cada una de las provincias. Las provincias se dividían en núcleos territoriales comunales (*aillus*) bajo la responsabilidad de los *curacas*.

La base y célula de toda entidad social era el aillu, núcleo presidido por un curaca. El aillu era una comunidad de unas cien familias unidas no solo por lazos de sangre, lengua y religión, sino principalmente por la unidad de la tierra agrícola explotada en común. Con la reforma posterior a la administración del Imperio de los incas, el aillu fue reconocido como la unidad familiar autosuficiente adscrita a cada territorio y pueblo, cuyas tierras comunales debían ser trabajadas en parte para el sostenimiento de la clase sacerdotal, en parte para la dinastía gobernante y en parte (dividida por familia según la descendencia, las condiciones de la tierra y los recursos hídricos) para la subsistencia de los propios aillu. Todos los ciudadanos estaban obligados a realizar trabajos materiales, excepto los funcionarios y los sacerdotes; el propio gobernante inca era mostrado trabajando la tierra en determinadas ocasiones, para enfatizar y preservar el significado honorífico y religioso del cultivo.

Curiosamente, los incas no practicaban la esclavitud, ni siquiera sobre las poblaciones sometidas militarmente, al menos en el sentido habitual de la palabra. El monarca inca y sus gobernadores solo tenían derecho a beneficios personales, según un sistema de corvea.[10]

Los pueblos de los Andes, y por tanto también los incas, sentían profundamente el misterio de lo «celeste». La religión de los incas era una amalgama de cultos naturalistas, creencias animistas y ritos mágicos, y la del imperio era un sincretismo de gran complejidad. Así, la religión oficial del Estado era el culto al Sol, Inti, progenitor de la familia gobernante y del clan, fuente de la monarquía y del carácter teocrático de sus actos, considerados por todos como emanaciones de la voluntad divina, o solar. La expansión del culto al Sol fue obra del clan Inca, simultáneamente con su marcha de conquista, pero los cultos preexistentes no pudieron ser erradicados, y siempre continuaron su existencia, a la sombra del culto estatal. Por ello, aún en épocas

10 Un sistema de corvea (también escrito *corvée*) es un tipo de obligación laboral que requiere que las personas trabajen durante un período determinado, generalmente para el gobierno o un señor feudal, sin recibir pago. Los sistemas de corvea se han utilizado a lo largo de la historia en muchas culturas diferentes, y todavía se utilizan en algunas partes del mundo en la actualidad. [N. del T.]

posteriores se encuentran vestigios del antiguo culto de cada aillu, que podía rendir culto a la serpiente, al cóndor, al puma, o a piedras, rocas, ríos y lagos, considerados progenitores del aillu. Las innumerables representaciones simbólicas o lugares sagrados a los que se dirigía la devoción religiosa de los incas se denominaban *huaca*. Las huacas eran entidades, espíritus divinos que habitaban tanto en objetos naturales como en edificios (palacios, tumbas, fuentes, etc.).

En materia religiosa, es evidente que los incas sufrieron una profunda transformación, no exenta de resistencias, que llevó a una masa de tribus fervientemente apegadas a la creencia animista en la huaca propia de cada aillu, a un estatus uniforme de un pueblo practicante de la heliolatría. La realización de las prácticas religiosas de culto estaba encomendada a una casta sacerdotal jerarquizada. Los sacerdotes tenían funciones adivinatorias, rituales, confesionales y curativas.[11] Los rituales religiosos se realizaban al aire libre y no existían verdaderas iglesias tal y como las entendemos hoy en día. En su lugar, había numerosos templos, en su mayoría dedicados al culto del Sol. La religión también dominaba el calendario inca, elaborado a partir de la observación de los astros en un año de doce meses, cada uno de los cuales se denominaba según las ceremonias religiosas asociadas a él. Cada mes incluía festivales específicos, que involucraban al pueblo en danzas y ofrendas a las deidades. Especialmente importantes y solemnes eran la fiesta religiosa de diciembre, llamada *cápac-raymi* («fiesta magnífica», «fiesta general»), con la que se iniciaban las labores agrícolas, y la de junio, llamada *Inti-raymi* («fiesta del Sol»), ambas para exaltar a Inti, la deidad dominante, el Sol.

Sin embargo, según la historiografía, Pachacútec, el noveno gobernante, redujo la primacía de Inti sustituyéndolo por un nuevo ser supremo, Viracocha, creador de todo el universo. El Sol siguió siendo

11 Aunque no existen pruebas históricas oficiales, según el sitio enciclopédico www.wikipedia.org: «Los incas practicaban la adivinación antes de emprender cualquier acción. Nada importante se realizaba sin adivinar los resultados. Este era el método utilizado para diagnosticar enfermedades, predecir el resultado de las batallas, expulsar demonios y también para determinar qué sacrificios eran necesarios y a qué deidad. Los incas creían que la vida estaba controlada por poderes espirituales que se invocaban en rituales de adivinación. [...] La mayoría de las veces, los sacerdotes oficiaban bajo la influencia de la ayahuasca, que creían que les ponía en contacto con poderes sobrenaturales». (http://pt.wikipedia.org/wiki/Inca#Adivinha.C3.A7.C3.A3o).

venerado, pero como hijo del «gran padre» Viracocha. Bajo el ala protectora de este había otras deidades, de las cuales las más importantes eran: *Mama Killa,* la Luna (esposa del Sol); *Koyllor,* las Estrellas; *Pacha Mama*, la Tierra; *Illapa,* la deidad del Trueno y el Viento, dispensadora de la lluvia y, por tanto, reguladora de la fertilidad del suelo; y *Mama Kocha*, deidad del Mar.

Tabla 3. Calendario inca de doce meses.

Mes del calendario gregoriano	**Nombre del mes inca correspondiente**	**Traducción**
Enero	*Uchuc pocoy*	Pequeña maduración
Febrero	*Hatum pocoy*	Gran maduración
Marzo	*Paucar huaray*	Cubierta de flores
Abril	*Ayri huay*	Danza del maíz inmaduro
Mayo	*Aymuray*	Canción de la cosecha
Junio	*Inti-raymi*	Fiesta del Sol
Julio	*Anta-situwa*	Purificación de la tierra
Agosto	*Cápac-situwa*	Purificación general
Septiembre	*Coya-raymi*	Fiesta de la Reina
Octubre	*Uma-raymi*	Fiesta del Agua
Noviembre	*Aya-marca*	Procesión en honor de los difuntos
Diciembre	*Cápac-raymi*	Fiesta magnífica (fiesta general) *(inicio del ciclo agrícola anual)*

La Guerra de Sucesión y la caída del Imperio

Durante el Imperio (1493-1525) del XI gobernante inca, Huayna Cápac, la expansión militar llevó al estado inca a su máxima extensión. Ya durante este periodo, se supone que se produjeron guerras civiles internas que generaron un clima de tensión y descontento entre las poblaciones sometidas.

De los varios hijos de Huayna Cápac, Atahualpa nació de la unión del padre con una princesa extranjera (de la ciudad de *Quito*, en el actual Ecuador) y recibió el gobierno de los territorios septentrionales del Estado inca, de donde procedía su madre. Tras la muerte de Huayna Cápac en 1525, el trono del emperador Sapa-Inca en la capital, Cuzco, pasó a su sucesor e hijo Huáscar y estalló una guerra civil de sucesión entre este y Atahualpa. La disputa entre los dos hermanos desencadenó un sangriento enfrentamiento militar que desgarró y destrozó el Estado inca durante varios años. A costa de vidas humanas, los ejércitos de Atahualpa se impusieron en el campo de batalla a los de su hermanastro en 1532. Justo entonces, unos meses antes de la victoria militar final de Atahualpa, Francisco Pizarro llegó a Tumbes en 1531 con menos de doscientos conquistadores españoles, unos cuarenta caballos y unos pocos cañones.

El 16 de noviembre de 1532, cuando se dirigía a Cuzco para tomar posesión definitiva del trono imperial, Atahualpa fue capturado por los españoles en el centro de Cajamarca, tras una trampa de Pizarro que le había invitado a una reunión diplomática. Como Huáscar aún vivía, algunas versiones historiográficas aceptan la hipótesis de que Atahualpa, aunque prisionero, había logrado ordenar a sus militares que fueran a matar a su hermanastro por temor a que hiciera algún trato con Pizarro. El emperador Atahualpa, decimotercer gobernante inca, fue posteriormente condenado por rebelión contra el Reino de España y ejecutado por estrangulamiento el 29 de agosto de 1533.

Según algunas leyendas, el rey Huáscar logró escapar con parte de su séquito antes de la conspiración. Se dice que Huáscar y su gente se embarcaron en el río Urubamba, que nace en los Andes, cerca de Cuzco, y que de allí una parte descendió por el río Ucayali y otra por el río Juruá (dos grandes ríos que nacen uno junto al otro y desembocan en el Amazonas), adentrándose y asentándose en la selva amazónica.

Conclusiones

Este breve excurso histórico sobre el Imperio inca pretende presentar algunos temas inherentes a la civilización inca que encontraremos en los siguientes capítulos de este volumen.

El concepto de aillu: La organización del aillu es un ejemplo de colectivismo agrícola que será tomado como «progenitor» histórico (con referencia explícita de algunos exponentes) del modelo de comunidad espiritual autosostenible promovido por el movimiento religioso Santo Daime. Lo veremos, en primer lugar, en la implementación de un sistema de cooperativismo agrícola por parte del fundador del Santo Daime, Raimundo Irineu Serra, para organizar su grupo de discípulos de forma autosostenible en el Alto Santo, sede original del movimiento en Rio Branco (Estado de Acre, Brasil). En segundo lugar, el desarrollo de comunidades ecológicas autosostenibles será uno de los componentes característicos más destacados del modelo social de espiritualidad promovido por Sebastião Mota, uno de los sucesores de Irineu Serra y fundador de la ICEFLU.

Hay que recordar que —aunque en la época del Estado inca estaba incorporado a una estructura jerárquica cuyas ventajas solo disfrutaba la oligarquía inca— el aillu —como unidad familiar autosuficiente con identidad territorial y religiosa— fue la célula social básica de las poblaciones de las regiones hacia las que se expandió el Imperio inca, incluso antes de su hegemonía militar.

El término curaca: El aillu —núcleo comunitario basado en la agricultura conjunta de sus familias— estaba presidido por el curaca. Veremos, en el capítulo sobre el uso indígena de la ayahuasca, que este término se utiliza todavía hoy en algunas tribus indígenas de la selva amazónica. Entre los kamsá de Colombia, estudiados por Ramírez de Jara y Pinzón (1986), el término «curaca» identifica a los chamanes ayahuasqueros. Los curacas kamsá descritos por Ramírez de Jara y Pinzón, así como los pueblos shuar ecuatorianos descritos por Fericgla (1997), acompañan sus sesiones de ayahuasca con una bebida refrescante a base de maíz, o mandioca, llamada *chicha,* bebida muy extendida entre los grupos indígenas de la Alta y Baja Amazonia, y que identificaba la bebida nacional de los incas (el término es de origen quechua).

El concepto de huaca: Las *huacas* son entidades, espíritus divinos que habitan e identifican una infinidad de presencias naturales, lugares sagrados naturales o construidos. Podemos encontrar una clara correspondencia entre el concepto de *huaca* y el de *espíritu-madre* (de plantas, animales u objetos) que encontraremos al analizar la cosmología de la tradición vegetalista mestiza del uso de la ayahuasca, y que deriva de la cultura de los pueblos indígenas de la selva amazónica (Luna, 1986). Luna (2002) cita las conclusiones de algunos antropólogos que hipotetizan la existencia de varios tipos de chamanismo vegetalista: una corriente proveniente del Oriente ecuatoriano, una segunda de las migraciones de los indígenas *lamistas* y, finalmente, una tercera también del Cuzco a través del valle del Urubamba. Ambos términos (*huaca* y *espíritu-madre*) son expresiones conceptuales de la concepción religiosa animista (espiritualista) que impregna y caracteriza la espiritualidad de las poblaciones indígenas sudamericanas.

Religiosidad incaica: veremos cómo las modernas religiones ayahuasqueras brasileñas (Santo Daime, Barquinha, UDV), de forma más o menos explícita, se basan en una mitología, sobre los orígenes y la transmisión de los misterios de la ayahuasca, que también pasa por la civilización inca. Estos mitos originales incorporan leyendas sobre el Imperio inca (por ejemplo, las relativas al final del rey Huáscar) presentes en la tradición popular sudamericana. Existe la creencia generalizada de que el uso de la ayahuasca era empleado por la clase sacerdotal inca.

Más claramente perceptible, sin embargo, es la sorprendente afinidad del calendario religioso inca con las fiestas en general del cristianismo y, en particular, del movimiento religioso Santo Daime. En la religión inca, noviembre designa la «procesión en honor de los difuntos» (*aya-marca*), como en la tradición cristiana del 2 de noviembre (Día de los Muertos), fecha relevante también en el calendario litúrgico del Santo Daime y la Barquinha. Más sorprendente aún, en la Doctrina del Santo Daime, los momentos culminantes de la celebración religiosa, en la que se suceden diversos rituales espirituales a lo largo de unas semanas, son la Fiesta de Diciembre, también conocida como Fiesta de Navidad, y la Fiesta de Junio, conocida como Fiesta de San Juan Bautista,[12] que coinciden exactamente con el *Cápac-raymi*

12 En la doctrina del Santo Daime, la Fiesta de Diciembre comienza en la noche del 7 al 8 del mes con la fiesta de la Virgen de la Concepción y termina el 6 de Enero para la fiesta de los Santos Reyes (Epifanía, fiesta de la manifestación de Jesús a los Reyes Magos), la Fiesta de Junio comienza en la noche del 12 al 13 de Junio (San Antonio de Padua) y termina el 6 de Julio (aniversario de la muerte corporal de Raimundo Irineu Serra, fundador del Santo Daime).

(«Fiesta magnífica», «Fiesta general» en diciembre) y el *Inti-raymi* («Fiesta del Sol» en junio) de la espiritualidad incaica. Ciertamente, el hecho de que diciembre y junio representen momentos especiales de celebración en muchas tradiciones religiosas (cristianas y «paganas») de todo el planeta se debe a razones astronómicas, ya que se sitúan a caballo entre los dos solsticios. Existen pruebas históricas de que el calendario litúrgico cristiano ha yuxtapuesto convencionalmente las fechas de la natividad de Jesús (25 de diciembre) y de San Juan Bautista (24 de junio) con los solsticios de diciembre y junio respectivamente (ambos en torno al 21 de cada mes), fechas históricamente reconocidas como fiestas religiosas por muchas culturas precristianas.

CAPÍTULO III

TRADICIÓN INDÍGENA

El uso indígena de la *Banisteriopsis caapi* está actualmente extendido, dentro de la cuenca de la selva amazónica, entre setenta y dos etnias indígenas de la Alta y Baja Amazonia y de las cuencas altoandinas (Luna, 1986), en un área que se extiende desde el nacimiento del río Ucayali hasta las desembocaduras del río Negro e incluye a Brasil, Perú, Colombia, Ecuador, Bolivia y Venezuela.

Tanto la liana como la bebida resultante de su preparación son conocidas por los pueblos indígenas que viven en esta zona con nombres muy variados según los distintos grupos lingüísticos e incluso según cada pueblo dentro de un mismo grupo. En su refinada farmacopea[13] y rica cosmología, la ayahuasca (o *yagé*, *kamarampi*, *capi*, *iko*, *natema*, etc.) ocupa un lugar primordial tanto medicinal como mitológico-espiritual. Para todos estos pueblos se considera la manifestación vegetal más elevada del espíritu divino, una fuente inagotable de conocimiento, poder y curación. En algunas tradiciones ocupa por sí sola el primer lugar en el olimpo vegetal, en otras puede ocuparlo junto con otra u otras plantas, por ejemplo, el cactus *chai* o nopal (*Opuntia sp.*), para los indiígenas yaminahua, el *toé*, floripondio o borrachero (*Datura sp.*), para los piro, o el tabaco y la coca para los macuna (Luz, 2002).

13 Lista de medicamentos con indicación de las técnicas de preparación, características, etc.

Tabla 4. Algunos nombres con los que se identifica la ayahuasca entre los pueblos indígenas de la selva amazónica (información recogida de varios estudios de campo citados en la bibliografía).

Nombre	**Significado**	**Familia Lingüística**	**Pueblo**	**Otros términos relativos a la espiritualidad indígena**	
Ayahuasca	Liana de las almas, muertos (*aya* = alma + *aska* = cuerda / liana)	Quechua	Angute-ros Manazes Zaparos (...)		
Ambiwaska	Liana de cu-ración, liana de medicina (*ambi* = cura / medicina)				
Caapi			Tupi		
Capi		Tucano	Tatuyo	*Apeyepa*	Otro mundo
			Guajibos		
Gahpi		Tucano	Desano	*Ahpikondiá*	Vía Láctea
Hananeroca	Liana del Río Celestial (*Hananerita* = Río Celestial + el sufijo *-ca* = liana)	Aruak	Ashán-inka	*Antaviari*	Gran chamán
He ohekoa	Leche de los antepasados	Tucano	Barasana	*He*	Sagrado
Iko	Medicina	Tucano	Siona		
Kahì		Tucano	Yekwana		
Kahi ide		Tucano	Macuna		

<table>
<tr><td rowspan="3">Kamarampi</td><td rowspan="3">El que hace vomitar (kamarank = vomitar)</td><td rowspan="3">Aruak</td><td>Ashán-
inka</td><td>Antaviari</td><td>Gran chamán</td></tr>
<tr><td>Machi-
guenga</td><td>Isure
Saankiriite
Seri Pigari</td><td>Ánima
Buen humor
Chamán</td></tr>
<tr><td>Piro</td><td></td><td></td></tr>
<tr><td>Mado</td><td></td><td></td><td>Culina</td><td></td><td></td></tr>
<tr><td>Mihi</td><td></td><td>Tucano</td><td>Cubeo</td><td></td><td></td></tr>
<tr><td>Natema</td><td></td><td></td><td>Ashuar
Jíbaros</td><td></td><td></td></tr>
<tr><td>Nepe</td><td></td><td></td><td>Colora-
dos</td><td></td><td></td></tr>
<tr><td>Nixi pae</td><td>Bajo la influen-
cia de la liana</td><td>Pano</td><td>Kaxinawa</td><td>Yuxin
Yoshi</td><td>Espíritu</td></tr>
<tr><td>Ondi</td><td></td><td>Pano</td><td>Shara-
nawa</td><td></td><td></td></tr>
<tr><td>Oni</td><td></td><td>Pano</td><td>Marubo</td><td>Yavé</td><td>Espíritu</td></tr>
<tr><td>Pindé</td><td></td><td></td><td>Cayapas</td><td></td><td></td></tr>
<tr><td>Rami-wetsem</td><td></td><td></td><td>Culina</td><td></td><td></td></tr>
<tr><td>Shori</td><td></td><td>Pano</td><td>Yami-
nawa</td><td>Weroyoshi</td><td>Espíritu</td></tr>
</table>

<table>
<tr><td rowspan="7">Yagé</td><td rowspan="7"></td><td rowspan="7">Tucano</td><td>Aido pai</td><td>Toyá</td><td>Visión especializada</td></tr>
<tr><td>Coreguaje</td><td></td><td></td></tr>
<tr><td>Kofán</td><td></td><td></td></tr>
<tr><td>Inga</td><td></td><td></td></tr>
<tr><td>Secoya</td><td></td><td></td></tr>
<tr><td>Siona</td><td>Dau</td><td>Poder chamánico</td></tr>
<tr><td>Witoto</td><td></td><td></td></tr>
</table>

Aunque cada pueblo tenga su propia especificidad, existen muchos puntos en común y afinidades en la cosmología de sus tradiciones respecto al uso ritual de la bebida sagrada. La ayahuasca ocupa un lugar central en la cosmovisión de estas culturas tribales e integra, asumiendo el papel de clave interpretativa, sus concepciones de la naturaleza y de la realidad espiritual invisible que la impregna, como también de la muerte y del destino *post mortem* de los espíritus de los difuntos. La ayahuasca se encuentra en la base de su mitología original y está vinculada al concepto de inmortalidad; representa la herramienta por excelencia para resolver los problemas de la comunidad, gracias a la intermediación con el mundo espiritual que el chamán realiza mediante su uso. Es un mecanismo a través del cual también se diagnostican y curan enfermedades, y a su vez permite a todos los miembros de la comunidad tribal seguir su propio camino de evolución espiritual durante las sesiones de ayahuasca dirigidas por el propio chamán con sus cantos mágicos.

Naturaleza y espiritualidad

En la cosmología indígena, la naturaleza se percibe como un centro de inteligencia y conciencia que posee alma, voluntad y un orden propio.

Otros autores[14] ya han señalado cómo este concepto se aproxima a la noción griega de *physis,* y en particular a la concepción de naturaleza (*physis*) propia del hilozoísmo griego: la materia como un todo animado y vivo.[15]

Este punto de vista se manifiesta en el concepto nativo de *espíritu,* que *no* se ve como algo sobrenatural y sobrehumano, sino como una fuerza vital que impregna todos los fenómenos vivos en cualquier parte del universo. La naturaleza no está fuera del ser humano, es el humano el que está dentro de la naturaleza y es parte integrante de ella del mismo modo que un órgano lo es con respecto al cuerpo. La naturaleza no podría existir sin estar regida e impregnada por la fuerza espiritual (la fuerza del espíritu), sin la cual solo sería polvo.

Según la visión indígena, en la vida cotidiana solo se percibe el lado ordinario de la realidad, mientras que no se revela ese principio espiritual más sutil que une todas las manifestaciones vivas. En el estado normal, la percepción se limita a la visión de los cuerpos materiales, mientras que en los estados alterados de conciencia es posible enfrentarse al otro lado de la realidad, y percibir los espíritus de plantas y animales. La ayahuasca es el medio para llegar a este mundo invisible y recuperar la conciencia de la igualdad y comunalidad espiritual entre el ser humano y los *seres mágicos* que animan las plantas y los animales, que son percibidos como antropomorfos en la realidad del mundo espiritual. La *Banisteriopsis caapi* transmite al usuario la capacidad de ver los espíritus de la naturaleza (animales, plantas, pero también rocas, lagos, ríos, etc.) como realmente son, a veces en formas antropomórficas, aspecto que también se encuentra en el concepto de *espíritu-madre* presente en la tradición de los ayahuasqueros mestizos (véase el capítulo 4).

En la espiritualidad indígena, el potencial inmaterial del consumo de ayahuasca es equivalente al de los sueños, considerados como la otra forma de interactuar con la realidad invisible. De la misma forma que

14 Elsje Maria Lagrou (1991) citada por Pedro Luz (2002).

15 En particular, según la escuela de Mileto (siglos VII y VII a.e.c.), la naturaleza posee un principio originario que se considera dotado de vida propia y capaz de determinar los acontecimientos de la propia naturaleza. Los filósofos de esta escuela se denominaban *hilósofos* (*hylē* = materia, *zoon* = ser vivo), ya que para ellos la materia no es algo inerte, sino un todo animado y vivo (Perone, 1984).

los sueños, el consumo de ayahuasca permite percibir el lado oculto, pero tan verdadero como el ordinario, de la realidad. La realidad se concibe así como multidimensional, pero al mismo tiempo integrada: por un lado, la dimensión ordinaria y, por otro, la sutil, la espiritual, a la que se puede acceder a través de los sueños o de las plantas sagradas.

La dimensión espiritual abierta por las visiones permitidas por la planta tiene el carácter de verdad absoluta, las visiones no solo son vistas como reales, sino como *la* verdad pura. En la concepción indígena, el mundo cotidiano tiene un aspecto que es transitorio e ilusorio, la verdadera esencia de la realidad y las cosas como realmente son es la que percibe el espíritu bajo el efecto de la planta. En este aspecto veraz, todas las manifestaciones de la naturaleza son iguales, son espíritus con semejanzas humanas, pero como comenta el antropólogo y etnobotánico Pedro Luz, «son más que humanos, son seres poderosos, que trascienden la temporalidad al vivir en la eternidad, en un espacio propio en el que todo se ve y todo se sabe» (Luz, 2002).

El contacto con el lado espiritual de la realidad es deseado y necesario, pues permite entrar en comunicación con los espíritus de todas las cosas, de los cuales se obtiene conocimiento y poder; y solo es posible establecer este contacto y comunicación de dos formas: los sueños o la ingesta de ayahuasca.

Muerte y espíritus de los difuntos

Uno de los aspectos más relevantes de las sesiones de ayahuasca, y común a los diferentes grupos indígenas, es la experiencia, buscada por los participantes con fines de evolución espiritual, de la separación del alma del cuerpo, técnica que se relaciona también directamente con el destino *post-mortem*.

En varias tradiciones chamánicas, la ingesta de ayahuasca se considera fundamental para preparar a una persona a que enfrente su propia muerte y está profundamente relacionada con su destino en el otro mundo. Es a través de la ingestión de ayahuasca que el individuo se da cuenta de la distinción que existe entre el espíritu, que tiene conciencia, y el cuerpo. Si el espíritu no alcanza esta conciencia en el transcurso de la vida corporal, cuando muera se volverá loco y no podrá emprender el viaje a la «aldea celestial» (Luz, 2002). Cuanto más se haya entrenado la persona para separar el espíritu consciente del cuerpo, a través del uso de la ayahuasca, mejor preparada estará para realizar el viaje definitivo y alcanzar su destino final. Durante las sesiones con la planta, la *B. caapi* muestra al individuo lo que tendrá que encontrar después de la muerte, las entidades con las que entrará en contacto, el camino que tendrá que recorrer hasta su destino final y lo que encontrará allí, proporcionando a cada persona los medios, el conocimiento y el poder necesarios para que pueda llegar superando las dificultades y los peligros del viaje.

El estado de conciencia multidimensional que el individuo alcanza durante las sesiones de ayahuasca se compara con aquel en el que los espíritus de los difuntos están constantemente inmersos después del deceso del cuerpo material. Potencialmente, el efecto de la ayahuasca es un estado duradero de trascendencia de la muerte (Luz, 2002). Esta es una de las razones por las que la bebida también se utiliza para prevenir un fallecimiento inminente, o más comúnmente para entrar en contacto con los espíritus de los difuntos, en particular de los parientes fallecidos (el culto a los antepasados). Por ejemplo:

> En la cosmología de los yaminawa, el tiempo y el espacio del mundo espiritual es el de los sueños y las visiones. La ubicación y vivencia de la tierra de los muertos, *bai iri*, donde se dirigen los *weroyoshi* [espíritus] de los difuntos, derivan de las visiones provocadas por el *shori* [ayahuasca], bajo cuyo efecto puede llegar hasta allí el espíritu de los vivos. El *bai iri* es el espacio del *shori* por excelencia, donde todos están en éxtasis permanente y «lo ven todo», lo que sugiere que la percepción de los espíritus de los difuntos es permanentemente aquella a la que conduce la asunción del *shori* por el espíritu de los vivos.
>
> (Luz, 2002, p.40)

Entre los asháninka de lengua aruák, la liana *B. caapi*, así como la bebida derivada de ella, recibe el nombre de *kamarampi,* que significa «vomitar», dadas las fuertes propiedades eméticas que posee y que imparte a la bebida ritual, o también el nombre *hananeroca*, que deriva de *Hananerite*, «el río celestial», más el sufijo *-ca* que significa «liana». De ello se deduce que *hananeroca* significa «liana del río celestial», término estrechamente relacionado con los conceptos de destino *post mortem* y eternidad, ya que el río celeste al que se refiere la etimología de la palabra *hananeroca* es el lugar mitológico donde las almas de los muertos van a sumergirse para cambiar de piel y hacerse así eternas (Luz, 2002). Luz informa, por ejemplo, que existe la costumbre entre los asháninka de dejar un cuenco con *kamarampi* en la tumba del difunto.

Para otros grupos indígenas, la bebida tiene la función de transportar a los individuos a lo largo de las líneas de ascendencia de sus antepasados hasta su estado ancestral. Esta capacidad de la ayahuasca de fluir hacia atrás a lo largo del propio árbol genealógico permite al individuo conectar el presente con el pasado y le da la posibilidad de viajar hasta ese pasado ancestral. La liana *B. caapi* se considera el «*camino de la vida del hombre*» (Luz, 2002) y, según algunas tradiciones indígenas, cuando el padre ingiere la bebida, los hijos también sienten el efecto. La propia forma de la planta —que de una sola liana puede ramificarse incluso en una vasta extensión de selva, ascendiendo y descendiendo numerosas veces por el recorrido entre la tierra y la copa de los árboles— da una idea de las propiedades que le atribuye la cultura indígena. Del mismo modo, la ayahuasca ofrece la posibilidad de ascender o descender por líneas genealógicas. Una de las propiedades más buscadas por los participantes en los rituales de algunas tribus es la de remontar la línea ancestral hasta el origen. Cuanto más intensa es la experiencia debido al carácter sagrado del ritual y al poder de la bebida, más estrecho es el contacto con los ancestros originales, «tomar la bebida es identificarse con esos mismos antepasados» (Luz, 2002, p.54). Este tema es particularmente interesante, ya que está estrechamente relacionado con el concepto de «memoria de vidas pasadas», también presente en las modernas religiones ayahuasqueras brasileñas. Es la *lembrança do passado* tan deseada en los himnos de Sebastião Mota del Santo Daime, y también el fundamento del que partió la *História da Hoasca* de José Gabriel da Costa, fundador de la UDV. En el caso de los movimientos religiosos modernos, este recuerdo del pasado, de las vidas pasadas, está vinculado a la visión evolutiva del espíritu humano resultante de una serie de reencarnaciones sucesivas en la materia del plano terrestre (transmigración de las almas).

Entre algunos pueblos indígenas es costumbre hablar con frecuencia de sus experiencias con la ayahuasca, de lo que han visto, oído o aprendido. Hablar de esto les produce un gran placer. Según Esther Jean Langdon,[16] se puede decir que estos relatos forman parte de su tradición narrativa, poética y artística, ya que tales narraciones se realizan utilizando mecanismos poéticos con el fin de hacer más bella y evocadora la experiencia de contar y escuchar (Langdon, 1997 y 2002). Dentro de esta tradición también se encuentra la narrativa relacionada con la mitología transmitida en las comunidades tribales.

A continuación, se presentan algunos ejemplos de mitos indígenas relacionados con la ayahuasca, extraídos de la extensa recopilación de la obra de Pedro Luz titulada *O uso ameríndio do caapi* (2002). En la tradición del pueblo asháninka, los mitos asociados al *kamarampi* (ayahuasca) son los relacionados con las hazañas del héroe Masinkinti, identificado con la constelación de las Pléyades, y su cuñado Porinkari, identificado con las estrellas que forman el cinturón y la espada de la constelación de Orión. Masinkinti vivía con su numerosa familia en la Tierra, pero deseaba cambiar su condición mortal por la inmortal, emigrando a los cielos. Fue el primer asháninka que utilizó el *kamarampi* y lo introdujo en el uso habitual de su pueblo.

Tomando la bebida durante un largo periodo de tiempo, practicando correctamente la debida abstinencia (dietética y sexual), él y su familia se prepararon para merecer el viaje final al plano celeste, que tuvo lugar a través de una canoa de madera, en la que Masinkinti y su pueblo se embarcaron, cantando y bailando fervorosamente mientras la nave volaba hacia el cielo. Porinkari, casado con la hermana de Masinkinti, no había podido soportar los rigores de la abstinencia necesaria para ingerir el *kamarampi* y no creía en la posibilidad de ascender al cielo por esta vía. Tras la marcha de Masinkinti, Porinkari cambió de opinión e intentó imitar a Masinkinti, pero fracasó. Entonces Masinkinti, apiadándose de Porinkari, que se quedó atrás, le arrojó una soga, la «soga del cielo», por la que este logró ascender.

---

16 Doctora en Antropología por la Universidad de Tulane (EE.UU.), actualmente profesora en la Universidad Federal de Santa Catarina (UFSC - Brasil). Su área de investigación es el chamanismo, la salud, la curación y la narrativa.

En este mito encontramos la relación entre la planta *Banisteriopsis caapi* y la inmortalidad, así como la importancia de practicar correctamente las restricciones asociadas a la bebida: Porinkari, incapaz de abstenerse del sexo, hace un uso ineficaz de la bebida, fracasando en su ascesis al cielo. Tan solo con la ayuda de su cuñado, Masinkinti, que le lanza la «soga del cielo», Porinkari logra alcanzar su objetivo. El consumo del *kamarampi* se asocia así a la virtud religiosa y moral, vinculándose su uso a una evolución cuya principal característica es la consecución de la eternidad (Luz, 2002, p.43).

En otro mito de los asháninka, que habla de la destrucción del mundo tras un *diluvio universal*,[17] el *kamarampi* desempeña un papel fundamental. Según el relato, los antiguos *antaviari*, grandes chamanes, bebieron *kamarampi* e instaron a los demás asháninka a hacer lo mismo para alcanzar la salvación. Pero la mayoría de estos no creyeron sus advertencias, burlándose y mofándose de los chamanes. Estos últimos, bebiendo más, fueron advertidos por el *kamarampi* de una gran lluvia inminente y bajo su dirección construyeron un gran barco. Tras terminar la construcción, volvieron a beber y fueron advertidos de que la lluvia comenzaría al día siguiente. Cuando fueron a avisar a los demás, una vez más dudaron de ellos y se burlaron. Al día siguiente, con la llegada de la inundación, solo los que habían bebido y escuchado al *kamarampi* lograron sobrevivir, salvándose en la barca.

En la mitología de los desano, pueblo indígena de habla tucana, la Vía Láctea, llamada *Ahpikondiá*, es el lugar donde reside el creador y al que los seres humanos son transportados mediante visiones tras la ingestión del *gahpi* (ayahuasca). En la Vía Láctea pueden entrar en contacto y obtener la alianza con seres sobrenaturales y héroes míticos. Para los tatuyos, también de lengua tucana, el *apeyepa* representa «el otro mundo», donde reside el que siempre fue, el Sol. Llegar a este «otro mundo» —donde el ojo del chamán puede alcanzar el infinito, la inmensidad luminosa— es posible mediante el uso del *capi* —la *Banisteriopsis caapi*— del que este «otro mundo» es el universo original.

17 El acontecimiento mitológico relativo a un diluvio universal ocurrido en la antigüedad está presente en diversas tradiciones culturales de todo el planeta, así como en la tradición judeocristiana derivada de la Sagrada Biblia.

De los mitos recurrentes en las tradiciones indígenas se desprende que el consumo de ayahuasca está conectado a un retorno a los orígenes del universo, al principio espiritual originario, y es el medio necesario para poder, a través de este retorno al origen, emprender un proceso de «renovación y preservación del mundo» (Luz, 2002, p.43). Al mismo tiempo, el consumo de ayahuasca en la cosmología indígena está relacionado con la evolución que los seres humanos necesitan para alcanzar la inmortalidad y la salvación.

El valor comunitario en el consumo de la ayahuasca

La preparación de la ayahuasca y la dirección de las sesiones rituales es responsabilidad del maestro chamán de cada tribu, pero la *cosmología chamánica* que está en la base de la tradición cultural de cada grupo no se limita únicamente a la bebida sagrada o a la figura del chamán, sino que representa una experiencia que pertenece a la comunidad en su conjunto, un conocimiento que comprende una cosmovisión y unas prácticas rituales compartidas por el grupo en su conjunto. En este sentido, Esther Jean Langdon (2002) define la ingesta ritual de *Banisteriopsis caapi* como la «recreación de la cosmología chamánica». Dentro de la vida comunitaria, el uso de la ayahuasca asume un papel con finalidades colectivas relevantes para la propia organización y supervivencia de la estructura social. Uno de los propósitos del consumo ritual de la ayahuasca es fomentar la cohesión y la paz tribal, estimulando la unidad social a través de una actividad común que involucra a parientes y no parientes. Las sesiones de ayahuasca son también el terreno en el que se abordan las cuestiones internas de la comunidad tribal. Las visiones en las que el individuo se ve inmerso, y con las que puede interactuar bajo la influencia de la ayahuasca, están cargadas de simbolismo relacionado con la propia evolución y crecimiento dentro de las relaciones infratribales. Algunas visiones específicas son buscadas específicamente por los participantes, ya que se consideran favorecedoras para ellos mismos, su familia y toda la comunidad. Aprendiendo a interactuar con las visiones, y a obtener las socialmente deseadas, se refuerzan los lazos comunitarios y desaparece el miedo al otro, al diferente:

> El miedo al *ondi* [ayahuasca], típico de los primeros años de consumo [en los más jóvenes], es el miedo a los extraños. [...] la convivencia en los rituales y el aprendizaje de la interacción con los espíritus transforman gradualmente el miedo en euforia, las visiones de serpientes en bellas imágenes, los extraños en compañeros.
>
> (Luz, 2002, p.41)

Continuando con el análisis de los propósitos colectivos del uso ritual de la ayahuasca, podemos ver que siempre se relaciona íntimamente con la producción de alimentos vegetales, ya que la idea de que el clima está dominado por la acción de entidades que viven en el lado espiritual e invisible de la realidad está muy extendida en la cultura indígena. Una de las finalidades de las sesiones de ayahuasca es contactar con estos seres espirituales encargados de la meteorología para pedirles determinadas condiciones climáticas favorables para el crecimiento y la cosecha de los cultivos alimenticios de la comunidad tribal. Del mismo modo, el chamán ayahuasquero puede decidir ofrecer y dirigir ceremonias rituales para contactar con otro tipo de espíritus que puedan favorecer la satisfacción de las necesidades del grupo. Algunas sesiones pueden dirigirse a entidades meteorológicas, espíritus cazadores, espíritus de los ríos y otros, dependiendo de la situación y las necesidades de la comunidad.

El chamán asume el papel del diplomático, ya que negocia en nombre de su comunidad con el mundo natural que le rodea, buscando alianzas y protección, contactando y estableciendo relaciones de «amistad» con los espíritus de las plantas, los animales y los fenómenos meteorológicos a fin de obtener acciones favorables para la subsistencia psicofisiológica y cultural de su comunidad. Por lo tanto, es necesario que el chamán desarrolle una considerable fuerza física y psíquica, condiciones necesarias para poder aventurarse en las dimensiones espirituales a través de las técnicas chamánicas y alcanzar los objetivos específicos y concretos que se requieran: la curación de un enfermo, la búsqueda de una persona u objeto perdido, la alteración de las condiciones meteorológicas, el desplazamiento psíquico en un lugar específico en el tiempo y en el espacio, la solución de algún problema técnico o social, o la adquisición de algún tipo de conocimiento concreto, por ejemplo el aprendizaje de alguna lengua (Luna, 2002).

Los chamanes indígenas, y como veremos también los de tradición mestiza, afirman que a través de la ayahuasca pueden aprender el lenguaje de ciertos animales, y aprender fácilmente a comunicarse con lenguas de otros grupos indígenas.

Chamán, canto chamánico, evolución espiritual y sanación

Como ya se ha descrito ampliamente en la literatura científica, el chamanismo se considera la forma más antigua de aprendizaje y conocimiento utilizada por los pueblos primitivos en todas las zonas del planeta. Mircea Eliade[18] define el chamanismo como «las técnicas primordiales del éxtasis», que consisten principalmente en la práctica del *vuelo chamánico,* es decir, el viaje al mundo de las realidades espirituales mediante la técnica del *trance extático.*

Entre los numerosos pueblos indígenas de la selva amazónica que utilizan la *Banisteriopsis caapi*, aparte de casos muy raros,[19] la práctica chamánica está absolutamente relacionada con el consumo de ayahuasca, siendo una condición *sine qua non* de esta práctica. Es la ayahuasca la que permite a los espíritus cantar, a través del chamán, las melodías que subyacen y dirigen las fases de las sesiones rituales, y que son responsables de posibilitar el efecto curativo. Del mismo modo, su consumo es crucial para la comunicación con los espíritus; de hecho, sin ingerirla, el canto del chamán es inofensivo, ya que los espíritus no pueden oírlo. Durante las ceremonias de ayahuasca el canto juega un papel crucial, manifiesta la conversación que tiene lugar entre los seres del mundo espiritual y el chamán, que adquiere otro cuerpo, un *cuerpo*

18 Mircea Eliade, uno de los escritores más citados sobre ciencia e historia de las religiones y uno de los más famosos estudiosos del fenómeno chamánico.

19 Entre los diversos grupos étnicos de pueblos indígenas de la selva amazónica, también hay casos raros en los que el uso de la ayahuasca no está necesariamente asociado a prácticas chamánicas, como es el caso de los kaxinawa peruanos (de familia lingüística pano). Los chamanes kaxinawa utilizan preferentemente el tabaco (*dume*) para comunicarse con los espíritus. Solo en casos excepcionales, cuando sus métodos habituales no logran la sanación deseada, beben *nixi pae* (ayahuasca) en sesiones especiales para conversar con los espíritus (Keifenheim, 2002).

energético con el que puede interactuar con los seres que habitan en la otra realidad y comunicarse con ellos a través del canto.

La ayahuasca, «liana de los espíritus», es el principal vehículo de diálogo con las entidades espirituales. Esta comunicación, intermediación, puede producirse a través de técnicas basadas en el *trance extático* que puede alcanzarse mediante el uso de la ayahuasca. El chamán indígena es, por tanto, un médium que establece contacto y se comunica con los espíritus de la naturaleza a través de la trascendencia de la realidad material y la inmersión en el mundo espiritual. La mediumnidad del chamán puede manifestarse básicamente en dos modalidades técnicas. La primera es la del *vuelo chamánico*, en la que el ayahuasquero adquiere un cuerpo energético y «abandona» su cuerpo material para navegar en la realidad de los espíritus y alcanzar los objetivos específicos buscados a través de la comunicación con las fuerzas espirituales. Este fenómeno puede definirse como la técnica mediúmnica de desdoblamiento (o extracorporal[20]) a través de la cual el chamán-médium abandona su cuerpo material para cumplir una misión en el mundo de los espíritus. Es esta técnica específica la que, según Eliade, distingue al chamán de otros tipos de *medicine-man* y médiums; por tanto, todos los chamanes son también *medicine-man* o médiums, pero no a la inversa, ya que solo pueden definirse como chamanes aquellos que practican específicamente la técnica del *viaje extático*. La segunda técnica básica de la mediumnidad chamánica es la relativa a los fenómenos de canalización de fuerzas espirituales externas (sobre las que el chamán continúa ejerciendo su dominio), como por ejemplo ocurre cuando entidades espirituales cantan, a través del «instrumento» chamán, las melodías con las que se dirige la sesión ritual con ayahuasca. En este caso se puede hablar de una técnica mediúmnica de *incorporación*, que puede manifestarse de formas más o menos intensas o parciales y que en otros contextos puede denominarse *irradiación* o más genérica-

20 Que deriva del latín medieval *excorporare*, acuñado en oposición a *incorporar*. En español, tenemos también *desincorporar* con el significado de «retirar un elemento del conjunto del que forma parte». En italiano, se usa también *scorporare* con el significado (en el lenguaje literario) de privar de materialidad, de cuerpo (*Vocabolario della Lingua Italiana dell'Istituto dell'Enciclopedia Treccani*, vol. IV, p. 176, 1994). En este contexto, el término *desdoblamiento* se utiliza en oposición a la técnica de la *incorporación*, descrita más adelante en el texto.

mente *canalización*. Mientras que el *viaje extático* (o *desdoblamiento*) es una técnica más específica del chamanismo indígena amazónico (y también de otras zonas del planeta), la canalización y la incorporación resultan ser fenómenos mediúmnicos presentes también allí, pero más característicos tanto de la tradición de los *medicine-man* de origen africano como de las prácticas mediúmnicas indicadas en la doctrina espiritista kardecista.[21]

Normalmente, un día antes del día previsto para la sesión de ayahuasca, el chamán y sus ayudantes comienzan los preparativos. La liana y los aditivos vegetales específicos —normalmente las hojas de *Psychotria viridis*, o *Diplopterys cabrerana*, pero también otras plantas o más de una— elegidos por el chamán se recogen y transportan a un lugar específico y dedicado, a veces aislado en medio de la selva, donde la liana se bate y se reduce a finas fibras que se cocerán en el agua, con los aditivos, durante unas horas hasta que la decocción sea espesa y amarga.[22] Para evitar la contaminación, solo se utilizan ollas y utensilios reservados para la preparación de la ayahuasca.

La liana y los aditivos vegetales pueden ser nativos, es decir, recolectados de forma silvestre, o ser «cultivados» por el chamán en determinadas zonas de selva dedicadas a ello. En algunas tradiciones, cuando un chamán encuentra una liana silvestre (*Banisteriopsis caapi*) en medio de la selva, cosecha una parte de ella, se detiene en el lugar donde crece y prepara ayahuasca con la liana encontrada, consumiéndola durante tres días seguidos con el fin de comprender si es un tipo de *B. caapi* ya conocido, qué tipo de efectos produce o si se trata de una nueva variante que deba añadir a su propia selección de lianas «cultivadas» (véase el apéndice etnobotánico al final de este capítulo). Es

21 El kardecismo identifica la filosofía espiritista fundada en Francia en el siglo xix por Allan Kardec y difundida posteriormente por todo el mundo en el siglo xx. En los capítulos siguientes se presentan más detalles.

22 La técnica de preparación indígena es similar, pero no idéntica, a la utilizada por los movimientos religiosos modernos. En estos últimos, solo se utilizan las plantas *B. caapi* y *P. viridis*, sin la adición de otros aditivos vegetales (frecuentes en las preparaciones indígenas y mestizas); además, los tiempos de cocción son más cortos que en la preparación indígena, por lo que la ayahuasca es menos concentrada, de color amarillo parduzco y acuosa. Para una descripción de los métodos de preparación de la tradición mestiza, ciertamente próximos a los indígenas, véase la tabla 6 del capítulo 4.

común que cada chamán cultive una variedad de liana (*B. caapi)* dentro de un espacio territorial forestal dedicado a la experimentación; este espacio está señalizado, al igual que las demás áreas de cultivo, para distinguir entre el espacio dedicado al cultivo de plantas medicinales (como la liana y los aditivos de la ayahuasca) y el dedicado al cultivo de plantas comestibles para la alimentación. De un testimonio del chamán Chindoy, de los kamsá colombianos:

> Las plantas medicinales son como los seres humanos; deben vivir donde les corresponde, no deben mezclarse con el cultivo de otras plantas porque se perturban mutuamente; la fuerza espiritual de las medicinas no puede mezclarse con la de los alimentos; cuando tomamos un remedio, mantenemos una dieta; los espíritus del bosque y de la tierra son así; cada uno tiene su cabeza en su lugar y lo mismo todas las partes del cuerpo; por eso debemos sembrar cada planta donde le corresponde.
>
> (testimonio del chamán kamsá Chindoy, en: Ramírez de Jara y Pinzón, 1986)

Durante la preparación de la ayahuasca, los miembros de la comunidad suelen observar ciertas costumbres y normas para garantizar que la bebida no sea dañada por espíritus malvados. En algunos pueblos, todos los miembros del grupo deben permanecer cerca de sus casas. Los hombres deben abstenerse de cazar, no sea que atraigan a algún espíritu maligno de la selva.

Cuando el chamán anuncia que va a buscar la liana para cocinarla, la mayoría de los participantes se preparan para la ocasión cumpliendo ciertas normas dietéticas. Los que no ayunan completamente, al menos se privan de comer carne y, sobre todo, de cazar (Keifenheim, 2002). Otras restricciones pueden referirse a la abstinencia sexual, evitando el contacto con mujeres durante la menstruación;[23] en raros casos, el

23 Para el pueblo aido pai (de familia lingüística tucana), el yagé tiene un antagonista simbólico en la sangre menstrual, y ambas sustancias deben mantenerse siempre separadas. Las mujeres menstruantes no pueden relacionarse con los hombres, ni siquiera tocar su comida; si el hombre no respeta esta norma, se contaminará y sangrará por la nariz. Tocar un objeto ya tocado por una mujer menstruante provoca dolor de cabeza, y mantener relaciones sexuales con ella antes de una sesión de yagé puede llevar a la muerte. La mujer, por su parte, no puede tomar *yagé* hasta diez días después de la menstruación (Luz, 2002).

consumo de ayahuasca está reservado exclusivamente a los hombres y las mujeres no participan en las sesiones.[24] Normalmente, las mujeres, si no están en su período menstrual, pueden participar, pero sentadas separadas de los hombres.

En algunas tribus, los participantes que van a beber ayahuasca se reúnen por la tarde antes del ritual, toman preparados eméticos para inducir el vómito y purificar sus cuerpos, y se refrescan. Después se adornan con coronas y collares de plumas, adornos de cuentas y nueces talladas. Se pintan la cara con diseños precisos y decoran sus brazos con hierbas dulces, con el fin de hacerse atractivos para los espíritus (Langdon, 1979).

Los rituales tienen lugar por la noche. El maestro chamán dirige los rituales, ya que los poderes de ver y saber, derivados de la experiencia, son esenciales para acompañar a otros en el camino chamánico. Para los indígenas, la experiencia puede estar plagada de peligros si el novato o aprendiz no está preparado. Lo ideal sería que todo hombre emprendiera el camino del chamán, comenzando bajo la guía del maestro y acumulando los conocimientos y la experiencia necesarios para convertirse un día él mismo en maestro chamán (Langdon, 2002). De hecho, quien ingiere ayahuasca entra en el mundo de los «seres poderosos» y se convierte en uno, dejando de tener deseos en la mente y percibiendo todo el tiempo y el espacio como igualmente presentes para el individuo. En la tradición y mitología indígenas, aquel que sea

24 Entre los kaxinawa, las mujeres no ingieren *nixi pae* (ayahuasca) (Lagrou, 1991; Keifenheim, 2002), aunque parece que en el pasado las mujeres también la tomaban. Actualmente, la participación en las sesiones es exclusiva de los hombres. Si las mujeres se mantienen hoy alejadas de los rituales con *nixi pae*, no se debe a ninguna prohibición. Probablemente, la sedentarización de los kaxinawa contribuyó a que las mujeres se mantuvieran alejadas de los rituales. En los tiempos migratorios, la relación de las mujeres con la selva era muy diferente a la actual, y en aquella época las mujeres, al igual que los hombres, vivían la selva como el espacio por excelencia donde el orden de la realidad se transforma en una dimensión espiritual que también se define por la experiencia con el *nixi pae*. Dado que en la actualidad las mujeres solo permanecen en la zona del pueblo y en las plantaciones que lo rodean, su relación con este espacio de experiencia es limitada. No obstante, las mujeres siguen mostrando gran interés por los relatos de sus hombres sobre la experiencia con el *nixi pae* (Keifenheim, 2002).

lo suficientemente valiente como para no hacer nada más que tomar ayahuasca podrá ascender al cielo y alcanzar la inmortalidad.

Incluso aquellos que carecen de coraje para realizar esta hazaña pueden beneficiarse del uso de la ayahuasca de diversas formas, incluyendo la purificación del cuerpo y de la mente del individuo debido a sus fuertes propiedades eméticas y purgativas, a través de las cuales es posible expulsar, por ejemplo, los restos de caza ingeridos que sean la causa de la aparición de enfermedades (Gow, 1991, *op. cit.* en: Luz, 2002). Además, es su uso el que permite al maestro chamán diagnosticar las causas de las enfermedades y recibir indicaciones sobre el tratamiento de cada caso concreto. Para poder practicar las técnicas chamánicas, es necesario tomar ayahuasca para que pueda proporcionar al chamán la capacidad de tener visiones bien definidas y, al mismo tiempo, poder interpretarlas para deducir las causas de las enfermedades, el diagnóstico, las instrucciones para el tratamiento, etc. Sobre este tema:

> El yagé es una fuerza, que tiene poder, voluntad y conocimiento; con él podemos ascender a las estrellas, entrar en las plantas, en las montañas, en el espíritu de otras personas, conocer su plan para hacer el bien o el mal, podemos conocer el futuro de nuestra vida y la de los demás, ver las enfermedades y curarlas, con él podemos visitar el cielo y el infierno.
>
> (testimonio del chamán kamsá Chindoy, en:
> Ramírez de Jara y Pinzón, 1986)

Fundamental es, por tanto, el *aspecto pedagógico* que asume la planta, fuente inagotable e infinita de conocimiento. Es maestra de la ética correcta que hay que aprender tanto para la conducta personal como para las relaciones con los demás miembros de la comunidad, con los antepasados ancestrales, con los seres del mundo natural, plantas y animales, y con los seres del mundo sobrenatural.

El conocimiento adquirido a través de la ayahuasca no es definitivo y limitado, ni implica un único estado de comprensión de la realidad. A modo de comparación, puede asemejarse mucho al sistema educativo occidental, en el que hay una serie de materias en las que uno puede especializarse durante los cursos de posgrado. Los conocimientos necesarios para convertirse en maestro chamán incluyen visiones, «dibujos» simbólicos y cánticos. Todos los espíritus tienen sus propios dibujos, así como sus propios cánticos, que enseñan a la persona durante las visiones. Cada aprendiz intenta conocer tantas visiones y cánticos como pueda, ya que cuanto más amplio sea su repertorio, más aumentará su poder gracias a los espíritus que ha llegado a conocer.

Cuando el maestro chamán elige el tipo de ayahuasca que preparará para el ritual según el tipo de *B. caapi* y los aditivos seleccionados, ya hay una indicación de qué dominio del universo desea «mostrar» a los demás y también de los aspectos físicos del viaje, como colores y ritmos. A medida que se desarrolla el ritual, hay varios pasos por los que el chamán guía a los demás. Primero prepara la ayahuasca, invocando a los seres que quiere que los demás vean y conozcan. El chamán bebe primero y empieza a cantar lo que está viendo, los patrones y seres que descienden. Luego todos los demás beben servidos por el chamán, y después se acomodan en sus hamacas bajo el efecto de la ayahuasca y escuchan sus cánticos. Lo ideal es que todos los participantes empiecen a seguir al chamán en su viaje y visiten también los lugares y seres que habitan estos dominios. Describe Langdon:

> «El otro lado», sus escenas, su belleza, colores, olores, ritmos y sonidos se hacen realidad. Una vez en el otro lado, los ayahuasqueros aparecen y sirven de guías, las entidades se presentan y la persona ve lo que el chamán intenta mostrar.
>
> (Langdon, 2002, p.70)

Durante el ritual chamánico, también se perciben olores y esencias que a menudo no tienen nada que ver con el mundo olfativo cotidiano, sino que se atribuyen a fuentes aromáticas extrañas, principalmente procedentes de espíritus, lugares remotos o seres desconocidos. Los sentidos se entremezclan en lo que puede definirse como *percepción sinestésica*, es decir, la aparición de una sensación (auditiva, visual, etc.) en conjunción con una percepción de naturaleza sensorial diferente y, más concretamente, la aparición de una imagen visual tras un estímulo generalmente acústico (audición coloreada), pero también táctil, olfativo, térmico.

El canto del chamán se convierte entonces en el camino sonoro que dirige la experiencia espiritual, su voz tiene un efecto estructurador y conductor con cuya ayuda es posible mantenerse en el camino correcto para atravesar la experiencia sensorial sinestésica. Por lo tanto, una de las instrucciones más importantes para un principiante es no perder nunca la conexión con los cantos, hay que tenerlos presentes y buscar la voz de quien canta. De modo que cuando el individuo sea capaz de volver a conectar con eso, siendo capaz de percibirlo y visualizarlo, entonces podrá alcanzar la curación.

Además de los cantos chamánicos, también se oyen los sonidos de la naturaleza procedentes de la selva, y en particular los cantos de los pájaros, que pueden ser considerados, por diversos pueblos indígenas, como mediadores significativos entre realidades diferentes. En un canto curativo grabado por Tournon (1991) entre los shipibo-conibo, un chamán canta ensalzando al pajarito *Piaya cayana*,[25] que —inspirado y guiado por el canto del chamán— traza patrones terapéuticos en el cuerpo del paciente.

La propia intensidad, volumen y ritmo de la voz y los cánticos pueden ser diferentes según la fase del ritual chamánico, siguiendo un camino no aleatorio que desarrolla los diferentes momentos de la experiencia espiritual, también en relación con los diferentes mundos y entidades invocados y descendidos en la sesión. Los cantos iniciales que evocan las visiones comienzan con un volumen más bien bajo, la voz del chamán es suave y el canto ligero. A medida que se desarrolla la sesión, se produce una progresión continua y la intensidad de la voz aumenta, llegando a oídos de las diferentes entidades espirituales a las que se dirige, que son atraídas por los cantos y visualizadas por los participantes en la sesión: «En el vértice de la sesión, cuando han comenzado los cantos con los que se disipan las visiones, la voz azul verdosa del cantor, que ahora canta alto y fuerte, alcanza por fin el Cielo en sus movimientos zigzagueantes y lo traspasa, para poder reanudar entonces el camino de regreso» (Keifenheim, 2002, p.120).

Antes de que sea demasiado tarde, los participantes empiezan a volver a «este lado» de la realidad. Entre algunas tribus, como los siona del río Patumayo, es costumbre beber una bebida especial llamada «brebaje templado», que se prepara especialmente para finalizar la ceremonia (Langdon, 1986). Al final del ritual, el chamán interpreta las visiones basándose en su conocimiento de los elementos simbólicos

25 Comúnmente conocido como cuco ardilla. [N. del T.]

contenidos en ellas. Si el propósito de una sesión es curar una enfermedad, explicará la causa sobrenatural que la provocó y el resultado de tratar con el espíritu responsable. A continuación, indicará al paciente la medicina concreta que deberá tomar para curarse. Si el ritual está relacionado con la caza, contará el resultado del pacto que se haya hecho con los maestros espirituales de los animales, indicando dónde y cuándo encontrarán los cazadores a su presa en el bosque. También puede describir lo que ha visto y aprendido sobre el futuro o cualquier otra información significativa.

El estado de conciencia, de sensibilización que permite la ayahuasca y la experiencia resultante, que los nativos describen como el cruce de la realidad invisible de los mundos espirituales, la comunión sensorial con los espíritus y entidades de la naturaleza, han sido fuente de gran interés para el mundo científico, que ha estudiado y analizado el uso de la ayahuasca desde un punto de vista fisiológico y psicológico (véase el capítulo 9). El ritual chamánico permite a los participantes experimentar directa y sensorialmente el «principio de transformación que impregna la historia de la creación», es decir, reconectar con su mundo mitológico donde están depositados los materiales cosmológicos ancestrales colectivos del pueblo al que pertenecen. Según el doctor Jacques Mabit,[26] médico francés y fundador del centro Takiwasi, la ingesta ritual de ayahuasca permite que el material psíquico inconsciente aflore en forma simbólica a través de una experiencia onírica. La curación, la sanación que tiene lugar durante la sesión, deriva, por un lado, de este valor de desbloqueo psíquico que permite superar incluso traumas muy antiguos y, por otro, de los efectos conjuntos de la llamada autorregulación fisiológica, capaz de inducir reacciones naturales de expulsión (diarreas, vómitos, etc.), comunes en las sesiones con

26 Jacques Mabit (Francia), médico especialista en Naturopatía (París) y Patología Tropical (IMT - Amberes). Realizó varias misiones de evaluación de proyectos sanitarios en África y Asia antes de trabajar como director de un hospital en la sierra peruana. Es investigador afiliado al Instituto Nacional de Medicina Tradicional (INMETRA - Ministerio de Salud Pública de Perú), Fundador y Director desde 1992 del Centro TAKIWASI de Rehabilitación de Toxicómanos e Investigación en Medicinas Tradicionales (Tarapoto - Perú), dedicado a explorar alternativas al tratamiento de toxicómanos mediante la combinación de la psicoterapia contemporánea y el uso ritual de plantas psicoactivas. Es miembro fundador del Consejo Interamericano sobre Espiritualidad Indígena (CISEI).

ayahuasca (recordemos que entre diversos pueblos de lenguas aruak se la denomina *kamarampi* = «que hace vomitar») y que forman parte de los deseados efectos terapéuticos de desintoxicación al ingerir esta sustancia (Mabit, 2000).

Esto se explica claramente en las palabras de Germán Zuluaga:[27]

> Ya he insistido en otras ocasiones en que para los nativos del piedemonte amazónico (Zuluaga 1994), el yagé o ayahuasca es ante todo un purgante. La palabra purga es preferida por ellos para definir el efecto de su consumo. Y se habla de purga en el sentido griego de «*katarsis*», ya que se experimenta una limpieza dramática del organismo y aún más, una limpieza de sentimientos, recuerdos, pensamientos y vivencias espirituales. La base del contenido de las sensaciones durante el trance con yagé reside precisamente en esta experiencia catártica, que coincide con la clásica y famosa descripción de Eliade: «Sufrimiento, muerte, resurrección ritual». El yagé es el vehículo sagrado para entrar en el mundo espiritual, pero al mismo tiempo es el encargado de limpiar al viajero para que pueda entrar en este mundo en estado de pureza.
>
> (Zuluaga, 2002, pp. 141-142).

El concepto de *katarsis* es un elemento importante de la poética de Aristóteles, según la cual el arte (por ejemplo, la música, la tragedia) tiene la función de producir la «purificación (catarsis) de las pasiones», como el miedo. El arte eliminaría todos los aspectos negativos, especialmente los morales. Aristóteles vincula el arte a un momento de la vida propiamente espiritual, capaz de transfigurar positivamente la esfera de las pasiones humanas como tal (Perone *et al.*, 1984).

Aunque estos efectos purgantes (vómitos, diarrea, sudoración, aumento de la diuresis, etc.) fueron considerados inicialmente por los occidentales como una prueba de su efecto tóxico, en las últimas décadas, los resultados de numerosos estudios científicos y aplicaciones médicas de la ayahuasca con fines terapéuticos han demostrado la validez de lo que los indígenas siempre han mantenido acerca de que estos efectos son una verdadera desintoxicación y purificación.

---

27 Médico cirujano colombiano, profesor de la Pontificia Universidad Javeriana y Coordinador del programa del *Amazon Conservation Team*. Está en estrecho contacto con los indígenas inganos del piedemonte amazónico colombiano desde 1983, ha participado en sesiones rituales de yagé y lleva a cabo con ellos un amplio programa de recuperación de la medicina tradicional, las plantas tradicionales y la cultura.

Apéndice etnocultural
Jerarquía chamánica y su simbolismo en una comunidad kamsá de Colombia

A continuación, se describirá la simbología asociada a la jerarquía chamánica que Ramírez de Jara y Pinzón (1986) presentaron en un trabajo sobre el uso del yagé en la cultura popular de una comunidad de indígenas kamsá, ubicada en el Valle de Sibundoy, a lo largo del Alto Putumayo, en una zona montañosa que hace parte de la cordillera de los Andes colombianos. Entre los kamsá, el chamán se define con el término *curaca*.

El curaca representaba, en la civilización incaica, la cabeza de un aillu, la célula de la organización incaica compuesta por varias familias que compartían un territorio común con lazos de sangre, lengua y religión. Ramírez de Jara y Pinzón describen que los curacas kamsá solían acompañar el ritual de la ayahuasca —durante y después— con una bebida refrescante a base de maíz llamada *chicha* —esta bebida, así como el término que la identifica, también se remonta a la cultura inca, en la que la chicha era considerada la bebida nacional (Cavatrunci *et al.*, 1989)—.

En la tradición de los kamsá colombianos, existen visiones sagradas y formas culturales particulares que manifiestan el avance gradual a lo largo de una escala jerárquica entre los chamanes kamsá.

El curaca, luego de aproximadamente cuatro o seis años de aprendizaje, ha consumido todos los tipos de yagé y ha experimentado las estructuras básicas de las visiones sagradas relacionadas con su cultura. A través de este proceso adquiere con el tiempo sus propias herramientas rituales y signos de jerarquía.

Los instrumentos rituales se reciben siempre del maestro chamán: el primero que se obtiene es la rama de copal;[28] luego, una pequeña corona de plumas, que implica que el chamán ya puede «volar» con sus pensamientos, como los pájaros, y ya ha «ascendido» al cielo; después, se empiezan a adquirir las cuentas del collar (cuanto mayor es el número de vueltas del collar y la variedad de sus colores, mayor es la

28 *Bursera bipinnata*: árbol, a veces arbusto, dioico perteneciente a la familia de *las Burseraceæ*, de hasta diez metros de altura. Es resinoso, con un aroma agradable y penetrante. A la corteza y al fruto se les atribuyen propiedades medicinales.

jerarquía, que representa el número de viajes dentro de cada color del yagé). El paso siguiente en la escala jerárquica conduce a la adquisición del cristal de cuarzo, que implica convertirse en *curaca-trueno*:

> En un punto avanzado de su formación, el aprendiz emprende una de las partes más difíciles, el aprendizaje de las cualidades de los animales chamánicos. El más exigente a este respecto es el tigre [jaguar] que, en la mitología, está relacionado con el trueno. La *tigrehuasca* o *yagé del tigre* es el agente más importante en el conocimiento médico, ya que en virtud de su poder el curaca entra en el dominio de la mirada del «trueno», el cristal de cuarzo y la facultad de reconocer a través de él la naturaleza del mal.
>
> (Ramírez de Jara y Pinzón, 1986)

Desde el momento en que se convierte en curaca-trueno, la jerarquía pasa a ser objeto de refinamiento y los signos más visibles de prestigio serán el collar con dientes de tigre, oso y tapir y el aumento del plumaje en la corona.

La prueba decisiva llega en el momento de enfrentarse al maestro chamán y soportar el mismo número de ingestas consecutivas de yagé en la misma sesión. La ceremonia se realiza en luna llena y tras cuatro días de ayuno, dieta de alimentos sagrados y abstinencia sexual. Por lo general, esta ceremonia se realiza después de que el maestro chamán ya haya probado el poder curativo de su pupilo, abarcando todo el repertorio de dolencias, desde las más leves a las más graves, mediante el uso de sus propios pacientes. En esta sesión, se prepara el yagé más fuerte, compuesto por tres tipos diferentes de yagé (con aditivos como charupanga - *Banisteriopsis inebrians*) y tres clases de datura: la datura o andaquí (*Datura sanguinea*), el tigre borrachero y la danta —tapir— borrachero (*Datura arborea*). Con esto se completa el número seis (tres yagé más tres datura), que es igual al número de flores que se colocan frente a la tumba cuando alguien muere en esta comunidad kamsá. Con ello, se anuncia la muerte ritual y el renacimiento del nuevo aspirante a chamán.

El maestro chamán entona los cantos, llamando a los espíritus del yagé y la datura. El canto traducido al español dice:

Yagé, Yagé, Yagé
Amo, maestro de todos los conocimientos
Amo, maestro de todos los chamanes
Te pedimos que nos traigas
Tus más espléndidas visiones
Te pedimos la suerte
Para todos los presentes.
Abre las puertas del cielo y
Deja que sus flores suenen.
Yagé, Yagé, Yagé.
Amo de la luz
Deja que vengan
El tigre, el tapir y nosotros
Las visiones de los Hombres del Sol.
Yagé, Yagé, Yagé. (dos veces)

El canto se repite en función de la cantidad de aspirantes y durante las sucesivas ingestas de yagé. Tras ciertos actos rituales precisos, que simbolizan la purificación del cuerpo de los aspirantes y la prevención contra los malos espíritus, se consumen altas dosis de yagé, primero el maestro chamán, luego los aspirantes. Esto se repite hasta que el maestro chamán sucumbe al agotamiento. Nunca hay un número fijo de ingestas, a veces una sesión puede durar toda una noche y un día o más. Si el aprendiz se deja vencer por el cansancio antes que su maestro, debe volver en otra ocasión y repetir la misma prueba, «*hasta que el yagé haya coloreado bien la sangre*»; si se resiste, hay que esperar una última señal: un animal blanco debe atravesar la casa ceremonial del yagé, o al menos, pasar muy cerca. Es preferible que el animal sea una mariposa.

«*Colorear la sangre*» es la meta de todos en esta comunidad kamsá, y el grado más alto para el chamán; por eso cada tipo de yagé representa *un color* que introduce segmentos del cosmos y de la naturaleza en la sangre, hasta reproducirlos en su totalidad. Cuando se alcanza este momento, los animales, las plantas, las estrellas o, mejor aún, sus *colores* fluyen en la sangre, aumentando el poder y el conocimiento de la persona. Los *colores* que se obtienen son visibles a través del yagé, y cuando se está en el aprendizaje inicial los más avanzados pueden robarlos. El yagé hace visibles los colores de cada uno en la frente en forma de rayos correspondientes al arco iris, donde más tarde adornarán las plumas.

Apéndice etnobotánico
Clasificaciones del yagé entre los siona

Existen varias clases de *Banisteriopsis*, la liana que compone la ayahuasca, que pueden tener características físicas y propiedades ligeramente diferentes. A continuación, se resumen los resultados de un estudio[29] publicado en 1986 por Esther Jean Langdon sobre el pueblo siona, del grupo tucano occidental, cerca del río Putumayo, entre Colombia y Ecuador.

Ya habían señalado algunos investigadores que el sistema de clasificación de la *Banisteriopsis* de los propios nativos es más refinado que el de la botánica occidental (Schultes, 1972; Reichel-Dolmatoff, 1972; Rivier y Lingren, 1972). En el caso estudiado por Langdon, los siona conocen y clasifican los diferentes tipos de lianas no solo desde el punto de vista de sus características físicas, sino también desde el punto de vista de los efectos visionarios que se les atribuyen. Hay que destacar, sin embargo, que estos diferentes efectos clasificados a veces dependen realmente de la composición química, mientras que otras veces dependen solo de una influencia cultural que se refleja en las visiones asociadas a determinados tipos de liana.

Desde mediados de la década de 1950, los siona han sufrido una rápida convulsión cultural debido al descubrimiento y la extracción de petróleo en la zona geográfica donde vivían. En la época de la investigación de campo de Langdon, solo unos pocos siona ejercían como chamanes o cultivaban las numerosas variedades diferentes de la liana *Banisteriopsis*.

Los siona nombran tanto a la liana como a la bebida con el término *iko*, aunque también han naturalizado el término yagé y lo alternan con el primero. El yagé no es la única sustancia que recibe el nombre de *iko*. Se denominan *iko* diversos preparados no psicoactivos elaborados a partir de plantas, animales e insectos, utilizados para combatir enfermedades y producir bienestar. El significado genérico de *iko* corresponde a nuestro término «medicina», aunque con un

29 Estudio basado en investigaciones de campo realizadas por la propia Langdon en el periodo comprendido entre junio de 1970 y diciembre de 1973, y durante el verano de 1980. La investigación contó con el apoyo de varias instituciones, entre ellas el *International Center for Medical Research* de la Universidad de Tulane (EE.UU.).

significado más amplio que el nuestro. El yagé representa la medicina (*iko*) general y fundamental. Todas las demás clases de medicina derivan su uso, significado y poder de esta medicina genérica.

Para la preparación del yagé, el chamán elige entre las distintas variedades de la liana, que él mismo cultiva en medio de la selva, según el tipo de visiones que quiera suscitar en el ritual. En ciertas ocasiones prepara yagé crudo, que puede rallarse o triturarse e ingerirse sin cocer. Ya sea cocido o crudo, el yagé se prepara con uno o más aditivos que son necesarios para que se produzca el efecto psicoactivo. Ningún aditivo se llama yagé solo, sino que se clasifican por nombres específicos. El aditivo más común para los siona es *Diplopterys cabrerana* (anteriormente clasificado como *Banisteriopsis rusbyana* hasta el trabajo de Gates, 1982), que es clasificado por los siona como *yagé agua*, del cual reconocen dos clases: uno más pequeño, que designan como yagé *agua de pájaro*, y otro más grande, llamado *yagé agua de jaguar*. También conocen la *Psychotria viridis*, empleada por sus vecinos, los kofán, pero solo la utilizan ocasionalmente. Afirman que desempeña el mismo papel y las mismas funciones que el *Diplopterys*. El segundo aditivo más utilizado es la *Brunfelsia,* que según ellos sirve para acelerar el estudio del aprendiz de chamán. Otros aditivos utilizados por los siona pueden ser: tabaco, paulina, yoco y datura. El tabaco permite al chamán transformarse en una pequeña serpiente. El yoco se utiliza para que los jóvenes trabajen duro. La datura se utiliza para producir una fuerza excepcional y visiones rápidas.

Del trabajo de Langdon se desprende que los siona clasifican la liana del yagé según dieciocho clases diferentes con distintos nombres basados en distintas características físicas y propiedades visionarias. De estas dieciocho, solo seis muestras botánicas diferentes fueron enviadas a centros de investigación norteamericanos para su identificación. Todas las muestras enviadas, aunque diferentes entre sí, fueron identificadas como pertenecientes a la única especie reconocida en la botánica occidental: *Banisteriopsis caapi*.

Los aspectos discriminatorios que los siona utilizan para distinguir las distintas clases de lianas son:

- *Aspectos botánicos*: la longitud y anchura de la liana, el tamaño y la forma de las hojas, la presencia o ausencia de flores. Dado que las clases sometidas a identificación resultaron ser todas de una sola especie para la botánica occidental, Langdon concluye que los siona utilizan sin duda distinciones físicas más refinadas que los botánicos. Al definir la clase, los siona indican generalmente qué parte de la planta se utiliza: el tallo, la corteza, partes específicas de las ramas, hojas, etc. (diferentes partes de la planta pueden tener diferentes composiciones químicas).

- *Efectos visionarios*: las visiones que supuestamente muestran la clase de planta, sus espíritus, colores o ritmos específicos. Según los siona, a cada clase le corresponde también un sonido. Los efectos visionarios también dependen de otros principios clasificadores (como la historia y la preparación).
- *Historia particular de la liana*: las plantas pertenecientes a un chamán pueden obtenerse de dos maneras: de otro chamán o mediante el descubrimiento de un *yagé silvestre* (cualquier bejuco encontrado autóctono en medio de la selva por el chamán); un *yagé silvestre* una vez experimentado puede formar parte de una clase ya conocida o ser la fuente para la creación de una nueva clase. La historia de la liana como elemento discriminatorio de clases puede verse, por ejemplo, en las clases de liana que se definen según su procedencia de otras tribus.
- *Preparación*: aspecto que debe considerarse en su sentido más amplio. El método de preparación incluye los aditivos elegidos y la preparación ritual de los participantes. El yagé puede ser crudo o cocido, entre las clases cocidas existe una subclase llamada *yagé quemado* que se obtiene añadiendo ceniza a cualquiera de las preparaciones cocidas. Como se ha visto anteriormente, se pueden utilizar diferentes tipos de aditivos. Los preparativos y actividades que realizan los participantes antes y durante el ritual son significativos en función de los efectos visionarios que se producirán. Dado que los efectos visionarios son un aspecto discriminante en la clasificación de las plantas, no se puede eliminar la influencia del papel cultural en las visiones como elemento importante en el sistema de clasificación etnobotánica.

Según las conclusiones de Langdon, los siona, como etnoquímicos, tienen amplios conocimientos en la preparación de bebidas psicoactivas, sabiendo utilizar diferentes partes de la planta, una gran variedad de mezclas y diferentes formas de preparación. Indudablemente, no se puede establecer una relación directa entre la planta seleccionada, su preparación y sus efectos visionarios sin tener en cuenta los aspectos y mecanismos culturales (los que involucran la *historia particular de la liana*) que participan como conductores de la experiencia. A continuación, se presentan las dieciocho clases de *B. caapi* identificadas por indígenas siona y las propiedades que se les atribuyen.

Tabla 5. Clases de yagé según los siona y sus características (extraído de: Langdon, 1986).

Preparación	Traducción de la clasificación nativa	Especie botánica	Descripción nativa de la planta y las visiones que produce
En crudo	1. Fresco, crudo (*wahi*)	*B. caapi*	Preparada y consumida sin ser cocinada, produce visiones de espíritus animales para la caza.
	2. Carne o collar de pecarí	*B. caapi*	Liana corta; visiones de animales.
	3. Pecarí blanco o desarrollo distante	*B. caapi*	Liana larga y delgada; para ver el hogar del pecarí blanco y animales que recorren largas distancias.
Cocinado	4. Pájaro canastilla: pájaro de color azul brillante que hace su nido en forma de cesta.	Sin muestra	Visiones azules iridiscentes; para ver reinos celestiales, pájaros.
	5. Pléyades (*ʔusebo*)	Muestra dañada	Visiones blancas; para ver reinos en la Tierra; también se utiliza para curar.
	6. Yagé datura	*B. caapi*	Visiones fuertes y feroces; de aparición súbita y ritmo rápido; de cuerpo transparente a la atención; obtenidas de los secoya; visiones más duraderas que las producidas por otras clases.

Cocinado	7. Tapir (*weki*)	*B. caapi*	Muy fuerte; puede causar locura; «no se beber de este tipo»; hoja ancha, ramas cortas.
	8. Armadillo (*hamu*)	Sin muestra	Para ver animales de las cavernas.
	9. Selva (*ʔaidu*)	Sin muestra	Cualquier yagé salvaje.
	10. Pájaro	Sin muestra	Puede indicar especies pequeñas a diferencia de jaguar (*yai*), que significa más grande.
	11. Jaguar (*yai*)	Sin muestra	Para ver el hogar del jaguar; *yai* significa más grande; el último chamán lo consiguió en el río Aguarico.
	12. (*kodo*)	Sin muestra	Yagé con flores.
	13. Guacamayo (*weko*)	Sin muestra	Liana alta; para tener visiones amarillas; colores de trayectoria rotatoria.
	14. Mono peludo negro (*naso*)	Sin muestra	Liana crecida como la cola de un mono negro peludo; sin ramas.
	15. Espíritu (*watí*)	Sin muestra	Para ver espíritus malignos.
	16.Jaguar de río (*gata kami yai*)	Sin muestra	Liana con manchas especiales como las del jaguar; es yagé de algún otro grupo.
	17. Bagre negro (*zí simi*)	Sin muestra	De los inganos, del río Napo.
	18. Indígena Wititi (*wititi*)	Sin muestra	Yagé obtenido de este grupo.

CAPÍTULO IV

TRADICIÓN MESTIZA

La explotación del caucho, en auge durante las últimas décadas del siglo XIX, provocó que vastas zonas de selva virgen en toda la Amazonia occidental fueran penetradas y ocupadas, principalmente en Brasil, Perú, Colombia y Bolivia. Tras una primera crisis en la producción amazónica, debido a la entrada de nuevos productores del Lejano Oriente en el mercado mundial, la demanda del caucho brasileño volvió a dispararse durante la Segunda Guerra Mundial como consecuencia de los acuerdos de suministro con los gobiernos aliados. La necesidad de mano de obra para la extracción del látex de caucho en la Amazonia brasileña se resolvió mediante un programa gubernamental que organizó una considerable migración desde el nordeste de Brasil de los llamados «soldados del caucho», «alistados» para colonizar las zonas interiores de la selva donde crecían los árboles de los cuales se extraería el látex. El proceso económico y social resultante de la explotación de esta zona anteriormente ocupada solo por indígenas condujo, por un lado, a que las poblaciones emigraran a las ciudades o huyeran a sitios sin interés económico y, por otro, a que los nuevos trabajadores del caucho (en Brasil llamados *seringueiros* o *caucheiros*[30]) convivieran y se aproximaran muy de cerca a las poblaciones indígenas dentro de las zonas de extracción. En ambos casos, la mezcla con las culturas nativas generó el encuentro, tanto de las poblaciones urbanas como de los *seringueiros*, con el uso indígena de la ayahuasca.

---

30 Los *seringueiros* extraían el látex cortando la corteza del árbol *seringa* (*Havea brasiliensis*), mientras que los *caucheiros* del árbol del caucho, también *caucho* en el portugués brasileño (*Castilloa elastica*).

Definiremos a la primera de estas mezclas culturales como «urbana», para diferenciarla de la que se formó en las colonias caucheras (*seringais*) del interior de la selva amazónica, aunque en realidad se desarrolló en zonas rurales próximas a las aglomeraciones urbanas que fueron objeto del considerable aumento demográfico manifestado en aquella época. La cultura rural resultante de esta mezcla en los *seringais* del interior de la selva, o en las zonas campesinas próximas a las aglomeraciones urbanas, ha sido definida en algunos contextos como cultura *mestiza*, una fusión de tradiciones y sangre indígenas con las de la población «occidental» —que a su vez es ya una combinación de europeos y africanos—. Esta misma mezcla de sangre y cultura se ha denominado «*cabocla*» en las zonas amazónicas de Brasil. A pesar de que el término *caboclo*, como veremos más adelante, se utiliza con frecuencia en la cultura popular brasileña con más de un significado, parece que puede considerarse un sinónimo de *mestizo*, sobre todo en lo que respecta a la descripción de la tradición rural concreta a la que nos referimos, que también incluye la reformulación del uso ritual de la ayahuasca.

Este capítulo considerará la tradición «urbana» del uso mestizo de la ayahuasca tal y como la describen los estudios antropológicos clásicos sobre el tema, en particular los de Luis Eduardo Luna[31] y Dennis McKenna[32] sobre los chamanes mestizos peruanos, que representan un hito en la comprensión de esta tradición del uso ritual de la ayahuasca, también denominada *vegetalismo*.

Tradición peruana

En varias ciudades de la Amazonia occidental, como Iquitos y Pucallpa en Perú —ambas situadas a lo largo del río Ucayali— o Mocoa en Colombia, los auges derivados de la extracción de caucho y petróleo

31 Luis Eduardo Luna nació en Florencia, en la Amazonia colombiana. Estudió en universidades de Madrid, Oslo y Estocolmo. Doctorado en Religiones Comparadas (Estocolmo), es profesor en la Escuela Sueca de Economía de Helsinki, Finlandia. Fue profesor de antropología en la Universidad Federal de Santa Catarina (UFSC, Brasil) de 1994 a 1998. Es *Guggenheim Fellow* y miembro también de la Linnean Society de Londres.

32 Véase la nota relacionada en el capítulo 2.

o de tráficos ilícitos como la droga, provocaron enormes aumentos de población a partir de los años treinta, principalmente de inmigrantes procedentes de los diversos pueblos indígenas de la selva. La mezcla resultante con las poblaciones urbanas dio lugar a la aparición de un rico tejido folclórico, impregnado de creencias y prácticas tradicionales indígenas, muy interesante desde el punto de vista etnológico.

Las grandes aglomeraciones urbanas se han convertido en verdaderos crisoles; personas de orígenes culturales muy diferentes han emigrado a estos centros en busca de trabajo en las industrias maderera, petrolera y de otros recursos naturales, trayendo consigo sus tradiciones y creencias tribales (normalmente fusionadas con el cristianismo, tras el contacto con los misioneros). Dentro de este folclore mestizo, desempeña un papel primordial la medicina popular, cuyos representantes (curanderos), que se autodenominan chamanes, realizan una importante contribución al tratamiento de los traumas psicosomáticos de la población (Luna, 1984b).

Los antecedentes culturales de los inmigrantes indígenas incluyen con frecuencia el conocimiento de plantas medicinales valoradas en su cultura tradicional; a lo largo de los años, este conocimiento de diversas fuentes se ha extendido gradualmente en la sociedad mestiza y se ha asimilado en su medicina tradicional. Esta tradición etnomédica es peculiar y específica de la sociedad mestiza, aunque incorpora elementos de distintos orígenes tribales. El proceso de asimilación cultural se produjo al mismo tiempo en el que la mayoría de las sociedades tribales —de donde procedían los antecedentes de la medicina tradicional mestiza— se desintegraron o desaparecieron. Como resultado, esta medicina, tal y como se practica en los centros urbanos de la Amazonia, es un sistema vivo de medicina tradicional que se basa en los conocimientos etnomédicos de muchas culturas indígenas; en concreto, es la única tradición en la que se han conservado estos conocimientos (McKenna *et al.*, 1986).

Vegetalistas y ayahuasqueros

Entre los curanderos se encuentran los vegetalistas (especialistas en plantas), que utilizan una serie de plantas denominadas *doctoras* o *maestras*, entre las que la ayahuasca desempeña un papel primordial. El uso de la ayahuasca puede ser tanto ocasional como habitual, con el fin de diagnosticar y/o curar enfermedades, y practicar otras actividades chamánicas como la comunicación con los espíritus de plantas, animales y seres humanos (vivos o muertos), los viajes a lugares lejanos, o incluso la adivinación, la profecía, etc. Los vegetalistas son representantes de una tradición chamánica de una antigüedad imprecisa, que además de sus componentes amazónicos, también tiene influencias andinas y cristianas, estas últimas derivadas en gran medida de la reformulación popular de doctrinas difundidas por misioneros de diversas órdenes religiosas. Según Luna (2002), la tradición vegetalista nació del contacto de los «trabajadores del caucho», muchos de ellos procedentes de la sierra y la costa del Perú —o de otros países— con la población indígena ya intensamente evangelizada a finales del siglo XIX y principios del XX. Según otros autores citados por Luna, existirían varios tipos de vegetalismo, derivados, por un lado, del oriente ecuatoriano, por otro, de las migraciones de indígenas lamistas, y finalmente también del Cuzco a través del valle del Urubamba; esta tradición estaría conectada con el mundo inca. Algo similar debió ocurrir también en el lado brasileño, donde en la frontera entre el estado de Acre (Brasil) con Perú y Bolivia, y entre el estado de Rondonia (Brasil) con Bolivia, diversos tipos de vegetalismo desempeñaron un papel importante en la conformación de las religiones ayahuasqueras modernas, en las que también confluyeron otros elementos religiosos (catolicismo popular, kardecismo, umbanda, candomblé, esoterismo europeo).

Las distintas categorías de curanderos, además de los vegetalistas, incluyen:

> [...] los *oracionistas*, que solo utilizan oraciones para practicar las mismas actividades chamánicas, o los *espiritistas*, que solo trabajan con espíritus. Bajo el término *vegetalistas* hay distinciones: *purgueros*, que utilizan ayahuasca (también conocida como purga, purgante), *tabaqueros*, que utilizan básicamente tabaco, *camalongueros*, que utilizan las semillas de la *camalonga*, una planta (no identificada) que crece en los Andes, *tragueros*, que utilizan *cañaza*, una bebida alcohólica fuerte destilada de la caña de azúcar, *perfumeros*, que utilizan las esencias de las flores, etc.
>
> (Luna, 1984b, p. 136)

Comúnmente se utiliza el término «ayahuasqueros» para definir a los chamanes especializados en el uso de la ayahuasca. El uso de la ayahuasca en la medicina mestiza contemporánea tiene lugar siempre dentro de un contexto ritual y terapéutico. La administración de la bebida y el proceso de manifestación de los efectos fisiológicos y psicoactivos están bajo el control del ayahuasquero, que utiliza diversas técnicas (cánticos, silbidos, soplar humo de tabaco y dibujar sobre el cuerpo del paciente) para influir en el curso y el contenido de la experiencia de su paciente con la bebida. De este modo, el escenario y el entorno con la ayahuasca son cuidadosamente controlados y manipulados por el chamán.

El ayahuasquero emplea la ayahuasca como herramienta terapéutica y de diagnóstico para descubrir las causas de las enfermedades, más que como paliativo de dolencias concretas. En ciertos casos, la ayahuasca puede sin duda emplearse también como remedio específico: como antihelmíntico (vermífugo), como tratamiento desintoxicante de la drogadicción y el alcoholismo, y como purificante del cuerpo debido a sus efectos purgantes (McKenna *et al.*, 1986); pero generalmente se considera, sobre todo, como una poderosa herramienta que permite al curandero entrar en el campo culturalmente importante del origen de la enfermedad, dándole la capacidad de identificar la naturaleza de la dolencia que padece el paciente y, por tanto, de expulsar o neutralizar la energía maligna que se infiere que es responsable de la dolencia. A través de la interpretación de sus visiones y las de sus pacientes, el ayahuasquero es capaz de deducir la causa de la dolencia o incidente (trauma) que ha llevado al paciente a visitarle y, en consecuencia, recomendar los remedios adecuados.

Además de funcionar como una importante herramienta de diagnóstico en la práctica medicinal, el uso de la ayahuasca es también una parte integral del entrenamiento chamánico. Normalmente, los chamanes mestizos que utilizan la ayahuasca han consumido primero la bebida sagrada para curarse a sí mismos o para purificar su cuerpo y fortalecerlo. Si su intención es iniciarse en el uso de la ayahuasca, tras la primera ingesta comienzan un periodo de dieta que puede durar hasta unos años, durante el cual adquieren sus poderes chamánicos. Tras iniciar la dieta siguen consumiendo ayahuasca de forma regular u ocasional, y es habitual que tras unas cuantas sesiones reciban la visita, en visiones, de entidades y espíritus que les curan de determinados traumas y les enseñan melodías mágicas, los *ikaros* —una fuente de poder chamánico—. Durante este periodo de aprendizaje son visitados especialmente por los espíritus de la planta maestra, que les enseñan la medicina. Sobre sus informantes chamanes, Luna (1984b) cuenta que uno de ellos «cuando tomó ayahuasca por quinta vez, [...] apareció en sus visiones un anciano con una flauta y un tambor para enseñarle *ikaros*, melodías mágicas»; otro, que «la vigésima vez que bebió la bebida, aparecieron en sus visiones espíritus, a los que llamó *murrayas*. [...] le quitaron un dardo mágico que tenía en el estómago», y de nuevo, de un tercero, que «después de seis meses de ingerir ayahuasca una vez a la semana, apareció en sus visiones un pequeño pájaro. Le quitó y se comió los gusanos que tenía en las piernas y, cuando terminó, desapareció en la olla de ayahuasca» (1984b, pp. 137-138).

Una vez finalizado el periodo de aprendizaje, pueden empezar a practicar su medicina, mientras que a algunos se les indica que esperen un cierto periodo, inactivos, antes de poder empezar. No existe una regla común en cuanto a la frecuencia de uso de la ayahuasca durante el periodo de aprendizaje ni cuando se empieza a practicar el chamanismo. Algunos organizan citas semanales para el consumo ritual de la ayahuasca y la curación de los enfermos, otros utilizan la bebida solo ocasionalmente cuando les traen enfermos que la necesitan, en algunos casos los pacientes pueden permanecer en la casa del curandero durante varios meses, o hasta que alcanzan la recuperación total.

Plantas maestras

La idea de que muchas plantas (si es que no todas), animales y objetos inanimados, como montañas, lagos, ríos y cataratas, así como fenómenos naturales como tornados, incendios, etc., tienen un «patrono», un espíritu, e incluso un canto y una «vibración» propios, está implícita en la cosmología de muchos pueblos amazónicos, incluidos los practicantes mestizos de la Amazonia peruana, y es muy parecida a la derivada del concepto de *huaca* en la cultura inca (véase el apéndice del capítulo 2). Estos espíritus, a veces llamados «madres» de las correspondientes plantas, animales u objetos, pueden ser contactados para adquirir de ellos conocimientos y ciertos poderes. La inteligencia no se considera una prerrogativa de la especie humana. Es con la ayuda de los espíritus de algunas de estas plantas —denominadas «maestras»—, que el chamán puede adquirir sus poderes. En la cosmología indígena, la realidad, aunque única, tiene un carácter dual: uno material y otro espiritual; ambos aspectos, sin embargo, no están divididos entre sí, sino integrados. Algunas de estas cualidades atribuidas al «espíritu» de ciertas plantas o animales se basan de hecho en observaciones y experimentos precisos. Según McKenna *et al.* (1986), se puede aprender mucho sobre el conocimiento «científico» del mundo natural por parte de los pueblos amazónicos estudiando sus ideas cosmológicas y religiosas.

Los vegetalistas, tanto los que han tenido un chamán iniciador como los que nunca han tenido un maestro, afirman con certeza que todos sus conocimientos proceden exclusivamente de los espíritus de las plantas maestras. Por ejemplo:

> Don Celso nunca tuvo un chamán como maestro. En una ocasión hizo una afirmación muy significativa: «Por eso algunos médicos creen que el *vegetalismo* (o ciencia de las plantas) es más fuerte que la *medicina de estudio* (medicina occidental), porque ellos aprenden leyendo libros. Mientras que nosotros solo tomamos este líquido (ayahuasca), mantenemos la dieta y luego aprendemos».
>
> (Luna, 1984b, p. 142)

Los espíritus de las plantas, que a veces se llaman *doctorcitos* o *abuelos*, se presentan durante las visiones y los sueños. Muestran cómo diagnosticar enfermedades, qué plantas utilizar y cómo, el uso adecuado del humo del tabaco, cómo extraer una enfermedad o curar el espíritu de un paciente, cómo pueden defenderse los chamanes, qué comer y, lo más importante, enseñan los *ikaros*, los cantos mágicos o melodías chamánicas que son los principales instrumentos de las prácticas chamánicas. Según los informantes de Luna, la ayahuasca y otras plantas maestras facilitan el desarrollo de una forma particular de percepción que permite, por ejemplo, advertir claramente las relaciones morfológicas, táctiles, sonoras y olfativas entre el conjunto o una parte de una planta, por un lado, y un órgano o aspecto del cuerpo humano, por otro, como señal de una posible acción sobre el mismo (Luna, 2002).

«La purga misma te enseña», responden todos los informantes de Luna, refiriéndose a la ayahuasca, cuando se les pregunta por el origen de sus conocimientos. Otras plantas también pueden ser mencionadas, algunas de las cuales se utilizan como aditivos en la ayahuasca. Luna ha identificado que las plantas llamadas *doctoras* o «*plantas de enseñanza*» poseen al menos una (y a menudo todas o la mayoría) de las siguientes características:

1. producen visiones (*mareación*) cuando se toman solas;
2. modifican de algún modo los efectos de la bebida de ayahuasca;
3. producen vértigo;
4. poseen fuertes propiedades eméticas o catárticas;[33]
5. traen sueños particularmente vívidos.

De hecho, gran parte del proceso de aprendizaje con una planta maestra durante el periodo de dieta tiene lugar en sueños, que se dice que son especialmente vívidos durante el periodo de iniciación. Al mismo tiempo, estas plantas fortalecen el cuerpo del iniciado otorgándole ciertas propiedades físicas que la propia planta posee; por ejemplo, la capacidad de resistir fuertes lluvias, vientos e inundaciones (como la *Cedrelinga catenaeformis* de la familia *Leguminosaeæ* que se muestra en la tabla 7 del apéndice de este capítulo). Las plantas maestras tienen este aspecto dual: dar tanto «fuerza» como «sabiduría» (McKenna *et al.*, 1986).

Los ayahuasqueros suelen utilizar el término «mareación» para definir el peculiar estado mental que sigue a la ingestión de ayahuasca o de otra planta con efectos visionarios. Es muy interesante observar la asociación conceptual directa que hacen los vegetalistas entre la psicoactividad de una planta (efecto visionario, mareación), sus propiedades eméticas y vermífugas y la actividad onírica que puede inducir. A partir de estas tres primeras características se pueden distinguir las plantas que pueden tener mayores propiedades terapéuticas y, sobre todo, pueden considerarse plantas maestras en potencia. Esto significa que cuando se les pregunta por los efectos visionarios de una planta, los vegetalistas pueden responder indiferentemente: «*sí, es una buena medicina*», o «*sí, en sueños se te presenta el espíritu de la planta*», o

33 Es decir, que producen el vómito o un efecto purgante, como medicina. [N. del T.]

«sí, te hace vomitarlo todo», o *«sí, te enseña»* (es una planta maestra) (Luna, 1984b, p. 140).

La atribución de estas características —consideradas «equivalentes»— a las plantas maestras encuentra correspondencia —gracias a la investigación médico-científica de las últimas décadas— tanto en la relación entre las propiedades psicoactivas de la DMT endógena y la regulación de los sueños nocturnos como también en la asociación del efecto purgante de la ayahuasca. Este último con propiedades terapéuticas fisiológicas, como desintoxicante, y psicológicas, por los efectos de desbloqueo y eliminación de antiguos traumas (véase los trabajos de Fericgla y de Mabit), concepto que debe considerarse en el sentido aristotélico ya mencionado de *katarsis*.

La tradición mágico-médica del uso ritual mestizo de la ayahuasca se basa en el concepto de que el cuerpo, la mente y el espíritu representan una unidad integrada. La cura puede aplicarse en uno de los tres niveles, pero implica a todos ellos. La medicina vegetalista se ocupa de la resolución de problemas físicos, psicológicos y espirituales al mismo tiempo, dada la creencia básica en la profunda integración que existe entre cuerpo, mente y espíritu. En particular:

> La función del *ayahuasquero* o *curandero* tradicional combina las del sacerdote occidental, el médico y el psicoterapeuta; la enfermedad puede haber sido provocada por causas físicas, psicológicas o sobrenaturales, o una combinación de estas, y todas son factibles de tratar con los métodos de que dispone el *ayahuasquero*. En este sentido, la reciente tendencia de la medicina moderna hacia las terapias «holísticas» no difiere de los métodos terapéuticos practicados por el curandero tradicional. En ambos casos, el punto de partida es el reconocimiento de que la mente y el cuerpo son una unidad integrada y que las terapias más eficaces son las dirigidas a mejorar tanto la salud física como la mental. Por lo tanto, no es sorprendente que la ayahuasca, que actúa profundamente tanto sobre la mente como sobre el cuerpo y permite acceder a dimensiones sobrenaturales (reales o imaginarias), ocupe un lugar tan destacado en la farmacopea de la medicina tradicional mestiza. [...]
>
> El sistema de etnomedicina practicado por el curandero mestizo puede considerarse en cierto sentido un sistema de salud pública alternativo. Como el mestizo urbano pobre se ve limitado, por factores económicos, en el acceso más básico al sistema de salud pública basado en la medicina occidental, se centra en el *ayahuasquero* y sus remedios mágicos y botánicos como apoyo médico, psiquiátrico y espiritual. De nuevo, el sistema de atención de los

ayahuasqueros, que incorpora elementos mágicos, religiosos y psicoterapéuticos, también se apoya ampliamente en la farmacología, en virtud de su conocimiento y dominio de las diferentes plantas biodinámicas. En este sentido, la similitud es mayor con la medicina occidental que con otros sistemas chamánicos o cuasimédicos de medicina tradicional.

(McKenna, Luna y Towers, 1986, pp. 75-77)

Sesiones de curación

Se ha dicho que la ayahuasca muy raramente se toma como remedio específico para una dolencia concreta, sino que casi siempre desempeña el papel de permitir al curandero comprender el origen del trauma que causó la dolencia y determinar el remedio necesario para la curación. El ayahuasquero no siempre acepta a todos los pacientes que solicitan su ayuda, sino generalmente solo a aquellos en los que considera que tiene buenas posibilidades de éxito.

Las sesiones de curación suelen tener lugar en casa del chamán que ha preparado la «purga». La preparación puede durar de tres a ocho horas, o más, dependiendo de las técnicas propias de cada curandero. Debe dejarse enfriar de forma natural a temperatura ambiente en un recipiente abierto. La sesión comienza normalmente por la noche. Tras un breve ritual para proteger el lugar y el propio cuerpo contra la intervención de enemigos (espíritus malignos, hechiceros), el maestro chamán concluye la preparación ritual de la bebida: coge un cigarrillo de tabaco fuerte mientras entona un *ikaro*, lo enciende y sopla el humo del tabaco dentro del recipiente que contiene la ayahuasca. Mezcla el humo con el líquido, moviendo el recipiente. A continuación, llama a cada participante y le sirve una dosis que calcula en función de la constitución del sujeto, de la naturaleza y gravedad de su dolencia o del motivo que le ha llevado a tomar ayahuasca y, por último, en función de la «fuerza» del preparado. El curandero acompaña siempre al paciente durante toda la duración del efecto de la ayahuasca. Los primeros efectos se dejan sentir al cabo de un tiempo que puede variar en función del sujeto y de la sesión, pero en general comienzan a aparecer al cabo de unos veinte minutos y duran una media de dos a tres horas. Según las observaciones del Dr. Jacques Mabit (2002a), la oscuridad y el silencio son de rigor durante la sesión.

El maestro chamán interviene únicamente para dirigir la mareación (manifestación visionaria), esencialmente, mediante el uso de *ikaros*, que constituyen el quid de la práctica terapéutica. A veces los cantos van acompañados del movimiento rítmico de un manojo de hojas secas o ramas de plantas aromáticas (Mabit, 2002a). Es imperativo que los efectos de la ayahuasca vayan acompañados de la supervisión de un maestro experimentado, ya que no faltan peligros en la sesión. Es posible que el paciente pase por estados negativos de conciencia que deben ser asistidos por una persona con experiencia. Durante el aprendizaje, el alumno debe llegar a un control progresivo de estos momentos «difíciles» para poder prevenirlos o dominarlos por sí mismo, sobre sí mismo o sobre los demás. El médico francés Jacques Mabit[34] señala que el peligro de los estados «negativos» es relativo y que el chamán no interviene sistemáticamente para suprimirlos, «ya que pueden ser parte integrante del tratamiento y de la confrontación necesaria con la propia sombra» (2002a, p. 151).

El maestro chamán debe controlar bien los distintos factores que pueden alterar los efectos visionarios y perceptivos. En particular, pueden desempeñar un papel importante el propio chamán (su psicología, su estilo de práctica, su nivel de evolución personal); la actitud mental del sujeto o sus predisposiciones conscientes o inconscientes, que son fundamentales en la calidad de la experiencia; la actitud interior y el estado de ánimo del sujeto influyen mucho en la experiencia; la dieta diaria y lo que se ha ingerido antes de la sesión; la abstinencia de relaciones sexuales en las horas (días) anteriores a la sesión (también es muy importante después de la sesión); la ausencia de mujeres durante el periodo menstrual; la postura durante la sesión, puesto que la posición del cuerpo cambia las percepciones, por ejemplo, inclinar la cabeza produce visiones negativas (el chamán normalmente evita que el sujeto se tumbe o se incline profundamente hacia delante). Según las observaciones del Dr. Mabit sobre más de ocho mil ingestas de ayahuasca, estos expedientes mencionados no son meras actitudes arbitrarias de carácter «simbólico» (en el sentido peyorativo de la palabra), sino factores con una repercusión real en la experiencia, aunque no sean sistemáticos.

34 Véase la nota relacionada en el capítulo 3.

El maestro chamán puede modificar la intensidad de las percepciones del grupo o del individuo mediante diversas técnicas (además, por supuesto, del canto de los *ikaros*): el soplo de humo de tabaco sobre el cuerpo del enfermo o la imposición de manos, especialmente sobre la «coronilla» (en la parte superior del cráneo) o sobre la parte del cuerpo que se desea curar; el movimiento rítmico de ramas u hojas secas por encima de la cabeza del enfermo; el uso de perfumes para inhalar o de bebidas frescas para beber (agua, limonada dulce, etc.); la «*chupada*», que consiste en la succión por parte del chamán de una parte del cuerpo del enfermo con el fin de «chupar el mal» del enfermo y luego expulsarlo en un escupitajo.

Cuando el curandero o el paciente dominan la ayahuasca, se desarrolla una poderosa capacidad visionaria controlada por el sujeto, de modo que la persona puede seguir su imaginación mental y, según sea necesario, puede abandonar y dirigir la sesión, levantarse para asistir a un paciente o realizar cualquier otra acción útil. El efecto purgante es frecuente y notable en el novato que vomita, tiene diarrea, suda, etc., estas manifestaciones inconstantes e irregulares se atenúan con el tiempo, la ingestión repetida y, sobre todo, con las dietas de desintoxicación y los ayunos (Mabit, 2002a).

La mareación no solo implica el ámbito visual, sino que también puede integrar otros sentidos: percepciones auditivas (voces, música, etc.); táctiles, de contacto sobre el cuerpo, modificación de ciertas partes; olfativas (olores intensos, nauseabundos o muy agradables); percepciones cruzadas (sinestesia) como un sonido visto en colores, un olor visto como una forma, un sabor sentido por el tacto, etc.; percepciones generales, sensaciones de «presencias» benéficas o maléficas, de entornos, etc. (Mabit, 2002a). De todas maneras, sigue siendo difícil calificar y clasificar las percepciones mediante el lenguaje de las palabras, dada su característica inefabilidad.

Es importante destacar que, en la experiencia con ayahuasca, la *visión* no se considera «psíquica», sino relacionada con el «cuerpo» (como el *ver* que Don Juan describe a Carlos Castañeda[35]), término

---

35 El autor se refiere al libro de 1968 *Las enseñanzas de Don Juan: una forma yaqui de conocimiento*, que surgió como tesis de máster del peruano-estadounidense Carlos Castañeda. Allí, la noción de «ver» se distingue de la de simplemente «mirar», que es la manera superficial y ordinaria de percibir la realidad. «Ver» implica acceder a

que el curandero utiliza para definir el objeto de sus cuidados. Es decir, para los curanderos tradicionales no existe la dicotomía cuerpo-mente, o espíritu-materia, clásica del pensamiento racionalista occidental. Existe una entidad global e integrada, el «cuerpo» —que reúne el cuerpo físico—, la estructura psíquica («cuerpo mental») y otros envoltorios de niveles más sutiles ligados a lo que puede denominarse una dimensión energético-espiritual. El trabajo de curación se ejerce sobre todo el eje «cuerpo físico/espíritu», en ambas direcciones. Un problema clasificado como «psicológico» por un médico occidental puede ser tratado por los chamanes mestizos mediante una acción sobre el cuerpo físico (baños de plantas, por ejemplo) y viceversa, una lesión orgánica puede requerir un tratamiento en el cuerpo sutil (oraciones, cánticos, por ejemplo).

Rasgos comunes en la cosmología de las tradiciones mestizas

La selva, el agua y el aire constituyen los tres dominios del vegetalismo amazónico peruano, una concepción que en esencia no difiere de la cosmología percibida por otros grupos étnicos de la región amazónica (Luna, 2002) y que también encontraremos en la cosmología específica de la Barquinha. También hay alusiones a un dominio subterráneo consistente en grandes cavernas bajo las montañas de la zona andina, pero con menos atención y énfasis que con el mundo subacuático. Este último es de tal importancia que algunos grandes chamanes especializados en el dominio del agua, llamados *murrayas*, se consideran engendrados por la unión de una sirena con un ser humano. La idea mitológica relacionada con la figura de la sirena involucra también a las entidades femeninas de la tradición religiosa afrobrasileña como Yemayá, reina de los mares y madre de todos los orishás, y Oshun, reina de las aguas dulces, ambas representadas también como sirenas. Sin duda, la sirena, que en su propio cuerpo expresa la participación de los

la «esencia» oculta del mundo, revelando verdades más allá de lo evidente. Es una capacidad reservada para un «hombre de conocimiento», quien a través del «ver» no solo percibe el mundo de manera diferente, sino que también adquiere sabiduría y un entendimiento profundo de la naturaleza de la realidad. [N. del T.]

dos dominios, terrestre y acuático, también simboliza de algún modo la naturaleza del chamán, mediador entre los distintos mundos (Luna, 2002). Es la capacidad de atravesar e interactuar con uno o varios dominios diferentes lo que determina el poder de un vegetalista, ya que implica la adquisición de aliados en cada uno de los diferentes mundos.

La práctica de la medicina y otras actividades chamánicas entrañan enormes peligros para el chamán. Un tema habitual de conversación entre ellos es el relato de peleas —que también pueden ocurrir durante los sueños— a las que se han visto obligados a enfrentarse con chamanes rivales o con espíritus malignos celosos de sus poderes, o que intentan impedir que curen a las personas a las que han afectado. Un chamán también debe protegerse mientras prepara sus medicinas, ya que incluso las propias plantas pueden hacerle daño. Por eso es tan importante buscar protección contra estos peligros en el camino del aprendizaje. El chamán debe ser una persona fuerte física y espiritualmente. Una de las funciones de la dieta es precisamente fortalecer a la persona.

Luna (1984b, p. 143) describe la *arkana* (que significa «defensa» en quechua) otorgada por los espíritus protectores a los chamanes que entrevistó: fuerzas de la naturaleza como el huracán, dardos mágicos, animales defensores (pájaros mágicos, leones, panteras, elefantes, toros, serpientes venenosas, pirañas), seres mitológicos como las sirenas, espíritus de los negros africanos (que en la tradición afrobrasileña se llaman *pretos velhos*), espíritus «madres» de los árboles armados con fusiles... En caso de gran peligro uno de los chamanes invocaba «un arma imposible de resistir: un avión de guerra, que bombardeará y destruirá a sus enemigos», pero también llamaba a santos y entidades cristianas: «Don Emilio, cuando consume ayahuasca, coloca cuatro ángeles armados con espadas en las cuatro esquinas de su casa». Los *ikaros* también forman parte de la *arkana* y una de sus principales funciones es defender al chamán. Tener *ikaros* poderosos es una condición necesaria para sobrevivir como persona de medicina. Algunos de los vegetalistas entrevistados por Luna afirman que, sin embargo, la defensa más alta y poderosa es siempre Jesucristo, a quien invocan cuando necesitan ayuda.

Debe mencionarse en este punto que mientras se aprende con ayahuasca o cualquier otra planta maestra, existe la posibilidad de que el iniciado se vea tentado a aceptar poderes de espíritus malignos, que le ofrecen poder y/o dinero, y que le enseñarían cómo atacar a otras personas. La cosmología básica es dualista, dividida entre el bien y el mal. Por lo tanto, un iniciado puede elegir qué camino seguir. Sin embargo, en ciertas ocasiones, como suele ocurrir entre los chamanes indígenas, una misma persona puede aprender a hacer daño o a curar a la gente. Dependiendo de si el chamán elige aprender una u otra, se le denomina brujo o curandero, respectivamente: «Don Emilio decía que no sabía nada de brujería, porque siempre había estado del lado del Señor» (Luna, 1984a, p. 128).

Iniciación, dieta y abstinencia

La persona que desea tomar la iniciación y comenzar el aprendizaje para aprender el arte de la medicina con las plantas maestras —en particular mediante el uso de la ayahuasca— debe someterse a condiciones muy estrictas: aislamiento en la selva, dieta o ayuno, abstinencia sexual, no contacto con el fuego, no exposición a la lluvia, exclusión total de ciertos alimentos (especialmente sal, guindillas, carne de cerdo, etc.), evitar el contacto con ciertas personas (mujeres embarazadas o durante la menstruación, enfermos, etc.), entre otras. La importancia de la dieta (que incluye todas las condiciones mencionadas, en particular las restricciones alimentarias y la abstinencia sexual) es tal que el nivel de cualificación de un chamán puede expresarse en función de la duración de la dieta. Un periodo de seis meses es el mínimo absoluto, pero normalmente no es determinante. Por ejemplo:

> Don Emilio explicó que en épocas anteriores había personas que podían mantener la dieta incluso durante diez o doce años. Admitió humildemente que los tres años que él mismo mantuvo la dieta no fue mucho, pero al menos fue suficiente para practicar algo de medicina.
>
> (Luna, 1984a, p. 126)

El acceso a la dimensión sagrada y espiritual de la realidad se consigue mediante el consumo de plantas psicoactivas y prescripciones dietéticas. La iniciación suele producirse mediante el dominio del uso de la ayahuasca y el tabaco (este siempre acompaña a la ayahuasca como planta que ayuda y complementa su uso). La disposición personal del individuo y su capacidad para soportar el duro aprendizaje y los peligros inherentes a la iniciación chamánica determinan el grado de su desarrollo. El chamán puede continuar su «estudio» añadiendo aditivos a la ayahuasca o consumiendo otras plantas maestras para aumentar sus conocimientos. Cada vez que se toma una nueva planta, se entra en una nueva dimensión, cada planta tiene un grupo de espíritus zoomorfos y antropomorfos con los que está asociada, que pueden otorgar nuevos poderes al chamán, a menudo a través de las melodías mágicas de los *ikaros* (McKenna *et al.*, 1986). La iniciación implica, pues, una alianza con los espíritus de la naturaleza. El aprendiz busca aliados en el mundo sobrenatural, «espíritus auxiliares», para defenderse o evitar posibles ataques de espíritus hostiles, chamanes rivales y/o sus espíritus auxiliares. Estos mundos normalmente invisibles se perciben como fundamentalmente similares al mundo natural y, por tanto, «sujetos a las mismas leyes de depredación, parasitismo, simbiosis, etc., que prevalecen en las relaciones entre especies en la biosfera. No es casualidad que los chamanes digan que pueden transformarse en los grandes depredadores —jaguar, águila, arpía, anaconda— situándose casi en la cima de la cadena alimentaria, solo superados por los devoradores de cadáveres, o sea, por la muerte misma» (Luna, 2002, p. 185).

Se reconoce comúnmente que es de la mayor importancia adherirse a una dieta restringida y a una abstinencia sexual completa durante todo el periodo de aprendizaje (con cada planta maestra). Es a través de la dieta como las plantas se revelan al iniciado, tanto en visiones como en sueños. La duración de la dieta determinará sus conocimientos y su fuerza. En ciertos casos, los propios espíritus aparecen y prescriben la duración y las características de la dieta. Incluso después del final del periodo de aprendizaje, en el que el iniciado ha permanecido aislado siguiendo la dieta prescrita, se recomiendan periodos de dieta, especialmente en el tratamiento de pacientes particularmente difíciles o durante la preparación de medicamentos particulares. Por lo general, la dieta y la abstinencia sexual se mantienen durante unos días tras la ingestión de ayahuasca con el único fin del tratamiento. Durante el aprendizaje inicial en el que se aprende de las plantas maestras, la duración de la dieta y la abstinencia puede ser de varios meses e incluso de varios años, como se ha descrito antes.

De los estudios de Luna se desprende que la dieta ideal consiste en plátanos cocidos, pescado ahumado y, a veces, carne solo de ciertos tipos de animales de la selva. El arroz y la mandioca parecen ser aceptados por algunos ayahuasqueros. Nada de sal, azúcar o cualquier otro condimento, grasa, alcohol, carne de cerdo, pollo, frutas, verduras o bebidas frías. La comida debe ser preparada por el propio chamán o por una joven que aún no haya menstruado o por una mujer que ya haya pasado la menopausia. Debe evitarse cualquier otro contacto con mujeres. Los restos de la comida del chamán deben envasarse y disponerse de tal forma que ningún humano o animal pueda comerlos (Luna, 1984a y 1984b).

La dieta parece tener al menos dos funciones: por un lado, purificar el cuerpo para que el iniciado pueda experimentar plenamente el efecto de las plantas y, por otro, protegerlo de los efectos adversos de ciertos alimentos al consumir cualquiera de estas plantas. La abstinencia sexual y la dieta no pueden interrumpirse, ya que la persona puede ser «castigada» por los espíritus de las plantas, con enfermedades e incluso, en algunos casos, la muerte (para algunos ejemplos, véase la ficha 7 del apéndice etnobotánico de este capítulo).

Ikaros, melodías mágicas

Los espíritus de las plantas maestras enseñan al iniciado ciertas canciones o melodías mágicas llamadas *ikaros*. Su papel es extremadamente importante, ya que el número y la calidad de los *ikaros* de un chamán es la mejor expresión de su conocimiento y poder. Durante el periodo de aprendizaje, el iniciado los recibe de parte de los espíritus como una de las primeras cosas que debe aprender; estos son personales del chamán que los recibió, aunque a veces un maestro chamán puede pasarlos a su alumno.

Las funciones de los *ikaros* son variadas y de primordial importancia para las prácticas chamánicas. Pueden cantarse para aumentar o disminuir la intensidad visionaria, invocar entidades de defensa (*arkana*), curar enfermedades específicas, reforzar los efectos de las plantas medicinales, atraer el amor de una mujer, invocar a los espíritus de los chamanes fallecidos, provocar la lluvia, el viento o el trueno, para cazar o pescar determinados animales, curar las mordeduras de serpiente, etc.

Los *ikaros* se cantan normalmente en lenguas indígenas muy extendidas (como el quechua), o en otras lenguas nativas menos extendidas, y raramente en español. Se asocia un gran prestigio y poder al uso de las lenguas indígenas nativas, a través de las cuales los chamanes se comunican con sus espíritus. Los vegetalistas y ayahuasqueros afirman ampliamente que no aprendieron las lenguas nativas —con las que cantan *ikaros*— de los indígenas, sino directamente de los espíritus de las plantas maestras.

Cada una de las plantas mezcladas con ayahuasca está asociada a un *ikaro*, que se revela individualmente al iniciado cuando consume ayahuasca con esta mezcla en particular. El número y la calidad de estos cantos aumentan a medida que se amplía la dieta y se añaden nuevos aditivos, uno cada vez, a la bebida de ayahuasca. El número de *ikaros* de un chamán varía en función de los factores mencionados, puede rondar varias docenas, algunos ayahuasqueros afirman conocer más de doscientos (Luna, 1984a).

Reflexiones

Una opinión común entre los antropólogos que se han dedicado al estudio de la tradición vegetalista es lo asombroso de los conocimientos de estos curanderos analfabetos en el campo de las propiedades terapéuticas de un vasto número de plantas medicinales. Los estudios científicos han demostrado la exactitud de sus conocimientos «farmacológicos», y los estudios etnobotánicos han mostrado la extrema precisión y complejidad de su estudio taxonómico, reconociendo su superioridad sobre la botánica occidental, del mismo modo que Langdon (1986) había señalado al observar la sofisticada clasificación indígena de las *B. caapi*.

McKenna, Luna y Towers lanzaron en 1986 un llamamiento al mundo científico para que este «enorme patrimonio etnomédico» del vegetalismo fuera profundizado por la investigación médica, seguros de que se obtendrían nuevas confirmaciones sobre las propiedades biodinámicas de las plantas medicinales utilizadas por los curanderos mestizos, útiles para aplicaciones farmacológicas en la medicina occidental. El profesor Jacques Mabit, con financiación de organizaciones como el gobierno francés, la Comunidad Europea, la ONU, la Orden de Malta y otras, creó en 1992 el Centro Takiwasi en Perú para la rehabilitación de toxicómanos mediante el uso de la medicina tradicional mestiza, en particular a través de las propiedades desintoxicantes de la ayahuasca.

El riesgo que señalan los estudiosos es que las presiones de la vida urbana acaben por poner fin a esta rica tradición. Ya a finales de la década de 1980, muchos chamanes ancianos se quejaban de que los jóvenes no estaban interesados o eran incapaces de resistir la dieta y la abstinencia necesarias para aprender de las plantas. Su papel fue asumido fácilmente por charlatanes sin el menor conocimiento de los mitos, leyendas, flora y fauna de la región. Todos los investigadores que han podido estudiar sobre el terreno la realidad de estos conocimientos etnomédicos concluyen que la desaparición de esta tradición chamánica sería una gran pérdida.

Apéndice
Etnobotánica: plantas medicinales utilizadas como aditivos de la ayahuasca en la etnomedicina mestiza peruana

En este apéndice se proponen los resultados y la información fitoquímica y etnobotánica del estudio, ya mencionado en este capítulo, realizado por McKenna, Luna y Towers en 1986 sobre unos cincuenta géneros de plantas medicinales que se utilizan como aditivos de la ayahuasca en la etnomedicina mestiza contemporánea.[36]

El uso de aditivos en la ayahuasca ha alcanzado un alto grado de sofisticación botánica y farmacológica. Además de aditivos como la *Psychotria viridis* (o la *Diplopterys cabrerana*) que casi siempre se incluyen en la ayahuasca, existe una farmacopea de mezclas que se utilizan ocasionalmente, dependiendo de los fines mágicos, rituales o médicos para los que se prepare la bebida. Muchos de estos aditivos no han sido identificados botánicamente, y mucho menos caracterizados

36 Esta información fue recopilada por McKenna, Luna y Towers a partir de una búsqueda informática en las bases de datos Biological Abstracts y American Chemical Society, sobre datos introducidos desde la década de 1960 hasta 1986 (año de publicación del estudio).

químicamente; sin duda, solamente se ha establecido la identidad botánica de unos pocos, y de muchos se sabe que contienen componentes biodinámicos. A este respecto:

> Dado que muchos de los géneros enumerados han sido valorados desde hace mucho tiempo como componentes medicinales por los curanderos mestizos tradicionales que los utilizan, y debido también a que una elevada proporción de estas medicinas tradicionales *han* producido compuestos biodinámicos de valor medicinal, parece existir una gran posibilidad de que una mayor investigación bioquímica de estas mezclas compense con interés el esfuerzo realizado.
>
> (McKenna, Moon y Towers, 1986)

Según los autores del estudio, no cabe duda de que los iletrados poseen un impresionante y amplio conocimiento científicamente preciso de su entorno natural. El reconocimiento taxonómico de las especies puede ser extremadamente sofisticado. El conocimiento del efecto que determinadas especies de plantas y animales tienen sobre el organismo humano parece ser al menos tan importante como el reconocimiento de la diversidad morfológica. En el contexto de una cosmovisión animista, no es extraño que se considere que las plantas que contienen compuestos biodinámicos tienen un espíritu materno especialmente fuerte, y que las que tienen componentes psicoactivos se conciban como poderosas plantas maestras. Las prescripciones dietéticas, que también pueden tener connotaciones simbólicas, reflejan probablemente observaciones precisas sobre la incompatibilidad de ingerir determinados alimentos junto con ciertas plantas.

Dado que añadir aditivos a la ayahuasca es una forma de estudiar sus propiedades, algunos ayahuasqueros se encuentran en un proceso constante de ampliación de su farmacopea. Los espíritus de estos aditivos se presentan durante las visiones producidas por la bebida o en los sueños que siguen a su consumo, y revelan sus propiedades farmacológicas al iniciado.

La siguiente tabla presenta la lista de aditivos y sus componentes biológicamente activos de la publicación original de 1986, incluyendo las notas personales de los autores.[37]

37 En comparación con la tabla original, faltan las referencias de cada planta.

Tabla 6. Componentes biológicamente activos en plantas mezcladas con ayahuasca.

Familia	Género y especie	Nombre común	Componentes biodinámicos
Acanthaceæ	*Teliostachya lanceolata* Ness var. *crispa* Nees in Mart.	Toe negro	Ninguno reportado
Amarantaceæ	*Iresine* sp. P. Br.	-	Amidas de ácido cinámico
	Alternanthera lehmanii llieron	Picurullana-quina	Ninguno reportado
Apocyanaceæ	*Malouetia tamaquarina* (Aubl) A. DC.	Cuchura-caspi	Alcaloides esteroides, conofaringina
	Tabernaemontana sp. L.	Uchu-sanango	Alcaloides bisindólicos, terpenoides, cornadirina
	Himatanthus succuba (Spruce) Woodson	Bellaco-caspi	Fulvoplumierina, flavonoides
Araceæ	*Montrichardia arborescens* (Schott)	Raya balsa	Ninguno reportado
Bignoniaceæ	*Mansoa alliaceae* (Lem.) Gentry[38]	Ajo sacha	Ninguno reportado
	Tavebuia heteropoda (DC.) Sandwith[39]	Tahuari	Dibenzoxantinas, lapachol, naftoquinona
	Tynnanthus panurensis (Bur.) Sandwith	Clavohuasca	Ninguno reportado
Bombacaceæ	*Ceiba pentandra* L.[40]	Lupuna	Ninguno reportado
	Cavanillesia hylogeiton Ulb.	Puca lupuna	?

38 Se considera una planta maestra muy fuerte. Ingerida, se utiliza para aprender «medicina»; aplicada externamente, para las dolencias reumáticas y para la buena suerte en el trabajo y en el amor.

39 «Es un palo como fierro». Se requiere dieta.

40 Un «médico» muy fuerte. Si uno no respeta la dieta, puede matarlo. (Herba-

Cactaceæ	*Opuntia* sp. Mill	Tchai	N-Me-Tiramina, mescalina
	Epiphyllum sp. Haw	Pokere	Ninguno reportado
Caryocaraceæ	*Anthodiscus pilosus* Ducke	Tahuari	Ninguno reportado
Celestraceæ	*Maytenus ebenifolia* Reiss[41]	Chuchuhuasa	Sesquiterpenos, alcaloides de nicotinoílo, triterpenos, maitansina, tingonane, macrólidos ansa, etc.
Cyclanthaceæ	*Carludovica divergens* Ducke	Tamshi	Ninguno reportado
Cyperaceæ	*Cyperus* sp.[42]	Piri-piri	Quinonas, aceites esenciales, saponinas, sesquiterpenos
	Cyperus digitatus Roxb	Chicorro	Ninguno reportado
Euphorbiaceæ	*Alchornea castenifolia* (Willd.) Juss.	Hiporuru	Alcornina, alcaloides del imidozol y corynanthes, antialimentarios
	Hura crepitans L.[43]	Catahua	Diterpenos de tigliane, compuestos piscicidales, lectinas

rium Amazzonense, comentario personal).

41 Tomada por los aprendices de chamán lamisto unas semanas después de ingerir caapi.

42 Los ayahuasqueros de Iquitos utilizan varios tipos de piri-piri como planta de mezcla con la ayahuasca. Se utiliza puro para «enseñar medicina».

43 Un «médico» fuerte y peligroso. Puede matar si la dieta no se ejecuta perfectamente. Junto con la patiquina (*Dieffenbachia spp.*) se utiliza para destruir lagos habitados por animales peligrosos. También se utiliza como un fuerte purgante (Ayahuasquero Don Emilio Andrade, comunicación personal).

Labiaceæ	*Ocimum micranthum* Willd.	Pichanga, abaca	Neolignanos, sesquiterpenos antihelmínticos
Lecythidaceæ	*Couroupita guianensis* Aubl.[44]	Ayahuma	Alcaloides indólicos
Leguminoseæ	*Calliandra angustifolia* Spruce	Bobinsana	Aminoácidos
	Cedrelinga catenaeformis Ducke[45]	Huairacaspi	Ninguno reportado
	Erythrina glauca Wild[46]	-	-
	Erythrina peoppigiana (Walp.)O. F. Cook	Amaciza, amasisa	Alcaloides de la eritrina, etc.
	Pithecellobium laetum Peopp. y Endl.	Remo caspi	Fitomitógenos, Spinasterol lupeol
	Sclerobium setiferum Ducke	Palosanto	Ninguno reportado
	Vouacapoua americana Aubl.[47]	Huacapu	Ninguno reportado
Lomariopsidaceæ	*Lomariopsis japurensis* (Mart.) J. Sm.	Shoka	Ninguno reportado
Loranthaceæ	*Phrygilanthus eugenoides* var. *robustus* Glaz.	Miya	Ninguno reportado
	Phtirusa pyrifolia H.B.K. Eichler	Suelda con suelda	Ninguno reportado
Marantaceæ	*Calathea veitchiana* Veitch. ex Hooker	Pulma	Triptófano

44 Cura fuertes dolencias. Su espíritu no tiene cabeza. Se utiliza para «fortificar el cuerpo». La corteza se cocina con ayahuasca. Requiere una dieta de 30 días (Ayahuasquero Don Emilio Andrade, comunicación personal).

45 Un gran árbol que puede soportar tormentas, rayos y fuertes vientos; por lo tanto, es una buena «defensa». Es obligatoria una dieta de 30 días.

46 Los vegetalistas de Iquitos utilizan la flor de esta planta contra las dolencias estomacales, y su corteza para los baños contra las dolencias reumáticas.

47 Requiere una dieta de treinta días.

Menispermaceæ	*Abuta grandifolia* (Mart.) Sandwith[48]	Abuta caimitillo, sanango	Tropolona isoquinolina, palmatina, oxoaporfina
Moraceæ	*Coussapoa tessmannii* Mildbr.	Renaco	Ninguno reportado
	Ficus ruiziana Standl. *Ficus insipida* Willd.	Renaco Oje	Furanocumarina, triterpeno, bifenilhexahidroindolizina, fenantroxindolizina
	Tovomita sp.[49]	Chullachaqui caspi	Ninguno reportado
Myrtisticaceæ	*Virola* sp. Aubl.	Cumala	Diarilpropanoides, triptamina, beta-carbolina, neolignanos, 2-Me-cetona
	Virola surinamensis Warb.	Caupuri	Neolignanos
Nympheaceæ	Cabomba aquatica Aubl.	Murere, mureru	Ninguno reportado
Phytolaccaceæ	*Petiveria alliaceae*[50]	Mucura	Oligosulfuros, triterpeno, tritiolano
Polygonaceæ	*Triplaris surinamensis* var. *chamissoana* Meisn.	Tangarana	Ninguno reportado
Pontedariaceæ	*Pontedaria cordata* L.	Amaron borrachero	Ninguno reportado

48 En Puerto Maldonado, esta planta es un remedio para las afecciones pulmonares (¿tuberculosis?), el cáncer de estómago, los trastornos menstruales y la malaria (informante, Don Manuel Pacherras, comunicación personal).

49 Cuatro trozos de corteza se cocinan junto con la ayahuasca. La planta se utiliza para fortalecer el organismo. Es obligatoria una dieta de treinta días.

50 Utilizada como planta de mezcla entre los chamanes Yagua (Chaumeil, 1983) y como planta medicinal entre los vegetalistas de Iquitos (Luna, 1984).

Rubiaceæ	*Calycophyllum spruceanum* (Benth.) Hooker	Capirona negra	Ninguno reportado
	Guettarda ferox Stando.	Garabata	Cantamina, alcaloides heteroyohimbina
	Uncaria guianensis (Aubl.) Gmel	Garabata	Espirooxindoles, bisindólicos, alcaloides de heteroyohimbina
Schizaceæ	*Lygodium venustum* Sw.	Tachai del monte	Agentes antifertilidad
Scrophulariaceæ	*Scoparia dulcis* L.	Nuchu pichana	Triterpeno, 6-MeO-benzoxazolilinona
Solanaceæ	*Brugmansia suaveolens* (Willd.) Brechtold e Presl.[51]	Toe	Alcaloides tropánicos
	Brunfelsia chiricsanango Plowman	Chiricsanango	Escopeletina, depresores del SNC, compuestos antiinflamatorios
	Iochroma fuchsoides Meers en Hooker	Borrachero	Ninguno reportado
	Juanulloa ochracea Cuatr.	Ayahuasca	Ninguno reportado
Verbenaceæ	*Cornutia odorata* (Poepp. y Endl.) Peopp.	Shinguarana	Ninguno reportado
	Vitex triflora Vahl.	Tahuari	Lactonas diterpénicas, glucósidos iridoides, glucósidos flavonoides

51 Se necesitan dos o tres hojas para poder ver la bruja que causó el daño al paciente.

Tabla 7. Ingredientes y métodos de preparación de la ayahuasca en las tradiciones de algunos ayahuasqueros mestizos.

Nombre: Francisco Montes Shuña *Ubicación*: Carretera Iquitos-Nauta, Perú *Años de exp. como ayahuasquero*: 25 *Banisteriopsis caapi*: 12 piezas *Aditivo principal*: 200 hojas de *Diplopterys cabrerana* «chagropanga» *Otros aditivos*: - *Preparación*: Los ingredientes se hierven juntos en agua durante unas 12 horas hasta que se reducen a unos 750 ml de ayahuasca.
Nombre: Jhomber Dávila *Ubicación*: Requena, Perú *Años de experiencia como ayahuasquero*: 12 *Banisteriopsis caapi*: 8 piezas de unos 30 cm de largo con un diámetro de 10 cm . *Aditivo principal*: 100 hojas de *Psychotria viridis* «chacruna» *Otros aditivos*: 12 hojas de *Brunfelsia grandiflora* «chiricsanango» *Preparación*: Todos los ingredientes se hierven en 40 litros de agua durante todo el día. El líquido resultante se reduce a 1* litro de ayahuasca.
Nombre: José Padilla *Ubicación*: Iquitos, Perú *Años de experiencia como ayahuasquero*: 52 *Banisteriopsis caapi*: 1 kg (peso fresco) *Aditivo principal*: 50 hojas de *Psychotria viridis* *Otros aditivos*: - *Preparación*: Los ingredientes se hierven en 25-30 litros de agua durante dos horas. A continuación, el extracto se decanta en otro recipiente y se añade más agua a las plantas originales para realizar una segunda decocción de dos horas. Este proceso se repite una vez más antes de que los tres extractos se mezclen y se dejen evaporar a fuego lento hasta que tan solo quede un litro de ayahuasca. En total, el proceso completo dura 12 horas.

Nombre: Luis Culquiton
Ubicación: Manacamari, río Nanay, Perú
Años de exp. como ayahuasquero: 20
Banisteriopsis caapi: 3 kg (peso fresco)
Aditivo principal: 1 kg de hojas de *Psychotria viridis* (peso fresco)
Otros aditivos: 200 gramos de corteza fresca de *Tabebuia sp.* «tahuari»
Preparación: Las plantas se hierven juntas durante unas 8 horas y después la decocción resultante se reduce a 1 litro de ayahuasca.

Nombre: Norma Panduro
Ubicación: Iquitos, Perú
Años de experiencia como ayahuasquero: 38
Banisteriopsis caapi: 3 kg (peso fresco)
Aditivo principal: 1 kg de hojas de *Psychotria viridis* «chacruna»
Otros aditivos: 3 hojas de *Brugmansia suaveolens* «toe», 4 flores de *Calliandra angustifolia* «bobinzana», 10-20 hojas de *Nicotiana tabacum* «tabaco». También se añaden 5-10 gotas de fragancia, presumiblemente para el sabor y el olor
Preparación: la mezcla se hierve durante un total de 12 horas durante la preparación.

Nombre: Ruperto Peña
Ubicación: Carretera Iquitos-Nauta, Perú
Años de experiencia como ayahuasquero: 35
Banisteriopsis caapi: 12 piezas
Aditivo principal: 200 hojas de *Diplopterys cabrerana* «huambisa».
Otros aditivos: 4-5 hojas de *Jatropha curcas* «piñón colorado» y 3 hojas de *Dieffenbachia spp.* «patiquina»
Preparación: Los ingredientes se decoccionan juntos durante 12 horas y se reducen a 750 ml de ayahuasca.

Nombre: Solom Tello
Ubicación: Iquitos, Perú
Años de experiencia como ayahuasquero: 50
Banisteriopsis caapi: 30-40 piezas
Aditivo principal: 200-300 hojas de *P. viridis*
Otros aditivos: Un poco de: *Mansoa alliasea* «ajos sacha», *Petiveria alliacea* «mucura» y *Piper sp.* «guayusa»
Preparación: Se hacen tres extracciones separadas del mismo material vegetal, que luego se mezclan y se reducen a 1 litro de ayahuasca.

FUENTE: [Gnostic Garden - Ethnobotanical Seeds, Plants e Herbs] - Ayahuasca Recipes and Chemical Consititutes - Gnostic Garden - Revision 1.02 - 22/03/2001 - A Work in Progress (descargado en mayo de 2005 de www.lycaeum.org)

CAPÍTULO V

EL CONTEXTO SOCIOCULTURAL EN EL QUE SE ORIGINAN LAS RELIGIONES AYAHUASQUERAS MODERNAS

Introducción

En la década de 1910, el encuentro entre la ayahuasca y un humilde *seringueiro* de ascendencia africana, en la selva amazónica entre Brasil y Perú, sembró la primera de las semillas espirituales que más tarde germinarían en el establecimiento de nuevos movimientos religiosos estructurados, basados en la unión del cristianismo con la antigua espiritualidad indígena, esta última perfectamente representada por su principal sacramento, la ayahuasca.

Mientras el brote de esta primera semilla empezaba a crecer y a desarrollarse, convirtiéndose en una planta cuyos vástagos se extendieron en el transcurso del siglo dentro y fuera de la selva amazónica, otras revelaciones espirituales, hacia los años cincuenta, dieron origen a otros dos movimientos religiosos que fusionaron el uso ritual de la ayahuasca con la religiosidad cristiana.

De la primera de las tres semillas floreció el movimiento religioso llamado Doctrina del Santo Daime, también conocido como la Doctrina de la Selva, que con el tiempo dio origen a varias organizaciones religiosas (en particular, el Alto Santo y la ICEFLU). De la segunda semilla surgió la Barquinha y de la tercera, la *União do Vegetal*[52] (UDV). Santo Daime, Barquinha y UDV son los movimientos religiosos modernos que incorporan en sus prácticas rituales el uso del sacramento de la ayahuasca, al cual llaman, respectivamente: Santo Daime, Daime y *Vegetal*.

La fusión espiritual de diferentes componentes religiosos no se limita a los dos elementos mencionados anteriormente —por un lado,

52 Unión del Vegetal. [N. del T.]

la religiosidad indígena a través del uso de la ayahuasca y la cosmología asociada, y por otro, la religiosidad cristiana—; sino que incorpora también otros componentes espirituales como el espiritismo kardecista, las tradiciones religiosas afrobrasileñas y el esoterismo de origen europeo.[53] Quienes hayan conocido, leído, estudiado o, simplemente, oído hablar de estos movimientos religiosos, probablemente, lo hayan hecho bajo la etiqueta de movimientos «sincréticos». Algunos autores se refieren precisamente así a la doctrina del Santo Daime, en relación con el análisis del sistema simbólico que une los diversos componentes espirituales. Como informa Beatriz Caiuby Labate[54] (2002), ha habido un debate en la literatura antropológica sobre la noción de sincretismo, que ha sido criticada por varios autores por «implicar la idea de que habría un collage entre elementos supuestamente puros», en particular:

> En primer lugar, se argumenta que esta pureza anterior u original de hecho nunca ha existido. En segundo lugar, el «sincretismo» denota no solo un ensamblaje de elementos de distintas fuentes, sino también un ensamblaje impropio, heteróclito y desarticulado.
>
> (2002, p. 236)

La ocasión es propicia para reflexionar sobre el significado etimológico del término con el fin de evaluar la eficacia o no de su uso con respecto a los movimientos religiosos en cuestión. La palabra «sincretismo» deriva del griego y significaba originalmente: «coalición de cretenses, que luchaban habitualmente entre ellos, contra un enemigo común»[55], a raíz del sufijo *sin-* (= con, juntos) más *Creta.* Su significado actual es «acuerdo o fusión de doctrinas de orígenes diferentes,

---

53 A través del *Círculo Esotérico da Comunhão do Pensamento* (Círculo Esotérico de la Comunión del Pensamiento) y de la Orden Rosacruz (Labate, 2002).

54 Máster en Antropología Social y Doctora en Ciencias Sociales por la Unicamp (Brasil). Editó, junto con Wladimyr Sena Araújo, el volumen *O Uso Ritual da Ayahuasca* (ed. Mercado de Letras, Brasil, 2002), uno de los textos más completos que circulan actualmente sobre el tema de la ayahuasca.

55 Definición citada, al igual que las posteriores para los términos «sincretismo», «eclecticismo» y «evolutivo», *del Vocabolario della Lingua Italiana de la Enciclopedia Italiana* Treccani, 1989.

ya sea en el ámbito de las creencias religiosas o de las concepciones filosóficas. Más concretamente, en la historia de las religiones, fusión de diferentes motivos y concepciones religiosas, o incluso contaminación parcial de una religión con elementos de otras» —algunas fuentes citan que el término fue utilizado por primera vez por el teólogo protestante Calixto (1586-1656) en un esfuerzo por construir un sistema filosófico religioso que facilitara la reconciliación entre católicos y protestantes—.

Se asume que el origen histórico del término es crucial para comprender su concepto y significado. Aunque los acontecimientos históricos humanos han provocado «luchas» en nombre de las diferentes religiones, y por tanto podrían llevar a aceptar el término *sincretismo* también sobre la base de su significado etimológico, se cree, sin embargo, que estas luchas han sido explotaciones humanas cuyos objetivos y reivindicaciones no derivan de principios religiosos per se —revelaciones del Divino—, sino de la propia ambición del ser humano. Si se quiere describir los fenómenos observados según el ojo interpretativo cultural dentro del propio fenómeno, en este caso las religiones ayahuasqueras, entonces hay que partir de la concepción de que el principio espiritual original es y permanece íntegro. El hecho de que «sin-Creta», y de ahí sincretismo, haga referencia a una coalición de facciones de la ciudad (de Creta) que luchaban habitualmente entre sí, llevaría a la conclusión de que puede ser impropio utilizarlo para referirse a lo que en realidad se considera como una unión armoniosa de diferentes manifestaciones simbólico-religiosas de la única y eterna espiritualidad humana.

Más bien, como también proponen otros autores,[56] parece más apropiado el término utilizado en los estatutos de la mayor de las organizaciones de la doctrina del Santo Daime: la ICEFLU —Iglesia del Culto Ecléctico de Fluente Luz Universal—, la cual se autodenomina culto *ecléctico*. El significado del término *ecléctico* se especifica en los estatutos de la siguiente manera: «cléctico, porque [la ICEFLU] admite en sus enseñanzas los fundamentos verdaderos reconocidos que forman parte de otras tradiciones y doctrinas que también consagran los mismos principios del Eclecticismo Evolutivo». «Ecléctico» deriva

56 En Labate (2002) se hace referencia a Groisman (1991).

del griego, y significa literalmente «que trasciende» (del verbo «trascender»), de donde viene *eclecticismo*: «Actitud del pensamiento que escoge y acepta de los diversos sistemas filosóficos ciertas doctrinas, y las coordina armoniosamente» (por ejemplo, en las artes figurativas: eclecticismo arquitectónico); mientras que evolutivo: «evolucionar, transformarse gradualmente hacia formas naturales, culturales o espirituales más avanzadas: la evolución de la humanidad».

Así, podemos decir que el *eclecticismo evolutivo* representa una actitud de unión y coordinación armoniosa de elementos escogidos (doctrinales y simbólicos), con el objetivo de una transformación gradual (evolución) hacia formas naturales, culturales y espirituales más avanzadas. En el caso del Santo Daime, el eclecticismo evolutivo conduciría a la fusión de sistemas cosmológicos aparentemente diferentes, como los del cristianismo, el espiritualismo indígena (animismo), las religiones afrobrasileñas o el espiritualismo kardecista, pero que encuentran esa profunda identidad de espiritualidad común a la luz de valores universales compartidos, a menudo resumidos en el cuádruple doctrinal de Armonía, Amor, Verdad y Justicia.

Contexto histórico y social

Contexto nacional brasileño[57]

En las primeras décadas del siglo XIX, Sudamérica vivió un periodo en el que varios países (colonias europeas) se independizaron de los imperios transatlánticos. Brasil también luchó y logró la independencia de Portugal entre 1821 y 1823 (el 7 de septiembre de 1822 fue elegido como fecha oficial para celebrar la Independencia).

En 1840, el emperador Pedro II, de la familia portuguesa que había gobernado durante el periodo colonial, llegó al poder en el Brasil independiente. Durante el gobierno de Pedro II, varios grupos políticos más o menos conservadores se alternaron en el gabinete ejecutivo. A mediados de la década de 1880, el ejecutivo fue confiado al gabinete de João Alfredo. Fue durante su gobierno cuando la princesa regente Isabel I de Brasil, en ausencia de su padre, firmó, en medio de un

57 Véase Doria, 1949, pp. 762-763.

delirante entusiasmo popular, la Ley Áurea sobre la abolición inmediata de la esclavitud, el 13 de mayo de 1888.

Finalmente, se abolió la esclavitud en Brasil, el último de los países sudamericanos. Poco después, la idea republicana, que hasta entonces se había extendido con relativa lentitud, se avivó. La revolución estalló el 15 de noviembre de 1889. Finalmente, el 24 de febrero de 1891, la Asamblea Constituyente consagró la República Federativa de los Estados Unidos de Brasil en una nueva carta constitucional.

La selva amazónica occidental: seringueiros y caboclos

Hasta 1870, las exploraciones en la selva amazónica occidental habían sido ocasionales y de carácter comercial, sobre todo para la extracción de zarzaparrilla, vainilla, aceite de copaiba, caucho y otros productos similares, que se elaboraban con mano de obra indígena. Estos productos eran objeto de trueque por otros de tipo manufacturado (cuchillos, espejos, etc.) con las poblaciones indígenas, los habitantes tradicionales de la zona, y con los «*caboclos*», la población indígena mestiza que no vivía dentro de la organización tribal de los nativos.[58] No fueron pocos los grupos indígenas perseguidos y esclavizados durante este periodo (Aquino e Iglesias, 1994).

La actividad económica que estimuló una mayor y más extensa penetración en la selva fue la extracción del látex de caucho. El látex para la producción de caucho puede extraerse de dos árboles diferentes: la *Castilloa elastica*, llamada caucho (o hule) y la *Havea brasiliensis*,[59] llamada *seringueira* (o *seringa*), como se ha descrito anteriormente. De ahí los respectivos términos en portugués *caucheiro* y *seringueiro* para definir a los caucheros que trabajaban en la extracción del látex.

La diferencia fundamental, que históricamente ha llevado a la expansión de la explotación de la *seringueira* en comparación con el

58 En la segunda mitad del siglo XX, el término *caboclo* también fue utilizado por las poblaciones blancas para definir a los indígenas integrados en la realidad social occidentalizada, y también a los *seringueiros* mestizos, con connotaciones peyorativas. En el ámbito mágico-religioso, el término *caboclo* se refiere a un tipo de entidades espirituales: los espíritus de los antiguos guerreros indígenas que también pueden tener grandes poderes curativos.

59 Véase la nota 1 del capítulo 1.

caucho, es que para extraer el látex de este último es necesario arrancar el árbol, mientras que la extracción de la *seringueira* se realiza con la incisión superficial diaria de un segmento corto (aproximadamente 20-30 cm) en la corteza del gran tronco de la planta. La incisión, que está inclinada, tiene su extremo inferior en contacto con una larga incisión vertical a lo largo del tronco que actúa como canal de drenaje. En la base del tronco, donde termina el canalón, hay un pequeño cuenco para recoger el látex que gotea. El *seringueiro* camina dos veces en el mismo día a lo largo de *la estrada de seringa* que conecta los diferentes árboles del bosque para ser cortados dentro del *seringal* donde trabaja: la primera vez para realizar la nueva incisión, y la segunda para recoger el látex depositado en el cuenco dentro de un recipiente más grande y transportarlo a casa.

Cada *seringueiro* trabaja en una media de dos *estradas*, recorriéndolas, cada una, dos veces por semana. Una *estrada de seringa* típica cuenta con unas ciento veinte *seringueiras* y puede ocupar una superficie de hasta quinientas hectáreas. La jornada laboral del *seringueiro* comienza antes del amanecer, cuando aún es de noche, y tan solo termina hacia el atardecer, cuando regresa a casa con la producción de su trabajo. A continuación, el látex se prensa o ahúma según las técnicas artesanales de su elaboración. Este sistema de trabajo, completamente distinto al de la extracción del caucho, ha permitido que se establezca una red de relaciones y asentamientos rurales de carácter permanente dentro de los *seringais*.

En las últimas décadas del siglo XIX, el progresivo aumento de la demanda internacional de caucho derivado del látex del árbol *Havea brasiliensis* (*seringueira*) condujo al desarrollo de un empresariado económico que empezó a invertir en la extracción del caucho como actividad permanente, la llamada empresa «*seringalista*», que abrió numerosos *seringais* en toda la Amazonia occidental. Esta expansión se produjo a través de la penetración y explotación de nuevas tierras situadas a lo largo de las principales vías fluviales, y la reivindicación de la propiedad de estas tierras mediante la especulación con títulos no oficiales (Franco y Conceição, 2002).

El problema inicial que había que resolver era la escasez de mano de obra para trabajar en la extracción del látex. La población indígena se resistió y los enfrentamientos fueron violentos. Se organizaron expediciones armadas (las «*correrias*») con el objetivo de diezmar y expulsar a la población indígena de sus territorios tradicionales. Estas *correrias* provocaron el exterminio de varios grupos indígenas y la huida de otros a zonas sin *seringueiras*, a veces a otros países (como de Brasil a Perú). Algunos grupos fueron absorbidos por la empresa *seringalista*, como los kaxinawa del río Jordão. Otros grupos, como los aruák (principalmente del Perú), fueron al principio esclavizados como *caucheiros* y más tarde contratados por los *patrões* (amos) brasileños como fuerza de combate contra otros indígenas rebeldes y resistentes.

La solución al problema de la escasez de mano de obra fue importar trabajadores del nordeste brasileño, asolado por una grave sequía a finales del siglo XIX. El transporte de los inmigrantes para trabajar en los *seringais* recién establecidos en el oeste fue financiado por las compañías de aviación de Belén y Manaos, que ya cubrían el sector de la exportación de caucho. Se calcula que entre veinticinco mil y cincuenta mil nuevos *seringueiros* emigraron a la Amazonia occidental durante cada década de este primer auge del caucho (Franco y Conceição, 2002).

El sistema de trabajo que se instauró y que hizo posible la explotación de la *Havea brasiliensis* (*seringueira*), se basaba en la subordinación de los *seringueiros* a los «*patrões*», es decir, a los propietarios o administradores de los *seringais*, que ejercían un control total sobre el acceso a la tierra y un monopolio comercial absoluto sobre todo el caucho producido por los *seringueiros*. Además, estos tenían que pagar a los *patrões* una «*renda*» (renta): un valor anual, en caucho, por el uso de las *estradas de seringa*.

A principios del siglo XX existía una gran vitalidad económica en los *seringais*. Cada uno de ellos disponía de una ubicación central con establecimientos comerciales (propiedad de los *patrões*) que abastecían a la población de allí con bienes domésticos básicos (sal, municiones, aceite, jabón, etc.), bienes de lujo (espejos, perfumes, chocolate en polvo...) y bienes duraderos (rifles, motores, máquinas de coser, radios a pilas, por ejemplo); los atracaderos para las embarcaciones estaban bien conservados; unos pocos caminos en el bosque estaban abiertos para el paso de carros tirados por animales de tracción; y varias «*colocações*» (unidades sociales, económicas y espaciales que componen los *seringais*) estaban en plena actividad.

Un *seringal* está formado por un conjunto de *colocações*, en cada una de las cuales se encuentran las casas de uno o varios grupos familiares residentes, así como las *estradas*, las zonas de cultivo y de caza (Franco y Conceição, 2002). En 1912 se produjo el primer colapso (casi total) de este sistema, debido a la entrada en el mercado de producción de caucho de cultivos procedentes del Extremo Oriente, con mayor productividad y costes de producción significativamente más bajos. Pero, en esta primera crisis y en las siguientes, no hubo un abandono masivo de los *seringais*, sino más bien una estrategia inicial de diversificación de las actividades mineras y agrícolas por parte de los habitantes (Franco y Conceição, 2002).

Con la Segunda Guerra Mundial surgió la necesidad de abastecer de caucho a los ejércitos aliados. Tras la firma de los acuerdos con EE. UU., el gobierno brasileño (en aquel momento bajo el mandato de Vargas) inició una gran campaña de reclutamiento de trabajadores para los «soldados del caucho», principalmente del nordeste de Brasil, con el fin de aumentar la extracción del material en el noroeste. Se creó el SEMTA (Servicio Especial de Movilización de Trabajadores para la Amazonia), que envió a trece mil personas tan solo en 1943 (Brissac, 2002).

Al igual que durante la primera oleada masiva de inmigrantes, la mayoría de los trabajadores del noreste se autodenominaron «*brabos*» en los *seringais* amazónicos. El término *brabo*[60] se refería a personas que nunca habían extraído caucho y nunca habían estado en medio de la selva. El sufrimiento de esas personas, inmersas en condiciones de vida y de trabajo extremadamente penosas, en un entorno desconocido, sin la ayuda gubernamental prometida por la propaganda oficial, quedó bien grabado en la memoria de los supervivientes de la «batalla del caucho». Algunos autores observan que quienes consiguieron sobrevivir en condiciones tan adversas eran personas de una inteligencia y una iniciativa significativas, que lograron adaptar sus patrones de percepción y sus recursos cognitivos a la nueva realidad en la que se encontraban (Brissac, 2002). Muchos de los *seringueiros* de las distintas oleadas migratorias lograron adaptarse a la realidad de la selva, constituyendo una nueva forma de población indígena *cabocla*.

60 Término popular que se refiere normalmente a las personas que se comportan de forma animal, feroz y salvaje.

Así pues, a lo largo de la primera mitad del siglo XX, los *seringais* continuaron en actividad, poblados por los nuevos «soldados del caucho» que llegaron durante la Segunda Guerra Mundial y por las generaciones descendientes de los primeros emigrantes del nordeste, muchos de los cuales formaron familias mediante uniones matrimoniales con mujeres indígenas. Es casi seguro que el encuentro de la ayahuasca con los *seringueiros* se produjo en este contexto de proximidad y contacto con los pueblos originarios.

Kardecismo y tradiciones religiosas africanas

Tal como se ha introducido y como se verá más claramente en los capítulos siguientes, las religiones ayahuasqueras incorporan a su arquitectura simbólica y teológica elementos derivados de diferentes tradiciones religiosas. Dos de estos componentes están representados por la filosofía espiritualista, en particular el espiritualismo kardecista, y la tradición religiosa africana arraigada en Brasil, en particular la línea umbanda. Esta última ya contiene en sí misma una fusión de raíces africanas con el kardecismo, así como del cristianismo y las tradiciones espirituales de los indígenas amazónicos.

Para comprender cómo el kardecismo y la tradición africana se han integrado en los sistemas religiosos de los movimientos ayahuasqueros modernos, es necesario partir de la constatación de que el espiritualismo en general y la espiritualidad africana en particular son un componente intrínseco de la cultura brasileña, ampliamente difundido y comúnmente aceptado en las diferentes clases sociales, no tanto como una doctrina bajada desde arriba, sino como parte integrante de la vida y de la cosmología popular en la cultura del Brasil. Así pues, no sería correcto suponer que alguien, digamos, algún líder histórico, haya introducido en los sistemas doctrinales una concepción ya comúnmente reconocida por más o menos todos los participantes en el propio sistema (nos referimos tanto a los orígenes de los movimientos en las periferias de las aglomeraciones urbanas amazónicas, entre gente muy pobre perteneciente a una cultura popular —católica— en la que la creencia en el espiritismo estaba muy extendida, como a su difusión en las clases medias y con alta escolaridad de las ciudades brasileñas). Se puede decir que los sistemas religiosos del Santo Daime,

Barquinha y UDV nacieron en un entorno en el que el espiritismo ya estaba culturalmente arraigado. Esta concepción se refuerza entonces como un componente presente en la formación espiritual de los iniciadores de los movimientos, incluso antes de que entraran en contacto con el sacramento indígena. La tradición indígena y el uso ritual relacionado de la ayahuasca no hacen sino confirmar esta visión básica de la religiosidad.

Si bien para un europeo occidental o un norteamericano puede suponer un reto cultural considerable aceptar o no tal concepción, no es menos cierto que en gran parte de la población brasileña de todas las clases sociales es una creencia asumida. También es importante destacar que, a través de un proceso gradual iniciado a finales del siglo XIX, la filosofía espiritista ha ido ganando cada vez más credibilidad, tanto en Europa como en Norteamérica. Esto ha sido posible, en parte, gracias a la influencia de las filosofías orientales. Mientras que antes el espiritismo se consideraba una conciencia espiritual reservada a una élite intelectual limitada, en las últimas décadas su difusión ha alcanzado también a segmentos apreciables de la población en ambas regiones.

Kardecismo: la filosofía espiritualista

Allan Kardec[61] es el nombre de un filólogo francés que vivió en el siglo XIX. Fue el primero en recopilar y coordinar en varios volúmenes todas las teorías y principios enunciados en torno a la doctrina espiritista y se considera el fundador de la filosofía espiritista. Tras la publicación de sus libros sobre el tema[62] (el primero, en la Francia de 1857), el espiritualismo pasó a considerarse una doctrina filosófica y se extendió rápidamente por todo el mundo.

61 Hippolyte Leon Denizard Rivail (1804-1869), erudito en filología, que adoptó el nombre de Allan Kardec por su anterior encarnación como bardo bretón. Kardec estudió y describió con precisión los métodos de contacto con el astral y fundó una asociación que se extendió por todo el mundo. En Brasil, en particular, cuenta con decenas de miles de seguidores y se emitió una serie de sellos con su efigie para celebrar la importancia de su pensamiento en la sociedad brasileña.

62 Entre los más interesantes se encuentran *El libro de los espíritus* y *El Evangelio según el Espiritismo*.

Este sistema espiritual se basa en la creencia de que existen los espíritus y en la concepción relativa a la transmigración de las almas,[63] es decir, en el hecho de que la verdadera vida del ser humano es la del espíritu, creado y eterno, que se reencarna en la materia pasando por vidas sucesivas (encarnaciones) con el objetivo de evolucionar espiritualmente a través de las múltiples experiencias que estas vidas materiales pueden ofrecerle.

Según la filosofía espiritista, todos tenemos que tratar en la vida cotidiana con las fuerzas espirituales que viven a nuestro alrededor, y podemos interactuar con ellas según el grado de conciencia y la intención de cada uno de ser un canal de mediación. Quien escribe estas páginas cree que este conocimiento sobre las facultades de los médiums complementa el estudio de las llamadas habilidades chamánicas. Como ya se ha descrito en capítulos anteriores, el chamán es un mediador (médium) entre las personas y las entidades sobrenaturales, la tarea del chamán, antes que cualquier motivación metafísica, o salvífica individual, es intentar resolver los problemas concretos de la existencia (curar a los enfermos, hacer llover para favorecer la cosecha y evitar que la comunidad pase hambre, etc.). Para realizar su trabajo de mediador por el bien de la comunidad en la que vive, el chamán utiliza técnicas «extáticas» (*éxtasis chamánico*, *trance extático*) para proyectarse en el mundo de las fuerzas espirituales y encontrar la ayuda necesaria para lograr su objetivo.

Este tipo de mediumnidad se ha definido como la técnica del *vuelo chamánico*. Ahora, la que se relaciona con los estudios de la filosofía espiritual kardecista se refiere a otro aspecto de la capacidad humana para comunicarse con la realidad espiritual. Dicho estudio se centra en la manifestación de fuerzas espirituales a través del propio cuerpo (canal), que puede tener lugar de diferentes maneras y con distintos fines (incorporación, irradiación, psicografía, etc.). Se cree que ambas técnicas forman parte de la misma *ciencia* y que el chamán puede definirse como un médium; aunque lo contrario no es cierto, como ya se ha dicho. Es decir, no todos los médiums pueden considerarse chamanes,

63 Creencia basada en el concepto de «reencarnación», también común a filosofías y religiones orientales como el budismo. La transmigración de las almas (*gilgul*) es también uno de los principios fundamentales, aunque contradictorios, de la cábala judía.

sino solo aquellos que son capaces de abandonar el cuerpo y acceder al mundo invisible de los espíritus mediante el vuelo extático.[64]

La tradición africana y la línea umbanda[65]

El segundo elemento mencionado que impregna el tejido cultural de la sociedad brasileña se refiere a la influencia derivada de las tradiciones religiosas de origen africano. En concreto, la línea umbanda es una religión ya de por sí ecléctica con profundas raíces en la espiritualidad africana, derivada de la fusión de la tradición religiosa de los millones de esclavos, que en más de tres siglos de imperio colonial portugués fueron importados de África a Brasil, tanto con el cristianismo católico de los amos blancos como con la religiosidad de los indígenas de la selva.

La umbanda se ha definido como una religión sincrética y mediúmnica, basada en la incorporación de entidades, guías espirituales o vibraciones ancestrales de las fuerzas de la naturaleza. Se originó en su forma actual en Brasil en la primera mitad del siglo XX, donde hoy la practican millones de personas.[66] Desde aproximadamente 1550 hasta el final de la trata de esclavos, los africanos que embarcaban en algunos puertos estratégicos del continente, también procedían de lejanas tierras del interior y pertenecían a etnias y culturas diferentes, a veces hostiles o completamente ajenas entre sí. Traídos a una tierra

64 De acuerdo con la definición de chamanismo de Mircea Eliade (1983).

65 Toda la información relativa a la umbanda en general (excluyendo, por tanto, la información relativa a la influencia de la umbanda en el Santo Daime) procede de comunicaciones personales con un médium italiano iniciado en la umbanda desde hace más de 30 años.

66 Fue la colonización del Nuevo Mundo la que creó las condiciones para una experiencia muy especial y, en cierto modo, única entre las religiones tribales africanas y el cristianismo. La colonización, transportando ideas y tradiciones junto con los hombres, y mezclándolo todo en condiciones nuevas y diferentes, creó en todas partes del Nuevo Mundo oportunidades que tomaron direcciones diferentes: hubo, en otras zonas, experiencias similares en la forma, pero en otros aspectos fundamentalmente diferentes de la umbanda y con las que no debe confundirse (por ejemplo, el vudú haitiano, partiendo de un origen similar, contrasta totalmente con las características de la umbanda brasileña).

desconocida, asignados a trabajos pesados, con pocas esperanzas de escapar o liberarse, estos esclavos defendían su identidad aferrándose a la religión, lo único que podían traer consigo. Una primera fusión, necesaria, tuvo lugar en el seno de las plantaciones; los esclavos procedían todos de África, pero, como ya se ha dicho, de regiones diferentes, a menudo muy alejadas entre sí. Era una precaución habitual de los amos no comprar juntos a personas del mismo pueblo y preferir esclavos que no se conocieran ni tuvieran vínculos entre sí; mejor aún si las nuevas adquisiciones no hablaban el mismo idioma, por razones obvias de seguridad. La religión animista de ambos era muy similar, basada en una relación directa con las Fuerzas arquetípicas. Los nombres dados a las manifestaciones divinas, o los rituales, ciertamente cambiaron, y allí, donde todos estaban igualmente esclavizados, nadie pudo (difiriendo de como sería en África) imponer los suyos como «más justos», así que todos los asumieron, indiscriminadamente.

Más tarde, el contacto continuo de los esclavos de las plantaciones con los indígenas de la selva extendió los rituales a las facultades similares de los nativos, aunque no sin contrastes. Los amos también se preocupaban de impartir siempre al menos una pizca de cristianismo a los esclavos: era una obligación social y religiosa, y constituía la «justificación» moral de la esclavitud en la ética de la época. La religión de los esclavos también adoptó las formas de la religión de los amos, y las deidades africanas se identificaron con imágenes católicas. Cada santo tenía un «*alter ego*» africano y viceversa; las imágenes talladas coexistían en los mismos altares rudimentarios y las ceremonias las honraban a todas por igual. Los africanos «reconocían» los aspectos divinos venerados en su propia cultura tanto en los indígenas como en los de la religión católica. Fuerzas similares eran consideradas como una sola, quizá con nombres diferentes. Cuando se abolió la esclavitud (1888), la religión de los esclavos siguió viviendo y desarrollándose, al principio solo en las favelas, luego, con el paso de los años y la llegada de nuevas aportaciones de pensamiento procedentes de Europa, se convirtió en un fenómeno transversal en toda la sociedad brasileña.

Fue esta cultura ecléctica la que generó manifestaciones culturales como la samba, la capoeira[67] y los diversos cultos afroindocatólicos

67 La capoeira es una forma de lucha similar en algunos aspectos a las artes marciales japonesas; se practica con las manos vacías, porque, por supuesto, a los esclavos

que se habían diversificado con el tiempo, adoptando diferentes nombres según el lugar, pero también estructurando sus rituales de forma diferente. De la fusión de uno de estos cultos, llamado *candomblé*, con el espiritismo kardecista en las primeras décadas del siglo XX, nació la umbanda, la más reciente de estas formas religiosas derivadas de la tradición africana, que ha absorbido más componentes religiosos y teosóficos europeos. La umbanda se considera un movimiento espiritual evolucionado que ha abandonado ya las técnicas de magia popular aún presentes en la mayoría de los demás cultos afrobrasileños, y se basa en las intervenciones directas de los Espíritus Iluminados para promover valores universales unificadores, con especial sensibilidad hacia el profundo respeto por cualquier forma de religiosidad, la igualdad, derivada de los orígenes de la esclavitud, y la caridad, tanto material como espiritual.

En el sistema simbólico umbanda subyace la identificación de las deidades africanas con los santos del catolicismo. Las llamadas deidades africanas —orishás— no representan un sistema de creencias politeísta, ya que son vistas como múltiples manifestaciones arquetípicas del Principio Divino —el arquetipo de los arquetipos, el Único, Principio Generador del que fluye la multiplicidad, y Principio Unificador al que todo retorna, en su aspecto de Unidad ilimitada y absoluta—. Los orishás son personificaciones de los atributos manifestados de lo divino, cuyo contacto el ser humano debe cultivar y recurrir a ellos constantemente como *Guías* para buscar un retorno consciente a lo Divino Original, y superar así las dificultades y angustias cotidianas. Es decir, cumplen el papel que también desempeñan los santos en la religiosidad católica.

Del Dios Único llamado Xambi u Olorum, derivan los orishás: Imágenes Manifestadas de la Divinidad Inmanifestada como Emanaciones de diferentes Aspectos de Dios. Entre los muchos orishás hay algunos que se consideran Mayores, de los que parte una jerarquía espiritual, estructurada en diferentes niveles a los que pertenecen diversos tipos de entidades —por ejemplo, los *pretos velhos*, o negros viejos, son los espíritus de los antiguos esclavos africanos, o los

---

no se les permitían las armas. Ni siquiera se les permitía entrenarse para la lucha, pero esta se disfrazaba de danza, ralentizando los movimientos y acompañándolos de expresivos cánticos.

caboclos que se presentan como guerreros indígenas audaces, indomables, fuertes, nobles, orgullosos y poderosos[68]—.

La tradición religiosa afrobrasileña representa, como se ha dicho, una característica cultural intrínseca de la sociedad brasileña, no tanto por sus prácticas rituales, que en cualquier caso están muy extendidas en los entornos urbanos, sino porque su cosmología se ha reconciliado con el catolicismo popular —Brasil es y sigue siendo un país profundamente católico— y ha pasado a formar parte de la vida de las familias y de su cosmovisión. En este sentido, forma parte integrante del sistema religioso del Santo Daime, la Barquinha y la UDV (aunque, en esta última, de forma diferente a las dos primeras —véase el capítulo 8—), también porque ya lleva en sí misma la fusión de las tradiciones tribales africanas e indígenas con la religión católica.

Las religiones ayahuasqueras como sistemas chamánicos

Independientemente de la confusión que la superficialidad de los movimientos denominados «*new age*» haya podido crear en torno al concepto de chamanismo —sin duda, abusado por moda—, el debate sigue abierto sobre si las religiones ayahuasqueras deben o no clasificarse como chamánicas.[69] Varios autores coinciden en identificar el Santo Daime y la Barquinha como sistemas chamánicos, en los que existe un ejemplo de *chamanismo colectivo*.[70] La base de los argumentos a favor parte de la consideración de que en los rituales de las religiones ayahuasqueras todos los participantes están en condiciones de realizar

68 El término *caboclo* designa a las entidades que han tomado la forma de indígenas durante su eventual paso por la tierra.

69 Si bien es cierto que el verdadero chamanismo, según una historia seria de las religiones, no tiene nada que ver con el neochamanismo propagado por los movimientos *new age*, no es menos cierto que incluso las religiones ayahuasqueras, con su profundidad teológica y su sabiduría simbólico-ritual (en parte derivada de la tradición indígena), están muy alejadas del neochamanismo propagado por la cultura de la nueva era, y deberían considerarse cualquier cosa menos un fenómeno de moda.

70 Labate (2002, pp. 238-240) cita a C. Monteiro, E. MacRae, F. Couto, A. Cemin, T. Soibelman, A. Groisman y W. Sena Araújo como autores favorables a esta conclusión, mientras que la única cita en sentido contrario se refiere a C. A. Afonso.

el vuelo chamánico, y de la profunda conexión de este con el concepto de curación y de autocuración. En particular, Beatriz Caiuby Labate (2002) —haciéndose eco de las consideraciones de Couto, apoyadas también por MacRae— señala varios elementos que sugieren una conexión entre el chamanismo y el Santo Daime: la similitud entre la lucha del chamán contra el mal y la enfermedad, y el propósito curativo presente en los himnos del Santo Daime; las similitudes entre el proceso de aprendizaje del Mestre Irineu y la iniciación chamánica; y la correspondencia entre el proceso de curación de Padrinho Sebastião (quien, a través de una experiencia extracorporal, observa una operación quirúrgica en el plano Astral donde entidades le extirpan tres gusanos del corazón) con diversas tradiciones chamánicas (Labate, 2002, p. 238).

Desde mi punto de vista, si se identifica el chamanismo con la definición *a secas* del historiador de las religiones Mircea Eliade: «las técnicas primordiales del éxtasis» cuyo contenido fundamental es permitir al chamán realizar el vuelo a la región de los espíritus, entonces también es posible identificar las religiones ayahuasqueras como sistemas chamánicos, en la medida en que ofrecen a todos los participantes la *posibilidad* del vuelo extático, o al menos considerarlas imbuidas de elementos chamánicos. Al mismo tiempo, otros elementos típicos de la tradición chamánica identificados por Eliade también coinciden con experiencias relatadas como infrecuentes, pero comunes a muchos fieles (*fardados*) que participan desde hace tiempo en los rituales de las religiones ayahuasqueras, como el «desmembramiento» iniciático y el proceso espiritual de «sufrimiento, muerte y resurrección».

Reflexiones sobre el eclecticismo

En conclusión, puede decirse que la integración de los diferentes componentes espirituales en los nuevos sistemas de las religiones ayahuasqueras se produce, en primer lugar, en el plano cosmológico y también a través del reconocimiento de los mismos rasgos fundamentales y universales en los demás. En segundo lugar, esta integración puede tener una manifestación simbólico-ritual así como en el cuerpo doctrinal constituido, por ejemplo, por las letras de los himnos/llamadas/salmos del Santo Daime, la Barquinha y la UDV. Aunque en este nivel los contenidos predominantes se refieren a la terminología y las enseñanzas de la doctrina cristiana, no hay que olvidar que esta ya se encuentra en el espiritualismo kardecista y en la tradición religiosa afrobrasileña incluso antes de que se fusionaran en las religiones ayahuasqueras. Por último, se dedica una posición primordial a la consagración de la Naturaleza y de sus Fuerzas, en las que se reconoce la presencia del Divino, del Padre y de la Madre Celestial.

Veremos para cada uno de los tres movimientos brasileños que el *eclecticismo evolutivo* es uno de los fundamentos doctrinales. Esta apertura a la fusión armoniosa de diferentes doctrinas también puede definirse como

> una práctica interpretativa de las tradiciones religiosas originales que tiende a minimizar los elementos de divergencia y los aspectos formales y a enfatizar los aspectos de afinidad y similitud. Por entorno cultural y disposición emocional, podría definirse como la antítesis del fundamentalismo, ya que en su base está el principio del amor o, al menos, del respeto: el reconocimiento, quizá no expresado conscientemente, de una identidad básica.

No hay que confundir el eclecticismo con la mera derivación o apropiación de ciertos aspectos de un culto o doctrina. Estos son, contrariamente al eclecticismo, fenómenos mucho más extendidos de lo que comúnmente se cree, ya que, aunque cada religión se considera absolutamente «autónoma» de las demás —en especial, por aquellos que la experimentan principalmente en sus aspectos formales y superficiales—, todas las formas de culto han «dado» y «recibido», a la vez, de otras con las que han entrado en contacto. Por lo tanto, el eclecticismo no indica la mera absorción o apropiación de mitos, símbolos o rituales, sino la realización de una fusión armoniosa.

Por otro lado, tampoco hay que pensar que esta confluencia de diversas escuelas pueda ser el triunfo del relativismo moral, ya que la Unión deseada y realizada por las religiones ayahuasqueras solamente se produce en nombre de los valores universalmente compartidos de Amor, Armonía, Verdad, Justicia y Paz.

CAPÍTULO VI

SANTO DAIME: LA DOCTRINA DE LA SELVA

MESTRE[71] IRINEU Y LA REINA DE LA SELVA

Raimundo Irineu Serra nació en el seno de una familia de origen africano —su padre y su madre, don Sancho Martinho Serra y doña Joana Assunção Serra, eran esclavos—, en una localidad llamada São Vicente Ferret, en el Estado de Maranhão (nordeste de Brasil), el 15 de diciembre de 1890,[72] solo dos años después de la Ley Áurea de 1888 por la que la princesa Isabel I de Brasil abolió definitivamente la esclavitud en el país. Con unos quince años, se embarcó en el río Amazonas para emprender un largo viaje hacia la Amazonia occidental. Como era común en los habitantes del nordeste, soñaba con hacerse rico «alistándose» entre los *seringueiros*, los «soldados del caucho». Según los testimonios de personas que le conocieron directamente, decía él que desde niño soñaba a menudo con una mujer llamada Clara.[73]

---

71 «Maestro» en portugués. [N. del T.]

72 Hasta 2010 se creía (y muchos fieles del Santo Daime siguen creyendo) que el Mestre Irineu nació en 1892, como él mismo había declarado y como figuraba en su documento de identidad, pero los antropólogos P. Moreira y E. MacRae recuperaron su partida de bautismo de los archivos de la catedral católica de su municipio natal (São Vincente de Ferrer, en el estado de Maranhão), que reveló que su año de nacimiento fue 1890 (Moreira y MacRae, 2011).

73 En esta parte del texto, se hace referencia a los testimonios de varias personas que conocieron personalmente al Mestre Irineu, en particular las declaraciones recogidas con ocasión del centenario del nacimiento del Mestre (1992) y publicadas en la «Revista do centenário do Mestre Raimundo Irineu Serra», Río de Janeiro, Ed. Beija-Flor, diciembre de 1992. Entre las diversas declaraciones, se hace especial referencia a las de Daniel Serra (primo de Irineu Serra), Jairo Da Silva Carioca (miembro del directivo CICLU «Alto Santo»), Luiz Mendes do Nascimento (presidente del CICLURIS), Percília Matos Da Silva (encargada del himnario del Mestre Irineu),

Cuando dejó la ciudad de São Vicente Ferret, el joven Raimundo Irineu Serra trabajó en São Luiz, la capital del Maranhão, con el fin de ahorrar el dinero suficiente para pagar el viaje en barco hasta Belén. Durante este viaje soñó varias veces con Clara. Tuvo que seguir trabajando en la capital del estado de Pará para poder continuar el viaje hasta Manaos, donde se encontró con un grupo de nordestinos que, como él, estaban decididos a trabajar en los *seringais* del Acre (estado brasileño fronterizo con Perú y Bolivia). No hay constancia exacta de cuándo desembarcó Raimundo Irineu Serra en el Acre, pero debió de ser a principios de la segunda década del siglo pasado (quizá en 1912). Deambuló por la selva acreana hasta territorio peruano, donde tenía información de la presencia de sus primos Antonio y André da Costa, que como él habían abandonado Maranhão. Fueron ellos quienes dieron a conocer a Irineu una bebida tradicionalmente utilizada por los indígenas, diciéndole que les gustaría que conociera a un *caboclo* peruano llamado Don Pizango, a quien consideraban el espíritu guardián de esta bebida. Los hermanos Antonio y André la llamaban el *purgante*.

Irineu tomó la bebida con ellos por primera vez. Años más tarde, al contar a sus seguidores sus primeras experiencias con la ayahuasca, describió cómo, en un momento de una de sus primeras sesiones con André y Antonio, se alegró porque André le advirtió de que una entidad femenina llamada Clara había aparecido diciendo que tenía una naranja para regalar a Irineu y que quería hablar con él en una futura sesión utilizando el *purgante*. Aquella noche, Irineu consumió la bebida varias veces. En una de las veces que estaba repitiendo la dosis, vio a un ser que se bañaba en el interior de la lata que contenía la bebida sagrada. Esa misma entidad se encargó de presentarse ante él hablando en español: «Soy don Pizzon, el guía de esta bebida» y luego desapareció (Jaccoud, 1992). En los relatos de los contemporáneos del Mestre Irineu sobre los orígenes de la Doctrina, don Pizzon, más frecuentemente llamado don Pizango o Pisango, era un *caboclo* peruano,

Sebastião Mota De Melo (fundador de la ICEFLU), Wilson Carneiro De Souza (consejero de la ICEFLU). Además, se hace referencia a la información comunicada por Sebastião Jaccoud (consejero CICLU «Alto Santo») en una publicación que escribió sobre la vida del Mestre, titulada *O Terzeiro Testamento. Um fato para a historia* (publicado en Brasil, ¿1992?).

el espíritu de un antiguo guerrero indígena descendiente de los incas (véase la ficha 1), considerado como «el espíritu de la ayahuasca», que visitó numerosas veces al Mestre Irineu en la *miração*[74] durante aquellas primeras sesiones con la bebida y de quien, junto con los indígenas que conoció en la región, recibió las enseñanzas relativas a la recolección y preparación del yagé con *jagube* (*B. caapi*) y *chacrona* (*P. viridis*).

En la sesión siguiente, la entidad femenina que había dicho que quería hablar con Irineu apareció espiritualmente, esta vez sin necesidad de intermediario. El Mestre Irineu contó que la mujer le dijo que tenía una misión que encomendarle, pero que no podía hacerlo en aquel momento y en aquel ambiente. Irineu pasó entonces un tiempo sin asistir a las sesiones dirigidas por sus primos. Cuando decidió volver a tomar la bebida, la preparó él mismo. La entidad femenina regresó y le ofreció una misión como le había prometido, pero le advirtió que eso no le aportaría riquezas materiales.

La mujer le pidió entonces que hiciera una dieta para poder iniciarse en los misterios de la bebida y en la Santa Doctrina de Jesucristo. La receta de la dieta consistía en comer durante ocho días —según algunas fuentes, once—solamente yuca sin sal e infusión de *cidreira* (*Melissa oficinalis*) sin azúcar, y abstinencia total de relaciones sexuales. La dieta era tan estricta que se advirtió a Irineu que evitara incluso ver ropa de mujer. La única alternativa al cumplimiento estricto de la dieta era el aislamiento. El Mestre se instaló en una casa en medio de la selva con un compañero, el único a quien reveló lo que iba a hacer. Después de los tres primeros días a dieta, Irineu empezó a sentirse débil mientras realizaba el duro trabajo de caminar por las *estradas de seringa*, pero de todos modos continuó con el trabajo en el *seringal*. Empezó a sufrir desmayos y a tambalearse al estar tan débil, comiendo solo yuca y té. Un día, mientras estaba sentado en un árbol, tuvo una visión de una figura femenina coronada que viajaba en su dirección sentada en un

74 *Miração* es el término brasileño utilizado para definir el estado visionario onírico en el que se reciben las instrucciones y enseñanzas de la bebida sagrada. Debe diferenciarse del término español *mareación* ya encontrado en el uso mestizo, ya que literalmente *miração* deriva del verbo de origen latino *mirare*, mientras que *mareación* está relacionado con los términos *mare*, *marea*, asimilando así el efecto de la ayahuasca a una marea creciente que lleva a la persona a sumergirse en esta fuerza espiritual, con la posibilidad de que, como en alta mar, pueda llegar a sentir náuseas (uno de los varios significados del verbo *marear*).

trono sobre la luna, y tenía un águila volando sobre su cabeza. La imagen se le acercó tanto que sintió el impulso de agarrarla con las manos. La figura coronada se declaró ante Irineu como la Reina de la Selva y le entregó una naranja como él había previsto. A continuación, le reveló los misterios de la Misión que se le había confiado y su primer himno, LUA BRANCA:

Deus te salve, oh! Lua Branca *Da luz tão prateada* *Tu sois minha protetora* *De Deus tu sois estimada*	*Dios te salve, ¡oh! Luna Blanca* *De la luz más plateada* *Tú eres mi protectora* *Por Dios eres estimada*
Oh! Mãe Divina do coração *Lá nas alturas onde estás* *Minha Mãe, lá no céu* *Dai-me o perdão*	*¡Oh! Divina Madre del Corazón* *Allá en las alturas donde estás* *Madre Mía, allá en el cielo* *Dame el perdón*
Das flores do meu país *Tu sois a mais delicada* *De todo meu coração* *Tu sois de Deus estimada*	*De las flores de mi país* *Tú eres la más delicada* *De todo mi corazón* *Eres por Dios estimada*
Oh! Mãe Divina do coração...	*¡Oh! Divina Madre del Corazón...*
Tu sois a flor mais bela *Aonde Deus pôs a mão* *Tu sois minha advogada* *Oh! Virgem da Conceição*	*Eres la flor más bella* *Donde Dios ha puesto su mano* *Eres tú mi abogada* *¡Oh! Virgen de la Concepción*
Oh! Mãe Divina do coração...	*¡Oh! Divina Madre del Corazón...*
Estrela do Universo *Que me parece um jardim* *Assim como sois brilhante* *Quero que brilhes a mim*	*Estrella del Universo* *Que me parece un jardín* *Tan brillante como eres* *Quiero que brilles para mí*
Oh! Mãe Divina do coração	*¡Oh! Divina Madre del Corazón...*

Así fue como Irineu, un *seringueiro* humilde y aún analfabeto que no había estudiado música ni canto en su vida, recibió de la Reina de la Selva este cántico en compás de vals, en el que aparece por primera vez la oración *Dai-me* (*o perdão*), dirigida a la Virgen de la Concepción, que se manifestó como Reina de la Selva para darle la iniciación como Maestro de la Doctrina del Santo Daime: la Doctrina de la Selva.

Es precisamente con referencia a esta invocación *Dai-me*, que el propio Mestre Irineu rebautizó la bebida de ayahuasca como Santo Daime. En la espiritualidad de la doctrina del Mestre Irineu, *Dai-me* representa una invocación, una oración que debe ser humildemente guardada en el corazón de cada persona que se acerca a la comunión con este sacramento de la Reina de la Selva. Es un reconocimiento de la necesidad de la gracia divina en la condición terrenal y de la limitación del propio conocimiento frente al vasto saber y al profundo poder espiritual que impregnan toda la naturaleza, toda la creación. Con la fe de que todo lo que se pida al Espíritu con lealtad y sencillez de corazón será concedido: ¡*Dai-me Luz, Dai-me Amor, Dai-me Paz*![75]

El Santo Daime representa una nueva revelación sacramental de Cristo, es el símbolo eucarístico dentro de la obra espiritual del Mestre Irineu. El *cuerpo vegetal* consagrado se convierte en el cuerpo divino, el cuerpo de Jesucristo. Se considera el sacramento de Cristo en su venida espiritual, es decir, la manifestación sacramental del Espíritu Santo, del Paráclito (véase capítulo 6, § «Visión escatológica: el Imperio Juramidam»). En la doctrina del Mestre Irineu, tanto la fuerza espiritual de Jesucristo como su energía, que ha venido en la manifestación del Espíritu Santo Paráclito, toma en esta época el nombre espiritual de Juramidam.[76] La doctrina del Santo Daime es la revelación de la doctrina de Jesucristo a través del sacramento de la Reina de la Selva. Es decir, es la doctrina de Juramidam.

---

75 ¡Dame Luz, Dame Amor, Dame Paz!

76 De acuerdo con algunos miembros del Alto Santo, la grafía correcta sería *Juramidã*, que también mantiene concordancia con la de entidades indígenas afroamericanas como Iansã, Nanã, Tupã, etc. En ambos casos el sonido final es nasal, pero en el primero el *-am* representa dos fonemas, en el segundo el -ã un solo fonema.

Ficha 1 - Leyendas y mitología

Según diversos testimonios de exponentes del Santo Daime contemporáneos de Irineu Serra, con referencia a los relatos del propio Mestre sobre las entidades espirituales con las que entró en contacto durante su aprendizaje con la ayahuasca, su iniciación formaría parte de una tradición espiritual peruana procedente de un linaje chamánico indígena que transmitiría los conocimientos sobre el uso del sacramento a lo largo de los siglos. Estos testimonios permiten rastrear una mitología «legendaria» transmitida oralmente, de la que no existe ningún reconocimiento *oficial* (ni siquiera versión) en la doctrina; mucho menos esta mitología forma parte de los contenidos doctrinales (contrariamente a lo que se verá para la UDV). Según las declaraciones recogidas, la entidad del *caboclo Don Pizango* formaría parte de un linaje espiritual descendiente de los reyes incas. Mestre Irineu habría entrado en contacto espiritual directo con una serie de entidades pertenecientes a esta línea histórica de transmisión de conocimientos relacionados con el uso y los misterios de la ayahuasca. Entre estas entidades espirituales, surgen algunas figuras relevantes: el «r*ey Huáscar*» (a veces denominado *Uascar* o *Ahyuascar*) habría transmitido la tradición al «r*ey Inca*», este al *caboclo Don Pizango*, y finalmente del *caboclo* a Irineu Serra a través de la intermediación introductoria de Antonio Costa.[77] Según algunos testimonios orales que el autor ha recogido directamente de los principales exponentes de la doctrina, el rey Huáscar es precisamente ese emperador inca llamado Huáscar (el XI de la dinastía) hermano de Atahualpa, cuya guerra civil marcó el fin de la civilización inca y se conoce históricamente como la razón principal por la que los españoles (aunque en número limitado) obtuvieron una fácil victoria militar sobre el entonces extremadamente debilitado Imperio inca. Según la historiografía oficial, Atahualpa decidió rendirse a los españoles, pero estos lo mataron pocas semanas después de su rendición. Existen opiniones divergentes sobre el final de Huáscar (que residía en Cuzco), algunas versiones especulan que fue asesinado por su hermano poco antes de la llegada de los españoles, otras que fue asesinado más tarde. Según las citadas leyendas populares, aceptadas en la mitología daimista, el rey Huáscar, cuyo poder militar ya se había debilitado por la guerra con su hermano, no queriendo rendirse a los españoles, decidió huir de Cuzco con su pueblo. Se embarcó entonces en el río Urubamba, que nace de los Andes cerca de Cuzco, y lo descendió hacia el norte hasta el río Ucayali. Luego su población se extendió a lo largo

77 Véase, por ejemplo, los testimonios de: João Rodrigues (secretario en el Santo Alto) en Monteiro da Silva (1983); y Sebastião Jaccoud en Couto (2002).

del Río Ucayali y del Río Juruá (que nace más al norte de Cuzco), y se asentó a lo largo de las orillas de estos dos ríos que fluyen a través de la selva amazónica hacia el Amazonas, formando comunidades (tribus) originarias del pueblo del rey Huáscar. Por supuesto, la leyenda supone que el uso de la ayahuasca ya estaba extendido en la civilización inca, aunque no existen pruebas históricas. Desde las comunidades incas a lo largo del Río Ucayali y del Río Juruá, el uso de la ayahuasca habría continuado según la tradición del Rey Huáscar hasta que fue transmitida a Raimundo Irineu Serra.[78]

Ficha 2 - Algunos rasgos comunes con la tradición mestiza

Cabe destacar la continuidad de ciertos temas relacionados con los hechos ocurridos a Irineu Serra —el encuentro con la Reina de la Selva y su iniciación a la ayahuasca— con la tradición chamánica mestiza descrita en el capítulo 4. En particular: el periodo de aislamiento en la selva acompañado de una dieta estricta (en la que se excluye totalmente la sal), tras la primera ingesta de la bebida; la abstinencia sexual absoluta durante todo el periodo de aprendizaje; la concepción de que los espíritus de la planta-maestra son la verdadera fuente de conocimiento y poder chamánicos que pueden transmitirse al iniciado, y no la persona física que puede introducir al aprendiz en la ayahuasca. Aunque el aislamiento descrito es de una duración mucho menor que el descrito por Luna (1986) con respecto a los chamanes mestizos, hay que tener en cuenta que el aprendizaje de la ayahuasca del Mestre Irineu se prolongaría durante unos 15 años más (aunque no en completo aislamiento) antes de formar el primer núcleo de la doctrina del Santo Daime en 1930. En lo que respecta a la dieta y a la abstinencia sexual absoluta, estas dos condiciones se incorporaron a la doctrina a través de la regla, aún vigente en la actualidad, de abstinencia sexual, de alcohol (o de cualquier otra sustancia embriagante) y de alimentos «pesados» durante los tres días anteriores y los tres días posteriores a cada ritual espiritual; además, siguiendo la tradición del Santo Daime, el Mestre Irineu instruyó a los responsables de la preparación del sacramento para que respetaran una abstinencia de 21 días antes de la recolección de las plantas y del *feitio* (preparación) del Santo Daime.

Días después de conocer a la Reina de la Selva, Irineu fue a la casa donde vivían sus primos Antonio y André para despedirse de ellos y

78 Las modernas ciudades de Iquitos y Pucallpa en Perú, escenario de los estudios de Luis Eduardo Luna y Dennis McKenna sobre la tradición mestiza del consumo de ayahuasca, están situadas a orillas del río Ucayali.

regresar a Brasil. En 1920, decidió fijar su residencia en Rio Branco (capital del estado brasileño de Acre) donde trabajó como carpintero, alfarero y soldado en la Guardia Territorial del Acre (hoy extinta). Tras alistarse en la Guardia Territorial, se incorporó a la Comisión de Límites del Acre (que definía las fronteras oficiales entre Brasil, Perú y Bolivia) y tuvo la oportunidad de seguir explorando los bosques del territorio. Unos diez años más tarde, se instaló en la localidad llamada Vila Ivonete (1930). Allí permaneció con sus primeros seguidores hasta 1945, cuando se trasladó definitivamente a la localidad conocida como Colônia Custódia Freire, donde el Mestre Irineu logró obtener tierras donadas por el Gobierno del Estado del Acre, a través de un proyecto de incentivo social promovido por el gobernador Guiomard dos Santos. Era mayo de 1945, la Segunda Guerra Mundial había terminado. Mestre Irineu, al instalarse en su nueva casa, decidió bautizarla con el nombre de Alto Santo. Sus seguidores, que aún vivían en Vila Ivonete, recorrieron kilómetros y kilómetros a pie para participar en los trabajos espirituales. El primer himnario que se celebró en Alto Santo fue la alabanza a San Juan Bautista, la noche del 23 al 24 de junio de 1945.

Primero en Vila Ivonete, luego en el Alto Santo, se dedicó a cultivar la tierra y a organizar la doctrina, y comenzó a recibir a otros discípulos y a personas que lo buscaban principalmente para recibir tratamiento con el Santo Daime. El trabajo de organización de la doctrina se fue consolidando lentamente, con el paso del tiempo, en función de cómo el Mestre Irineu y los discípulos procedían al instruirse. La instrucción consistía en revelaciones espirituales recibidas a través de sesiones con la bebida. Según algunos testimonios, el Mestre Irineu intentaba explicar a sus discípulos la existencia de un nivel espiritual superior al terrenal, que identificaba con lo que los incas habían llamado el Plano Superior y al que los himnos del Santo Daime se referían como el Plano Astral. Desde el Plano Astral se recibían instrucciones que debían cumplirse en el Plano Material (Terrenal). Según la concepción formada a través de las revelaciones espirituales, este intercambio entre los dos niveles se aplicaría no solo a los rituales que estaban desarrollando, sino que sería una relación general (Plano Astral - Plano Terrestre) que implicaría a todos los seres del plano material y determinaría las tareas y pruebas que cada uno debía afrontar en esta vida en la Tierra.

Mestre Irineu y sus seguidores utilizaron una tradición oral para preservar los principios doctrinales contenidos en los himnos que seguían recibiendo durante las sesiones. El esfuerzo por organizar la doctrina exigió el máximo compromiso durante la existencia terrenal de todos aquellos pioneros. El himnario del Mestre, titulado *O Cruzeiro Universal* (refiriéndose, con el término «*cruzeiro*», a la Santa Cruz de Caravaca), junto con el de los primeros seguidores (Antonio Gomes, João Pereira, Germano Guilherme y Maria Damião) se convirtieron en los regentes de los principios de la doctrina. Registrada en cada uno de estos himnarios está la experiencia de aquellos que primero se dedicaron a buscar la verdad de Jesucristo a través del uso del sacramento indígena. El Mestre Irineu, por ejemplo, recibió el último de sus 132 himnos[79] casi al final de su vida terrenal (1971), habiendo recibido su primer himno de la Reina de la Selva alrededor de los veinte años. Así pues, su dedicación a las enseñanzas de la Reina para concluir *O Cruzeiro Universal* le supuso más de cincuenta años de estudio. Del testimonio de uno de sus contemporáneos:

> Hoy en día, quienes asisten o participan por primera vez en un trabajo en el que se canta uno de estos himnarios, pueden tener la tentación de imaginar que los himnos solo requieren un esfuerzo de composición. Pero los seguidores de la doctrina saben que las lecciones contenidas en cada himnario son el resultado de un estudio realizado bajo mucho sufrimiento. Los mensajes del mundo espiritual y terrenal están relacionados con las experiencias más sublimes y amargas ante el poder de Dios y la vida material.
>
> (Jaccoud, 1992)

La decisión de permanecer en el Alto Santo fue de gran importancia para la doctrina. El Mestre Irineu consiguió establecer un punto de referencia para los fieles y así pudo empezar a desarrollar en detalle un calendario ritualista que incluía sesiones de *Concentración* y

79 El himnario del Mestre Irineu se compone de 129 himnos de los que tenemos los textos y la música, más un himno (de los últimos) del que el Mestre Irineu decidió no dejar la letra sino solo la música, lo que hace un total de 130. Sin embargo, él mismo afirma en el himno número 52 de su himnario que ha completado su «Cruzeiro» con «132 flores» (himnos). Queda el misterio de los 2 himnos adicionales además de los que dejó a la hermandad.

de *Himnario*. Desde el principio, las sesiones de Concentración se caracterizaron por la reunión de los fieles para consagrar la bebida y «concentrar» el pensamiento (las fechas de Concentración, con el tiempo, se fijaron en los días 15 y 30 de cada mes). Al principio, las concentraciones eran momentos de meditación silenciosa en comunión con el sacramento, que concluían únicamente con oraciones. Los rituales himnarios para alabar al Divino se fueron introduciendo en las fechas más representativas del calendario cristiano. El primer Himnario instituido por el Mestre Irineu, celebrado la noche del 7 al 8 de diciembre, estaba dedicado a la Virgen de la Inmaculada Concepción.[80] Con motivo de esta festividad, el himnario *O Cruzeiro Universal* del Mestre Irineu se canta en todos los centros del Santo Daime.

Ya en esta primera época, muchas personas, entre ellas varios de sus seguidores, acudieron al Mestre para curarse, sobre todo, del alcoholismo, entre ellos Daniel Pereira de Mattos, paisano de Irineu Serra y conocido músico de Rio Branco, que también se curó, a través de la doctrina, del fuerte hábito alcohólico al que era propenso, viviendo durante un tiempo en el Alto Santo con el Mestre. La presencia de Daniel Pereira de Mattos en la doctrina no solo se resume en este episodio de curación. Recuperado del vicio, Daniel Mattos se dedicó a la misión del Santo Daime. Descrito como una persona muy inteligente y estudiosa, sus principales actividades eran la lectura y el trabajo de carpintero, siendo también barbero del Mestre Irineu. Durante su trabajo como carpintero y ebanista, empezó a fabricar instrumentos musicales y a componer música. Con el tiempo, el Mestre Irineu decidió establecer un ritual con sesiones musicales en las que, en un momento específico del trabajo de Concentración, hacía que Daniel Mattos tocara melodías de vals que él mismo componía, y los participantes se concentraban en esa música en el poder del Santo Daime.

80 Las fiestas posteriores establecidas en el calendario por aquellos primeros adeptos estaban destinadas a conmemorar otras fechas célebres del cristianismo, entre las que solo mencionamos, como particularmente queridas por el Mestre Irineu y por toda la comunidad daimista, la fiesta de San Juan Bautista, entre el 23 y el 24 de junio, las celebraciones en alabanza de la Epifanía de Jesús a los Reyes Magos de Oriente (entre el 5 y el 6 de enero), la celebración de Navidad, la Semana Santa (celebrada la noche anterior al Viernes Santo) y la noche entre el Día de Todos los Santos y el Día de los Difuntos (entre el 1 y el 2 de noviembre).

La amistad y la comprensión espiritual del Mestre Irineu y Daniel Pereira de Mattos fueron mucho más allá de estos momentos rituales. Cuando Daniel volvió a vivir en Vila Ivonete, muchas personas empezaron a visitarle en busca de tratamiento para diversos males. Mestre Irineu le permitió entonces continuar su trabajo espiritual utilizando el Daime allí donde vivía. Al principio, cuando Daniel aún no tenía forma de preparar el Santo Daime en Vila Ivonete, fue el propio Irineu quien le envió el que necesitaba para sus sesiones rituales. Así surgió la primera ramificación del uso ritual moderno de la ayahuasca. Daniel Pereira de Mattos fundó el *Centro Espírita e Culto de Oração Casa de Jesus Fonte de Luz*, que aún hoy se encuentra en Vila Ivonete, también conocido como la Barquinha.

La Barquinha, que se describirá en el próximo capítulo, es históricamente la segunda de las religiones ayahuasqueras de Brasil. Daniel Mattos continuó su desarrollo espiritual en su nuevo centro, pero su amistad con el Mestre Irineu se mantuvo muy viva. Madrinha Francisca (Chica) Gabriel, de la Barquinha, cuenta que Daniel siempre siguió apoyándose espiritualmente en Mestre Irineu cuando asumió el Daime y en las visiones que tuvo durante el tiempo que vivió con él.

En 1963, Irineu Serra, según testimonios, en su búsqueda de una escuela espiritual cuyos contenidos se asemejaran a los suyos, entró en contacto y se afilió primero a la orden Rosacruz, de la cual recibió el diploma de Honor al Mérito, y después al *Círculo Esotérico da Comunhão do Pensamento*. Con su afiliación a este último, muchos de sus seguidores más cercanos también se unieron (entre ellos Sebastião Mota, Luiz Mendes y muchos otros). Luiz Mendes do Nascimento recuerda que: «las vibraciones de Armonía, Amor, Verdad y Justicia, invocadas constantemente en los trabajos espirituales del Círculo Esotérico, iluminaron el concepto de unificación al que aspiraba el Mestre». Además, fue a partir de esta relación con el Círculo que Irineu decidió fijar los días 15 y 30 de cada mes como fechas oficiales para las sesiones de Concentración, a partir de 1963. De esta entidad esotérica, el Mestre tomó la terminología de Armonía, Amor, Verdad y Justicia, agregando Paz, Amor y Silencio, para expresar los principios fundamentales en su Misión.

Mestre Irineu abandonó su cuerpo el 6 de julio de 1971 en su domicilio rodeado de su familia, discípulos y amigos. Su notoriedad llegó a ser reconocida por el propio Estado del Acre. El entonces Gobernador Francisco Wanderley Dantas y su junta estuvieron presentes en el funeral, acompañados por la banda de la Policía Militar. El Gobernador decretó luto oficial durante tres días y el entierro se llevó a cabo con honores militares. Su cuerpo fue depositado en el lugar que el propio Mestre había indicado en Alto Santo, donde su comunidad construyó una pequeña capilla.

Para aquellos que siguen la doctrina del Santo Daime, el Mestre Irineu continúa siempre acompañando espiritualmente su evolución, y siendo el Presidente en el Astral y Emperador del movimiento religioso que recibió en encomienda de la Virgen de la Concepción; su himnario *O Cruzeiro Universal* es considerado una fuente de luz divina que expande las vibraciones de Cristo, de amor y armonía por todo el globo. Padrinho Alfredo, actual presidente de la ICEFLU, señala que «el himnario *O Cruzeiro* debe ser experimentado y estudiado con mucho cuidado porque es el mensaje de la Reina de la Selva».[81]

El Cruzeiro: la Santa Cruz de Caravaca

El símbolo principal de la doctrina del Mestre Irineu es la Cruz de Caravaca, llamada *Cruzeiro* (que también da nombre al himnario del Mestre), una cruz de tradición cristiana —originaria del medioevo español (apareció por primera vez en 1233 en Caravaca de La Cruz, al sur de Murcia)— que tiene dos brazos horizontales en lugar de uno como en las cruces habituales. Según testimonios recogidos entre los daimistas, mientras que el brazo superior representa la primera venida de Cristo y su crucifixión, el significado atribuido al segundo brazo se refiere tanto a la resurrección de Cristo tras la crucifixión como al regreso del Mesías para el final de los tiempos profetizado por las Sagradas Escrituras.

81 En el prefacio del folleto «*Santo Daime - Normas do Ritual*» publicado por la ICEFLU.

Alto Santo: CICLU - Centro de Iluminación Cristiana Luz Universal

Mestre Raimundo Irineu Serra, después de diez años de trasladarse a Rio Branco, compró una zona rehabilitada cerca de la localidad conocida como Vila Ivonete (1930), donde comenzó el desarrollo de la doctrina del Santo Daime, trasladándose más tarde con sus seguidores a la localidad conocida como Colônia Custódia Freire (1945) y bautizándola como «Alto Santo».

A partir de 1930, año de fundación del movimiento, Irineu Serra y sus primeros seguidores comenzaron a organizar la doctrina y la estructura del trabajo espiritual del Santo Daime, según las instrucciones que recibían en revelaciones místicas durante los rituales con la bebida.

Fue así como el Mestre Irineu recibió, por ejemplo, cómo debía ser la disposición de los participantes en los rituales y el uniforme (en portugués, *farda*) que los adeptos a la doctrina debían llevar durante el trabajo espiritual. Cuando una persona decidía unirse al movimiento, comprometiéndose como miembro de la doctrina, cogía la *farda* y comenzaba a participar en la labor usando esta. Todavía hoy en día, cualquiera que lo desee puede participar libremente en los trabajos del Daime sin estar afiliado al movimiento. Cuando un asistente decide que quiere afiliarse y convertirse en miembro de la doctrina, entonces pide que se le permita llevar *farda*, uniforme que debe usar a partir de entonces durante el trabajo espiritual. El *fardamento* puede considerarse equivalente a la decisión de *alistarse* espiritualmente en el batallón de los soldados de Jesús. La organización fundada por el Mestre Irineu adopta así la forma de un «ejército» espiritual, en el que se educa en los movimientos en formación (como en la danza ritual descrita más adelante) y en el orden, y para el que el ejemplo desempeña un importante papel de transmisión.

La «*farda* oficial» también se llama «*farda* blanca» y se usa durante los himnos con bailes del calendario litúrgico oficial, es decir, los trabajos espirituales que celebran las festividades a las que se refieren, por ejemplo, en la víspera del 8 de diciembre, fiesta de la Virgen de la Concepción, o en Nochebuena, o en la noche del 23 junio, antes de la fiesta de San Juan Bautista, etc. Mientras que para los trabajos sentados, como las concentraciones o las curaciones, y para otros himnos bailados, el uniforme que debe utilizarse es la «*farda* azul» («*farda* no oficial»).

La *farda* blanca consiste, para los hombres, en pantalón y chaqueta blancos, camisa blanca y corbata azul marino, con la Estrella de David de seis puntas, también conocida como Sello de Salomón, prendida en el pecho, en cuyo interior se representa la Luna Nueva coronada por el Sol o un Águila en vuelo con las alas desplegadas. La luna y el águila hacen referencia al simbolismo con el que la Virgen María fue presentada al Mestre Irineu, sentada sobre la luna con un águila en vuelo sobre su cabeza. Esta estrella representa el símbolo de pertenencia a la línea espiritual del Santo Daime y la ceremonia de *fardamento* también se denomina «entrega de la Estrella». Se coloca en el lado derecho del pecho de los hombres adultos y en el izquierdo para los niños y jóvenes.

Para las mujeres, la *farda* blanca consiste en una blusa blanca de manga larga, una falda blanca plegada hasta los pies y una falda verde corta, también plegada, encima. Dos tiras de tela verde cruzan el pecho de la mujer formando una «Y». Si la mujer es virgen, tendrá la estrella de David en el lado izquierdo del pecho y en el derecho una pequeña palmera; de lo contrario, tendrá la estrella en el lado derecho y en el izquierdo una rosa. Del hombro derecho cuelgan finas tiras de tela con los colores del arco iris. En la cabeza lleva una corona ligera, blanca y plateada. Esta disposición de la *farda* blanca recuerda la imagen de la Reina de la Selva que se presentó en visión al Mestre Irineu en su iniciación.

La *farda* azul masculina consta de pantalón azul marino, camisa blanca de manga larga, corbata azul y una Estrella en el pecho. Para las mujeres, falda azul marino plegada, camisa blanca de manga corta en cuyo bolsillo del pecho está bordada la Estrella de seis puntas con las iniciales CRF —que significan Casa de la Reina de la Selva [*Casa da Rainha da Floresta*]— y una pajarita azul marino en el cuello.

Irineu Serra y sus seguidores recibieron con el tiempo los himnos que fueron formando sus respectivos himnarios. Al principio de la doctrina, durante el trabajo espiritual solían repetir durante horas los mismos pocos himnos que habían recibido, intercalándolos con oraciones del rito católico. La música y el baile solo se introdujeron más tarde. Un estudio de campo de la socióloga Geovânia Corrêa Barros Cunha muestra que los daimistas definen los himnos como «una corriente que viene del Astral Superior». En los himnos, y en particular en los de los patriarcas del Santo Daime, que revelan la historia de la doctrina, encontramos representaciones del Antiguo Testamento, de la historia judeocristiana, de los símbolos de la Sagrada Familia y del Santísimo Sacramento. Además, también contienen el relato de los pasajes espirituales de la persona que los recibió a través de un lenguaje nuevo y simbólico. La combinación de los himnos recibidos forma el himnario de esa persona, donde se recibe y recoge la «palabra espiritual del astral».

Se cree que en el mundo espiritual astral existe una línea de trabajo cuyas enseñanzas se transmiten a través de los himnos, y que esta fue confiada por la Reina de la Selva a Irineu Serra. Los himnos pueden ser recibidos básicamente de dos formas: en un estado de inspiración intuitiva que ocurre en un momento de conciencia elevada —es decir, en *miração*—, que puede o no estar bajo el efecto del Daime; o durante un sueño. Para recibir un himno no es necesario haber consumido la bebida. Los daimistas dicen que uno se siente *como* si hubiera bebido el Daime, se siente en el astral. Cuando un creyente recibe un himno, se lo muestra al líder de su centro, quien evalúa si el himno está dentro de la línea espiritual de la doctrina.

Los himnos pueden clasificarse según su función y aplicación: himnos de curación, de perspicacia/educación, de alabanza, de agradecimiento, de perfeccionamiento, de disciplina, de consuelo y de discernimiento (Cunha, 1986). A este respecto, Padrinho Alfredo comenta:

> Los himnos representan al Maestro expresando palabras, *miração*, comprensión: los himnos son el registro de cada *miração*, que puede ser a través de sueños o revelaciones; entonces comienza el trabajo-desarrollo de cada himno. Es la fuerza de nuestro Yo Superior en contacto con la materia, y sale de este registro. Los himnos/llamadas son todos seres superiores. Cada llamada es un *ponto*, las llamadas de alabanza eterna son enseñanzas para los vivos y los muertos.
>
> (testimonio de Alfredo Gregorio de Melo recogido en: Cunha, 1986)

De todos los himnarios recibidos, son especialmente importantes los de los primeros seguidores del Mestre Irineu, cuyos himnarios «llegaron a dialogar con el *Cruzeiro*» (*O Cruzeiro Universal* de Irineu Serra). Los que vinieron después se refieren a menudo a este himnario mayor y a los de aquellos primeros adeptos. Estos primeros himnarios pioneros proporcionan un modelo, amplían y refuerzan el significado simbólico del *Cruzeiro* y la legitimidad de Irineu como *Mestre Ensinador*. El himnario de estos primeros discípulos se llama *Hinário dos Companheiros* (Himnario de los Compañeros [del Mestre]) o también *Hinário dos Finados* (Himnario de los Difuntos), queriendo con este nombre preservar un valor de tradición (Cemin, 2002). El *Hinário dos Companheiros* —que se canta oficialmente durante la Semana Santa y el Día de Todos los Santos, tanto en el Alto Santo como en los centros de la ICEFLU de todo el mundo— recoge los himnos recibidos por Antonio Gomes, Germano Guilherme, João Pereira y Maria Damião.

Daniel Pereira de Mattos, que había seguido su camino espiritual formando la Barquinha en 1945, dejó abierta en la escuela del Mestre Irineu la apreciación del papel de la música durante los rituales. Aunque ya había algunos guitarristas entre los discípulos del Mestre, fue en 1958 cuando una de las familias que vivían en Alto Santo compró instrumentos musicales (una mandolina, un cavaquinho y una guitarra) para aprender a tocar los himnos. Se formaron los primeros grupos musicales de la doctrina y la música se introdujo de forma permanente en el ritual.

> Mestre Irineu practicaba el ritmo con nosotros, golpeando su maraca a nuestro lado. Nos decía que nos concentráramos y llamaba al Mestre Daniel Pereira de Mattos para que viniera a enseñarnos a tocar. Al cabo de un rato veíamos dorados los lugares donde teníamos que pulsar las cuerdas, que dicho así nadie nos cree.
>
> (Lourdes Carioca)[82]

Es interesante observar cómo se desarrolló socialmente el grupo de discípulos bajo la dirección y organización del Mestre Irineu. Desde el traslado definitivo al Alto Santo, el objetivo social de autosuficiencia puesto en marcha por Irineu Serra para el grupo de familias que le

---

82 Testimonio de Lourdes Carioca (*Revista do centenário*, 1992, véase la nota 73, en este capítulo), quien formó el primer trío de músicos del Alto Santo, junto con Peregrina Serra (esposa del Mestre) y su marido Júlio Carioca.

seguían se basó en la implantación de un sistema agrícola cooperativo. Poco a poco, el Mestre Irineu trasladó a las familias de sus discípulos de Vila Ivonete, donde había residido anteriormente, a Alto Santo, dando a cada familia un terreno para construir una casa y para la agricultura (gracias al proyecto de incentivo social puesto en marcha por el Gobierno del Estado del Acre).

Económicamente, todo el grupo vivía del trabajo de la tierra. Producían conjuntamente arroz, maíz, judías, yuca y vegetales, mediante la organización de trabajos comunitarios llamados *mutirões*.[83] Aunque la mayoría de los productos servían para la subsistencia de las familias asentadas en la zona, algunos productores, entre ellos el propio Irineu Serra, también vendían sus cosechas en el mercado de Rio Branco. Este sistema cooperativo llegó a reunir a unos sesenta hombres y sus familias. Se dice que el Mestre Irineu disfrutaba especialmente de esta vida agrícola.

Esta organización social basada en el cooperativismo agrícola se remonta, en los relatos de varios discípulos del Mestre Irineu, a una tradición que derivaría del sistema administrativo del Imperio inca. En general, existe la creencia generalizada en la comunidad daimista, sin duda también basada en leyendas derivadas de la historia y las experiencias espirituales del Mestre, de que los orígenes de la doctrina están relacionados con la civilización inca. Según el testimonio de Jairo da Silva Carioca (miembro de la dirección del CICLU «Alto Santo»):

> [...] cuando estudiamos los orígenes de esta doctrina, hablamos de sus referencias con la civilización inca, profundizando nuestro conocimiento con base en el pensamiento de los Huacas[[84]] - civilización con mayor referencia al culto histórico popular. No nos quedan dudas de las afirmaciones históricas de que esta doctrina se originó a través de esta civilización ancestral. El Mestre Irineu deja suficientes evidencias en la estructura de su obra para afirmar que el Santo Daime es una Doctrina inca perfeccionada a través de los tiempos, en un proceso que denominamos traslación mágica de épocas.

83 De «*mutirão*», proviene del término tupi *moty'rõ*, que significa «trabajo en común». En Brasil, se refiere a una movilización colectiva basada en la ayuda mutua no remunerada. Originalmente asociado con labores rurales o de construcción, hoy describe cualquier esfuerzo comunitario, como limpiar parques o pintar escuelas. Similar a la *andecha* asturiana. [N. del T.]

84 Véase el apéndice del capítulo 2.

La vida en grupo como base de la subsistencia humana es una de las evidencias claras que relacionan la doctrina del Santo Daime con los incas. Mestre Irineu también utilizó este sistema para el trabajo y el perfeccionamiento de sus seguidores. Cuando se trasladó al Alto Santo en 1945, puso en práctica su sistema de cooperativas mixtas, asociando el trabajo espiritual con la tierra y el hombre. Consiguió unir hasta 60 personas gracias a su fuerza administrativa, que aseguraba el sustento de las familias y su trabajo espiritual al mismo tiempo.

(Jairo da Silva Carioca, *Revista do centenário*, 1992
- véase la nota 73, al inicio de este capítulo).

La idea organizativa puesta en práctica por el Mestre Irineu, que encontraría así sus raíces culturales en el aillu —el núcleo comunitario territorial en la base de la organización estatal establecida por la civilización inca— representa la semilla de la concepción comunitaria que se convertiría en uno de los fundamentos espirituales más desarrollados y realizados por la obra de Padrinho Sebastião Mota, fundador de CEFLURIS (más tarde ICEFLU). A menudo se le atribuye la introducción de la idea de comunidad espiritual autosuficiente en la doctrina del Santo Daime. Si bien es cierto que la forma en que esta idea fue puesta en práctica por Padrinho Sebastião es muy evolucionada y permitió realizar comunidades espirituales autosostenibles de tamaño considerable en medio de la selva primitiva (Céu do Mapiá debe contar actualmente con unos 800 habitantes), al mismo tiempo parece que esta concepción estaba presente en las enseñanzas dejadas por el propio Mestre Irineu, y prueba de ello es el sistema de agricultura cooperativa con el que organizó el Alto Santo. El principio de comunidad espiritual autosostenible es un aspecto central de la doctrina, que representa la síntesis de un modelo de vida en el que se integran el trabajo espiritual y el material. Esto es, una comunidad basada en la espiritualidad que permite satisfacer las necesidades materiales y promueve el trabajo, el compromiso cívico y la evolución del ser humano en su totalidad.

Esta visión comunitaria no nació ni se desarrolló como un mensaje utópico de escape del mundo material para refugiarse en una realidad imaginativa compartida por el fanatismo religioso. Al contrario, surgió y creció en un contexto sumamente tangible, donde el ser humano, inmerso en la lucha diaria por la supervivencia, manifestaba su profunda tensión hacia lo divino, hacia el espíritu, integrándolo con la vida material. Esto, además, con plena conciencia del papel fundamental del trabajo como herramienta para alcanzar la plenitud, tanto espiritual como material. La comunidad es un laboratorio espiritual en el que se consagra cada momento de la vida a lo divino, en el que dicha renovación moral necesaria para la elevación espiritual del ser humano se puede cultivar en una intensa atmósfera de fraternidad.

Los resultados de la fuerza vital generada por el vínculo familiar en el seno de la comunidad religiosa, y empleada en el compromiso diario con el progreso material y espiritual, han hecho de los centros del Santo Daime de Brasil un modelo ejemplar reconocido por las autoridades gubernamentales, especialmente por el desarrollo social que han promovido en zonas particularmente pobres y degradadas. Para comprender la autenticidad del sentimiento religioso y su efecto estimulante para salir de la degradación (de cualquier naturaleza) hacia la autorrealización material y espiritual, basta pensar que la doctrina del Santo Daime se estructuró en la primera mitad del siglo XX en una de las zonas más pobres de la Amazonia brasileña, y, sin embargo, los discípulos del Mestre Irineu, a pesar de las privaciones y la dureza de sus vidas, están dispuestos a ponerse un traje y una camisa blancos, y una corbata azul para presentarse en orden con su uniforme de trabajo espiritual.

Con la expansión de la doctrina del Santo Daime al ámbito urbano, el ideal comunitario se adapta al nuevo entorno social. La familia espiritual, hacia la cual se siente un fuerte sentido de pertenencia —fuente de seguridad y motivación para el crecimiento personal—, sigue siendo la comunidad religiosa con la que se comparten rituales. Por otra parte, el «campo de batalla» (entendido como la lucha interna por corregir los propios defectos) se extiende a la comunidad social en su conjunto, donde se practica la renovación moral y se busca integrar la realización material y espiritual.

Evolución del Alto Santo tras el deceso del Mestre

Observando el desarrollo histórico del centro original dejado por el Mestre Irineu, podemos señalar dos aspectos característicos. En primer lugar, una vez desaparecida la figura carismática del Mestre, observamos una fragmentación debida al hecho de que los nuevos liderazgos emergentes no son fácilmente absorbidos por el sistema «político» de los líderes históricos, con el efecto de la formación de nuevos centros. Tan solo en la localidad de Alto Santo, en Rio Branco, existen en la actualidad cuatro organizaciones distintas (con cuatro sedes rituales —iglesias— en el espacio de unos cientos de metros) derivadas del trabajo realizado por el Mestre.

En segundo lugar, observamos la consolidación y fuerte expansión del primer grupo que se separó del Alto Santo tras la muerte del Mestre Irineu, el CEFLURIS (más tarde la ICEFLU) fundado en 1974 por Sebastião Mota. Este último fundó en 1983 la comunidad Céu do Mapiá (Estado del Amazonas) en plena selva, actualmente bajo la dirección de su hijo Alfredo, que coordina y dirige la expansión de la doctrina Juramidam en el resto de Brasil y en el extranjero.

Por el testimonio de sus antiguos compañeros, el Mestre Irineu predijo que habría una «tribulación» en la continuidad de su obra tras su muerte. Una de sus disposiciones fue que la sede del Alto Santo no podría tener ramificaciones desde el punto de vista jurídico. Cualquier centro de nueva creación que siguiera su línea no estaría vinculado directamente al CICLU. Esta consideración se tomaría para garantizar que ningún cambio en la obra espiritual que había dejado atrás, realizado por líderes de sucursales en otras regiones, y ningún malentendido sobre el valor de la doctrina, causado por centros que se proclamaran sus seguidores, pudieran llegar a contaminar o poner en duda la obra que él había establecido y depositado en el CICLU. Por esta razón, recomendó que cada grupo de seguidores que brotara de su estirpe representara una rama por derecho propio, sin olvidar el tronco original del que se formó y manteniendo intacta la tradición del ritual doctrinal, pero que fuera capaz de generar sus propias flores y frutos, dentro de un contexto de *iluminación cristiana* amplio y universal.

ICEFLU - Iglesia del Culto Ecléctico de Fluente Luz Universal

Padrinho Sebastião y Madrinha Rita

Sebastião Mota de Melo nació el 7 de octubre de 1920 en un lugar llamado Riozinho da Liberdade, en el valle del río Juruá (Estado del Acre, cerca de la frontera con Perú). Su familia se trasladó cuando él era aún un niño al *seringal* Monte Lìgia, también en el valle del río Juruá, pero en el municipio de Eirunepé (Estado del Amazonas, Brasil). *Seringueiro* sencillo y analfabeto como Raimundo Irineu Serra, fue también un artesano especialmente hábil en la fabricación de canoas, descrito por todos los que le conocieron directamente como un hombre sencillo, de sólidas convicciones espirituales y trabajador incansable.

Ya de niño mostraba una sensibilidad especial en contacto con la realidad espiritual. Comenzó su carrera como *curandero* y *rezador* (el que cura con oraciones) en los *seringais* del valle del río Juruá, donde desarrolló sus facultades mediúmnicas en la doctrina espiritualista a través de su amigo el Mestre Oswaldo, un africano de São Paulo que era kardecista.

A finales de los años cuarenta, se unió en matrimonio con Rita Gregório, que se había trasladado a Juruá con toda su familia desde el nordeste de Brasil. En 1947 nació su primer hijo, Valdete, y en 1950, Alfredo, que sería el sucesor de Sebastião Mota y actual presidente de la ICEFLU. En 1957, Sebastião Mota se trasladó con toda su familia del río Juruá a la ciudad de Rio Branco donde inició una vida de terrateniente, continuando también en su actividad totalmente caritativa de acogida y cuidado de enfermos, principalmente de su círculo de parientes, amigos y afiliados. Su fama empezó a extenderse por los barrios de la capital y cada vez dedicaba más tiempo a *labores de caridad*.

En los años sesenta contrajo una grave enfermedad tras la picadura de un gran insecto (descrito como un *dardo* que le golpeó en la nuca), de la que sufrió mucho durante más de un año, regurgitando cada noche una especie de baba que le salía del estómago. La búsqueda de alguien que pudiera curarle de esta grave y dolorosa dolencia que le debilitaba mes a mes, le llevó a buscar al Mestre Irineu. Fue en esta ocasión cuando se encontró por primera vez con el Santo Daime. Aquel día —primera vez que participaba en un trabajo espiritual del Mestre, uno de Concentración— el Mestre Irineu, después de escuchar su problema, le preguntó si era valiente y le envió en fila para beber el Daime, recomendándole que volviera y le contara cómo le había ido después de terminar el trabajo. Sebastião Mota recibió un tratamiento muy intenso aquella noche y experimentó una cirugía espiritual en su propio cuerpo, que presenció desde el exterior. Al final de la sesión, volvió al Mestre para contarle lo que le había sucedido. Sebastião Mota se curó inmediata y definitivamente de la enfermedad hepática que le afectaba y fue esta curación la que le llevó a *acogerse* a la doctrina del Mestre Irineu. Comenzó a volver a menudo a los trabajos del Mestre, llevando consigo a familiares y amigos, a pesar de la distancia de varios kilómetros que había que recorrer a pie para llegar hasta Alto Santo desde donde vivía su familia.

Con el tiempo desarrolló sus propio conocimientos espirituales en el Santo Daime, recibiendo instrucciones e himnos, de los que informaba directamente al Mestre Irineu, pidiéndole un juicio de valor y validez para cada mensaje o himno que recibía. Su desarrollo espiritual y las instrucciones que recibió en el Daime quedan atestiguados en su himnario *O Justiceiro* (El Justiciero), en el que revela todas las pruebas por las que tuvo que pasar para afirmar su misión espiritual.

En cuanto a las influencias en su formación espiritual, los testimonios de quienes le conocieron personalmente cuentan que a Sebastião Mota le gustaba decir que debía todo su aprendizaje espiritual al Santo Daime, al que consideraba la «verdadera Escritura de los que no saben leer y donde se encuentra a Dios mucho más cerca». Siguiendo la tradición del Mestre Irineu, Sebastião Mota se inscribió también en el *Círculo Esotérico da Comunhão do Pensamento*. Además, a una edad avanzada, se interesó por la lectura en profundidad de la Sagrada Biblia y de algunos escritos apócrifos (en particular, el recuperado recientemente Evangelio de Tomás). Dominaba muchos pasajes de las Sagradas Escrituras, tanto del Antiguo como del Nuevo Testamento, con especial interés por Daniel, Ezequiel y el Apocalipsis de Juan.

Tras el fallecimiento del Mestre Irineu en 1971, Sebastião Mota abrió un centro de trabajo espiritual con el Santo Daime en la misma línea del Mestre, cerca de la Colônia 5000, donde vivió con su familia y varias más que ya le seguían en la doctrina, mientras otras continuaban uniéndose a él. En 1974, abandonó oficialmente el CICLU del Alto Santo junto con un gran número de otros *fardados* y registró su entidad religiosa y filantrópica, denominada CEFLURIS (*Centro Eclético da Fluente Luz Universal Raimundo Irineu Serra*),[85] con sede en la Colônia 5000. La nueva sede se estableció con una fuerte propuesta comunitaria, en la que participaron principalmente la familia Corrente y la familia de Wilson Carneiro de Souza, que en aquella época se encargaba del trabajo curativo (*do pronto socorro*) del Mestre Irineu.

En 1978, Sebastião Mota concluyó el himnario *O Justiceiro* con 156 himnos. Posteriormente, presentó uno nuevo, titulado *Nova Jerusalem* (Nueva Jerusalén), que recogería veintiséis himnos más. Si la doctrina del Santo Daime nació, se formó y se estructuró, como sigue haciéndolo hoy, bajo el cuidado y el trabajo incansable del Mestre Irineu, es con la figura del Padrinho Sebastião con la que el movimiento, a partir de principios de la década de 1980, salió de los confines de los suburbios de Rio Branco y se expandió fuera de la Amazonia, por el resto de Brasil y del mundo. Se sabe que la misión de Sebastião Mota era acoger a los extranjeros que empezaron a llegar de todas las partes del planeta para que pudiera tener lugar la expansión de la doctrina.

Sebastião Mota contó que en esa misma época (estamos a finales de los años setenta) recibió un mensaje del Espíritu de la Verdad, que le ordenó trasladar a toda su gente, desde las afueras de Rio Branco, al centro de la selva (Polari, 1992). En 1980, trasladó la comunidad a una zona de selva virgen, llamada *seringal* Rio do Ouro. Colônia 5000 continuó con la gente que no pudo seguir a Sebastião Mota a la selva, y permaneció bajo el liderazgo de Wilson Carneiro. Poco después del traslado, surgieron problemas internos de tierras en la región, y apareció un propietario de esa parcela de selva (Rio do Ouro), desconocido e inesperado incluso para las oficinas estatales (INCRA) que habían asignado la tierra a Sebastião Mota. Poco dispuesto a enredarse en disputas burocrático-legales y firme en su intención de seguir las instrucciones que había recibido, Sebastião Mota solicitó otra zona de selva virgen y continuó con su odisea hasta que, en 1983, fundó los cimientos del asentamiento que hoy se ha convertido en Vila Céu do

85 Tiempo después, el término «Centro» sería sustituido por el de «Culto». Su hijo, el P. Alfredo, rebautizaría más tarde la institución con el nombre de ICEFLU (*Igreja do Culto Eclético da Fluente Luz Universal*).

Mapiá. Padrinho Sebastião y sus seguidores abandonaron el *seringal* Rio do Ouro, dejando todas las mejoras (casas, almacenes, huertos de plátanos, naranjos, papayas y piñas) que habían hecho en los dos/tres años que llevaban allí, sin recibir ninguna compensación del propietario (Cunha, 1986). Se dice que el primer viaje por el *igarapé*[86] de Mapiá, para llegar al lugar donde se estableció la comunidad, duró quince días en canoa y machete a través de selva virgen.

En el Céu do Mapiá, que se convirtió en la comunidad madre del movimiento Santo Daime, Sebastião Mota y Rita Gregório continuaron su vida de trabajadores incansables, tanto en el aspecto espiritual como en el material. En sus últimos años, Padrinho Sebastião recibió con afecto a los discípulos que llegaban de todas partes del mundo. Hizo también varios viajes al sur de Brasil para conocer las iglesias que se estaban formando en torno a sus enseñanzas. Fue entonces cuando conoció el mar por primera vez y se sintió sumamente conmovido. Murió el 20 de enero de 1990 en Río de Janeiro, donde se recuperaba de una dolencia cardiaca que le afectaba desde hacía algunos años.

Tras el fallecimiento del Padrinho Sebastião, el liderazgo del CEFLURIS (ahora ICEFLU) fue confiado a su hijo Alfredo Gregório de Melo, actual presidente y punto de referencia para centros e iglesias de todo el mundo. El Padrinho Alfredo continúa la labor de su padre consolidando y prosiguiendo la expansión de la doctrina. El trabajo promovido por la ICEFLU es tanto espiritual como material, la organización que dejó Sebastião Mota se ha convertido también en una ONG que trabaja en proyectos medioambientales y humanitarios con el pueblo *caboclo* que vive en medio de la selva. El Padrinho Alfredo también recibió y sigue recibiendo himnarios que presentan las enseñanzas espirituales y la sabiduría de la Doctrina de la Selva. Tras exponer un primer recopilatorio titulado *O Cruzeirinho* (El pequeño *Cruzeiro*), el Padrinho Alfredo también completó un segundo titulado *Nova Era* (Nueva Era) y actualmente está recibiendo los himnos que componen su tercer himnario, titulado *Nova Dimensão* (Nueva Dimensión).

86 Término de origen tupi que significa «camino de canoa» (*ygara* = canoa, *apé* = camino). Hace referencia a pequeños ríos en la cuenca amazónica, de poca profundidad, que forman una red de canales navegables en canoas y que son esenciales para el transporte local. [N. del T.]

La ICEFLU se autodenomina como universidad espiritual con el objetivo de la evolución de todos aquellos que deseen acercarse al trabajo propuesto, que consiste en una obra mística encaminada al autoconocimiento y a la unión con Dios, con el Yo Superior. Los rituales del Santo Daime se denominan trabajos espirituales. Ciertos componentes adquieren un carácter fundamental dentro de estas. La comunión con el *sacramento* del Santo Daime, el sacramento de la Reina de la Selva, es el vehículo vegetal para reconectar (en el sentido del latín *re-ligare* del que deriva el término *re-ligio*: religión) con la realidad espiritual, y en particular con nuestro Yo Superior, que es el Cristo en nuestros corazones.

La *música* adquiere un carácter fundamental dentro de los trabajos espirituales, de naturaleza pedagógica. No solo sirve de apoyo al cuerpo doctrinal compuesto por las letras de los himnos que se cantan durante los rituales, sino que también desempeña un papel de guía en el plano emocional y espiritual. Se cree que la melodía musical de cada himno está asociada a una vibración (energética) precisa, como una onda a la que uno puede sintonizar su cuerpo-oído, del mismo modo que se ajusta la frecuencia de una radio a una estación de onda precisa. Cantar en sintonía, o incluso simplemente prestar atención a la melodía musical y estar en comunión con ella, permite armonizarse con la vibración del himno, que es la de la «corriente» energética presente en el ritual en ese momento; permite formar parte de un organismo único en armonía vibratoria compuesto por los diferentes cuerpos/aparatos de los participantes en el ritual. La *corriente* es la fuerza espiritual del trabajo. Las melodías musicales de los himnos, al igual que sus letras, en la espiritualidad daimista como en las tradiciones indígena-mestizas, han sido recibidas del astral, donadas por las entidades del mundo espiritual. En el momento en que una persona se conecta con la vibración de ese himno específico, puede recibir su enseñanza y sanación directamente en los diferentes niveles corporales de los que se cree que está compuesto el ser humano, independientemente de que comprenda o no el significado de la letra del himno.

Cuando la sintonización se produce también a través del canto, puede decirse que el proceso que acabamos de describir se amplifica.

El canto prolongado facilita la concentración y contribuye a la inducción del estado alterado de conciencia que se busca para traspasar los umbrales de la percepción ordinaria; siendo al mismo tiempo una guía emocional-vibratoria y facilitadora del efecto de ensanchamiento de la conciencia propio del sacramento enteógeno.

El siguiente paso consiste en asimilar el significado de las enseñanzas contenidas en la *letra de los himnos* también a nivel intelectual. Para algunos daimistas, este nivel es menos importante porque están convencidos de que la recepción y la comprensión de estas enseñanzas pueden tener lugar a un nivel sutil incluso sin el conocimiento intelectual racional del significado de las palabras de los himnos; existiría una parte en cada persona, distinta de la racional, que asimila y almacena los mensajes espirituales en su cuerpo (entendido en su acepción integrada cuerpo-mente-espíritu), de la que son fuente las vibraciones de las melodías de los himnos. De hecho, la mayoría de estos, y en cualquier caso, casi todos los que se cantan en las fechas del calendario oficial de trabajos, válido en todos los países del mundo, están en portugués, o mejor dicho en brasileño popular. Por ello, muchos daimistas *do estranjeiro* (extranjeros con respecto a Brasil), especialmente si no son de habla latina, necesitan un estudio dedicado para poder comprender el significado lógico de la letra de esos himnos. En el momento en que una persona comprende también el significado del discurso textual, dispone de una herramienta adicional importante para su educación espiritual. Durante los trabajos espirituales o simplemente durante los ensayos de los himnos, uno puede darse cuenta de que muchos daimistas que no hablan portugués también prueban suerte cantando, leyendo las letras de los himnos de los folletos distribuidos ampliamente entre los asistentes a los rituales, aunque entiendan poco el significado de los términos que están leyendo.

En los himnos *oficiales* —rituales con un carácter más festivo que los trabajos espirituales en los que uno está sentado, como las concentraciones o las curas—, la música y los cantos van acompañados de *danzas*, en las que intervienen todos los participantes en el ritual, dispuestos en filas en sectores divididos entre hombres y mujeres. Los participantes, alineados en varias filas a lo largo de los lados de un rectángulo o hexágono alrededor de la mesa central de la sala, bailan sincronizadamente los mismos pasos, iguales para todos. Bailar en formación (como un ejército) es un componente más para desarrollar un único organismo energético armonioso compuesto por todos los participantes. Es importante que los que están en las filas de la danza se aseguren constantemente de estar coordinados con los demás para evitar desarmonías que puedan reflejarse en el flujo del trabajo. Una danza sincronizada y armoniosa permite que la energía colectiva se «eleve» y que todo el grupo alcance niveles vibratorios-espirituales más elevados.

Los pasos de la danza pueden ser de tres tipos diferentes según los tres tipos de ritmo a los que se refieren todos los himnos recibidos en la doctrina. La melodía musical de cada himno puede estar en ritmo de marcha en cuatro tiempos (4/4, por mucho, el más común), o en ritmo de vals en tres tiempos (3/4), o en ritmo de mazurca en seis tiempos (6/4, el menos común). Los tres tipos de baile asociados a sus respectivos ritmos son muy sencillos: la marcha se baila con dos pasos laterales a la izquierda seguidos de dos pasos laterales a la derecha, y así sucesivamente; el vals se baila balanceándose, todo sincronizado, a izquierda y derecha mientras se permanece quieto en el sitio; la mazurca se baila girando en el sitio de izquierda a derecha y viceversa. El tempo del ritmo es marcado por las maracas[87] que puede tener cada *fardado* y que representan simbólicamente un arma espiritual con la que se llama a la fuerza y a la intensidad en la sesión. Además de las maracas que marcan el ritmo, es preferible la presencia de otros instrumentos musicales, como guitarras, acordeones, tambores, pianolas, flautas, violines, etc., sobre todo, en los himnos oficiales bailados. En los trabajos que se hacen sentados, de curación o concentración, en cambio, los instrumentos musicales no siempre están permitidos.

El ambiente en el que se lleva a cabo el trabajo espiritual se denomina *Sala*. Normalmente los centros de doctrina disponen de templos propios, iglesias oficiales donde se llevan a cabo los rituales, aunque puede ocurrir que los centros de nueva creación o, en raras ocasiones, los centros más antiguos no dispongan de un local propio y tengan que recurrir a casas particulares (para los centros pequeños con poca gente) o a locales alquilados. Según las «Normas del Ritual» de la

87 De metal o de coco, la maraca es un instrumento introducido en los rituales por el Mestre Irineu y deriva del sonajero utilizado habitualmente en la tradición chamánica indígena-amazónica durante los rituales de ayahuasca.

ICEFLU: «La Sala para el trabajo espiritual es un espacio que, una vez consagrado y respetado por los miembros de la Iglesia, se convierte en un templo, "un centro para la emisión y recepción de todo lo que es bueno, alegre y próspero"». La Sala puede ser de diseño rectangular o hexagonal, aunque la tendencia a lo largo del tiempo es hacia la hexagonal.

En el centro de la sala está la mesa, que también sirve de altar. La mesa puede ser rectangular o tener forma de estrella de seis puntas. En el centro de la mesa se encuentra el símbolo de la doctrina del Santo Daime: el *Cruzeiro*, la Cruz de Caravaca con dos brazos horizontales. Alrededor del *Cruzeiro*, como mínimo, tres velas encendidas, que simbolizan el sol, la luna y las estrellas, más una cuarta vela en homenaje a todos los Seres Divinos y Guías Espirituales de la doctrina. En la mesa pueden colocarse imágenes sagradas o fotos del Mestre Irineu u otras figuras ilustres de la doctrina, así como flores y otros adornos acordes con la festividad. En las fiestas del calendario oficial, la decoración del interior de la sala está muy presente, sobre todo, los adornos florales, palmeras, ramas frondosas, pero también banderitas colgadas del techo, banderines de colores, etc. La mesa puede decorarse con cristales de cuarzo. También pueden colocarse imágenes sagradas a lo largo de las paredes laterales de la sala. Es habitual que, en el centro de la pared donde se forman las colas para tomar el Daime, haya una reproducción del Mestre Irineu casi siempre coronada por una imagen de la Virgen de la Concepción, que asume la posición más elevada por ser la Patrona de la Doctrina, que a través de ella se ha encomendado Mestre Irineu.

Se colocan sillas alrededor de la mesa, en las que solo pueden sentarse las personas autorizadas por quien dirige el trabajo, incluidos los músicos. En el caso de una mesa de seis picos, la silla del jefe de mesa es normalmente la que da a la entrada. A partir de la mesa y a su alrededor se sitúan las filas de participantes (sea para el baile o para trabajar sentados en sillas y bancos). Los hombres y las mujeres se disponen en sectores separados entre sí. En las salas rectangulares, dos lados —uno largo y otro corto— se asignan a las mujeres y dos a los hombres. Los lados cortos están reservados a jóvenes no casados,[88] y el lado largo a los

88 La regla original es que hay una zona reservada para las niñas y jóvenes (o mujeres) vírgenes, en la que no pueden permanecer las mujeres que ya hayan conocido

hombres y mujeres adultos. En las salas hexagonales hay seis sectores, tres para las mujeres y tres para los hombres. Normalmente, al entrar en la sala y de cara al dirigente, las mujeres se sitúan a la izquierda (a la derecha del dirigente) y los hombres a la derecha.

En uno de los lados de la sala, a menudo el opuesto a la entrada y detrás del líder ritual, se abren pequeñas aperturas (o se coloca una mesa) desde las que se sirve el Santo Daime. El sacramento es servido por el dirigente del ritual o por una persona con experiencia designada por él. Hombres y mujeres se disponen en filas separadas para ir a beber el Daime, que puede servirse no solo al principio, inmediatamente después de que se abra el ritual, sino a veces en función de la duración del trabajo como tal, que puede prolongarse durante varias horas (de seis a ocho horas, pero a veces de diez a doce, o raramente más).

Los Himnarios oficiales, en las fechas del calendario litúrgico, se bailan en *farda* blanca. Los trabajos comienzan con el rezo del rosario, tras lo cual el dirigente o persona responsable recita una breve fórmula que abre formalmente el ritual, y a continuación se dispone el *despacho* del Santo Daime. Los participantes se acomodan en filas, después de haber tomado el sacramento, según las indicaciones del grupo de los llamados *fiscales*, es decir, los *fardados* responsables de la parte asistencial del ritual. Tras la oración de consagración y protección de la sala (*Consagração do Aposento*), comienzan los cantos y las danzas, como se ha descrito anteriormente. Los himnos son cantados normalmente por quien dirige el trabajo o directamente por las *puxadoras* (chicas especialmente formadas para ello) que deben estar seguras de los tonos adecuados para cada himno. Es importante —por la razón ya explicada anteriormente con respecto a la vibración de la melodía de cada himno— que las que cantan y las que tocan hayan estudiado a fondo los himnos de antemano para que la armonía de las voces y la música hagan «*brillar la corriente*».

Los días 15 y 30 de cada mes, según las disposiciones dejadas por el Mestre Irineu, se realiza el trabajo de *Concentración*, en *farda* azul

a un hombre; es probable que en las comunidades de la selva y quizá también en otros centros de Brasil se respete todavía, pero desde luego no en todas partes y muy difícilmente en los centros del extranjero, por ejemplo en Europa, donde la regla se aplica más según la edad y la condición de casado/soltero.

y sentado. Al principio de la doctrina, estas sesiones se dedicaban únicamente a la oración, a la lectura de textos de carácter espiritual y precisamente a la concentración, es decir, a momentos de silencio y meditación en el poder del sacramento del Santo Daime. Con el tiempo fueron adquiriendo un carácter más estructurado, manteniendo un periodo variable (incluso de una o dos horas) de silencio absoluto y meditación, y continuando con la entonación de himnos. Los cantos pueden intercalarse con periodos de silencio en los que se permanece en sintonía con la vibración del himno que se acaba de cantar, meditando sobre sus enseñanzas tanto verbales como sutiles, percibiendo los efectos de su onda vibratoria sobre el cuerpo, las emociones, los sentimientos, los recuerdos, etc.

En comparación con los Himnarios bailados, en los que predomina un ambiente festivo y en los que normalmente se utiliza un Daime más «suave» —es decir, menos concentrado y en cantidades más pequeñas—, en las Concentraciones se utiliza un Daime más «fuerte», que también puede servirse en mayores cantidades, de nuevo, en función de cómo avance el trabajo y de cada participante. Cuando es más potente, es más frecuente la posibilidad de efectos purgativos y eméticos, que se consideran momentos de verdadera limpieza y purificación. Si durante las concentraciones se suele usar una bebida más intensa que en los Himnarios festivos, en los trabajos de curación propiamente dichos se emplea una receta aún más concentrada.

Debe quedar claro que los trabajos espirituales con el Daime son todos considerados curativos, en un sentido general. Los *Trabalhos de Cura* como tal, en la línea del Padrinho Sebastião, fueron estructurados para atender necesidades específicas relacionadas con el cuidado de enfermos y dolientes. Al principio, estaban destinados exclusivamente al cuidado de la persona que los solicitaba, y se realizaban en el domicilio del enfermo o en una casita de madera dedicada a estas labores (el equivalente a una pequeña capilla) llamada *Estrela*. Los trabajos de curación en la línea del Pad. Sebastião se denominan *Trabalho de Estrela* (Trabajo de Estrella) aunque se realicen en la sala principal.

A partir de la década de los ochenta, bajo la supervisión y dirección de Padrinho Sebastião, primero, y de su hijo, Padrinho Alfredo Gregòrio de Melo, después, —el actual presidente de la ICEFLU—, se desarrolló una nueva tipología de rituales que también entran en la categoría de trabajos de *Estrela*, pero que también se consideran de estudio para el desarrollo de las facultades mediúmnicas. En estos trabajos, se ha producido una mayor integración en la práctica ritualista entre las obras tradicionales del Daime con componentes derivados más propiamente tanto del espiritismo kardecista como de la tradición religiosa afrobrasileña (en particular, la umbanda). Estos trabajos espirituales, que se denominan *Trabalho de Mesa Branca* (Trabajo de Mesa Blanca) y *Trabalho de São Miguel* (Trabajo de San Miguel), se realizan en el Céu do Mapiá el día 27 de cada mes (y a veces el día 7), pero no forman parte del calendario oficial (al igual que el resto de trabajos curativos).

Durante el Trabajo de Mesa Blanca, a través de secuencias de himnos dedicados, se pueden hacer llamadas a uno o varios tipos de entidades con el fin de que vengan a trabajar en la sesión para la cura física y/o espiritual de los enfermos, en particular, y de todos los participantes, en general. Los tipos de entidades se refieren a la terminología del kardecismo (falange de los Doctores de Bezerra de Menezes) y de la umbanda (*orishás*, *pretos velhos*, *caboclos*, *povo da rua*, *herês*).[89] Tanto el *Trabalho de Mesa Branca* como el *Trabalho de São Miguel* se caracterizan porque, en un determinado momento del desarrollo del trabajo, tiene lugar la *Chamada de São Miguel* (Llamada del Arcángel San Miguel), que comienza con el himno *Com o Poder do Céu* (Con el Poder del Cielo) del Padrinho Alfredo y continúa con una serie de himnos relativos a la figura del Arcángel Comandante de los Ejércitos Celestiales. La duración de la serie de himnos sobre São Miguel depende de la experiencia y los conocimientos que posean los participantes en el ritual, especialmente las *puxadoras* y los músicos, ya que la firmeza y la entonación de la voz y de los instrumentos musicales son fundamentales en este, que se considera uno de los más intensos de toda la doctrina. El *Trabalho de São Miguel* es considerado un poderoso trabajo de sanación y limpieza espiritual, particularmente de *limpeza*

89 Los orishás son las divinidades africanas, o más bien las diferentes manifestaciones de lo divino, como Obatalá, Yemayá (la Reina de los Mares), Oggún, Changó, etc.; *Pretos velhos* significa literalmente *viejos negros* (ancianos africanos); *Caboclos* son las entidades de origen indígena; *Povo da Rua* representa a los espíritus de los pobres que vienen a recibir la caridad espiritual; *herês* son los espíritus de los niños que traen el cuidado de la alegría y la despreocupación.

da corrente (limpieza de la corriente) en el sentido de que la fuerza espiritual de este trabajo renueva la corriente energética presente entre los participantes del ritual, purificándola de posibles interferencias de entidades negativas, contribuyendo a la eliminación de espíritus rebeldes que puedan estar presentes en el trabajo o a su adoctrinamiento en los principios de Armonía, Amor, Verdad y Justicia.

Otros trabajos especiales son la *Santa Missa* del Mestre Irineu, un breve ritual para las almas de los difuntos que se realiza en la tarde del primer lunes de cada mes, y también con motivo de la muerte de una persona; y el *Trabalho de Cruzes* (unos 40 minutos), con la función de desterrar presencias espirituales perturbadoras (espíritus embrujadores) de quienes lo solicitan.

Los trabajos de *Cura*, *Mesa Branca* y *São Miguel* no forman parte del calendario oficial, que se compone de los Himnarios oficiales, las Concentraciones y la *Santa Missa* por las almas de los difuntos, y que es la base y el fundamento de la doctrina del Santo Daime.

Existen recomendaciones, en continuidad con la tradición indígena-mestiza, que es mejor que siga cualquier persona que participe en el trabajo espiritual. En primer lugar, mantener una dieta sana, especialmente en los días previos al ritual, evitando el alcohol, otros intoxicantes o alimentos especialmente pesados, ya que esto puede afectar tanto a la canalización espiritual como a los efectos fisiológicos purgantes de la bebida. Un cuerpo intoxicado puede sentir con más intensidad las náuseas y los efectos eméticos y purgativos del Daime (véase el capítulo 9). Se sugiere entonces abstenerse de mantener relaciones sexuales desde tres días antes hasta tres días después de cada trabajo, siendo esta recomendación de carácter espiritual. Los chamanes indígenas y los ayahuasqueros mestizos son mucho más estrictos y rigurosos en este frente y dirían que es absolutamente necesario respetar la dieta y la abstinencia, evitando cualquier ultraje al espíritu de la planta, bajo pena de enfermedad causada por un castigo. Otras recomendaciones se refieren al ámbito del comportamiento personal, de la conducta ética, que debe ser coherente con lo que la doctrina prescribe en sus himnos, para poder continuar en la evolución espiritual, buscando, por ejemplo, la reconciliación con los *hermanos* (en el sentido comunitario) con los que puede haber habido malentendidos, antes de participar en el trabajo espiritual.

Los llamados Rituales Sociales se refieren a las ceremonias de *Fardamento*, Matrimonio y Bautismo. Estas tres ceremonias pueden tener lugar en un momento determinado dentro de un trabajo espiritual.

El bautismo lo reciben los niños o los adultos que lo desean. El Mestre Irineu afirmó que los que ya estaban bautizados (en la Iglesia católica o en otras cristianas) no necesitaban bautizarse de nuevo, aunque eran libres de hacerlo. Irineu solía sugerir que cada persona siguiera practicando su religión de origen aunque empezara a estudiar con el Santo Daime, sin considerar su doctrina como una religión con carácter exclusivo que exigiera el abandono de otras, sino precisamente como un estudio, un trabajo espiritual que puede llevarse a cabo incluso sin abandonar los orígenes religiosos.

Los rituales de esta doctrina representan un auténtico *trabajo*. Aunque se desarrolla en un ambiente festivo, fruto del deseo de alabar y agradecer al Divino y a la naturaleza, en pleno espíritu comunitario, estos rituales exigen un compromiso considerable por parte de los participantes. Además, requieren la voluntad de descubrirse a sí mismos, de conocerse en profundidad, enfrentándose incluso a los aspectos de su ser que preferirían no ver, así como a la posibilidad de experimentar los efectos «evacuadores» del purgante. No se conoce a ningún daimista que frecuente el trabajo por motivos recreativos o hedonistas. Como dirían los chamanes indígenas y mestizos, tal actitud sería pronto desalentada por el espíritu de la propia planta.

Quien se acercara a los trabajos del Daime con una motivación que pudiera calificarse de «esparcimiento» no tardaría en desengañarse. Quien intentara participar sin la intención de armonizar con el objetivo común del estudio espiritual difícilmente volvería al trabajo con la misma opinión. Los daimistas que llevan mucho tiempo participando en el trabajo también pueden sentir efectos eméticos, aunque ciertamente la frecuencia de su aparición disminuye con el tiempo y la purificación del cuerpo. Según la conciencia y los testimonios de los propios daimistas, estos efectos purgantes pueden remontarse a un sistema de autodisciplina psicosomática: una catarsis del cuerpo y de las pasiones que se debe a haber perseverado en comportamientos previamente reconocidos y que deben corregirse. De los relatos de muchos adeptos a la doctrina se deduce que durante los rituales, en el trabajo de autoconocimiento, «el Daime muestra» los propios defectos y comportamientos que hay que modificar en la vida cotidiana.

Casi siempre son descubrimientos que «ya se sabían» después de todo, y se revelan en los rituales mediante un tipo de conocimiento directo e indiscutible. Una vez que uno admite ante sí mismo la verdad de su mezquindad y la necesidad de mejorar y esforzarse por corregirse, tiene que poner en práctica estas enseñanzas en su vida cotidiana cambiando las antiguas opiniones y comportamientos. La misma persona, al volver de nuevo al trabajo espiritual, se da cuenta de si ha puesto en práctica en la vida cotidiana lo que había comprendido. Si no lo ha hecho, se produce un mecanismo de autodisciplina psicosomática de este tipo, que provoca náuseas y vómitos encaminados a la purificación y a recordar mejor en el propio cuerpo cuál es la lección aprendida. En la jerga daimista, este mecanismo se denomina *disciplina* o *peia*.[90]

La herramienta fundamental se convierte entonces en el llamado «examen de conciencia» para reconocer dónde hay que corregirse y hacerlo. Una de las aportaciones del Daime es no permitir que el individuo se mienta a sí mismo: es ante los propios ojos donde uno debe ser puro. No es casualidad que durante miles de años la ayahuasca haya sido utilizada por algunas tribus indígenas para reconciliar disputas y promover la cohesión y la paz tribal. Al mismo tiempo, varios daimistas sienten estos efectos eméticos muy raramente o casi nunca: citando los himnos del Santo Daime, solo es cuestión de «*andar diretinho*» y «*ter cuidado*» (ir recto y prestar atención) al camino de la evolución espiritual.

El Feitio del Santo Daime

El *Feitio* entra de lleno en el conjunto de «trabajos espirituales» del Santo Daime, pero con una posición destacada y específica respecto a todos los demás. Es el trabajo de preparación de la bebida sagrada. Por supuesto, solo puede realizarse en lugares donde se disponga de las dos plantas maestras utilizadas para elaborar el Santo Daime: *jagube* (*Banisteriopsis caapi*) y *rainha* (*Psychotria viridis*). En la tradición de la doctrina del Mestre Irineu, seguida por todas las organizaciones que

90 Por las siglas de *Processo Espiritual de Intenso Aprendizado*. [N. del T.]

promueven el trabajo espiritual del Santo Daime, los únicos ingredientes que componen el Daime son los dos mencionados, junto con el agua y el fuego: *jagube, rainha, agua e fogo!*

Además, es necesario disponer de una instalación especialmente equipada, conocida como la «*casinha do feitio*», organizada para la realización de las distintas actividades previstas en el *trabajo*: zonas para la limpieza de las plantas (*raspação* del *jagube* y limpeza de la *rainha*), la sala da *bateção* (para desfibrar el *jagube* golpeándolo), la *fornalha* con sus bocas para cocer las plantas en grandes ollas, etc.

Los *feitio* no forman parte del calendario oficial y se organizan en función de las necesidades de abastecimiento de los centros de Brasil y del extranjero. Varios centros de todo Brasil organizan su propio *feitio*, mientras que otros y los del extranjero son atendidos por los primeros.

La preparación del Santo Daime es un arte extremadamente refinado que requiere un conocimiento y una experiencia considerables para poder llevarlo a cabo de acuerdo con los preceptos dejados por el Mestre.

Puede decirse que la *feitio* requiere dos componentes necesarios y fundamentales para su realización: por un lado, el conocimiento de los procedimientos rituales y los actos de alto contenido simbólico-espiritual que deben realizarse desde la selección y recolección de las plantas hasta la conclusión de la cocción del sacramento; por otro lado, la preparación y la motivación psicoemocional de todos los participantes en la *feitio*: un estado de ánimo positivo y respetuoso, una intención firme y una conciencia constante de los actos que se realizan. El nivel de calidad en el que se cumplen estas condiciones determina el grado de perfección espiritual de la bebida y la transmutación real del líquido preparado de un *cuerpo vegetal* en un *cuerpo divino*.

La falta, incluso parcial, de uno de los dos componentes conduce a la creación de una infusión carente de cualidades espirituales, mientras que el pleno cumplimiento de las condiciones determina una alquimia divina que permite el paso de la fuerza, las enseñanzas, el vigor y la espiritualidad de la Selva al líquido preparado: mediante esta consagración, la propia naturaleza, manifestación poderosa y maravillosa del Principio Divino, transmite a la bebida su propio poder, conocimiento, salud y protección, cargándola de todos los significados simbólicos sacramentales que se le atribuyen.

Un *feitio* completo (incluida la recolección de las plantas) puede durar desde un mínimo de dos o tres días hasta más de siete, ocho o más, dependiendo de la cantidad de bebida que haya que preparar y del número de personas disponibles para trabajar. El *feitio* se organiza normalmente, según las instrucciones dejadas por el Mestre Irineu, de forma que la preparación permita que el nuevo Daime «salga a la luz» en el cambio de la Luna Nueva, o en los días inmediatamente anteriores o posteriores. Los hombres son los encargados de recoger la liana de *jagube* (a veces también recogen las hojas de *rainha*), transportarla a la *casinha do feitio* (donde tiene lugar toda la preparación), limpiar y batir la liana y, por último, cocer sus fibras junto con las hojas de *rainha* de las que «sale» el Santo Daime. Las mujeres, por su parte, se encargan de recoger las hojas de *rainha* y, sobre todo, de limpiarlas a fondo. La mayor parte del trabajo de las mujeres tiene lugar en un lugar específico (a menudo en el propio vestíbulo de la iglesia), donde las hojas de *rainha* se extienden sobre paños alrededor de los cuales se sienta el equipo femenino y las limpia una a una, apartándolas para cogerlas y transportarlas en sacos a la *casinha do feitio* y combinarlas con las fibras de liana en las ollas para la decocción.

Figura 8. Montones de cañas de *jagube* listas para cortar y limpiar.

Figura 9. Limpieza de la hoja de *rainha*.

Figura 10. Batiendo el *jagube*.

Figura 11. Decocción del *jagube* con la *rainha*.

Figura 12. Padrinho Sebastião Mota y Madrinha Rita Gregório de Melo, fundadores de Céu do Mapiá.

Figura 13. Recogida del Santo Daime (ayahuasca) recién preparado.

La división del trabajo entre hombres y mujeres sigue un simbolismo derivado de la atribución a las dos plantas de características *energéticas* asociadas a los polos masculino y femenino. El *jagube* representa el principio masculino, la energía *yang*, e infunde a la bebida sagrada la *fuerza* y el vigor del Rey de la Selva, identificado con la propia liana. La *rainha* representa el principio femenino, la energía *yin*, y aporta la *luz* de la Reina de la Selva, que dará la posibilidad de alcanzar la *miração* durante el ritual: el *sueño* de la Virgen María. El Santo Daime surge de la unión armoniosa de los dos principios femenino y masculino, *yin* y *yang*, y encarna la *fuerza* y la *luz* del Rey y la Reina de la Selva.

Al final de todo el proceso de cocción, la cantidad de Santo Daime que sale es mucho menor que el agua inicial. El Daime puede entonces hervirse solo (sin la materia vegetal) para disminuir su volumen y aumentar su concentración, lo que también facilita su transporte fuera de la selva. Si el *feitio* dura varios días, desde el momento en que sale el primer Daime, se continúa el *feitio* bebiendo el Daime que se va produciendo.

El empeño, el esfuerzo y el sudor que cada uno de los participantes en el *feitio* pone en la preparación del sacramento se consideran ampliamente recompensados por la satisfacción de haber contribuido a un trabajo de tan alto significado simbólico-religioso. De acuerdo con varios antiguos daimistas de la doctrina, cada acción realizada durante el *feitio* del Daime representa un poderoso acto de magia que puede tener profundas repercusiones positivas en el propio mundo simbólico (inconsciente) y en el propio cuerpo sutil. Por ejemplo, la limpieza del *jagube* o de las hojas de la *rainha* es un gesto cargado de significado simbólico que se considera equivalente a una verdadera limpieza interior, por lo que se recomienda que las tareas que cada persona realiza durante el *feitio* se lleven a cabo con cuidado y atención, ya que se considera que es como realizar las acciones sobre uno mismo. La propia *bateção* se considera un acto de transformación y puede equivaler simbólicamente, utilizando un lenguaje tomado de las filosofías orientales, a un acto por el que se consume el propio karma negativo.

Ya se ha explicado que el eclecticismo evolutivo significa una actitud de unión y coordinación armoniosa de elementos de diversas doctrinas, encaminada a una evolución espiritual gradual. En la doctrina del Santo Daime, encontramos una integración de elementos doctrinales *escogidos* de diferentes sistemas espirituales; «escogidos» en la medida en que se seleccionan sobre la base de su profundo respeto por los valores fundamentales.

A continuación, se explicará cómo se manifiestan los componentes de las diferentes corrientes espirituales dentro del ritual del Santo Daime. Se puede afirmar, sin lugar a dudas, que el cristianismo es la base de la doctrina. El Mestre Irineu recibió la misión de establecer este movimiento de una manifestación de la Virgen María, y el propio sacramento del Santo Daime se considera la sangre de Jesucristo. Las oraciones que se recitan durante los rituales son las del rito católico. El símbolo principal de la doctrina es la Cruz de Caravaca de dos brazos, de origen cristiano-católico. Sobre todo, en casi todos los textos de los himnos y en la simbología ritual, hay constantes referencias a la Sagrada Biblia, especialmente a las enseñanzas de los Evangelios, y también a las figuras de Santos, Ángeles y Arcángeles. En particular, los Himnarios que constituyen la columna vertebral de la doctrina del Santo Daime representan un cuerpo textual doctrinal fundado en contenidos acordes con el continúo histórico judeocristiano. Como veremos más adelante, también hay otros componentes de contenido que participan en la escritura de las letras de los himnarios, y se presentarán ejemplos de cada uno, pero a nivel de continuidad constante de presencia, en el contenido de los principales himnarios de la doctrina, el único otro componente que es comparable al cristiano es la *poética de la espiritualidad de la naturaleza*, las alabanzas y referencias a las fuerzas naturales, en particular, el sol, la luna y las estrellas.

Esto no significa que los sistemas de los que derivan los demás componentes se consideren menores. La doctrina del Santo Daime es una fusión armoniosa de todos ellos, y la cosmología de cada uno, en su totalidad, se integra con la de los demás y con el cristianismo para formar una Unidad nueva y orgánica. Si se analizan los contenidos de las letras (que solo representan un aspecto de la doctrina), estos se refieren, principalmente, a la doctrina cristiana, con amplias referencias al Antiguo y al Nuevo Testamento.

Sin exagerar, haría falta un volumen dedicado para poder analizar todas las referencias de contenido de la doctrina cristiana en los principales himnarios del Santo Daime. El contenido central del himnario *O Cruzeiro* del Mestre Irineu está representado por la enseñanza y la presencia de Jesucristo y de la Virgen María, con amplio espacio también para las figuras del Patriarca San José, San Juan Bautista y los Tres Reyes de Oriente (a los que el Mestre Irineu llama con los nombres de tres constelaciones: *Agarrube*, *Titango* y *Tintuma*) encabezados por la *Estrella de Oriente* que se identifica con el propio Jesucristo.

En el himno *O Justiceiro* del Pad. Sebastião, resplandece todo el Antiguo y el Nuevo Testamento, desde Moisés (véase el himno titulado «*As Tabuas de Moises*» - Las Tablas de Moisés) hasta el rey Salomón, pasando por las escenas del río Jordán, donde la *Estrella de Oriente*, Jesucristo, y la *Voz del Desierto*, San Juan Bautista, desempeñan un papel prioritario ayer como hoy en la difusión de la Santa Doctrina. También se mencionan los temas de la Santísima Trinidad y la figura de la Virgen María, y se invocan los poderes de los Santos (San José, San Juan, San Pedro, etc.). Hacia el final del himnario *O Justiceiro*, hay un himno que anticipa y predice el inminente nacimiento de la Nueva Jerusalén y el cumplimiento de las escrituras. Habiendo concluido el himnario *O Justiceiro* con 156 himnos, Pad. Sebastião comenzó y completó otro más de 26 himnos titulado *Nova Jerusalém*.

El hijo de Sebastião Mota, Alfredo Gregòrio de Melo, que actualmente dirige la ICEFLU, sigue recibiendo himnarios cuyo contenido se refiere a las enseñanzas de Jesucristo, la Virgen María y San Juan Bautista. También se ha consolidado en su recopilatorio, y en muchos otros de exponentes de la doctrina, la poderosa figura del Arcángel San Miguel, a quien se invoca fuerza y protección para olvidar las ilusiones del mundo y seguir por el camino indicado por Jesús y los Profetas.

El segundo elemento que podemos destacar es el componente relacionado con la *espiritualidad* y las *prácticas del chamanismo indígena amazónico*. El sacramento que simboliza la nueva revelación de Jesús recogida en esta doctrina, es la ayahuasca, piedra angular de la religiosidad indígena amazónica, la planta maestra de la que procede todo el conocimiento y todo el poder de la cosmología indígena, fuente de sanación y conexión con la realidad invisible y espiritual. El uso ritual de la ayahuasca trae consigo la técnica de la práctica chamánica, que permite el contacto directo con la realidad espiritual y las fuerzas de la naturaleza. Aunque el componente de la espiritualidad indígena entra en la doctrina del Santo Daime, integrándose con el cristianismo, en su unidad cosmológica y plena organicidad, desde un punto de vista puramente analítico y especulativo podemos destacar al menos cuatro elementos, que se encuentran en el sistema simbólico del Santo Daime, como manifestaciones de este aspecto.

En primer lugar, como ya se ha mencionado, está el uso ritual de la bebida sacramental indígena. En segundo lugar, la técnica chamánica relacionada con el uso de la ayahuasca, que permite el contacto directo con la realidad espiritual a través del llamado vuelo chamánico, este aspecto está, sin embargo, intrínsecamente relacionado con el papel de la música y el canto dentro de los trabajos espirituales. El tercer aspecto en el que se manifiesta la influencia del componente indígena se refiere a las referencias (en particular, las «llamadas»), dentro de las letras de algunos himnos de la doctrina, a entidades con nombres de origen indígena, que remiten a seres espirituales relacionados con la cosmología chamánica. Específicamente, podemos mencionar algunos nombres de origen indígena que aparecen en ciertos himnos del Mestre Irineu: *Tuperci, Ripi Yajà, Tarumin Mãe d'Água* (Tarumin Madre de Agua), *Equiôr, Papai Paxá, Barum, Marum, Begê, Curupipiraguà, Surubina, Princesa Soloina, Linha do Tucum*, entre otros. Curupipiraguà es una entidad también mencionada en himnarios recibidos de otros exponentes del Santo Daime, al igual que la *Princesa Soloina* es mencionada en varias otras colecciones, además de la del Mestre Irineu, a veces junto con otras Princesas de la Selva, como la *Princesa Janaina*. La *Linha do Tucum* (Línea del Tucum) representa un linaje espiritual invocado en los himnarios por algunos de los principales exponentes de la doctrina, cuya principal característica es una poderosa fuerza catártica de curación y limpieza espiritual a través de los valores que portan: Lealtad, Verdad y Justicia.

El cuarto y último aspecto, relativo a la herencia indígena en el eclecticismo evolutivo propio de la doctrina del Santo Daime, es la concepción de la *Naturaleza*. Esta es una manifestación del Divino y posee alma, voluntad y ordenamiento propio, equivalente a la *physis* griega que describe la materia como un todo animado y viviente. En la espiritualidad indígena, se reconoce que la conciencia, la inteligencia y la voluntad no son solo una prerrogativa humana o animal, sino de todo fenómeno natural visible o invisible. Esta concepción se recoge en la doctrina del Santo Daime, integrada y ordenada con la enseñanza cristiana de que la naturaleza y el universo entero son la creación y manifestación del Único Principio Divino Original y de Su Voluntad. Atributos autoconscientes del Único Dios Todopoderoso y Eterno, el Gran Espíritu, Wakan-Tanka como dirían los lakota, nativos norteamericanos.

Los himnos del Santo Daime están repletos de referencias a la naturaleza, en particular, de alabanzas y llamadas a sus poderosas fuerzas espirituales. La *poética de la espiritualidad de la naturaleza* es uno de los elementos de contenido más presentes en el discurso textual de los himnos del Daime. A la par, se funde con el discurso doctrinal cristiano y *se convierte en una manifestación simbólica del mismo*: las fuerzas de la naturaleza —en pleno estilo expresivo franciscano, desprovisto de cualquier elemento de idolatría naturalista (véase el «Cántico del Hermano Sol»)— portan «*significatione*»[91] del Principio Divino, el sol simboliza al Padre Divino y a Jesucristo, la luna a la Madre Divina, la luz del firmamento es la del Espíritu Santo que ilumina todo el universo, etc.; la creación entera está impregnada del espíritu del Creador y canta constantemente sus alabanzas como una infinita orquesta divina.

Según la concepción daimista, la naturaleza representa el escenario celestial en el que se integra la manifestación humana, por lo que las personas deben agradecer al Creador por proporcionarles todo lo que necesitan en este maravilloso viaje que es la vida en el planeta Tierra. La mejor forma de agradecimiento es, ante todo, el respeto y el amor profundo e incondicional a la propia naturaleza, de la que el Santo Daime hace un pilar doctrinal fundamental.

Otro elemento incorporado al sistema doctrinal del Santo Daime es la *filosofía espiritualista*, concretamente el espiritualismo kardecista. Hemos visto que este sistema espiritual se basa en la afirmación de la existencia de espíritus (ya presente en la tradición indígena e

91 Del latín *significatio* (significado), como en *De verborum significatione*, que se refiere al significado o definición de las palabras. [N. del T.]

incorporada por esta al Santo Daime), y en el concepto de la transmigración de las almas.

Ya el Mestre Irineu, en su himnario, se refiere claramente a la vida del espíritu y a la muerte corporal como un renacimiento espiritual al que puede seguir otra encarnación. El Pad. Sebastião, antes de conocer al Mestre Irineu y, por tanto, al Santo Daime, cuando aún vivía como *seringueiro* con su familia en medio de la selva a lo largo del río Juruá, había entrado en contacto con el espiritualismo kardecista a través de un seguidor de esta escuela llamado Mestre Oswaldo.

La aportación de la filosofía espiritista a la doctrina del Santo Daime no se refiere tanto a contenidos que puedan encontrarse en el cuerpo doctrinal formado por las letras de los himnos, sino que forma parte de la base cosmológica sobre la que germina la doctrina.

Es importante subrayar que el contenido doctrinal del Santo Daime es independiente de la práctica de las técnicas chamánicas-mediúmnicas, y que estas no son el componente básico del trabajo espiritual. El trabajo del Daime es ante todo una escuela de síntesis entre el autoconocimiento interior y la proyección de la conciencia espiritual en las relaciones de la comunidad social. En este sentido, el trabajo de la doctrina parte de una expansión de la conciencia hacia el interior para permitir una ampliación del espacio interno, una meditación entre lo externo y lo interno, lo cual se desarrolla sobre bases diferentes de las definidas por la mediumnidad. Aunque puede favorecer diversos tipos de canalización energética, el trabajo principal del Daime es la mediumnidad del propio Ser, del Yo Superior (Alex Polari en: Cunha, 1986).

Así, podemos decir que la filosofía espiritualista está presente en la doctrina del Santo Daime, en primer lugar, como uno de los componentes básicos de su concepción cosmológica. En segundo lugar, en la mayoría de las obras (Himnarios y Concentraciones) no hay alusiones a la práctica mediúmnica; podemos encontrar referencias simbólicas y ceremoniales en los trabajos de Mesa Branca y el *Trabalho de São Migue*l, que, sin embargo, como hemos dicho, solo se practican en los centros más avanzados y estructurados de Brasil y el exterior. En estas dos obras, así como a veces en el *Trabalho de Estrela*, puede abrirse dentro del ritual la llamada *sessão mediunica* (sesión mediúmnica), una «sesión dentro de una sesión» que tiene una apertura y un cierre determinados, dentro de la cual puede tener lugar la manifestación de entidades; ya sean espíritus de luz que vienen a trabajar para el cuidado físico y espiritual de los participantes, o espíritus necesitados de luz que vienen a «adoctrinarse» a través de un trabajo llamado de «caridad espiritual» por parte de los médiums presentes en el ritual.

Siguiendo con el análisis de los elementos presentes en la doctrina que contribuyen a hacerla ecléctica, estrechamente relacionado con el espiritualismo kardecista está el componente derivado de la *tradición africana*, en particular de la línea umbanda, la religión ecléctica que fusiona la espiritualidad africana con el cristianismo católico y la religiosidad de los indígenas de la selva.

Desde el punto de vista de la manifestación simbólica de este componente dentro de la práctica ritual del Santo Daime, se pueden encontrar varias referencias textuales en los himnos a orishás u otras entidades de la umbanda. En particular, además de Obatalá, el nombre del primero de los orishás que encarna el principio activo del Creador y se identifica con Jesucristo, dos de los Orishás Mayores desempeñan un papel especialmente importante (debido también a la frecuencia con que se les invoca) en la doctrina del Santo Daime: Yemayá, la Reina de los Mares y de todas las aguas saladas, Madre Divina del Universo identificada con la Virgen María; y Oggún, orishá *caboclo* manifestación divina del guerrero, que coincide con San Jorge y, como este, se representa en la poética daimista como un caballero sobre un caballo blanco con armadura y lanza que domina al dragón. Menos frecuentes, pero no por ello menos presentes en los himnarios de los exponentes daimistas —históricamente más próximos a la religiosidad de la umbanda— se pueden encontrar otros varios orishás: Changó, orishá de la Justicia (San Juan Bautista); Oshosi, el señor de los *caboclos* (San Sebastián); *cabocla* Jurema, Reina de la Selva; Oshun, Reina de las Aguas Dulces (Virgen de la Inmaculada Concepción); Iansán, orishá del rayo y del viento (asociada a Santa Bárbara); etc. ...; pero también se encuentran *caboclos* (*Tupinanbà*, *Sete-flechas*, *Cobra Coral*, *Gota de Orvalho*, *Pena Branca*, *Pena Verde*, etc.) y *pretos velhos*.

El núcleo más antiguo de las enseñanzas del Santo Daime (los himnarios del Mestre Irineu, los de los cuatro primeros *Companheiros do Mestre*, de Pad. Sebastião y de Mad. Rita) aún no incorporaban referencias textuales a la umbanda. Con la siguiente generación, comenzaron a aparecer las primeras referencias explícitas en los himnarios de algunos de los actuales exponentes del movimiento, en particular de aquellas personas que ya habían estudiado en la línea umbanda antes de conocer el Santo Daime.

Los ejemplos de eclecticismo en la doctrina no se limitan a los elementos descritos hasta ahora. En vista del reconocimiento de la identidad subyacente de la espiritualidad en todas las diferentes formas existentes de manifestación religiosa, que utilizan diferentes nombres y símbolos para referirse a las mismas fuerzas espirituales, también encontramos otros ejemplos de una tendencia hacia la unión espiritual en las letras de algunos himnos de los principales exponentes actuales de la doctrina del Santo Daime. Por ejemplo, en el himnario de Alex Polari de Alverga (antiguo vicepresidente de la ICEFLU) encontramos, además de varias referencias a la línea umbanda, algunos ejemplos de eclecticismo que implican lo que podemos llamar *Líneas Orientales*, con referencias a figuras del budismo y del hinduismo como Buda, Krishna y Shiva.[92] De nuevo, en un himno de Alex Polari también hay una referencia a la *reunión* espiritual de las tres grandes religiones abrahámicas (judaísmo, cristianismo e islam).

Contribuye a la manifestación del eclecticismo la visión de una alianza espiritual de diferentes líneas religiosas basada en la unión de valores comunes. El fuerte componente *nativo* en la doctrina del Santo Daime se manifiesta una vez más en la alianza espiritual con las tradiciones indígenas de los diferentes continentes. Además del plano astral, la alianza con las *Doctrinas Nativas* de los pueblos indígenas ha tenido momentos de verdadera consagración simbólica.

Por ejemplo, a través de ceremonias oficiales de Alianza del Santo Daime con otros movimientos religiosos de origen indígena, como el Fuego Sagrado de Itzachilatlan (*Native American Church of Itzachilatlan*), que promueve un trabajo espiritual también conocido como «Camino Rojo», ya que está vinculado a la espiritualidad de los indígenas norteamericanos —a quienes llamaban «piel roja»—, en particular a la tradición lakota;[93] o uno de los grupos de la tradi-

92 Hay trabajos espirituales del Santo Daime que se han llevado a cabo en varios ashrams indios, incluido el ashram *Hairakandi* de Babaji (India).

93 El Camino Rojo se basa principalmente en tres prácticas espirituales: la «Búsqueda de la Visión», que consiste en periodos de varios días en los que el aislamiento en medio de la naturaleza se combina con el ayuno completo de comida y agua; la

ción bwiti de Gabón, que utiliza la planta sagrada iboga (*Tabernanthe iboga*) en sus rituales.

Siempre en el contexto de la comunión espiritual entre las diferentes líneas vinculadas a las tradiciones de los pueblos autóctonos, concluimos el apartado sobre el tema del eclecticismo evolutivo citando un himno recibido por Paulo Roberto Silva e Souza, dirigente del Céu do Mar de Río de Janeiro (el primer centro Santo Daime fundado fuera de la Amazonia, en 1982). Este himno fue recibido tras una visita a algunas reservas indígenas norteamericanas, y une simbólicamente las tradiciones Santo Daime, africana y de los nativos norteamericanos. Allí, estos últimos son descritos como la mejor falange de *caboclos* jamás vista, cabalgando junto a los orishás africanos Oggún (San Jorge) y Oshosi (el señor de los *caboclos*, identificado por algunos con San Sebastián).

Visión escatológica: el Imperio Juramidam

Antes de abordar el meollo de la cuestión, relativa a la visión escatológica[94] del Santo Daime, se considera oportuno hacer una premisa sobre dos características de la doctrina dejada por el Mestre Irineu que están relacionadas con esta concepción. Estas dos características estructurales, derivadas de las instrucciones precisas del Mestre, se refieren a la no exclusividad y a la ausencia de proselitismo en el movimiento religioso del Santo Daime.

Del testimonio de sus contemporáneos, como ya se ha mencionado, se desprende que el Mestre Irineu no negaba ninguna de las religiones o ritos a través de los cuales el humano busca acercarse a Dios. No solo consideraba que la doctrina del Santo Daime no era exclusiva, sino que aconsejaba a sus seguidores que no abandonaran su religión de origen (véase Jaccoud, 1992). Además, entre los fundamentos de la doctrina —derivados de las instrucciones dejadas por Irineu Serra— figura

---

«Danza del Sol», que dura cuatro días sin comida y sin ningún contacto con el agua; y los rituales, en la tradición lakota, en torno al Fuego Sagrado en el que se consagran el Tabaco y el Peyote (y también las Setas Sagradas - *Psylocibe*). Un componente constante de esta tradición es también el uso de la cabaña de sudación (*Temazcal*).

94 Esa parte de las creencias religiosas que concierne a los destinos últimos de la humanidad, del universo y del mundo.

explícitamente la ausencia de proselitismo. El propio Mestre instruyó que no se debe *invitar* a la gente al trabajo espiritual con el Daime, y al mismo tiempo que no se debe negar a nadie el derecho a participar en él, si así lo desea. La idea básica es que los rituales están abiertos a cualquiera que quiera participar, pero cada uno debe *apresentar* (presentarse) a sí mismo, no «ir por ahí ofreciendo el Santo Daime». Según el testimonio de Wilson Carneiro, a quien el Mestre Irineu había confiado la misión de cuidar de los enfermos (*pronto socorro*) —y que más tarde se convertiría en el responsable de Colônia 5000 una vez que Padrinho Sebastião se trasladara al Céu do Mapiá—, las palabras del Mestre fueron: «Cuidarás de los enfermos que crean en el Daime. No ofrezcas el Daime a nadie, pero si alguien te lo pide, no se lo niegues». (citado en: Cunha, 1986). Esto no quiere decir que la expansión de la doctrina no sea bienvenida para sus miembros, pero dicha expansión resulta de una llamada espiritual que los individuos sienten y a la que pueden responder *presentándose* en la doctrina.

Otra característica de la obra espiritual fundada por el Mestre Irineu es que se trata de una religión viva y abierta, particularmente en función del hecho de que su cuerpo doctrinal está en formación, los líderes del movimiento continúan recibiendo nuevos himnos que representan instrucciones que acaban de llegar (los fieles *fardados* también pueden recibir himnos que, una vez cribados por los representantes del Centro, pueden pasar a formar parte del trabajo espiritual), construyendo y completando el árbol de la doctrina y el mensaje del Daime. Esta característica también acerca parcialmente el Santo Daime al concepto de *cosmología en construcción*, acuñado por Sena Araújo (1995 y 2002) a propósito de la Barquinha (véase el capítulo 7).

Esta apertura se manifiesta también en la ausencia de dogmas dentro de la doctrina, condición complementaria al eclecticismo evolutivo, ya que permite el reconocimiento de valores y la integración con diferentes líneas espirituales que comparten los mismos principios éticos. Esto no significa que la doctrina del Mestre Irineu pueda modificarse o distorsionarse, el trabajo espiritual permanece fiel a como lo dejó el Mestre, como dice un himno del Padrinho Alfredo: *Seguir realmente a doutrina / E não alterar nem um til* (Seguir realmente la doctrina / Y no alterar ni una tilde); más bien, la ausencia de dogmas contribuye a la apertura, la tolerancia y el respeto religioso, componentes básicos de la nueva conciencia religiosa.

La concepción de los destinos finales de la humanidad procede en el Santo Daime de la tradición judeocristiana. Los himnos de la doctrina, especialmente los principales, que hacen referencia a figuras históricas reconocidas como maestros y guías del movimiento, representan la nueva revelación de las Sagradas Escrituras en la doctrina del Santo Daime. No solo eso, sino que en el *continuum* histórico judeocristiano de la revelación de las enseñanzas de la Santa Doctrina, asumen una posición de continuidad posterior a las Sagradas Escrituras, al que están profundamente vinculados tanto por sus referencias a personajes y contenidos del Antiguo Testamento, como por su repetición de las enseñanzas de Jesús y episodios de su vida en los Evangelios, y la visión escatológica descrita por los Profetas del Antiguo Testamento, Jesús en los Evangelios y San Juan Apóstol en el Apocalipsis.

Según la doctrina de los maestros de la selva, el Antiguo Testamento es el tiempo del Padre, el Nuevo Testamento es el tiempo del Hijo, y ahora ha comenzado el tiempo del Espíritu Santo. Este último es el Espíritu de la Verdad, el Consuelo prometido a los hombres para revelar la Verdad (Juan 14:16; 15:26; 16:7), que en la doctrina se identifica como el «Ser Divino Santo Daime» sacramentado en la bebida ritual de la Reina de la Selva, manifestación crística del *Mestre Imperio Juramidam*, título en el Astral del Mestre Raimundo Irineu Serra.

Aunque en la doctrina del Santo Daime existe esta conciencia de que el tiempo del Espíritu Santo ha llegado y de que el hombre debe prepararse para el *final de los tiempos* aceptando a Cristo en sí mismo para poder participar en el Reino de los Cielos, no debe pensarse que esta conciencia conduce a ninguna visión alarmista o apocalíptica en un sentido diminutivo y sensacionalista. Al contrario, en este sentido, la postura de la doctrina del Santo Daime coincide con la contenida en la *Carta a los Tesalonicenses* (véase Polari, 1998, pp. 44-45) en la que San Pablo, ante la proliferación de movimientos sectarios y textos basados en expectativas fervientes sobre la llegada de la era mesiánica, libera a los primeros cristianos de una interpretación meramente literal de la llegada del fin de los tiempos. En esta carta, San Pablo advierte a todos los hermanos de las comunidades e iglesias que estableció en

Asia Menor que no se queden con los brazos cruzados esperando el fin del mundo, sino que, por el contrario, trabajen todos con ahínco por su sustento y la expansión de la doctrina de Jesucristo.

La «salvación» en la doctrina del Santo Daime, lejos de estar contaminada por el alarmismo apocalíptico, está representada por la perfección del autoconocimiento («el arduo trabajo del autoconocimiento» según el Estatuto de la ICEFLU) que conduce a la conciencia de Cristo, integrada con su manifestación armoniosa en la comunidad social que, a su vez, lleva a la construcción material y social, cuya perfección forma parte de la realización espiritual. Al igual que el de San Pablo, el mensaje de Sebastião Mota es que nadie se quede con los brazos cruzados esperando el Apocalipsis, sino que cada uno despierte como ser humano pleno, tanto en su vida espiritual en unión con sus hermanos y hermanas, como en el cumplimiento de sus deberes sociales y el compromiso con el trabajo, que es la fuente y la base del sustento y el progreso en la vida cotidiana.

Para concluir el tema, nos gustaría recordar algunas raíces histórico-cristianas que presentan una concepción escatológica coincidente con la visión de la doctrina del Santo Daime expuesta, en particular en lo que se refiere a la llegada del Tiempo del Espíritu Santo en sucesión a los dos Tiempos anteriores del Padre (atestiguados por el Antiguo Testamento) y del *Logos*-Hijo (atestiguados por el Nuevo Testamento), respectivamente. Nos referimos a las interpretaciones bíblicas afirmadas por Joaquín de Fiore en el siglo XII.

Joaquín (Gioacchino da Fiore) fue el primero en interpretar que la revelación cristiana estaba destinada a terminar con la Tercera etapa en la que se manifestará la gloria del Espíritu, en la que se establecerá una Iglesia de realidades espirituales, la *Ecclesia Spiritus* —la Iglesia del Espíritu—.

Según Joaquín, el protagonista, junto al Hijo, de esta tercera fase de la revelación —que procede del Hijo y, sobre todo, del Padre— es, como en la segunda fase que ya ha tenido lugar, la figura del profeta Elías. Por supuesto, la manifestación de Elías en la segunda fase se refiere a la figura de San Juan Bautista, que es su propio Elías, como el propio Jesús dijo a sus discípulos (véase Mateo 17:11-13). Por lo tanto, es el mismo San Juan Bautista quien regresa para la inauguración de la tercera etapa —según Joaquín—, al igual que en el Santo Daime la figura de la *Voz del Desierto* asume un papel central claramente testimoniado en los himnos de los maestros de la doctrina, en particular Irineu Serra, Sebastião Mota, Rita Gregório, su hijo Alfredo y, en general, todos los exponentes de la Doctrina del Santo Daime.

Esta conciencia era bien conocida por Pad. Sebastião:

> *Devemos estar com Deus e ouvir a voz de Deus. Foi Elias quem falou que ainda vinha a voz do Deserto para quem quisesse ouvir. Tempos depois, o São João Batista nasceu lá naquelas bandas. Esse João Batista era o mesmo Elias. E este Elias era o mesmo João Batista. Hoje, é a mesma modificação, meus irmãos!*
>
> (Palabras de Sebastião Mota recogidas en: Polari, 1992, p. 195).
>
> [Debemos estar con Dios y escuchar su voz. Fue Elías quien dijo que la Voz del Desierto aún estaba por llegar para aquellos que quisieran escucharla. Algún tiempo después, San Juan Bautista nació allí. Este Juan Bautista era el mismo Elías. Y este Elías era el mismo Juan Bautista. ¡Hoy son la misma cosa, hermanos míos!].

La expansión de la Doctrina y el compromiso ecológico-humanitario

La doctrina del Santo Daime nació y se formó, de la manera en que sigue siendo hoy en día, gracias a la revelación de la Reina de la Selva al Mestre Irineu, y al compromiso constante de este, durante cincuenta años, por estructurar una obra espiritual según las instrucciones recibidas de la Virgen María. Comenzando con unos pocos compañeros en la década de 1930, creó un movimiento religioso que ha seguido creciendo en los suburbios de Rio Branco. Ya en un himno de uno de los primeros seguidores del Mestre Irineu, se describe la futura llegada de practicantes procedentes del extranjero. Esta predicción se anticipa unas décadas a la llegada, en la Colônia 5000 de Padrinho Sebastião, de los primeros visitantes no amazónicos, tanto de ciudades del sur de Brasil como del exterior. Sebastião Mota se convirtió en la figura de referencia a la que se atribuye haber abierto la doctrina al mundo y permitido su expansión fuera de la Amazonia.

Hasta finales de los años setenta, la Doctrina del Santo Daime solo contaba con unos cientos de personas en los suburbios de Rio Branco, capital del Acre, un estado brasileño cubierto en un 95 % por selva virgen. Hacia finales de esos años llegaron las primeras personas que, habiendo oído hablar de la comunidad del Padrinho Sebastião, se interesaron por entrar en contacto con ella, aprovechar sus conocimientos espirituales y conocer la experiencia de la Colônia 5000. Entre ellos se encontraban el psicoterapeuta Paulo Roberto Silva e Souza, el escritor Alex Polari de Alverga, ambos de Río de Janeiro, y varios viajeros brasileños y europeos que visitaban el país y que más tarde decidirían quedarse, algunos por un tiempo, otros para el resto de sus vidas, en la comunidad espiritual de Sebastião Mota. La expansión de la doctrina puede analizarse en dos direcciones: fuera y dentro de la selva amazónica. Si, por un lado, los extranjeros que visitaron al Padrinho Sebastião comenzaron con el tiempo a sacar de la Amazonia el uso ritual del Santo Daime —en la línea de Irineu Serra y Sebastião Mota—, por otro lado, la propia doctrina, con el fin de reforzar el contacto directo con la Madre Naturaleza, también comenzó a desarrollarse hacia el corazón de la selva virgen.

El bienio 1982-1983 puede considerarse un punto de inflexión en la expansión del Santo Daime. En enero de 1983, tras quince días en piragua y machete ascendiendo el *igarapé* de Mapiá, el primer grupo de vanguardia de la comunidad de Sebastião Mota llegó al lugar que se le había asignado en el corazón del Parque nacional Alto Purús —una reserva natural de selva virgen en el estado del Amazonas— y allí fundó los cimientos del Céu do Mapiá, la actual comunidad madre del movimiento de la ICEFLU. Unos meses antes, en la noche entre el Día de Todos los Santos y el Día de todos los muertos, de 1982, se hizo un Daime, que había sido entregado por el Pad. Sebastião al psicoterapeuta Paulo Roberto, y con esto se realizó la primera obra del Santo Daime fuera de la Amazonia, en Río de Janeiro, con la cual se inauguró la iglesia del Céu do Mar.

También en 1983, en septiembre, se inauguró el Céu da Montanha de Alex Polari, en las montañas cercanas a Río de Janeiro, así como el de Brasilia (Céu de Planalto). Desde entonces, el proceso de expansión ha continuado a un ritmo muy rápido, estableciéndose centros Daime en todas las provincias de Brasil y en varios países extranjeros.

La expansión se consolidó en la década de los noventa. Hasta entonces, solo había pequeños grupos informales de varios países extranjeros que visitaban periódicamente la sede central del movimiento, Céu do Mapiá. A raíz de estas visitas regulares a la selva amazónica, comenzaron a llevarse pequeñas cantidades del sacramento para acompañar desde lejos las fechas festivas del calendario litúrgico. Se crearon así los primeros grupos y unidades familiares, que más tarde se convertirían en centros estructurados.

Las comunidades daimistas de todo el mundo crecieron a medida que mejoraba su organización, lo que dio lugar a una fase en la que grupos de daimistas eran invitados regularmente desde el Amazonas, generalmente dirigidos por los máximos representantes del movimiento en Brasil, para visitar centros de Europa, Estados Unidos, Japón y Canadá. Fue así como el trabajo espiritual del Santo Daime creció en Europa y otros continentes, gracias a este movimiento en dos direcciones: grupos de peregrinos extranjeros que llegaban a las comunidades de la selva amazónica para pasar las principales fiestas del año litúrgico daimista (las fiestas de diciembre y junio), y grupos procedentes de la selva que visitaban los centros afiliados en los grandes centros urbanos, enseñando a cantar himnos y perfeccionando el trabajo espiritual de la doctrina. Al mismo tiempo, algunos amazónicos podían permanecer durante más tiempo en las comunidades extranjeras, ayudando en los rituales, pero también estudiando y trabajando en el mismo centro. Todo ello propició una rica síntesis cultural y espiritual.

Aunque numéricamente sigue siendo una realidad bastante modesta, la expansión geográfica que ha tenido el movimiento en tan poco tiempo es notable. A principios del año 2000, después de poco más de veinte años, había centros del Santo Daime en varios países de Sudamérica y Centroamérica, en muchos Estados estadounidenses, así como en Canadá, Japón, Australia y varios países europeos, como España, Holanda, Francia, Italia, Inglaterra, Alemania, Portugal, Bélgica, Irlanda, Irlanda del Norte, República Checa, Suiza, etc.

La expansión fuera y dentro de la selva continuó y se consolidó, tras la muerte de Sebastião Mota en 1990, con el trabajo de su hijo Alfredo, uno de los primeros en ser invitado a los diversos centros de Europa y Estados Unidos para realizar trabajos espirituales del Santo Daime.

Padrinho Alfredo tampoco descuida el frente de expansión de la doctrina hacia sus raíces, en el corazón de la selva amazónica (según Beatriz Labate, 2002, un interesante campo de investigación a explorar sería el estudio «de los procesos por los que poblaciones indígenas como algunos kaxinawa del río Jordão o algunos apurinã de la región de Boca do Acre, y *seringueiros*, como los estudiados por Araújo, han comenzado recientemente a convertirse a la doctrina del Santo Daime, dando lugar a sistemas mixtos de utilización de las plantas»). Este trabajo de apertura hacia el interior de la selva desempeña también un fuerte papel socioambiental.[95] La creación de las comunidades del Santo Daime en el interior de la Amazonia tiene como principal objetivo, además del espiritual, el humanitario. Las comunidades se instalan en algunas de las zonas más pobres de todo Brasil, áreas de la selva donde viven familias enteras de *caboclos* en condiciones extremas que han sido «abandonadas» durante décadas tras la crisis de los *seringais* causada por el hundimiento de la producción de caucho brasileña.

Estas son familias indígenas formadas en los últimos ciento treinta años por los supervivientes de comunidades exterminadas, que se mezclaron con inmigrantes de origen africano o europeo llegados del nordeste de Brasil para la extracción del caucho. Estas familias, alejadas del sistema de vida tribal original de los indígenas, se multiplicaron y desarrollaron en la estructura social económica semioccidentalizada que los *seringais* ofrecieron hasta mediados del siglo XX. Con el declive del interés económico por la extracción del caucho y el consiguiente desmantelamiento gradual de las estructuras sociocomunitarias de los *seringais*, muchas de estas familias quedaron abandonadas en medio de la jungla, no solo sin los salarios que antes obtenían de la actividad de extracción, sino también sin ningún tipo de asistencia social y, sobre todo, sin los conocimientos técnicos (por ejemplo, agrícolas o médico-herbarios) para poder sobrevivir decentemente en medio de la selva, lo que provocó graves problemas de desnutrición, salud y educación.

---

95 Para desarrollar esta doble vertiente social y medioambiental del trabajo de la ICEFLU en la Amazonia, se creó una entidad jurídica adicional en Brasil: IDA —Institudo de Desenvolvimento Ambiental Raimundo Irineu Serra—, una ONG sin ánimo de lucro, comprometida con la gestión y la búsqueda de asociaciones para proyectos de desarrollo autofinanciados con fines ecológico-medioambientales y socio-humanitarios (la página web oficial en portugués es www.idaris.com.br).

Hacia 1996, Alfredo Gregório regresó por el río Juruá y compró, gracias a la ONG IDA, un antiguo *seringal* a tres días de barco de la ciudad de Cruzeiro do Sul, en la zona donde había nacido y vivido con su familia hasta los siete años, y allí fundó una nueva comunidad del Santo Daime, el Céu do Juruá. A principios del año 2000, el Céu do Juruá albergaba a una decena de familias *caboclas* que antes estaban dispersas por la vasta zona forestal del antiguo *seringal*, con un total en 2004 de poco más de cien habitantes, muchos de ellos niños menores de doce años. El establecimiento de la comunidad ha mejorado enormemente la calidad de vida de estas familias, sobre todo en lo que respecta a la satisfacción de sus necesidades básicas. El Instituto Brasileño de Medio Ambiente (IBAMA) ha reconocido a las comunidades autosostenibles y ecológicas del Santo Daime, en plena selva amazónica, como modelos de excelencia, en comparación con los estándares de nutrición, salud y educación de esa zona.[96]

96 De la investigación de campo realizada por la socióloga Geovânia Corrêa Barros Cunha: «Su nivel de organización [de la comunidad de Céu do Mapiá] es muy elevado, como pudimos comprobar en el desarrollo de la investigación de campo, cuando abordamos el tema de las comunidades Daime» (Cunha, 1986, p.74). El mismo IBAMA otorgó a IDA/ICEFLU la gestión de un área de aproximadamente 310.000 hectáreas de selva virgen, perteneciente a la *Floresta Nacional do Purus* (Decreto Presidencial nº 98.051, de 14.08.1989), dentro de la cual se encuentra la sede de la ICEFLU, la comunidad de Céu do Mapiá, desde 1982. En agosto de 1989, se firmó un acuerdo con el IBAMA, con el objetivo de la cooperación mutua entre las partes para la preservación de los recursos naturales en las áreas del Parque Nacional cedidas a IDA/ICEFLU para su gestión. Además, se organizó la *Cooperativa Extrativista da Amazônia*, cuyos fundadores son todos residentes de la comunidad de Céu do Mapiá y cuyos objetivos principales incluyen la ejecución de un proyecto de desarrollo sostenible en las áreas de Selva Nacional del Estado de Amazonia. Dentro de esta área de 310.000 hectáreas, IDA también trabaja desde 2003 en un proyecto socioambiental junto con WWF-Brasil.

CAPÍTULO VII

BARQUINHA

Orígenes

Durante el período en que Mestre Irineu, en el Alto Santo, estaba formando el movimiento del Santo Daime y estructurando su ritual, desde la ciudad de Rio Branco y alrededores iban a visitarlo en busca de curas para diversos males espirituales y materiales. Ya en ese período muchas personas con problemas de dependencia del alcohol recurrían a su ayuda para salir del vicio. Entre estas personas se presentó en los *trabalhos de cura* Daniel Pereira de Mattos, compatriota de Irineu Serra (del Estado nordestino de Maranhão), para curarse a través del Daime del fuerte alcoholismo al que estaba sujeto. Era el año 1936, Mestre Irineu habitaba aún en la localidad Vila Ivonete, donde también vivía Daniel y probablemente su amistad se remonta a la época en que el Mestre vivía todavía allí. En la declaración de Jairo da Silva Carioca[97], realizada para el centenario del nacimiento de Irineu Serra en 1992, se reportan algunos testimonios de sus contemporáneos sobre Daniel, su encuentro con Irineu Serra y su papel en la doctrina del Daime:

> Él bebía mucho, bebía hasta caer. Quedó realmente a merced del alcohol. Fue cuando encontró a Irineu Serra, que era su compatriota, allá de Maranhão. Entonces Irineu Serra, como ya estaba establecido, tomó a Daniel y lo llevó al Alto Santo. Así él contaba. Pasó algún tiempo allá y mejoró, quedando sin beber. En un cierto punto, Daniel volvió aquí[98] [...] y después volvió a beber.

97 Jairo da Silva Carioca es miembro directivo del CICLU "Alto Santo", su declaración ha sido publicada en la Revista del Centenario (1992) y está disponible en el sitio internet www.mestreirineu.org.

98 En la localidad Vila Ivonete donde Daniel Mattos vivía, distante varios kilómetros del Alto Santo.

> Entonces, Irineu lo retomó de nuevo, haciéndolo regresar al Alto Santo por segunda vez, esta segunda vez Daniel permaneció más tiempo allá.[99]

El paso de Daniel Pereira de Mattos en la doctrina no se resume solo en este episodio de cura. Restablecido definitivamente del alcoholismo, Daniel comenzó a dedicarse a la misión del Daime. Descrito como un hombre extremadamente inteligente, «Negro solo de piel, pero en el ánimo era un capuchino [fraile franciscano, N. del T.] de valor muy grande» (Antônio Geraldo). Y además:

> De espaldas anchas y musculosas, conversaba mucho con nosotros, tenía una voz fuerte. Aquí él no trabajaba en los campos y tampoco cortaba *seringa* [para extraer el caucho, N. del T.]. Él permanecía en casa estudiando, le gustaba mucho estudiar. Su actividad era leer, trabajar como carpintero y era el barbero de Mestre Irineu.
>
> (Raimundo Gonçalves)

Mientras desarrollaba su actividad de carpintero comenzó a fabricarse sus propios instrumentos musicales y a componer música. «Tocaba solo música compuesta por él mismo, incluso los instrumentos que usaba estaban hechos por él» (Raimundo Gonçalves). Con el tiempo Mestre Irineu comenzó a utilizar los valses compuestos por Daniel dentro de sus rituales de concentración con el Daime, instituyendo las *Sessões Musicadas* (Sesiones Musicales):

> Nosotros teníamos un sistema de trabajo que era el siguiente: Padrino Irineu daba un servicio de concentración y Daniel tenía la idea de tocar sus propios valses. Entonces cuando se llegaba a una parte del trabajo, Padrino Irineu le decía a Daniel que tocara esos valses suyos que eran bonitos. Nosotros los participantes nos concentrábamos en esa música que él tocaba. Así era como Daniel participaba en los trabajos en el período que vivía con Mestre Irineu.
>
> (Raimundo Gonçalves)

La amistad y el entendimiento espiritual de Mestre Irineu y Daniel Pereira de Mattos iban mucho más allá de esta colaboración en los

99 Testimonio de Antônio Geraldo, sucesor de Mestre Daniel y fundador del Centro Espírita Daniel Pereira de Mattos, una de las sedes de la Barquinha en Rio Branco.

trabajos espirituales. Sus contemporáneos cuentan que el Mestre iba a menudo a visitar a Daniel en la Villa Ivonete, casi cada vez que salía para ir a la ciudad.

> Eran realmente muy amigos. A Mestre Irineu le gustaba mucho Daniel. En una de las veces que Mestre Irineu estuvo allá, Daniel le dijo que tenía cierto número de personas que venían a buscarlo para recibir una cura de muchos males. Entonces, Padrino Irineu fue allá y le dio permiso para continuar su trabajo. Durante un buen período, el Padrino mandó el Daime para que Daniel pudiera ayudar a las personas. Era mucho más fácil, dado que en aquel tiempo Daniel aún no tenía cómo preparar el Daime en la Vila Ivonete. Era muy lejos para la gente ir de la Vila Ivonete al Alto Santo, era muy difícil. Fue de esta manera que Daniel comenzó, hasta que quedó por cuenta propia, trabajaba con el Círculo Esotérico y realizaba trabajos de curación.
>
> (Raimundo Gonçalves)

Fue así que Daniel Pereira de Mattos, en 1945, fundó el Centro Espírita e Culto de Oração Casa de Jesus Fonte de Luz, mejor conocido como la Barquinha, con sede en la Vila Ivonete hasta hoy. "Mestre Daniel", llamado y conocido también como Hermano Daniel (Fray Daniel) por su profunda inspiración franciscana, continuó y completó su desarrollo espiritual en este Centro, pero su amistad con el Mestre Irineu permaneció viva en el tiempo. Madrinha Francisca (Chica) Gabriel, discípula de Hermano Daniel y dirigente de una de las sedes actuales de la Barquinha en la ciudad de Rio Branco, recuerda que «Daniel decía que bebía el Daime con Irineu y contaba las visiones que tuvo en este período que vivió con Mestre Irineu».

También en la Barquinha, como en el Santo Daime, una de las características principales del sistema simbólico-espiritual es el eclecticismo, en el que se funden prácticas religiosas derivadas del catolicismo popular, del chamanismo indígena, de las religiones africanas y de la filosofía del *Círculo Esotérico da Comunhão do Pensamento*. Todo esto junto al uso ritual de la bebida sacramental ayahuasca, llamada por los miembros de la Barquinha con el nombre de Daime.

Daniel Pereira de Mattos (1888-1958) nació en la ciudad de São Luis, Estado de Maranhão (Nordeste de Brasil), y era hijo de esclavos africanos. Cuando era muchacho frecuentó una escuela para marineros, donde aprendió nociones sobre el mar y la vida en el mar. No hay muchas noticias claras sobre su vida antes de su inmigración al Estado de Acre en la frontera con Perú. Llegó a vivir en las cercanías de Rio Branco hacia la mitad del siglo XX. Los testimonios de quienes lo conocieron cuentan que era un hombre muy inteligente y hábil, en particular práctico en el desempeño de doce actividades: constructor naval, cocinero, músico, barbero, sastre, carpintero, ebanista, artesano, poeta, albañil, zapatero y panadero (Sena Araújo, 2002).

Persona extremadamente sensible, era considerado un gran bohemio, cantautor y poeta en los humos del alcohol de las noches de Rio Branco. En una de las noches a merced de la embriaguez alcohólica cayó dormido bajo la lluvia a lo largo del río Acre, se despertó en el corazón de la noche aún ebrio para recibir un mensaje en el que dos ángeles descendían del cielo con un libro para encomendarle. Varios años después, recibió el mismo mensaje cuando, debilitado por la enfermedad debida al alcoholismo, se hizo curar por Mestre Irineu.

Como consecuencia de esta revelación, a la experiencia con el Santo Daime que había tenido en el período vivido en el Alto Santo con Raimundo Irineu Serra, y al apoyo de este cuando le pidió el consentimiento para poder abrir su línea doctrinaria en el Daime, Hermano Daniel decidió crear un propio centro para los trabajos espirituales con el uso ritual del sacramento indígena, y formó así la "Capelinha" o, como era llamada, la "Capelinha de São Francisco" (la Pequeña Capilla de San Francisco).[100]

---

100 En Brasil el culto por San Francisco está muy difundido, en cada parte del País. En particular, en el Estado de Ceará ha surgido un culto muy profundo por el Santo de Asís representado en una imagen con los Estigmas, esta imagen se llama São Francisco das Chagas (San Francisco de los Estigmas). El culto por São Francisco das Chagas y esta imagen particular suya se han difundido desde Ceará al resto de Brasil, tanto que ha sido llamado también São Francisco do Ceará. En la simbología del movimiento fundado por Fray Daniel, São Francisco das Chagas es el piloto de la Barquinha.

En una conversación que tuve personalmente con Madrinha Chica Gabriel en 2001, con ocasión de una visita a su sede de la Barquinha en Rio Branco, contó que Hermano Daniel fue a ver a Mestre Irineu y le pidió poder abrir su propia iglesia que realizara los trabajos con el Daime, consagrándola a San Francisco de Asís. Irineu Serra no solo consintió, sino que le mandó el Daime que necesitaba para recibir a las personas que lo solicitaban durante todo el período de tiempo hasta cuando se volvió autosuficiente en la preparación del sacramento. Al principio la Capelinha recibía y cuidaba a los cazadores y sus familias que pasaban por la localidad Vila Ivonete, poco fuera de Rio Branco. Poco a poco, la Capelinha de São Francisco comenzó a crecer recogiendo cada vez más fieles que pasaron a formar parte de la doctrina. Según Sena Araújo[101], la Barquinha en 2002 (con cinco sedes en la ciudad y una fuera) contaba con cerca de 500 fieles en Rio Branco.

Simbología y rituales, cura y caridad

Una de las características más marcadas de la línea espiritual creada por Mestre Daniel es la referencia constante al mar y al mundo de los marineros de gran parte de la simbología ritual. El nombre mismo con que los fieles llaman al propio movimiento es Barquinha (Pequeña Barca). La barca representa, para los seguidores del movimiento, tanto la misión de la doctrina dejada por Fray Daniel como el viaje de cada uno en esta vida, «un viaje dentro del gran viaje» (Sena Araújo, 1999).

La misma Iglesia donde se desarrollan los rituales es considerada una embarcación, la propia Barquinha. Según la cosmología del Centro, el propietario de la Barquinha es Dios y es pilotada por São Francisco das Chagas (véase nota 3), San Sebastián Mártir, San José y Frei Daniel, los cuales tienen la misión de conducir la nave al encuentro de Jesús, intentando, junto a los fieles, evitar las grandes tormentas y las aguas agitadas, que representan las profanaciones y las tentaciones del mundo

101 Wladimyr Sena Araújo, Master en Antropología Social en la Universidad Estatal de Campinas (Unicamp, Brasil) y profesor de la SEC/SEMEC (Acre, BR). Ha coordinado, junto a Beatriz Caiuby Labate el volumen *O Uso Ritual da Ayahuasca* (2002), Brasil.

de la vida mundana. Dios es propietario de la barca pero quienes deciden su rumbo son los mismos fieles con sus acciones.

Cuando un frecuentador del Centro decide adherirse al movimiento se dice que recibe el *fardamento* (así como en el Santo Daime), y desde entonces comienza a vestir un uniforme (*farda*) durante los rituales que lo caracterizará como afiliado al grupo respecto a los frecuentadores no *fardados*. Con el *fardamento* el individuo recibe el título de marinero. La *farda* única de la Barquinha está compuesta por un uniforme precisamente de marinero, blanco con la gorrita blanca en la cabeza. Los marineros son aquellos que forman parte de la gran barca, la misión de la doctrina dejada por Mestre Daniel. En particular:

> *Fardados*, ellos desarrollan tareas para alcanzar un grado de luz más elevado en el momento en que el espíritu de cada uno se desencarna (muerte). Los adeptos afirman que si ha habido una buena preparación, los marineros pasan a ser llamados oficiales después de la muerte.
>
> Determinadas entidades son también llamadas oficiales [en sentido militar], como es el caso de Don Simeão, que dirige parte de los trabajos de las *Obras de Caridade* [Obras de Caridad, N. del T.]. Estos oficiales cuando llegan para «trabajar» usan determinados instrumentos que hacen referencia a las fuerzas armadas tales como lanzas, espadas, esposas, perros, etc. La constatación de estos instrumentos es revelada en los salmos entonados por los presentes.
>
> (Sena Araújo, 2002, p. 498)

Estas fuerzas armadas están compuestas por entidades de luz que vienen para iluminar y adoctrinar entidades de la oscuridad; la barca, junto a los marineros y a los oficiales, se convierte en el lugar de conversión de las entidades malignas gracias al trabajo de las benéficas. La barca viaja en tres planos cosmológicos: el cielo, la tierra y el mar (que coinciden con los tres mundos mitológicos de la tradición ayahuasquera mestiza). El mar en el cual estos marineros navegan es llamado mar sagrado, en cuanto es el Daime el agua sagrada sobre cuyas olas viajan en el *balanço* de la nave que toma el nombre, reflejando su carácter escatológico, de barca Santa Cruz (Sena Araújo, 2002).

La luz de las entidades que vienen a "trabajar" en los rituales está asociada a la idea de conocimiento y al proceso de aprendizaje. Quien ingiere el Daime está recibiendo la Santa Luz y adquiriendo nuevos conocimientos, en particular en lo que respecta al auto-conocimiento y la comprensión de sí mismos. Además de esto el sacramento representa renovación, revitalización y cura. Quien "navega" con el Daime renace de nuevo. Las enseñanzas del Daime están contenidas en el "libro azul" del que Mestre Daniel tuvo las dos visiones, la primera aquella noche de lluvia a orillas del río y la segunda con el Santo Daime de Mestre Irineu, y que representa la base de su misión. El libro azul es también el lugar mágico en que los fieles reciben las instrucciones provenientes de los Planos Superiores, en forma de melodías musicales simbólicas, salmos y llamadas.

En el centro de la "barca", es decir, de la Iglesia donde se realizan los rituales, se encuentra una mesa en forma de cruz, que es el símbolo principal de la Barquinha. Alrededor de la mesa están presentes doce sillas, seis de un lado y seis del otro, que representan a los doce apóstoles de Jesucristo. Las sillas en la mesa son ocupadas por marineros según una jerarquía decidida por el Presidente del trabajo. El papel de la mesa es central, allí colocado se encuentra un libro azul abierto con enunciados los Diez Mandamientos. Es desde la mesa en forma de cruz que "emerge" el trabajo espiritual y desde allí se propaga expandiéndose en el espacio y ocupando el local entero. Finalmente, es desde la mesa que los rituales son abiertos y cerrados. El centro de la Iglesia, en el que se encuentra la mesa en forma de cruz con el libro azul, representa el canal de conexión con los niveles espirituales superiores de donde llegan las entidades de luz.

Alrededor de la mesa se desarrollan dos tipologías de rituales: las Obras de Caridad (*Obras de Caridade*) y las Concentraciones. Las Obras de Caridad representan el trabajo principal realizado en la iglesia de la Barquinha. La primera parte del ritual consiste en la recitación de oraciones y salmos entonados por los participantes. La segunda parte es la apertura verdadera y propia de las Obras de Caridad, donde siete entidades son llamadas para realizar la caridad espiritual. Estas siete entidades de luz (pueden ser *Pretos Velhos*, *Caboclos* o *Encantados*) pertenecen a los *mistérios* (misterios, en el sentido de reinos encantados) de cielo, tierra y mar.

Detrás de la Iglesia se encuentra una sala de curación, el *Gongá*, con siete puntos de acogida donde trabajan tres médiums ya formados, incluido el que canaliza la entidad que preside la sala de curación. En la sede fundada en 1991 por Francisca Gabriel, antigua amiga y discípula de Frei Daniel, esta entidad tiene el nombre de Don Simeão y es incorporada por la misma Chica Gabriel. En los puntos de acogida de esta sala de curación son recibidas las personas que requieren un tratamiento particular para enfermedades, problemas familiares o necesitan un apoyo, una ayuda espiritual. En el tiempo de Mestre Daniel hasta finales de los años 50, el Centro de la Barquinha contaba con el trabajo de tres médiums: Francisca (Chica) Gabriel, Maria Baiana y Dona Inês. Eran estas las tres señoras que prestaban las Obras de Caridad de la misión de Frei Daniel. En la sede de la Barquinha de Francisca Gabriel son seis los médiums que trabajan en el *Gongá*, y pueden recibir hasta doce pacientes a la vez. El trabajo de los médiums puede ser realizado tanto con la toma del Daime como también sin la ayuda del sacramento.

En la Iglesia, alrededor de la mesa en cruz, además de las Obras de Caridad, son realizados también los trabajos de Concentración, cada miércoles de la semana. Las concentraciones, que se desarrollan exclusivamente en la Iglesia sin interesar a la sala de curación, duran solo una o dos horas, y su finalidad principal es la de preparar a los participantes para los trabajos de Obras de Caridad. La preparación ocurre principalmente a través del estudio y el desarrollo de las facultades mediúmnicas de los participantes. En las concentraciones es servida una cantidad mayor de Daime respecto a las Obras de Caridad, este aspecto se relaciona con el hecho de que las concentraciones son vistas como rituales de estudio que llevan a un trabajo con uno mismo, es decir, un momento de "instrucción" y reflexión.

Otro local ritual es el llamado *Cruzeiro* que Sena Araújo (2002) define como «el árbol maestro de la barca Santa Cruz». En el *Cruzeiro* se puede notar un corazón con doce estrellas que representan los misterios de la pasión y muerte de Cristo. Este lugar tiene cuatro puertas de acceso desde los respectivos puntos cardinales. En el *Cruzeiro* se realiza un trabajo de adoctrinamiento de las almas en el Día de los Difuntos, el 2 de noviembre. El adoctrinamiento consiste en la preparación de las almas a través de los preceptos de la doctrina cristiana, que representa el fundamento educativo y conceptual del Centro. Las almas son recogidas por la entidad Fray José Joaquim, el Pastor de las Almas, para ser adoctrinadas por medio de San Francisco. El adoctrinamiento no implica que el alma sea salva, sino que forma parte de un proceso evolutivo (de expiación) dentro de un salón de luz que el alma recorrerá para prepararse al juicio final. El Pastor de las Almas las traerá de nuevo, una vez adoctrinadas, a la Iglesia en los días de ritual para poner en práctica la doctrina. Dentro del *Cruzeiro* pueden permanecer solo los marineros que normalmente se sientan a la mesa durante los otros trabajos dentro de la Iglesia. Los otros participantes están alrededor entonando salmos y recitando oraciones.

El tercer local para los rituales es el Parque, instituido en 1959 por Antônio Geraldo da Silva, discípulo y sucesor directo de Frei Daniel, y utilizado para la realización de las celebraciones bailadas. En el centro del parque se encuentra el salón del baile, que ocurre en círculo, con alrededor doce columnas simbolizando a los apóstoles. Las columnas, durante las festividades, pueden ser adornadas con estandartes que simbolizan las entidades de los *misterios* del cielo, de la tierra y del mar. En el centro del salón del baile un pequeño escenario simboliza a Jesucristo-Oxalá. Sobre el escenario una barquita (*barquinha*) sobre la que está colocada una luz amarilla que representa el Daime, el mar sagrado por el cual navegan los marineros.

La finalidad de los rituales bailados es la de celebrar, en las fechas de las festividades oficiales, las entidades de luz que vienen a trabajar en las Obras de Caridad. Estos trabajos representan también uno de los pocos momentos en que cada uno de los participantes puede ejercitar sus propias facultades mediúmnicas manifestando las entidades con el baile, dado que normalmente este tipo de prácticas está reservado, en los trabajos en la Iglesia, solo a los médiums ya formados. El baile se desarrolla todos en fila, uno detrás del otro, a lo largo de un imaginario círculo que representa simbólicamente el borde de un cáliz o una barca. Se baila un movimiento base de dos pasos a la izquierda y dos a la derecha mientras se avanza, y sobre este paso cada uno puede personalizar los movimientos insertando nuevas figuras corporales, girando sobre sí mismo, danzando con movimientos de los brazos, todo con el único límite de permanecer en armonía con el ritmo de la música y con el baile de todos los demás, manteniendo intacta la fila en círculo.

La conciencia de estar inmersos en un espacio consagrado es un factor fundamental para comprender el funcionamiento de estos rituales. Los participantes en el baile integran sus propios pensamientos, sentimientos y emociones con los elementos externos derivados de músicas, cantos, perfumes, luces, etc. dentro de un contexto profundamente espiritual del que perciben la sacralidad a través de la simbología en la que están inmersos (cfr. Sena Araújo, 2002). Es una verdadera y propia inmersión en un mundo espiritual consagrado que permite poner en relación la propia vida cotidiana con las enseñanzas derivadas de la doctrina cristiana, y que genera un continuo, constructivo y evolutivo contraste entre la vida cotidiana y los rituales espirituales.

Durante los rituales puede ocurrir, normalmente solo por parte de los médiums formados, el fenómeno, típico de la tradición africana y kardecista, de la incorporación de espíritus: tanto de *Pretos Velhos* y *Cablocos*, derivados de la cosmología espiritual africana presente en la Umbanda, como de *Encantados*, seres espirituales específicos de la simbología de la Barquinha que desempeñan un papel fundamental en la doctrina. Los *Encantados* son definidos como seres humanos que vivieron en un tiempo, que fueron transportados al plano espiritual sin pasar a través de la muerte. El concepto es comparable, en la tradición judeo-cristiana, a la toma en el Cielo del profeta Elías, del cual en la Biblia se cuenta que no pasó por muerte corporal, o a aquel de la ascensión, por ejemplo de la Virgen María, la cual teniendo una materia tan pura, ascendió al Cielo sin pasar por la muerte corporal sino a través de un proceso definido de dormición. La diferencia es que, mientras la Virgen María ha ascendido precisamente directamente al Cielo, al Paraíso (equivalente en la cosmología de la Barquinha al "mistério do Céu": reino encantado del Cielo), los *Encantados* pueden haber pasado también a *mistérios* "más bajos" como aquellos de la Tierra y del Mar, en cuanto aún no perfectamente evolucionados espiritualmente, y en estos *mistérios* continúan su evolución espiritual.

Durante los trabajos espirituales los *Encantados* (o *Encantos*) surgen de los tres distintos *mistérios*: Cielo, Tierra, Mar. Estas entidades están dotadas de sabiduría y poder, y son consideradas extremadamente importantes en el desarrollo de los rituales en la Barquinha. Por ejemplo, el Centro de Madrinha Chica Gabriel toma el nombre de un *Encantado*, el Príncipe Don Simeão, siendo al mismo tiempo el espíritu de un obispo católico (de ahí el título de Don) y también un *encantado* (con forma de pez espada) del reino del mar con el nombre de Príncipe Espadarte (Mercante, 2002), de donde deriva el nombre de su Barquinha: Centro Espírita e Obras de Caridade Príncipe Espadarte.

La cosmología de la Barquinha, desde este punto de vista, se acerca mucho a la concepción de los chamanes de la tradición vegetalista mestizo-cabocla. También entre ellos el mundo espiritual se divide en los reinos de tierra/bosque, mar y cielo, en los cuales los chamanes pueden viajar y encontrar a sus habitantes encantados, con quienes establecer alianzas para obtener protección y poderes, entidades espirituales que pueden ser luego evocadas durante las sesiones de curación para intervenir en ayuda al chamán mismo. Como algunas entidades del chamanismo vegetalista mestizo, también los *encantados* de la Barquinha pueden transformarse en peces, sirenas, delfines, piedras, dragones, etc. Por ejemplo:

> Los *encantados* no comunican cómo están o qué han sido, muy a menudo se sabe solo que hoy están en el lado espiritual de la vida y del cual no volverán más a la materia. Ellos están en penitencia, purificándose hasta el día del juicio final.
>
> (Testimonio de Madrinha Chica Gabriel, cit. en: Luna, 1995)

El hecho de que entre los *encantados* haya también muchos espíritus de sacerdotes y obispos católicos refuerza la identificación del Centro como una "Misión Católica" y de los *fardados* como "guerreros del ejército de Jesucristo" (Mercante, 2002).

El escenario en el que se desarrollan los rituales, en las olas del mar sagrado, es la representación de un enfrentamiento entre las fuerzas del bien, de la luz, llamadas por los salmos cantados por los marineros, y los espíritus malignos que pueden llegar al ritual "pegados" a algún participante. A veces, en la cosmología de la Barquinha, las enfermedades a las que están sujetos los pacientes que piden una cura en el *Gongá* pueden haber sido causadas por los espíritus malignos, que en los trabajos de curación pueden ser capturados y adoctrinados de modo que se separen de la persona que estaban molestando.

Se puede decir que en los rituales de la Barquinha se da un énfasis mayor a los factores espirituales externos respecto a los trabajos del Santo Daime en los que la atención está puesta más en el auto-conocimiento y la trascendencia, aunque también en la Barquinha el fenómeno de la incorporación no sea tan común, y el trabajo que desarrollan los médiums sea más referible al concepto de irradiación. En su investigación de campo, el antropólogo Frenopoulo (2004) reporta testimonios de *fardados* de la Barquinha describiendo que la verdadera y propia incorporación es muy rara en los rituales, donde más bien las entidades de curación se manifiestan a través de un uso parcial del cuerpo del médium, a través de la técnica llamada precisamente irradiación (presumiblemente a través de la imposición de las manos del médium).

Mientras en el Santo Daime la persona es incentivada a buscar su propia cura dentro de sí, sobre todo a través de la oración, la conexión con fuerzas y entidades de curación (entre las cuales Jesús, Ángeles, Arcángeles, Santos, Orixás, Caboclos, etc.), la comprensión y la acogida de la ayuda invocada a ellos, en la Barquinha la cura es en la mayoría de los casos conferida por un espíritu, una entidad externa que trabaja específicamente en esta actividad, manifestándose a través de la canalización por medio de un médium.

Un concepto, presente también en el Santo Daime, que en la Barquinha asume un papel prioritario y central, es el de la caridad espiritual, de donde toman el nombre los rituales de *Obras de Caridade* (Obras de Caridad). El énfasis en la Caridad concierne a diversas expresiones suyas en los trabajos espirituales. En primer lugar, la caridad de los médiums que ofrecen sus propios cuerpos como aparatos para la manifestación de los espíritus en busca de luz (*espíritos sofredores*: espíritus sufrientes) para que puedan manifestar sus propios sufrimientos y angustias, y recibir la iluminación de las entidades de luz llamadas durante el ritual. En segundo lugar, el permiso por parte de los médiums mismos a las entidades de curación en el *Gongá* de manifestarse a través de ellos por incorporación o irradiación con el fin de realizar los tratamientos específicos en los pacientes. Finalmente, la caridad de las entidades de luz y de curación que descienden de sus "mundos espirituales de luz y armonía" para trabajar en medio del caos del plano terreno como misioneros en la misión de Jesucristo.

Eclecticismo en la Barquinha

La cosmología y el trabajo espiritual de la Barquinha presentan una fusión de líneas religiosas que, aunque cada una encuentra su propia manifestación específica dentro del ritual, representa un sistema único, orgánico e integrado, en el que el participante percibe un fundamental acuerdo armonioso de las diversas tradiciones. El sistema de comprensión realizado por los frecuentadores tiende a interpretar la coexistencia de las diversas tradiciones como una complementariedad coherente. Complementariedad de actividades organizadas según un principio de especialización, por el cual cada tradición aporta una contribución distinta, las cuales son pero percibidas como una parte del todo, de la unión de fondo en el plano de la cosmología de la realidad espiritual.

Podemos distinguir tres principales componentes religiosos y sus formas de contribución a la simbología y al ritual: el catolicismo popular, portador de los preceptos éticos de la doctrina cristiana, que se manifiesta a través de los contenidos doctrinales, la oración y la iconografía dominante; el chamanismo amazónico, en el uso ritual del Daime y en las técnicas indígenas conexas, en particular la *miração* que identifica el fenómeno de la visión-instrucción espiritual; y la tradición religiosa africana, de la que derivan las prácticas de incorporación e irradiación a través de los médiums formados. Además de estos tres elementos base, se puede recordar la influencia, en la formación espiritual de los líderes del movimiento, del espiritismo kardecista y del esoterismo cristiano europeo derivado de su adhesión al Círculo Esotérico Comunión del Pensamiento.

En la Barquinha, y en particular en el Centro de Madrinha Chica Gabriel, la componente Católica asume un papel predominante, explicitado exteriormente tanto en el posicionamiento iconográfico, donde las figuras cristianas están colocadas en un nivel superior respecto a las otras, como en las mismas palabras de la dirigente del centro, que identifica firmemente su propio trabajo con la "Misión Católica"[102]. La contribución fundamental de esta componente resulta en los contenidos doctrinales de los salmos cantados, en la iconografía dominante, y en las diversas oraciones (según el rito católico) que son recitadas durante los rituales en la Iglesia y en la sala de curación (*Gongá*).

Frenopoulo (2004) constata que la fusión de las contribuciones de las diferentes tradiciones religiosas ocurre de manera tal que se entrecruzan, y como a veces puede no aparecer explícito para los participantes el origen de un solo elemento. El ejemplo reportado en el texto de Frenopoulo se refiere a una conversación presenciada entre

---

102 De la conversación personal que el Autor ha tenido con Mad. Chica Gabriel en 2001.

algunos *fardados*, en la cual uno explicaba a otro que cierto himno sobre San Francisco de Asís, entre los más frecuentemente cantados en el centro Príncipe Espadarte de Chica Gabriel, había sido tomado de la liturgia de la Iglesia Católica Romana en Brasil. El otro *fardado* respondía con sorpresa por haber pensado siempre que era un himno recibido originariamente por algún miembro de la Barquinha.

Los salmos y los himnos cantados en los rituales derivan generalmente de una revelación a las personas que tienen esta capacidad de recepción, propia de las técnicas indígenas ligadas al uso de la ayahuasca (cánticos indios, *icaros* mestizos, himnos del Santo Daime). En los salmos se reúne entonces una manifestación completa del eclecticismo, en cuanto expresión espiritual derivada del chamanismo amazónico con contenidos principalmente cristiano-católicos, y con referencias a los *Orixás* de la tradición africana y a las entidades (*encantados*) de lo espiritual-ismo propio de la Barquinha, derivado de las influencias de la cosmología indígena y mestiza. Sería muy interesante un futuro estudio de etnomusicología sobre los orígenes culturales de las componentes melódicas en los salmos de la Barquinha así como en los himnos del Santo Daime.

También en la Barquinha, como en el Santo Daime y en las religiones afro-brasileñas como la Umbanda y el Candomblé, hay una plena identificación de los mayores *Orixás* africanos con figuras de Santos católicos. *Encantados*, *Pretos Velhos* y *Caboclos* son considerados generalmente entidades a un nivel de evolución menor respecto a los Santos/Orixás que pertenecen al *mistério* (reino encantado) del Cielo-Paraíso. Algunos *Encantados* corresponden a figuras de sacerdotes y obispos católicos, como es el caso del Príncipe Don Simeão, entidad primaria en la Barquinha de Chica Gabriel.

Según Sena Araújo (1999 y 2002), el eclecticismo religioso presente en la Barquinha puede ser descrito como una "cosmología en construcción": las prácticas religiosas que circulan en esta específica religión ayahuasquera son "fluidas", y en particular "más fluidas" respecto a las otras dos, Santo Daime y União do Vegetal. Por cosmología en construcción se entiende por tanto un conjunto ecléctico de componentes religiosas «que tienden a formar una doctrina específica en la que existe una gran velocidad en la incorporación y retirada de elementos de prácticas religiosas diversas» (Sena Araújo, 2002, p. 507). La composición simbólica de la Barquinha resulta de la elaboración del fundador Mestre Daniel conjuntamente con las aportaciones culturales, de orígenes diferentes, de los líderes sus sucesores, los cuales han interpretado e incorporado en las prácticas de esta línea religiosa las instrucciones recibidas en su propia *miração*, manifestándolas en la arquitectura simbólica del ritual.

Además, también la recopilación de los salmos e himnos comprueba y refuerza esta concepción, ya que los miembros de la Barquinha no consideran el libro azul como algo completo. Como ocurre también en el Santo Daime, la revelación está aún abierta y viva, y la recepción de nuevos salmos o himnos representa la señal de la llegada de nuevas instrucciones.

La idea de cosmología en construcción no se limita solo a describir la arquitectura simbólica, el ambiente-nave donde se desarrollan los trabajos espirituales, sino que se refiere también al proceso de aprendizaje y de interpretación de los mismos marineros, que, en la relación con la fluida dinámica de la barca, son tocados íntimamente por este sentido evolutivo, y participan en el plano personal de esta transformación dinámica navegando en las olas del mar sagrado.

El Centro Espírita e Obras de Caridade Príncipe Espadarte

Varios años después del fallecimiento de Mestre Daniel, algunos de sus discípulos abrieron otras Iglesias de la Barquinha además de la histórica sede principal de Vila Ivonete. A principios de 2000 eran al menos cinco o seis los centros del movimiento en Rio Branco y alrededores[103]. Las diversas iglesias de la Barquinha no tienen una

103 Antônio Geraldo, discípulo contemporáneo y sucesor espiritual de Mestre Daniel, con su familia y algunos simpatizantes, han creado el Centro Espírita Daniel Pereira de Mattos. Maria Baiana, una de las tres médiums que trabajaban con Hermano Daniel, dirige el Centro Espírita Fé, Luz, Amor e Caridade (Centro Espiritual Fe, Luz, Amor y Caridad), localizado en la Estrada do Amapá (en una zona rural de Rio Branco). En 1991 ha sido constituido por Francisca (Chica) Gabriel el Centro Espírita e Obras de Caridade Príncipe Espadarte, localizado muy cerca del primer centro de Mestre Daniel. En 1994, fue creado el Centro Espírita Santo Inácio de Loyola, presidido por Antônio Inácio da Conceição y situado en el barrio Sobral. Fi-

autoridad centralizada y cada uno de los discípulos de Fray Daniel ha hecho ulteriores ajustes sucesivos a la estructura de los rituales y de las prácticas, en cierto sentido personalizando la arquitectura del ritual en su propio centro. Permaneciendo siempre en la línea doctrinal trazada por el fundador, los líderes carismáticos de cada nuevo centro han re-interpretado los elementos de la tradición preexistente, añadiendo innovaciones originales en las prácticas de los rituales.

En 1991, Francisca Gabriel Campos do Nascimento, conocida como Madrinha Chica Gabriel, una de las amigas más antiguas y respetadas de Hermano Daniel y conocida por ser la médium principal en sus rituales, abrió una nueva sede en uno de los barrios más pobres de Rio Branco, fundando el Centro Espírita e Obras de Caridade Príncipe Espadarte (en adelante en el texto solo Príncipe Espadarte), mejor conocido como la Barquinha de Madrinha Chica.

Francisca Gabriel había comenzado a dedicarse a la misión de la Barquinha y a trabajar junto a Mestre Daniel en 1950. De los relatos de Mercante (2002) y Luna (1995), la llegada de Madrinha Chica a la Barquinha fue bastante singular. En ese período estaba gravemente enferma, con manifestaciones tumorales en diversas partes del cuerpo. Los médicos a los que se había dirigido no habían conseguido diagnosticar con precisión de qué se trataba ni definir una estrategia terapéutica. Ya desilusionada respecto a la posibilidad de ser ayudada por los médicos que la habían visitado, oyó hablar de Mestre Daniel y se dirigió a él. Este comenzó a curarla con el Daime, en un proceso que duró siete años. Una vez curada del todo, Chica Gabriel, que en la época ya tenía tres hijos, decidió dedicarse a la doctrina del Centro en el que había encontrado la cura.

Fue una de los primeros médiums que Hermano Daniel utilizó en la consolidación de su Misión, en particular a través de la guía espiritual que se manifiesta a través de ella: Príncipe Don Simeão. Este es su nombre cuando se manifiesta en el *mistério da terra* (reino encantado de la tierra). Cuando en cambio surge a través del *mistério do mar* esta entidad toma el nombre de Príncipe Espadarte. Finalmente,

---

nalmente, el Centro Espírita Nossa Senhora Aparecida, ha sido fundado en 1998 en el municipio de Porto Acre (siempre en la Provincia de Rio Branco), este centro está presidido por una pareja de esposos que antes pertenecía al Centro de Mestre Daniel.

en el "mistério do Céu" (reino encantado del cielo-Paraíso), se llama Soldado Guerreiro Príncipe de la Paz.

Quien escribe ha tenido la ocasión de visitar el Príncipe Espadarte en 2001, y conocer a la dirigente Madrinha Chica Gabriel. De las conversaciones con ella y de la visita a los locales donde se realizan los rituales, ha quedado particularmente impresionada su profunda y firme identificación con la Iglesia Católica: «Esta Iglesia es Católica, Romana y Apostólica» afirmó con convicción durante nuestras conversaciones, «consagrada a San Francisco de Asís». Aunque desde el punto de vista formal el valor de tal declaración de pertenencia no vaya más allá de la autoafirmación, no obstante la que me había sido descrita como una de los médiums más conocidas de Rio Branco, era una señora sencilla y muy devota, cotidianamente comprometida en la ayuda a los pobres de las periferias de Rio Branco, más cercana a la idea que tenía de una seguidora de Madre Teresa respecto a la de una chamana indígena, pero que reunía ambas.

Los rituales son realizados en locales diferentes en función de la tipología. Los trabajos de sentados (de curación —*Obras de Caridade*— y de concentración) tienen lugar dentro de una estructura de mampostería del todo similar, en el exterior, a una pequeña iglesia católica, también en el interior la semejanza es notable, pero pueden notarse algunas diferencias básicas. En la planta rectangular de la Iglesia, las sillas para los participantes están dispuestas en algunas filas en "U" a lo largo de tres lados de la única "nave", en el centro de las cuales se encuentra una larga mesa con la típica forma de cruz. En las doce sillas alrededor de la mesa se sientan, hombres de un lado y mujeres del otro, las personas responsables de mantener y coordinar los cantos y los salmos con las llamadas.

En el cuarto lado interno de la Iglesia, el corto detrás de la cabecera de la mesa y frente a la entrada principal, se encuentra un altar con diversos niveles, en el más alto de los cuales está presente una imagen de Jesús, y justo debajo diversas imágenes y estatuas sobre todo de Santos católicos (con una estatua de San Francisco de Asís en evidencia) y de algunos *Orixás* africanos, entre los cuales la Reina de los Mares Iemanjá. A los pies del altar, imágenes de sirenas y otras entidades acuáticas por un lado, imágenes de *pretos velhos*, *caboclo* y objetos relativos a los *Orixás* por el otro lado.

En un espacio al aire libre frente a la entrada principal de la Iglesia, se encuentra una Cruz iluminada de aproximadamente tres metros de altura, donde las personas rezan y encienden velas pidiendo ayuda y protección. Detrás de la Iglesia, en el lado izquierdo, se encuentra el *Gongá* (llamado también *terreiro*), la sala de curación para los tratamientos personales a los pacientes. Es una habitación con el suelo de tierra batida donde están ubicados los puntos de acogida de las respectivas entidades que trabajan en la curación de las enfermedades del público solicitante. El acceso al *Gongá* no está permitido si no a los médiums terapeuta y a los pacientes, he tenido sin embargo la oportunidad de visitarlo antes del inicio del trabajo espiritual. En el centro del *terreiro* está colocada la Piedra de Xangô (el *Orixá* africano de la Justicia, identificado con la figura de San Juan Bautista), un área oval cementada de más de dos metros de largo, en medio de la cual están situadas una piedra redonda con encima una vela encendida y una punta de un cristal de cuarzo (Mercante, 2002). Sobre la Piedra de Xangô son realizados los *pontos riscados*,[104] es decir *pontos firmados* con dibujos realizados con una tiza consagrada y velas encendidas colocadas encima, su función es la de confirmar la intención de la petición hecha por la entidad que está trabajando en un paciente específico.

Finalmente, en un amplio espacio abierto al lado de la Iglesia se encuentra el "parque", un *terreiro* al aire libre utilizado como área de baile para los rituales realizados en los días de fiesta (principalmente festividades del calendario cristiano católico).

En el período en que visité el Centro (primavera 2001), se realizaban dentro de la Iglesia trabajos de *instrução* (instrucción, también llamados de concentración) cada viernes por la noche. El día 27 de cada mes, entonces como todavía hoy, se realizan los trabajos de curación "Obras de Caridad" (*Obras de Caridade*). Durante estos rituales son intercalados: recitación de oraciones según el rito católico, canto de salmos con llamadas de entidades espirituales y momentos de concentración. Una de las peculiaridades respecto a estos salmos, recibidos por la misma Madrinha Chica u otros *fardados* de la Iglesia, es que, a diferencia de

104 Terminología derivada de la tradición religiosa afro-brasileña, *firmar o ponto* significa un acto de consagración (a través por ejemplo de un canto —*ponto cantado*— o un dibujo —*ponto riscado*—) con el que se llaman determinadas fuerzas espirituales para abrir el trabajo, en este caso las fuerzas del Sol, de la Luna y de las Estrellas.

los himnos del Santo Daime de los que están disponibles los textos en libritos ampliamente difundidos entre los miembros de la comunidad, en el tiempo de la visita no estaban disponibles los textos escritos y podían ser cantados solo por quien los había aprendido de memoria frecuentando asiduamente los rituales del centro, los otros participantes escuchaban solamente.

El trabajo comienza generalmente hacia las 19.00 con el *despacho* del Daime, que ocurre frente a la entrada de la Iglesia, donde se encuentra un contenedor (de los grandes que se usan en la Amazonia como filtros para el agua) del que el responsable, en la época era uno de los hijos de Madrinha Chica, distribuye un vasito con aproximadamente 50 ml de Daime para cada uno de los participantes, divididos en dos filas entre hombres y mujeres. Después de haber bebido el Daime, cada uno va a situarse dentro de la Iglesia, con excepción de los pacientes que deben recibir un tratamiento específico y de los médiums de curación. Estos se dirigen al *Gongá* detrás de la Iglesia, donde las personas que han solicitado un tratamiento de curación son situadas acostadas sobre esteras, y asistidas por los médiums que canalizarán, a través de incorporación o irradiación, las entidades responsables de la curación. Al inicio del trabajo entran en el *Gongá* seis médiums curadores y doce pacientes.

Mercante (2002) describe la existencia de registros mantenidos por el Centro con el detalle de todos los pacientes tratados y de las entidades que han intervenido en los trabajos espirituales de Obras de Caridad (los del 27 del mes) desde el 27/03/1997, además reporta tres ejemplos específicos de enfermos que ha entrevistado, con tanto de certificados médicos respecto a su propia enfermedad, los cuales le describieron con detalle los tiempos y las modalidades con que han sido curados en el centro de Chica Gabriel.

El trabajo en la Iglesia comienza con el canto de salmos según una secuencia inicial prefijada, los primeros salmos sirven para llamar a entidades para la protección de la casa, después se pasa a cantar los de curación relativos a la llamada de entidades para las Obras de Caridad. En este momento es "generada la energía" que será utilizada para la curación de los pacientes en el *Gongá* (Mercante, 2002). El ritual prosigue generalmente de esta manera hasta cerca de las once, medianoche. Puede ocurrir que el Príncipe Don Simeão, incorporado por la Madrinha Chica Gabriel, se manifieste durante la sesión para dar recomendaciones de conducta moral a los participantes, por ejemplo sobre temas concernientes a la humildad, la fe, la oración, la verdad en la vida de cada uno (cfr. Mercante, 2002). Finalmente, se dirige al *Gongá* donde escucha el nombre de cada paciente y su problema, y, pasando de estera en estera, da su bendición a todos, antes de dejar el aparato mediúmnico de la Madrinha. También otras entidades pueden intervenir a través de otros médiums para dar recomendaciones sobre la vida cotidiana, incluyendo instrucciones sobre alimentos u otras sustancias (alcohol, tabaco) a evitar en los tres días sucesivos al ritual.

En el parque al aire libre fuera de la Iglesia se realizan los rituales bailados, en círculo al estilo de la Barquinha, todos en fila. Hombres y mujeres no se mezclan en el baile, el círculo se convierte así compuesto por dos sectores, dos segmentos de circunferencia, uno en el que todos los hombres bailan en fila uno detrás del otro y el otro en el que lo mismo hacen todas las mujeres. Cuando hay demasiadas personas para un solo círculo, las mujeres forman su propio círculo internamente a aquel en el que permanecen solo los hombres.

En el ritual al que participé, en el centro del círculo se *firmaban os pontos* con velas encendidas, inciensos, y dibujos coloridos ricos de simbología religiosa. Dentro del círculo pueden también estar presentes *rezador*, curanderos que rezan en voz baja durante el desarrollo del ritual. Madrinha Chica Gabriel no participaba en el baile sino que se colocaba en una pequeña sala al lado del *terreiro* y recibía a las personas que le pedían una visita personal para obtener una cura particular de carácter espiritual o física.

En una ocasión participaron en el ritual bailado un numeroso grupo de jóvenes de origen indígena algunos de los cuales tocaron las percusiones durante el trabajo, vine a saber después que formaban parte de una tribu localizada a aproximadamente una semana de viaje de Rio Branco en medio de la selva. Algunos de ellos vivían en la ciudad y frecuentaban la Universidad de Rio Branco, mientras que los otros habían venido expresamente desde dentro de la selva para participar en una reunión de indígenas que se celebraría en las semanas sucesivas en la ciudad. Conversando sobre el tema con uno de los hijos de Chica Gabriel, descubrí que ella misma es de sangre medio indígena y que a veces viaja dentro de la selva para visitar algunas tribus con las que está en contacto y que ayuda con proyectos sociales financiados por su Centro.

Chica Gabriel es considerada una institución en las periferias de Rio Branco, no solo por las conocidas facultades mediúmnicas y capacidades de curación con el Daime, sino sobre todo por el trabajo social que integra la asistencia espiritual terapéutica. Su Centro y su misma persona son seguramente un punto de referencia de ayuda espiritual y material para las familias pobres de los barrios circundantes, una de las áreas más míseras y necesitadas de toda la ciudad.

Existe un conocimiento y un reconocimiento recíproco entre la Barquinha, y en particular Chica Gabriel, y el Santo Daime de la ICEFLU. Llegué a conocer y visitar el Príncipe Espadarte gracias a las indicaciones que había recibido en el Céu do Mapiá y en la Colônia 5000, donde Chica Gabriel es bien conocida y respetada. Conversando con la Madrinha de la Barquinha, tuve después la confirmación del entendimiento y de la cercanía espiritual con la línea de Padrinho Sebastião, al cual había conocido personalmente junto a Padrinho Corrente, otra figura central del Céu do Mapiá. Contó que Padrinho Sebastião y Padrinho Corrente, en su tiempo, se habían «presentado» en la Barquinha. Me ha parecido existía una fuerte afinidad y amistad espiritual con Padrinho Sebastião.

Un ejemplo significativo de este entendimiento se refiere al festival espiritual realizado cada año por el Príncipe Espadarte entre el primero y el 20 de enero. En estas tres semanas son realizados trabajos espirituales con el Daime cada día. El festival culmina la noche entre el 19 y el 20 de enero cuando se realiza un ritual con el Daime muy particular: una procesión por las calles de Rio Branco, sin *farda* pero con todos los participantes vestidos de blanco, cantando salmos, himnos y recitando oraciones, con ocasión de la celebración de dos acontecimientos con aniversario el 20 de enero: la fiesta de San Sebastián (uno de los pilotos de la Barquinha) y el fallecimiento de Padrinho Sebastião ocurrido el 20 de enero de 1990.

Ha sido constatada también por otros Autores (por ej. Mercante, 2002), una cierta complementariedad entre la Barquinha y el Santo Daime. Además del hecho de que Mestre Daniel fundó su propia línea como consecuencia de la experiencia con Mestre Irineu, es recurrente que los participantes en los rituales de la Barquinha describan visiones en las que aparece Mestre Irineu. Además, ha ocurrido que algún miembro del Santo Daime haya pasado a frecuentar los trabajos en la Barquinha y viceversa. Se concluye reportando la existencia de un himno de Chica Gabriel que, según su propio testimonio, ha sido recibido por medio de ella directamente del espíritu de Padrinho Sebastião tiempo después de su fallecimiento, se titula "ABC do Padrinho Sebastião".

CAPÍTULO VIII

UNIÃO DO VEGETAL (UDV)

Como hemos visto, la expansión dentro de la selva en el área occidental de la Amazonia, en particular entre Brasil, Perú y Bolivia, ocurrida gracias a las oleadas de inmigrantes principalmente del noreste de Brasil enviados para extraer el caucho en los *seringal* entre finales del siglo XIX y la primera mitad del siglo XX, ha permitido el contacto de la población brasileña (de origen europeo y africano) con las tradiciones indígenas, creando una mezcla étnico-cultural religiosa que puede ser definida como *cabocla*. Dentro de este laboratorio cultural, asume un papel significativo el encuentro de los *seringueiros* con la bebida sagrada de las poblaciones indígenas, la ayahuasca.

En este contexto de integración cultural, que de los *seringal* pasa también a los conglomerados urbanos, nacen tanto la tradición *mestizo* vegetalista del uso ritual de la ayahuasca, como (en Brasil) las nuevas organizaciones religiosas denominadas religiones ayahuasqueras.

Raimundo Irineu Serra y Daniel Pereira de Mattos eran dos *seringueiros* africanos de origen nordestino (Maranhão). El primero conoció la ayahuasca en la selva peruana alrededor de 1913-15 y después de cerca de quince años de experiencias con el sacramento indígena, fundó en 1930 la doctrina del Santo Daime en las periferias de la ciudad de Rio Branco. El segundo, también *seringueiro* y paisano del primero, conoció el Daime a través de este y posteriormente constituyó la línea espiritual de la Barquinha en 1945.

Es también un *seringueiro*, José Gabriel da Costa (1922-1971), proveniente de Bahía en el noreste de Brasil y dirigido hacia la Amazonia occidental como "soldado del caucho", quien, al conocer la ayahuasca en los *seringal* brasileños entre Rio Branco y Porto Velho (Rondônia), recibió las instrucciones para constituir una religión de matriz cristiana y reencarnacionista que integra el uso ritual de la ayahuasca. El 22 de julio de 1961, en plena selva amazónica, José Gabriel da Costa —el Mestre Gabriel— constituyó la *União do Vegetal* con el objetivo de "hacer la paz en el mundo", como él mismo dijo a sus discípulos. En aquella época, el Mestre Gabriel estaba acompañado por su esposa Raimunda Ferreira da Costa (Mestre Pequenina), por sus hijos y por algunos *seringueiros*.

Este movimiento religioso también se basa en el uso ritual del sacramento internamente denominado Hoasca o Vegetal, infusión obtenida de las dos plantas de la selva amazónica *Banisteriopsis caapi* y *Psychotria viridis*, las cuales en la UDV son llamadas con los nombres populares respectivamente de *Mariri* y *Chacrona*[105].

Mestre Gabriel

José Gabriel da Costa nació el 10 de febrero de 1922, en la localidad *Coração de Maria*, cerca de la ciudad *Feira de Santana*, en el Estado de Bahía, en una numerosa familia de trece hermanos. En la década de 1920, el pequeño José creció en un ambiente rural fuertemente caracterizado por el catolicismo popular. Con solo trece años de edad, en 1935, José se trasladó a Salvador Bahía para trabajar en establecimientos comerciales. A los dieciocho años prestó voluntariamente el servicio militar en la Policía Militar de Bahía. Según los testimonios de sus hermanos reportados por Sérgio Brissac (2002), ya en este período de su vida José Gabriel tuvo diversas experiencias en las varias líneas religiosas y *terreiros* afrobrasileños presentes en Salvador Bahía. Algunos cuentan que tuvo su primera iniciación a la "ciencia espiritualista" con solo 14 años. En Salvador frecuentó tanto *terreiros* de *Candomblé* como, posteriormente, sesiones espirituales en centros de la doctrina espiritualista kardecista.

Según los relatos de sus familiares, José Gabriel era un joven de grandes talentos y sensibilidad particular, uno de los mejores poetas

105 Las informaciones contenidas en este capítulo derivan principalmente de: Henman, 1986; Gentil e Gentil, 2002; Brissac, 2002; Andrade, 2002; además de la consulta de la página web oficial de la UDV, www.udv.com.br.

populares de la región en que vivía, tuvo éxito también como cantautor de improvisación. Pero fue especialmente en la *capoeira*, la espectacular lucha-danza brasileña derivada de la tradición de los esclavos, donde José Gabriel se ejercitó y alcanzó niveles muy avanzados llegando a ser considerado uno de los mejores del noreste de Brasil. Según Brissac, a través de la *capoeira*, José cultivó una serie de habilidades que utilizaría más adelante, tanto en sus futuras experiencias de incorporación del caboclo *Sultão das Matas* en los *seringal* amazónicos, como una vez convertido en Mestre de la UDV.

La práctica de la *capoeira* en Salvador Bahía no lo apartó de su actividad profesional, en principio como comerciante y después como enfermero. Según los relatos de uno de sus hijos, en 1943 tuvo un enfrentamiento con la policía por defender a su amigo *capoeirista* de nombre Mario, con quien huyó embarcándose en un navío rumbo a la Amazonia. Ambos se alistaron entre los "Soldados del Caucho" que en aquel período el Gobierno Brasileño estaba enviando a los *seringal* de la Amazonia occidental para satisfacer la demanda de caucho derivada de la Segunda Guerra Mundial. Llegaron a la ciudad de Porto Velho (Estado de Rondônia, Brasil) el 13 de septiembre de 1943. Desde allí fue enviado a los *seringal* en el interior de la selva. José y su amigo Mario formaron parte de aquella masa de trabajadores nordestinos que se lanzaron a los *seringal* amazónicos, en condiciones de vida extremas, sin haber vivido nunca antes en medio de la selva. José consiguió sobrevivir mientras que su amigo murió de enfermedad.

En 1946 se trasladó a la ciudad, a Porto Velho, y comenzó a trabajar como enfermero en el Hospital São José. En el mismo año conoció a Raimunda Ferreira, apodada *Pequenina* (Pequeñita), con quien se casó al año siguiente. En ese período urbano frecuentó trabajos espirituales de Umbanda, convirtiéndose en *Ogã* y *Pai* (roles de responsabilidad correspondientes a niveles iniciáticos en el ritual de Umbanda) del *Terreiro* de San Benedicto en Porto Velho. En 1950, José Gabriel decidió volver al *seringal* con su esposa y dos hijos por motivos "políticos", ya que el candidato que estaba apoyando en las elecciones había perdido; la esposa cuenta que fue perseguido, perdió el trabajo en el Hospital, y por lo tanto decidió volver a la selva. Cuando la esposa disintió sobre la elección, José le respondió que volvía allí porque debía "encontrar un tesoro".

En el *seringal* Orion, José Gabriel abrió un *terreiro* para sesiones espirituales en las que "recibía" al *caboclo Sultão das Matas* (Sultán de las Selvas), que era visitado y consultado por la gente que vivía en el área del *seringal* con el fin de recibir curas y sugerencias sobre la caza. Esta forma de manifestación espiritual ya formaba parte de una nueva reformulación de sus experiencias en los *terreiro* afrobrasileños junto con el chamanismo indígena. Representó una fusión entre la técnica de incorporación de la tradición africana y rasgos cosmológicos de la cultura indígena, a través de la manifestación de una entidad que trabajaba con modalidades y finalidades típicas (cura y caza) de la espiritualidad indígena.

Solo varios años después, encontrándose con la familia en otro *seringal* llamado Guarapari, en la región fronteriza con Bolivia, José Gabriel conoció por primera vez la ayahuasca, el 1 de abril de 1959, a través de un *seringueiro* de nombre Chico Lourenço, ayahuasquero vegetalista de la tradición *mestizo*.

Después de la tercera ingestión del *Vegetal* con Chico Lourenço, José Gabriel comenzó a recolectar directamente la liana *Mariri* y las hojas de *Chacrona* y a preparar la Hoasca personalmente. Durante aproximadamente tres años continuó alternando sesiones con el Vegetal y las de Umbanda. En este período, en el que consumía la Hoasca con su familia en el *seringal* Sunta, José Gabriel pasó por un proceso de *recuerdo*, a través de su memoria espiritual, de la misión para la cual descubrió haberse encarnado en esta vida: recrear la União do Vegetal.

Al mismo tiempo reformuló su concepción espiritualista, dejando atrás la creencia derivada de la religiosidad afro sobre la incorporación de los espíritus, con la cual había trabajado durante años canalizando la entidad caboclo *Sultão das Matas*, e interpretando la experiencia espiritualista en términos de trance chamánico, estado extático de conciencia ampliada que permite acceder a las potencialidades recónditas de uno mismo. En esta transformación interpretativa y filosófica, José Gabriel rechazó la posibilidad de la existencia de ambas formas de mediumnidad chamánica, incorporación y vuelo extático, y negó la primera para postular la segunda. A propósito de este tema, Brissac reporta:

> Solamente en 1961 él reunió a las personas y dijo: «Yo deseo deciros que todo lo que el *Sultão das Matas* ha hecho yo lo sé: el *Sultão das Matas* soy yo». Este es uno de los momentos más importantes de ruptura de José Gabriel con la

> tradición religiosa a la cual estaba conectado anteriormente. Postulando sobre sí mismo el poder que antes era atribuido a la entidad *Sultão das Matas*, el ahora *Mestre* Gabriel niega la incorporación de los cultos de *caboclo* y configura el trance que será típico de la União do Vegetal: la *burracheira*.
>
> (Brissac, 2002, pp. 536-537)

La *burracheira* es el término comúnmente usado entre los miembros de la UDV para describir el estado de trance extático que se puede alcanzar durante los rituales con la Hoasca. No coincide con la *miração*, término ya visto en el Santo Daime y en la Barquinha, y utilizado también en la UDV para describir el efecto onírico instructivo de los trabajos espirituales. Durante la *burracheira* puede llegar la *miração*, pero puede haber *burracheira* también sin *miração*. La *burracheira*, que el Mestre Gabriel define "*força estranha*" (fuerza externa, diferente, insólita), representa la presencia de la fuerza y de la luz del Vegetal en la conciencia de quien ha ingerido la bebida.

El 22 de julio de 1961, en la Amazonia, en una región cercana a la frontera con Bolivia entre Rio Branco y Porto Velho, José Gabriel da Costa organizó la preparación del Vegetal y declaró constituida la União do Vegetal. Para ser exactos, declaró *recreada* la UDV en cuanto Orden Religioso ya existido en el pasado, cuyos orígenes se remontarían a los tiempos del Rey Salomón, y que se habría presentado en algunas épocas de la historia del planeta, permaneciendo desconocida en otras épocas incluso durante varios siglos. Por este motivo, el Mestre Gabriel se presentó como su recreador.

En 1965, José Gabriel da Costa se trasladó de nuevo a Porto Velho donde consolidó la organización recién formada. Inicialmente la UDV no tenía un registro jurídico oficial. En 1967, después de incidentes debidos a la persecución por parte de la policía de Porto Velho, que llegó incluso a arrestar al Mestre Gabriel, se constituyó una asociación civil con personalidad jurídica denominada *Sociedade Beneficente União do Vegetal*, y se publicó, en un periódico local, la "*Convicção do Mestre*" (la "Convicción del Mestre"), una defensa pública de los principios y objetivos de la União do Vegetal.

En 1970, tras una ulterior persecución por parte de la *División de Seguridad y Guardia del Territorio de Guaporé*, que suspendió sus actividades, la UDV emprendió una acción legal con la que obtuvo una decisión histórica a su favor ante la Corte Federal de Brasilia, capital de Brasil, contra el jefe de policía del Estado de Rondônia. En esta ocasión se cambió la denominación de la asociación que fue registrada con el nombre definitivo de *Centro Espírita Beneficente União do Vegetal*. Esta victoria llevó al Mestre Gabriel a la decisión de construir el primer templo en Porto Velho, donde todavía hoy está situado el Núcleo Mestre Gabriel. En el mismo año se oficializó la constitución del primer centro UDV fuera del área originaria: el Núcleo Caupuri en Manaus. Después de haber registrado definitivamente la UDV, constituido los primeros núcleos y formado el "*quadro de mestres*" (cuadro de maestros) y un "*corpo do conselho*" (cuerpo del consejo) para la transmisión de su doctrina, José Gabriel da Costa dejó el cuerpo el 24 de septiembre de 1971.

Ya desde 1965 en Porto Velho, el Mestre Gabriel había estado acompañado por algunos discípulos que luego se convertirían en maestros responsables de la expansión de su doctrina en el resto de Brasil. Cuando el Mestre Gabriel aún estaba vivo, se fundó el núcleo de Manaus. En 1972, un año después de su fallecimiento, se inauguró el núcleo de São Paulo[106].

En 1982 la Sede General de la UDV fue trasladada desde la Administración General a Brasilia. En este período se creó esa sólida jerarquía que representa una de las características más significativas de la organización del movimiento, con el objetivo de garantizar una expansión ordenada del Centro en conformidad con el respeto de las

106 En este capítulo nos referimos a la organización originaria denominada "*Centro Espírita Beneficente União do Vegetal*" constituida por el fundador José Gabriel da Costa en 1961, con sede central primero en Porto Velho y después en Brasilia desde 1982. Hay que tener en cuenta sin embargo la existencia de otros dos grupos, disidentes del primero, que también usan la denominación União do Vegetal. Uno de estos dos grupos, denominado solamente "*União do Vegetal*" (será definido UDV2), fue fundado por Augusto "Queixada" que fue discípulo del Mestre Gabriel. La UDV2 tiene sede en Porto Velho y diversas filiales fuera del Estado de Rondônia. El segundo denominado "*Centro Espiritual Beneficente União do Vegetal*" (UDV3), con sede en Campinas (São Paulo), fundado por Joaquin José de Andrade Neto en 1981 después de haber formado parte de la UDV originaria y a consecuencia de discordia con el *Quadro de Mestres*. Ambos grupos disidentes sin embargo han permanecido fieles a la doctrina, al conjunto de documentos y a las Leyes del Centro dejados por el Mestre Gabriel.

leyes y de la doctrina dejadas por el Mestre José Gabriel da Costa. La UDV se desarrolló primero sobre todo en los estados de Rondônia y Acre, luego en numerosas otras ciudades en el resto de Brasil (los núcleos más antiguos en Brasilia, Manaus, São Paulo, Rio de Janeiro, Salvador, Fortaleza, Campinas), finalmente en el extranjero, en particular en los USA, con alguna presencia también en algunos estados europeos. En 1998, existían cerca de 70 núcleos dispersos por todo Brasil, con aproximadamente 7.000 socios en el territorio nacional (Brissac, 2002). En 2004, habrían debido ser alrededor de 10.000 los fieles de la UDV en Brasil (McKenna, 2004).

Según Anthony Richard Henman[107], el hecho más sorprendente de la inicial expansión de la UDV en Brasil es que haya ocurrido durante el período de los años 70, en que la represión política en Brasil llegó a su nivel más alto y el nacimiento y el crecimiento de los cultos religiosos eran vigilados muy atentamente por las autoridades. Seguramente ha tenido un papel fundamental la importante victoria jurídica de 1970 ante la Corte Federal de Brasilia (Henman, 1986). Gentil y Gentil comentan que la expansión de la UDV en ambiente urbano ocurrió en particular en un período (años 80) en que, en Brasil, los valores materiales, éticos y morales fueron fuertemente cuestionados, frente a la crisis del modelo económico y político. La expansión de los cultos afrobrasileños, del kardecismo, de las sectas protestantes, de la renovación carismática, de las religiones ayahuasqueras, ha mostrado que en Brasil existe una búsqueda espiritual muy intensa. «Brasil es un País en que la naturaleza tiene una presencia fuerte y preponderante, sobre todo pero no solo gracias a la Selva Amazónica, también por la presencia de la *Mata Atlántica* y del *Pantanal*. En este contexto nacional existe una conexión entre la búsqueda espiritual y el carácter sagrado de la naturaleza. El uso ritual de la ayahuasca se convierte en un puente que une estos dos aspectos» (Gentil y Gentil, 2002, p. 520).

107 *Anthony Richard Henman*: formado en Antropología en la Universidad de Cambridge (UK), ha sido profesor en las Universidades de Cauca (Popayán, Colombia) y de Campina (UNICAMP, São Paulo, Brasil). Está comprometido en el estudio y en la correcta información sobre las tradiciones enteógenas americanas, luchando contra la demonización de las plantas maestro.

Toda la doctrina de la UDV fue revelada al fundador del movimiento a través de un proceso de "remembranza". Los mismos miembros del movimiento cuentan que el Mestre Gabriel, en aquellos dos o tres años en que ingirió el Vegetal después de haberlo conocido por primera vez, se habría "recordado" de las varias encarnaciones por las cuales habría pasado a lo largo de miles de años, recibiendo la revelación de los "secretos y misterios de la Hoasca" a través de la "*História da Hoasca*". La *Historia de la Hoasca* está registrada en audio-casetes con la voz del mismo Mestre Gabriel y escuchada en clima de solemnidad en ocasiones especiales en todos los núcleos de la UDV. Según algunos estudios, la *Historia de la Hoasca* que constituye la mitología de la UDV, junto con la estructura del ritual y las llamadas (cánticos), pueden encontrarse similares, con algunas diferencias específicas, en las tradiciones indígeno-*caboclas* de diversas regiones de la Amazonia Occidental (Labate, 2002).

Se informa a continuación un resumen del texto inicial de la *Historia de la Hoasca* extraída, según la tradición de la UDV, de la memoria del tiempo a través de la remembranza del Mestre Gabriel, recreador de la União do Vegetal en este siglo y su guía espiritual[108].

Según la *História da Hoasca*, en época *antidiluviana* vivió un rey llamado Inca. Este tenía una consejera, una mujer misteriosa que se llamaba Hoasca. Esta mujer, que era capaz de prever el futuro y sabía lo que otros no sabían, orientaba al rey en todo lo que hacía. Un día Hoasca desencarnó y su cuerpo fue sepultado. Después de algunos días el rey, sintiéndose desorientado sin su consejera, fue hasta su sepultura y encontró, recién nacida en aquel lugar, una planta desconocida, diferente de todas las otras plantas que hubiera visto jamás. Examinándola, concluyó que, si había nacido sobre su sepultura, entonces debía ser la propia Hoasca[109].

---

108 Las informaciones abajo reportadas sobre la "*História da Hoasca*" son extraídas del material publicado en el anuario cultural *Humanus III* (2002) por el *Centro Espiritual Beneficente União do Vegetal* de Joaquin José de Andrade Neto.

109 Para evitar confusiones, se evidencia el hecho de que, en esta leyenda, el nombre Hoasca se refiere a la mujer que luego dará vida a la planta Chacrona, que es la *Psychotria viridis*. *Hoasca* es un término acuñado por la UDV para referirse también a la bebida *ayahuasca*, y con una fuerte asonancia con esta palabra derivada de la lengua indígena quechua. El término ayahuasca es usado para definir tanto la bebida como la liana *Ba-*

Después de muchos años, nació en el reino del rey Inca un niño que recibió el nombre de Tiuaco. Este llegó a ser el mariscal de confianza del rey. Un día el rey invitó a Tiuaco a visitar la sepultura de Hoasca. Entonces el rey expresó el deseo de querer probar a hacer un té con las hojas de Hoasca, pensando de este modo que quizás conseguirían entrar en contacto con el espíritu de ella y acceder a su sabiduría. Recogió algunas hojas, preparó el té y se lo dio a beber a Tiuaco para ver si este conseguía entrar en contacto con el espíritu de Hoasca. Tiuaco bebió el té. Se presentó entonces la fuerza de Hoasca y aumentó tanto que el cuerpo de Tiuaco no resistió y su espíritu traspasó en aquella fuerza y luz. El rey tomó el cuerpo de su mariscal y lo sepultó.

A continuación, con el tiempo, también el rey desencarnó y su reino cayó en ruina.

Pasaron las épocas, y mucho tiempo después nació un niño de nombre Salomón, hijo del Rey David, cuyas vicisitudes son narradas en el Antiguo Testamento. Salomón estaba dotado de extrema inteligencia y sabiduría, y creció aplicándose en el estudio, tanto que fue considerado el primer científico, el Rey de la Ciencia.

Un día llegó a oídos de Salomón la historia de una mujer misteriosa y sabia, vivida en épocas pasadas, de nombre Hoasca. Decidió entonces intentar descubrir el secreto y el misterio ligados a su historia y, junto a su vasallo Caiano se puso en viaje rumbo al lugar donde se encontraba la sepultura de Hoasca. Llegando recogió una hoja de la planta nacida encima y, al corriente de la historia del té que había sido hecho con aquellas hojas, dado de beber a Tiuaco y que provocó su fallecimiento, decidió llamar a aquella planta *Chacrona*, que significaría *té temible*. Salomón se dirigió después a la sepultura de Tiuaco y, encontrando crecida una liana, dedujo que en ella estaba el espíritu del mariscal del rey Inca, y la llamó *Mariri*, que en lengua indígena significaría Mariscal[110].

---

nisteriopsis caapi, que es el ingrediente principal de su preparación. Por lo tanto, mientras *ayahuasca* designa la planta *Banisteriopsis caapi*, dado que *huasca* significa cuerda/liana en lengua quechua, en la UDV el término Hoasca se refiere originalmente a una mujer que luego se convertirá en la otra planta con la que se prepara el té, la Chacrona (*Psychotria viridis*). Comúnmente sin embargo, también en la UDV, el término Hoasca se usa solo para la bebida, y no para referirse a la *P. viridis* que es llamada normalmente Chacrona.

110 Los términos *Mariri* para la liana y *Chacrona* para el arbusto, usados comúnmente en la UDV, son nombres populares brasileños para designar las dos plantas, utilizados también en el Santo Daime y en la Barquinha, aunque en estos últimos es mucho

Salomón tomó una parte de la liana Mariri y algunas hojas de la Chacrona y preparó un té, realizando, en este momento considerado histórico para la humanidad según la *História*, la Unión del Vegetal (*União do Vegetal*), la unión del Mariri con la Chacrona. A continuación dio el té de beber a su vasallo Caiano, diciéndole que recibiera en comunión el Vegetal de modo que pudiera acceder a los secretos de Hoasca y a todos los misterios del Vegetal mismo. Le instruyó también que cuando la fuerza del té, que llamó *burracheira*, fuera demasiado alta para poder ser soportada, se acordara de Tiuaco, que es Mariri, el rey de la fuerza.

Caiano bebió el té y sintió a Hoasca manifestarse, y la fuerza creció tanto que él, inmerso en la *burracheira* casi sin aguantarla más, se acordó de las palabras del Rey y llamó a Tiuaco. Caiano dijo al Rey que en aquel momento había entrado en los reinos encantados y había visto todo. Salomón le explicó que los reinos encantados son de la Naturaleza Divina y permanecen cerrados, y que es posible entrar en ellos solo con la autorización de la Naturaleza Divina. Para obtener esta autorización Salomón le enseñó la *llamada de apertura* "*Minguarana*", que permitió a Caiano entrar en los reinos encantados de la Naturaleza Divina y recibir todos los secretos y misterios del Vegetal. De este modo, Caiano se acordó de todo y se volvió plenamente consciente, convirtiéndose, desde aquel momento, en el primer *hoasqueiro*[111].

La *História da Hoasca* (de la que han sido reportados solo los contenidos iniciales, pero que continúa de época en época hasta nuestros días) representa el *mito fundante* sobre el que se basa la razón de ser de esta religión. Aunque sea mito, por lo tanto compuesto por eventos fantásticos y sin posibilidad de verificación histórica, la *História* representa para los adeptos del movimiento la verdad histórica absoluta respecto a los orígenes de la bebida sacramental, conservada entre los documentos oficiales de la UDV, transcrita de la remembranza del

---

más difundido el uso de los términos *Jagube* y *Rainha*. El significado etimológico que, en la leyenda, es asignado a las dos palabras (Chacrona = té temible y Mariri = mariscal), no encuentra correspondencia, por lo que nos resulta, con el origen lingüístico de los dos términos. Aunque efectivamente "*cha*" significa "té" en lengua portuguesa, "*crona*" en cambio no corresponde a ninguna palabra común y de todos modos no nos parece que existan evidencias que hagan remontar el término al significado de *temible*. Además, según otras leyendas, el término *chacrona* tendría otra derivación etimológica.

111 Nombre con el que se define en la UDV a cualquiera que beba el té sacramental.

Mestre Gabriel, el cual es considerado una reencarnación en el siglo XX del primer *hoasqueiro*, Caiano, el vasallo del Rey Salomón.

El material contenidístico, aflorado de la memoria del tiempo con la *História da Hoasca* del Mestre Gabriel, puede resultar interesante tanto desde el punto de vista del análisis antropológico como por la aportación a la reconstrucción histórico-mitológica de un posible origen de la bebida sagrada. En primer lugar, el antiguo rey vivido antes del diluvio de nombre Inca hace claramente referencia a la conexión con la civilización imperial precolombina vivida en Sudamérica hasta la invasión española. Del comentario de Henman a la *História da Hoasca*, resulta que el vasallo del Rey Salomón, Caiano (el primer *hoasqueiro*) sería llamado también *Incaiano*, es decir, a través de diversas reencarnaciones sería él mismo tanto el antiguo rey antidiluviano de nombre Inca como el predecesor del linaje de emperadores Inca que dominarán en Sudamérica entre los siglos XII y XVI.

En segundo lugar, es interesante que el origen del descubrimiento de la unión de estas dos plantas, todavía hoy un gran misterio para la ciencia (cómo las poblaciones indígenas han obtenido este profundo conocimiento de combinación botánica entre miles de millones de posibilidades), haya sido asignado al Rey Salomón de la tradición Bíblica. Es de notar que también en la tradición del Santo Daime el Rey Salomón es una figura recurrente y relevante. No solo es recordado en varios himnos de los principales himnarios de la doctrina del Mestre Irineu, sino que también es nombrado explícitamente en el estatuto de la ICEFLU como una de las guías espirituales particulares de esta línea, junto a San Juan Bautista.

Finalmente, es el mismo Salomón quien enseña a Caiano la *llamada de apertura* "*Minguarana*", que forma parte de la liturgia oficial en los rituales de la UDV y es realizada en la apertura de cada sesión para pedir precisamente autorización a la Naturaleza Divina para poder acceder al saber de los reinos encantados.

Rituales, contenidos doctrinales y eclecticismo

La vida institucional de la UDV se rige por un conjunto de documentos, dirigidos a los discípulos y a los dirigentes, que indican las normas generales de conducta y de convivencia social. Este conjunto de documentos se denomina "Estatuto", también definido como las "Leyes del Centro". El Estatuto contiene la organización administrativa, los principios doctrinales, la "*Convicção do Mestre*" (publicada en 1967 después de su arresto) y la disertación teológica[112] titulada "Misterios del Vegetal". Los afiliados, especialmente aquellos que ocupan roles de dirección, deben observar atentamente las Leyes del Centro no solo en el ámbito de la UDV, sino en la conducta social general. Estas Leyes, redactadas bajo la orientación personal del Mestre Gabriel, pueden ser modificadas solo por el *consejo de administración general* (el máximo órgano deliberativo) y solo en ocasiones muy particulares. El Estatuto es el único documento doctrinal escrito de la UDV, es leído en cada sesión de *escala* (primer y tercer sábado de cada mes) para dar a conocer a los participantes cuál es la dirección religioso-doctrinal del movimiento en el que están participando. Doctrina, oraciones y registros mitológicos son transmitidos *solo oralmente* a través de una liturgia que se recita completa exclusivamente durante las sesiones de *escala*. Según Henman (1986), con este énfasis en la tradición oral la UDV evidencia el origen indígena de sus prácticas.

La União do Vegetal ha sido definida como una secta iniciática jerárquica (Gentil y Gentil, 2002; Andrade, 2002): transmite su doctrina solo en forma oral y solo dentro de las sesiones rituales. En el primer y tercer sábado de cada mes se realizan las sesiones para todos los socios, llamadas sesiones de "escala", con periodicidad preestablecida por estatuto de la UDV. Además de estas existen otras sesiones como las "escalas anuales", realizadas en fechas festivas de la UDV, y las sesiones "instructivas", estas últimas reservadas solo a los discípulos que componen el "*cuerpo instructivo*", una de las categorías de afiliados en la jerarquía del movimiento.

La Hoasca se ingiere exclusivamente en las sesiones rituales, que generalmente duran cerca de cuatro horas y son dirigidas por el *maestro representante* del núcleo o por persona designada por él. Distribuido por el maestro, el té Hoasca, llamado también Vegetal, tiene el objetivo

112 Andrade (2002, p. 554) utiliza el término "teodicea" para describir el contenido del capítulo, interno al Estatuto, titulado "Misterios del Vegetal". "Teodicea" es un neologismo creado por el filósofo Leibniz y es la «doctrina de la justicia de Dios o de su sabiduría y bondad» (Libniz, *El sentido del mal*). La Teodicea es por lo tanto una rama de la filosofía que estudia la relación entre la justicia de Dios y la presencia en el mundo del mal.

de llevar a los discípulos a un estado equilibrado de concentración. Como está escrito en el capítulo I del reglamento interno:

> [...] para obtener el efecto de la concentración mental, los asociados, de su libre y espontánea voluntad, beben un té, HOASCA, que es la Unión de dos vegetales, el MARIRI y la CHACRONA, comprobadamente inofensivo para la salud.
>
> (cit. en: Gentil y Gentil, 2002, p. 517)

En este artículo del reglamento interno se evidencia un aspecto central de la UDV, que es el respeto por la libertad de elección individual. Esta característica es señalada como una presencia constante en las actitudes del fundador en relación con sus discípulos; al respecto, Gentil y Gentil describen cómo el Mestre Gabriel solía decir a sus propios discípulos que no creyeran ciegamente lo que decía sino que lo "examinaran".

Después de haber bebido el Vegetal, los participantes en la sesión permanecen sentados hasta el final del ritual. Durante las sesiones son realizadas, normalmente por parte del maestro, las "llamadas" de apertura, cánticos que transmiten enseñanzas, equilibrio y armonía. A continuación se continúa con un trabajo de adoctrinamiento espiritual, intercalado con músicas que contienen enseñanzas, seleccionadas según la necesidad. En el trabajo de adoctrinamiento los *maestros* y los *consejeros* transmiten orientaciones de tipo ético, útiles para la transformación individual de cada uno. Concluida esta parte de la sesión, a todos los presentes se les da la posibilidad de expresarse verbalmente y hacer preguntas al maestro. Finalmente, se entonan las "llamadas" de cierre y se concluye la sesión.

El estado de concentración y ampliación de la conciencia derivado de la ingestión del Vegetal es llamado "*burracheira*". La *burracheira* es considerada un trance particular, diferente, en el que no hay ninguna pérdida de conciencia, sino más bien iluminación y percepción de una "fuerza desconocida". Hay una ampliación de los sentimientos, de las percepciones y de la conciencia del individuo (Brissac, 2002). Lejos de ser alienante, este estado, que puede llevar a la *miração* y es equivalente al concepto oriental de *samadhi*, es considerado un momento particularmente favorable para que la persona entre en contacto con la parte más íntima de su propio ser. Según los miembros de la UDV, durante las sesiones rituales la Hoasca permite sentir las vibraciones espirituales con simplicidad y claridad, sin la interferencia de los otros sentidos y en proporción al grado de evolución espiritual de cada uno.

La UDV orienta a sus discípulos a modelar su propia vida de acuerdo con precisos principios éticos, buscando la evolución espiritual de modo equilibrado. Las Leyes del Centro, dejadas por el Mestre Gabriel, promueven valores morales bien definidos; por ejemplo la constitución de la familia como «misión sublime», o la condena total del uso de sustancias estupefacientes y drogantes tanto prohibidas como lícitas (alcohol y tabaco) y de cualquier forma de vicio, incompatibles con el estado equilibrado de conciencia necesario para la evolución espiritual. El Estatuto disciplina una conducta moral impecable para los socios. En caso de infracción a las normas dictadas por el centro, el sujeto incurre en sanciones que pueden ir desde un aviso disciplinario hasta el alejamiento temporal o definitivo del movimiento (União do Vegetal, 1989, cit. en: Andrade, 2002, p. 555).

La UDV basa sus enseñanzas en el principio evolucionista de la reencarnación, concepción milenaria adoptada por diversas tradiciones espirituales del planeta, como por ejemplo el espiritualismo de Oriente y algunas corrientes principales de la Cábala judía. Según esta concepción, a través de sucesivas encarnaciones, el espíritu evoluciona, desarrollando gradualmente la fidelidad y la práctica del Bien, hasta llegar a la Purificación (Santidad para las tradiciones occidentales), y así llegar a Dios.

Afrânio Patrocínio de Andrade[113] comenta que en el sistema de creencias de la UDV no existe el llamado "*pecado original*" como concebido en el Judaísmo y en el Cristianismo a partir de la "caída" de Adán y Eva narrada en el Génesis. Dios habría creado este mundo material para que los espíritus pudieran encarnarse en él (recibiendo así una materia) para progresar en su propia evolución espiritual (Andrade, 2002). La conducta moral lleva a la evolución espiritual, y esta última lleva a la salvación, independientemente de la tradición religiosa o situación contingente del individuo. La salvación es para todos y ocurre gradualmente. Cada uno debe, a través del examen de conciencia, darse cuenta de sus propios errores y defectos, admitirlos, arrepentirse y poner en práctica

113 Abogado, licenciado en Derecho Civil, Teólogo Exégeta, Máster y Doctorado en Ciencias Sociales y Religión, Doctorado en Derecho, Profesor de la Universidad Luterana de Brasil (ULBRA).

en la vida cotidiana la intención de no cometerlos más. Si el individuo actúa verdaderamente de este modo y elimina sus propios defectos uno a uno, alcanzará paso a paso la salvación cuando haya corregido todos los defectos. En ese momento el espíritu no tendrá más necesidad de reencarnarse habiendo terminado su propia purificación.

En consecuencia, los fieles de la UDV no creen en la existencia del infierno (o en el castigo eterno) después de la muerte. Y en particular:

> Creen que el Arquitecto Universal no se sentiría feliz, viendo aunque solo fuera uno de sus hijos penando eternamente en el infierno, a menos que Él no tuviera la bondad como una de sus virtudes. Igualmente, Él no sería intolerante hasta el punto de lanzar al sufrimiento eterno a alguien que ha tenido solo una oportunidad de hacer el bien, durante una única encarnación.
>
> (Andrade, 2002)

En cada encarnación el espíritu avanza un poco en su evolución espiritual, hasta alcanzar la perfección final, que en la UDV coincide con el concepto del estado de *cientificidad*, en el cual el espíritu conoce con claridad qué es justo y correcto, y no se equivoca más. El conocimiento de cada fiel, gracias a la comprensión de las enseñanzas del Mestre Gabriel, debe tender al estado de *cientificidad*. La segunda parte del "Boletín de la Conciencia Recomendando el Fiel Cumplimiento de la Ley" (interno a los documentos que son leídos en cada sesión de escala) dice:

> Los asociados deberán [...] reconocer, de la mejor manera posible, que solo a través del orden y del adoctrinamiento correcto, que recibiremos eternamente dentro de la União do Vegetal, es que llegaremos a la cientificidad.[114]

De los contenidos derivados de la *História da Hoasca*, Salomón, Rey de la Ciencia, dio al primer *hoasqueiro* —Caiano— el Vegetal de beber. Para "llegar a la cientificidad", que representa uno de los objetivos finales de los fieles, es necesario ante todo conocer a Salomón: la vía para llegar a su ciencia se identifica con el mismo Mestre Gabriel y las enseñanzas que ha dejado.

114 Traducción de un pasaje del Boletín extraído de Andrade, 2002, p. 551, nota nº 10.

La trayectoria de vida rica en experiencias de José Gabriel contribuyó a formarlo en diversas expresiones culturales propias de la sociedad brasileña, las cuales se manifestarán a su tiempo en la estructuración del ritual de la UDV. El eclecticismo ya está presente en el bagaje cultural del fundador: el catolicismo popular rural de las campiñas de Bahía, la *capoeira* y los cultos afrobrasileños de Salvador, la dura experiencia de vida en los *seringal* amazónicos, la experiencia afro-indígena ligada a los cultos de *caboclo*, el chamanismo ayahuasquero. Estas experiencias de vida contribuyeron a formar una personalidad carismática e innovadora, capaz de fundir juntos los componentes culturales y religiosos vividos en un nuevo culto religioso ecléctico, apto para satisfacer una búsqueda de espiritualidad auténtica, tanto en su ambiente originario rural como en el urbano donde la UDV se ha difundido sobre todo entre la clase medio burguesa.

El cuerpo doctrinal de la UDV es ecléctico. La doctrina tiene como base el cristianismo pero trabaja también con elementos culturales africanos e indígenas, y se acerca a otros movimientos espiritualistas en cuanto acepta la reencarnación como uno de los pilares de su propia cosmología. Contemporáneamente se distingue del espiritismo en cuanto no realiza prácticas espiritualistas con espíritus desencarnados como la incorporación, la psicografía, etc.

La UDV afirma que Jesucristo, el Hijo de Dios, es parte de la totalidad divina y su palabra revela el verdadero camino de la salvación para la humanidad. Con su venida al mundo, ha sintetizado los diez mandamientos en dos: *amar a Dios sobre todas las cosas y al prójimo como a uno mismo*. Los principios cristianos son transmitidos por tradición oral y sancionados durante los rituales: «El discípulo debe amar al prójimo como a sí mismo para ser merecedor del símbolo de la Unión: Luz, Paz y Amor»[115]. En las llamadas y cánticos entonados durante los rituales de la UDV están presentes constantes referencias a Jesús y varias figuras y santos cristiano católicos, entre los que destacan en particular la Virgen de la Concepción, San Juan Bautista, la Señora Santana, los Santos Cosme y Damián (Brissac, 2002).

Otros temas recurrentes en la União do Vegetal pueden ser derivados del espiritualismo kardecista. Por ejemplo la creencia en la reencarnación, uno de los puntos fundamentales de la cosmología de la UDV; así como el lema "Luz, Paz y Amor" definido como el "Símbolo de la Unión", podría

115 Del sitio oficial de la UDV (www.udv.com.br).

provenir de los temas recurrentes en la filosofía espiritualista de "luz interior", "paz de espíritu" y "amor (o caridad) al prójimo". Estos temas, junto con el énfasis en el concepto de Unión, presentes difusamente también en el Santo Daime y en la Barquinha, son frecuentes entre los seguidores de la doctrina espiritualista, o kardecismo (cfr. Andrade, 1995; Brissac, 2002). Los contenidos doctrinales de la UDV se diferencian esencialmente del espiritualismo por la negación de la incorporación.

Según Gentil y Gentil (2002), la UDV no está ligada a un único sector social, sino que, presente en todas las regiones del país, cuenta entre sus discípulos personas de diferentes clases sociales y profesionales; además, aunque su expansión esté conectada a la urbanización, la UDV busca mantener su origen *caboclo*, poniendo al hombre urbano en mayor proximidad con la naturaleza, con la cultura de la Amazonia, con la selva y su preservación. Por un lado es verdad que, respecto a los orígenes, la UDV se ha expandido principalmente en un ambiente urbano compuesto por individuos de las clases medias, altamente instruidos, que han recibido y continúan dirigiendo el orden religioso dejado por el Mestre Gabriel. Por otro lado, la doctrina del Mestre Gabriel fue creada originariamente para los *caboclos* y fue expresada por el mismo fundador con el lenguaje simple de aquella humilde tradición, rural y no escolarizada. La integración de estas dos características es un objetivo perseguido por los miembros de la UDV; por ejemplo, el proceso de aprendizaje en el que todos los adeptos se consideran incluye el vivir con simplicidad, y el utilizar el lenguaje de los *caboclos*. El hecho de que esta integración perseguida con la cultura de la Amazonia sea alcanzada o no depende de la voluntad misma de los miembros y de la puesta en práctica de la intención originaria dejada por el Mestre Gabriel. Sobre tal argumento:

> El Mestre Gabriel trajo las mismas enseñanzas de Jesús, con un lenguaje actual y para un pueblo específico, los *caboclos*. Su preferencia por los caboclos se debe al hecho de que estos usan un lenguaje simple y directo, son personas generalmente sin formación escolar (y en esto estaría la simplicidad de su lenguaje) y que no se dejan engañar por charlatanería libresca. Su opción por el *caboclo* sería equivalente a la elección que hizo Jesús, llamando hacia sí a sus discípulos pescadores, recaudadores y otros excluidos de la sociedad de entonces. En este aspecto, el sistema retoma el antiguo movimiento de los pobres. Este entendía que fuera imposible que el Evangelio estuviera destinado también a los ricos, derivando de aquí las fórmulas insertadas en el texto

del Nuevo Testamento que van contra los ricos, los sabios y los expertos, cuyo recorte poético se encuentra en Mateo, en el «*sermón de la montaña*».

(Andrade, 2002, p. 552)

Una jerarquía democrática

El grupo de profesionales ciudadanos que han representado el núcleo inicial de discípulos del Mestre Gabriel, han contribuido a formar un perfil de la UDV que ha prevenido su asimilación tanto a los movimientos derivados de las antiguas tradiciones milenarias afro-indígenas como a las corrientes de los modernos grupos de religiosidad "alternativa". Al mismo tiempo, internamente a la UDV se ha desarrollado una jerarquía completa, encabezada por el grupo original de los primeros discípulos del fundador. La jerarquía, uno de los principales puntos característicos de la UDV, crea un orden interno en el grupo, constituyendo en el *concepto de unión* el instrumento interpretativo principal a través del cual se coordinan todas las comprensiones de los discípulos. *Unión* de las personas que beben el Vegetal, y *unión* de las plantas, *Mariri* y *Chacrona*, que forman el Vegetal, de donde *União do Vegetal* (Unión del Vegetal) con que se denomina el movimiento. Como en todas las organizaciones fuertemente jerarquizadas, también en la UDV se vuelve fundamental el principio de la obediencia, entendida como una cualidad central para la ascensión en la escala jerárquica interna y al mismo tiempo para obtener la *gnosis* de los misterios espirituales. Sobre este punto Andrade comenta:

> Es de su jerarquía que es emanado el principio orientador de la doctrina, la obediencia y, como criterio seleccionador, esta sirve de filtro para la ascensión y el mantenimiento de los puestos jerárquicos: sin obedecer a los propios superiores, no se asciende en los grados de la "secta" y, igualmente, no se obtiene el conocimiento secreto y no se permanece en los puestos. Vale aquí, aquel antiguo dicho de los sacerdotes, resumido en la fórmula latina *omne recto cognotio ab obedientia nascitur*, lo que significa: todo el verdadero conocimiento nace de la obediencia.

(Andrade, 2002, p. 549)

Existen cuatro segmentos en los que se articula la jerarquía de la UDV: *Cuadro de los maestros*, responsables de la transmisión de la doctrina; *Cuerpo del consejo*, compuesto por los responsables de dar consejos a los discípulos de la comunidad religiosa y de ayuda directa al *cuadro de los maestros*; *Cuerpo instructivo*; *Cuadro de los socios*.

Las varias filiales en las diversas ciudades se llaman *núcleos* o *unidades administrativas* (UA). En cada una de estas la máxima autoridad es el *maestro representante*. Los núcleos están reunidos en regiones, supervisadas por un *maestro central*, a él rinden cuentas los *maestros representantes*. La autoridad máxima del Centro es el *maestro general representante* (MGR), elegido por un período de tres años, por el *consejo de administración*. El *maestro general representante* selecciona a los *maestros centrales* de acuerdo con los *maestros representantes*. Por ejemplo:

> Tomemos el ejemplo de São Paulo, donde existe un grupo relativamente nuevo: había, en el momento en que hice el contacto con ellos, en 1979, dos maestros [de los cuales solo uno es el maestro representante], no más de media docena de consejeros y cerca de cuarenta miembros regulares; de estos últimos, quizás la mitad eran reconocidos como miembros del *cuerpo instructivo*.
>
> (Henman, 1986, p. 223)

Andrade compara la organización de la UDV con la jerarquía interna de la Iglesia Católica:

> El *cuadro de los maestros* formado en cada núcleo es dirigido por el *maestro representante*, autoridad máxima local, similar al obispo que ejerce su sacerdocio coordinando a los sacerdotes, igualmente sacerdotes. En cada región se encuentra un *maestro central*, que equivale al arzobispo y, dirigiendo el colegio de estos, se encuentra el *maestro-general-representante*, que podría ser entendido como el «papa de la União do Vegetal». La estructura es, como se ve, idéntica a la de la Iglesia Católica.
>
> (Andrade, 2002, p. 555)

En las sesiones, los afiliados, de cualquier grado jerárquico, usan uniforme. Para todos, camisa verde, con, bordadas en el bolsillo, las letras que identifican el grado que el discípulo ocupa en la jerarquía, las camisas de los Maestros tienen bordada una estrella. Para las mujeres, falda o pantalones amarillos y, para los hombres, pantalones blancos. Los *maestros representantes*, los *maestros centrales* y el *maestro general representante* usan una camisa azul con la identificación de los diferentes grados jerárquicos.

Cuando se asocia a la Institución, el discípulo entra a formar parte del primer nivel de la jerarquía (*cuadro de los socios*). Su ascensión a los grados superiores ocurrirá por convocatoria del *maestro representante* en base, principalmente, a su comportamiento conforme a la doctrina, independientemente de la condición social y cultural del discípulo. Para formar parte del *cuerpo instructivo* se tiene también en cuenta el "grado de memoria" que representa el nivel de comprensión del discípulo respecto a lo que se enseña durante las sesiones. Para poder formar parte del *cuerpo del consejo* es necesario mostrar ser capaz de dar consejos a los hermanos de la comunidad religiosa; para el *cuadro de maestros*, el discípulo debe estar casado, no puede tener vicios y tampoco seguir otra religión, mantener una ejemplar conducta moral, profesional y familiar, y debe saber abrir y cerrar una sesión (Gentil y Gentil, 2002). Dentro del *cuadro de maestros*, hay cinco grados jerárquicos. Aunque no haya ninguna ley escrita que restrinja el acceso a estos grados a los discípulos de sexo masculino, a principios de los años 2000 solo una mujer formaba parte del *cuadro de los maestros*, la compañera del Mestre Gabriel, Mestre Pequenina (*ibidem*).

Así como el discípulo puede ascender jerárquicamente, puede también ser degradado o alejado de la Institución, independientemente del rol que esté ocupando. Incluso el *maestro general representante*, autoridad máxima del Centro, puede ser alejado si hubiera un motivo para tal medida. Este hecho, junto a la temporalidad del mandato (tres años) con que son elegidos quienes cubrirán los roles directivos del movimiento, diferencia (notablemente) la organización de la UDV de la de la Iglesia Católica de Roma, aunque el organigrama de ambas sea idéntico.

Además de los cargos individuales están presentes también órganos administrativos de varios niveles como el *consejo de representación general*, el *consejo de administración*, la *sede general*, las *administraciones centrales*, el *consejo de remembranza de las enseñanzas del Mestre Gabriel*. En la *sede general*, en Porto Velho hasta 1982 luego en Brasilia, se encuentran la *representación general*, la *dirección general* y los diversos departamentos. Entre estos últimos están el *departamento de memoria y documentación* (DMD) y el *departamento médico-científico* (DEMEC), creado en 1986. En particular, el DEMEC se dedica a los temas inherentes a la salud de los asociados en todos sus aspectos, y desarrolla investigaciones científicas de Biopsicofarmacología en *partnership* con instituciones científicas nacionales e internacionales. Desde este punto de vista la UDV es seguramente una organización avanzada y eficiente, mantiene contactos con científicos de nivel mundial, ha incentivado y continúa incentivando la investigación médico-científica en particular respecto a la farmacocinética de la ayahuasca y a sus propiedades biomédicas y terapéuticas[116].

Las actividades del DEMEC de la UDV están en sintonía con el carácter de *cientificidad* del que se hace portador el movimiento, y llevan a una interacción positiva y constructiva con el ambiente académico y con las autoridades legales y científicas. La UDV no promueve con su trabajo espiritual ninguna ostentación de prácticas de curación, que, al límite, podrían ser clasificadas por la ley como "curanderismo" y por lo tanto charlatanería. En particular:

> [...] el DEMEC se afilia explícitamente a las normas del código de ética médica y del código de ética profesional de los psicólogos. El primer párrafo de su carta de Principios, de 1991, establece que la UDV no hará, dentro o fuera de su ámbito, «uso, de carácter profesional, de la Hoasca, sin que haya confirmación científica de su calidad terapéutica» (ver *sitio* de la UDV: www.udv.org.br). En el tercer párrafo afirma: «no se valdrán de la relación profesional y de la condición de socios del *Centro Espírita Beneficente União do Vegetal* para la orientación de clientes a esta sociedad, con el objetivo de hacer uso terapéutico del té». Concluye, en su séptimo párrafo, que la carta de principios presente podrá ser reevaluada «teniendo la confirmación científica oficial de la capacidad terapéutica del té Hoasca».
>
> (Labate, 2002, p. 262)

116 En 2002, de acuerdo con Labate, el DEMEC estaba promoviendo cinco investigaciones científicas. La primera, bajo la coordinación del psiquiatra Charles Grob de la Universidad de California, en colaboración con la Escuela Paulista de Medicina de la Universidad de São Paulo, dedicada a la evaluación de 45 adolescentes de la UDV que hacen uso regular del Vegetal, en São Paulo, Campinas y Brasilia. La segunda, un estudio de Jace Callaway, de la Universidad de Kuopio (Finlandia), sobre los aspectos farmacológicos (relacionados con los receptores de serotonina) en usuarios del té desde hace mucho tiempo. La tercera en continuación del Proyecto Hoasca de 1993, en el cual fueron testadas y observadas quince personas que utilizaban el té desde hacía al menos diez años (los resultados de la investigación de 1993, titulada *Human Pharmacology of Hoasca* serán presentados en el cap. 9). La quinta respecto a una *partnership* propuesta entre la Escuela Paulista de Medicina de la Universidad de São Paulo y la Universidad de California para el estudio sobre desintoxicación y recuperación de alcohólicos y toxicómanos a través del consumo ritual de la ayahuasca. Finalmente, la realización de un estudio piloto sobre los efectos de la ayahuasca durante la gestación, sobre la madre y sobre el niño (Labate, 2002).

CAPÍTULO IX

AYAHUASCA Y CIENCIA - USO TERAPÉUTICO

INTRODUCCIÓN

El saber ancestral de los maestros curadores de la Amazonia, anteriormente objeto de atención casi exclusiva de antropólogos y etnólogos, se ha convertido desde hace algunas décadas en interés para otros científicos como médicos, biólogos e incluso físicos.

En este capítulo se presentarán sintéticamente los aspectos químicos y farmacológicos, médicos y psicológicos, las conclusiones sobre la validez terapéutica y sus aplicaciones experimentales del uso de la ayahuasca. Las afirmaciones presentadas derivan de estudios e investigaciones científicas realizadas desde los años 80 en adelante por parte de autoridades internacionales e investigadores en los campos científicos de referencia. Entre los que se destacan: Charles Grob[117], Rick Strassman[118], Dennis McKenna[119], James C. Callaway[120], Jacques

---

117 *Charles Grob* (EE.UU.), MD - Médico psiquiatra - Jefe de la División de Psiquiatría de la Infancia y de la Adolescencia del Departamento de Psiquiatría de la UCLA, Los Ángeles, California, EE.UU. Coordinador del Proyecto Hoasca, 1993. Cofundador y Director de Investigación Clínica del Heffter Research Institute, Santa Fe, Nuevo México (EE.UU.). Coordinador de una nueva investigación, organizada por el Heffter Research Institute, Santa Fe, Nuevo México sobre el consumo de ayahuasca por parte de adolescentes.

118 *Rick Strassman* (EE.UU.), psiquiatra, Universidad de Nuevo México, considerado el mayor estudioso mundial de la DMT. En 1996, durante la investigación científica de la que se reportan algunos resultados a continuación, era el único científico del mundo con autorización oficial para investigar los efectos de la DMT en seres humanos, concedida por el NIDA (National Investigation Drugs Abuse), órgano del gobierno norteamericano que formula la política de lucha contra las drogas.

119 Véase nota nº 2 en el cap. 2.

120 *James C. Callaway* (Finlandia), PhD en Química Médica, Químico y etnofar-

Mabit[121], Richard Evans Schultes[122], Edward MacRae[123], Josep Mª Fericgla[124], Manel J. Barbanoj[125], Jordi Riba[126], Jonathan Ott[127]. Desde la primera edición de este volumen (redactada en 2005 y publicada en 2007), la producción de publicaciones sobre la ayahuasca en las

---

macólogo; Investigador médico plenamente acreditado en la Facultad de Farmacia, Departamento de Química Farmacéutica, Universidad de Kuopio, Finlandia. Desde 1998 "Docente de Etnofarmacología" (el estudio del uso humano de las drogas) en la Universidad de Kuopio. Ha ocupado posiciones como investigador en la Universidad de California en San Francisco y en la Universidad de Miami. Desde 1984, está comprometido en la investigación sobre el tema "ayahuasca" a nivel Universitario, y ha publicado numerosos artículos, considerados con autoridad por la crítica, sobre este tema en revistas de investigación internacionales y en libros de referencia. También ha publicado numerosos otros artículos sobre la investigación en el área de la química cerebral y abuso de sustancias.

121 Cfr. nota n. 13 en el cap. 3.

122 *Richard Evans Schultes* (EE.UU., 1915-2001), biólogo, profesor emérito y jubilado de la Universidad de Harvard y director del Harvard Botanical Museum, considerado el "*padre de la Etnobotánica moderna*" y uno de los máximos expertos mundiales sobre las denominadas "*Plantas de los Dioses*" (*Plants of the Gods*, libro del cual es autor junto al bioquímico suizo Albert Hoffman).

123 *Edward MacRae* (Brasil), Antropólogo, Profesor de antropología de la Universidad Federal de Bahía, e investigador del Centro de Terapias y Abusos de Drogas (CETAD - SALVADOR, BAHÍA). Representante del Ministerio de Cultura ante el Consejo Nacional Antidrogas (CONAD) del Gobierno Brasileño y miembro de la Cámara de Asesoramiento Técnico-científico del CONAD.

124 *Josep Mª Fericgla* (España), PhD en Antropología Cultural, Director de la Sociedad de Etnopsicología Aplicada y Estudios Cognitivos, Prof. del MGS, FBG - Universidad de Barcelona.

125 *Manel J. Barbanoj* (España), Doctor en Medicina, Profesor titular del Departamento de Farmacología y Terapéutica, Universidad Autónoma de Barcelona (UAB). Director del Área de Investigación Farmacológica, Instituto de Investigación del Hospital de la Santa Creu i Sant Pau, Barcelona.

126 *Jordi Riba* (España), PhD en Farmacología. Investigador en el "Área de Investigación Farmacológica" del Hospital de "La Santa Creu y Sant Pau" - Barcelona, donde desde 1999 está realizando estudios sobre la farmacología humana de la Ayahuasca. Actualmente es investigador post-doctoral en el Departamento de Neuropsicología de la Universidad de Magdeburgo en Alemania.

127 *Jonathan Ott* (EE.UU.), químico, enteobotánico con extensa experiencia de investigación en México, donde dirige un jardín botánico de plantas chamánicas. Es también presidente de la *Natural Products Co.*

principales revistas científicas internacionales ha ido aumentando progresivamente a lo largo de los años debido al creciente interés en la materia. Esta tendencia ha pasado del consumo local en la cuenca amazónica a un fenómeno global; en solo 10 años, de 2012 a 2022, se han publicado 347 artículos científicos sometidos a revisión por pares sobre la ayahuasca[128]. En esta segunda edición (2024) se ha optado por dejar los contenidos del capítulo original de la primera edición, que presentan estudios considerados piedras angulares sobre el tema, y agregar un apéndice al final del capítulo con algunas evidencias principales extraídas de investigaciones más recientes.

Los alcaloides tipo-DMT, N,N-dimetiltriptamina (DMT) y 5-metoxi-dimetiltriptamina (5-MeO-DMT), y los harmalínicos (harmina, harmalina y tetrahidroharmina), principios activos presentes en la ayahuasca, son sustancias endógenas, es decir, producidas por el mismo cuerpo humano. La DMT es secretada por el cerebro y presente dentro del tejido cefalorraquídeo, encontrándose en el cerebro, en la médula espinal, en la orina y en la sangre (Strassman, 1991). También está presente en muchos animales y en diversas plantas comunes[129]. Los alcaloides derivados de la harmala, llamados *β-carbolinas*, están presentes en el cuerpo humano y en varios animales, además de estar difundidos en el mundo vegetal, como por ejemplo en las hojas del tabaco (Stafford, 1977). Se presume que DMT y *β-carbolinas* endógenas son sintetizadas en el cuerpo humano dentro de la glándula pineal (véase ficha 4).

La DMT sintética aislada en laboratorio tiene acción psicoactiva si es fumada o inyectada[130]. Lógicamente estamos hablando de un principio activo en su expresión más pura y concentrada. Este mismo principio activo (DMT) si es ingerido por vía oral no tiene ninguna

128 Dato obtenido con fecha 23 de abril de 2022 de https://pubmed.ncbi.nlm.nih.gov/ introduciendo la palabra clave "ayahuasca".

129 Cfr nota 3 en el cap. 1.

130 La DMT y las sustancias relacionadas con ella presentan una acción denominada "alucinogénica" si se consumen por vía intranasal (esnifada o fumada) o parenteral (inyección). La dosis normalmente utilizada para inyección es de aproximadamente 50-60 mg. Se define como un alucinógeno típico "short-acting" (de acción corta) ya que su acción dura aproximadamente 30-45 minutos (si se fuma solo 5-10 min).

acción psicoactiva, ya que se oxida cuando llega al aparato digestivo perdiendo cualquier efecto psicotrópico[131].

La presencia dentro de la ayahuasca de las otras sustancias derivadas de la harmala, llamadas *β-carbolinas*, que inhiben los oxidantes del aparato digestivo, permite una absorción parcial de la DMT también por vía oral, pero con efectos farmacológicos diferentes a la ingesta de DMT aislada en síntesis (química), fumada o inyectada (Grob *et al.*, 1996; Callaway *et. al.*, 1999; Frecska, 2004; Riba *et. al.*, 2001a y 2002b; McKenna, 2004; Bianchi, 2001).

Según Richard Evans Schultes (1915-2001), uno de los botánicos más importantes del siglo XX, el conocimiento indígena del poder curativo de las plantas ha suscitado asombro en la ciencia contemporánea, ya que se trata de un tipo de ciencia muy antigua, que difiere de los principios de la lógica y de los cinco sentidos convencionales; tratar este tema representa un verdadero desafío, porque dentro de la medicina indígena las enfermedades del cuerpo y de la mente están íntimamente conectadas. Este concepto ha sido, y es, objeto de investigaciones médicas cada vez más profundas que están tratando de explicar biológicamente la eficacia terapéutica de ciertas plantas que ya desde hace siglos ha sido reconocida por la etnomedicina indígena e interpretada en clave mágico-religiosa.

Química y farmacología de la ayahuasca

La ayahuasca utilizada en los rituales de las modernas religiones sincréticas y en las experimentaciones médico-terapéuticas se obtiene por decocción de los tallos de la liana leñosa, perteneciente a la familia de las *Malpighiaceæ*, denominada *Banisteriopsis caapi*, y de las hojas del arbusto *Psychotria viridis* (*Rubiaceæ*). La química de las *Banisteriopsis* ha evidenciado solamente presencia de las sustancias denominadas genéricamente *β-carbolinas*[132]. Estas sustancias, una vez ingeridas, tie-

131 La DMT es totalmente inactiva cuando se administra por vía oral, incluso dosis superiores a 1000 mg han resultado completamente inactivas (Ott, 1994; Shulgin, 1982; Nichols *et al.*, 1991). Este compuesto es rápidamente metabolizado por la enzima monoamino-oxidasa (MAO) (Barker *et al.*, 1980) presente en el cuerpo humano.

132 Alcaloides de estructura β-carbolínica, principalmente harmina y tetrahidroharmina (THH), así como cantidades menores de harmalina y harmala (McKenna

nen un efecto relajante y sedativo y no son psicoactivas en el sentido estricto de alterar el estado normal de conciencia. Su acción se debe a la ya citada desactivación de la oxidasa monoamínica (MAO)[133]. La concentración de *β-carbolinas* (harmina, THH y harmalina) presentes en la *Banisteriopsis caapi*, varía de 0.05% a 1.44% del peso seco (véase tab. 8). Las hojas de *Psychotria viridis* contienen sustancias tipo-DMT[134] hasta el 1.77% del peso seco (véase tab. 9).

Tabla 8. Niveles medios de alcaloides
presentes en los tallos secos de Banisteriopsis caapi

Fuentes	**muestras**	**Rango de presencia de *β-carbolinas***		
		Min	**Max**	**Media ponderada**
Hochstein y Paradies, 1957	1	-	-	0.30%
Poisson, 1965	1	-	-	0.21%
Schultes *et al.*, 1969	2	0.40%	0.50%	0.45%
Rivier y Lindgren, 1972	15	0.05%	0.83%	0.35%
McKenna *et al.*, 1984	6	0.17%	1.36%	0.78%
Callaway, 1999	2	0.58%	1.44%	1.01%
Sobre el total de las muestras	**27**	0.05%	1.44%	0.49%

et al., 1984; Rivier y Lindgren, 1972; Schultes y Hofmann, 1980).

133 Esta enzima (la oxidasa monoamínica, o MAO) participa, a nivel gastrointestinal y cerebral, en la descomposición metabólica de importantes aminas biógenas. Su inhibición a nivel cerebral lleva, por tanto, a una acumulación, principalmente, de epinefrina y norepinefrina en el organismo, causando los efectos sedativos antes mencionados.

134 Las hojas del género *Psychotria* contienen diversos alcaloides indólicos de estructura triptamínica, entre los cuales destaca la *N,N*-dimetiltriptamina (DMT) y la 5-Metoxi-dimetiltriptamina (5-MeO-DMT).

Tabla 9. Niveles medios de alcaloides presentes en las hojas secas de Psychotria viridis

Fuentes	**muestras**	**Rango de presencia de alcaloides tipo-DMT**		
		Min	**Max**	**Media ponderada**
Der Marderosian *et al.*, 1970	4	0.16%	0.22%	0.19%
Rivier y Lindgren, 1972	3	0.00%	0.66%	0.33%
McKenna *et al.*, 1984	4	0.00%	0.16%	0.10%
Callaway, 1999	37	0.00%	1.77%	1.00%
Sobre el total de las muestras	48	0.00%	1.77%	0.82%

Durante la decocción tanto las *ß-carbolinas* como las sustancias tipo-DMT pasan de las plantas al cocimiento. Esta compleja mezcla de alcaloides se caracteriza por presentar una cantidad considerable de harmina y THH, y una modesta cantidad de DMT y harmalina (Barbanoj y Riba, 2000). El método de preparación de la ayahuasca ha sido transmitido durante siglos por las poblaciones indígenas de la selva Amazónica. Las cantidades finales de DMT y *ß-carbolinas* en la ayahuasca presentan una gran variabilidad. Esto se debe a las distintas concentraciones de alcaloides en las plantas utilizadas en la elaboración de la bebida, a los tiempos de decocción de los ingredientes y al tiempo de concentración al que se somete posteriormente la infusión.

Tabla 10. Concentración de alcaloides

Fuente (Origen de la Ayahuasca analizada)	**Dosis media**	**DMT**		***ß-carboline***	
	(ml)	**(mg)**	**%**	**(mg)**	**%**
Rivier y Lingren, 1972 *(Río Purus, Amazonas, BR)*	200 ml	25.0	*0.0125*	40.0	*0.020*
McKenna *et. al.*, 1984 *(indios, Perú)*	100 ml	60.0	*0.060*	668.0	*0.668*

Liwszyc *et al.*, 1992 *(Daime, Brasil)*	(50 cm^3)[135]				
	100 ml	54.0	*0.054*	338.0	*0.338*
Ott, 1994 *(Muestras indígenas)*		30.0		150.0	
Callaway *et al.*, 1996 *(UDV)*	148.4 ml[136]	35.5	*0.024*	440.8	*0.297*
Policía Científica de Génova, 1996? *(Santo Daime del Céu do Mapiá - Amazonas)* - tres muestras			*0.050*		
Don *et al.*, 1998 *(Santo Daime del Céu do Mar - Rio de Janeiro)* - cuatro muestras	75 ml[137]	41.8	*0.056*	98.6	*0.132*
		28.4	*0.038*	69.3	*0.092*
		51.7	*0.069*	132.9	*0.177*
		43.4	*0.058*	115.8	*0.154*
Policía científica de Amsterdam, 1999 *(Santo Daime del Céu do Mapiá - Amazonas)* - una muestra[138]			*0.023*		
Policía Científica de Madrid, 2000 (*Santo Daime del Céu do Mapiá - Amazonas*) - siete muestras.		*mim*	*0.022*		
		max	*0.087*		
		media	*0.059*		
Riba *et al.*, 2002 e 2003 *(Santo Daime dal Brasile)*	(75 ml)[139]	39.8	*0.053*	126.2	*0.168*
	(108 ml)[140]	57.4		179.3	

135 Cantidad total recibida y analizada por Liwszyc et al. (1992). En la siguiente fila de la tabla proponemos las cantidades relativas a una dosis de 100 ml del Daime analizado por ellos.

136 Dosis de Hoasca para cada usuario analizado de 2 ml/kg de peso corporal; peso medio de los 15 usuarios examinados: 74.2 ± 11.3 kg; dosis media de ayahuasca: 148.4 ± 22.6 ml (Callaway *et* al., 1996 y 1999).

137 Dosis media servida en función del peso corporal a 11 voluntarios daimistas (6 hombres y 5 mujeres), de los análisis químicos resultó que cada dosis contenía DMT equivalente a 0.67 mg/kg de peso corporal, harmina equivalente a 0.90 mg/kg y THH equivalente a 0.71 mg/kg.

138 Análisis sobre 17.5 litros de Santo Daime, en los que fueron encontrados 3-4 gramos de DMT (fuente: Corte Distrital de Ámsterdam, Sentencia del 21 de mayo de 2001).

139 Dosis "baja" media servida (el equivalente deshidratado) a 18 voluntarios (15 hombres y 3 mujeres) en función de la administración de DMT equivalente a 0.6 mg/kg de peso corporal.

140 Dosis "alta" media servida (el equivalente deshidratado) a 18 voluntarios en función de

Policía Científica de Perugia, 2004 *(Santo Daime del Céu do Juruá - Amazonas)* - tres muestras			*0.021*		
			0.027		
			0.054		
Policía Científica de Roma, 2004 *(Santo Daime del Céu do Mapiá - Amazonas)* - un campione			*0.050*		
MEDIA		42.5	*0.048*	214.4	*0.227*

En los rituales de las religiones ayahuasqueras se consumen indicativamente (las dosis ingeridas varían entre individuo e individuo y de una sesión ritual a otra) cerca de 100 ml de poción correspondientes en promedio a 100-300 mg de *ß-carbolinas*, y 30-60 mg de DMT. La presencia de DMT en las muestras de Ayahuasca / Santo Daime analizadas en la literatura científica se sitúa en valores inferiores al 0,1% y en promedio alrededor del 0.05% (véase tab. 10). Los autores no dan datos sobre el volumen de una dosis típica de ayahuasca (o Santo Daime, Vegetal), pero Callaway (1999) indica que en un estudio clínico realizado por su equipo se administraron cantidades de ayahuasca equivalentes a un rango de 29-43 mg de DMT por individuo, cantidad que mostró algunos efectos psicoactivos moderados. Sin embargo, incluso estos valores deben tomarse con cautela, comenta el mismo Callaway (2001), ya que, para que la DMT pueda activarse oralmente, debe haber una cantidad *suficiente* de harmina y harmalina en la ayahuasca para inhibir temporalmente la acción de la MAO.

Cuando la DMT proveniente de la *Psychotria viridis* se combina con los alcaloides aportados por la *Banisteriopsis caapi* en la infusión ayahuasca, las *ß-carbolinas* presentes impiden de forma parcial y transitoria la metabolización de la DMT a nivel gastrointestinal (en particular en el hígado), justificando una absorción de moléculas de DMT, las cuales acceden a la circulación y alcanzan en cantidad suficiente para una acción psicoactiva el sistema nervioso central - SNC.

No es posible identificar la acción farmacológica y psicoactiva de la ayahuasca con la de la DMT pura ingerida por otras vías distintas a la oral (véase: Grob *et al.*, 1996; Callaway *et al.*, 1999; Barbanoj y Riba, 2000; Montalvo *et al.*, 2000; Callaway, 2001; Bianchi, 2001): la

la administración de DMT equivalente a 0.85 mg/kg de peso corporal.

farmacocinética de la DMT contenida en la ayahuasca resulta completamente diferente a la ingesta de una dosis alucinógena (50 mg) de la misma por vía nasal o inyectada. La absorción imperfecta de la DMT por vía intestinal de hecho alcanza un rango de concentración en el plasma humano de DMT extremadamente inferior a los valores obtenibles por inyección (Callaway *et al.*, 1996; Yritia *et al.*, 2002)[141].

En la práctica, la absorción de DMT inyectada es total e instantánea con efectos que inician en pocos minutos y duran 20-30 min; mientras que la absorción de DMT a través de la ayahuasca es parcial, en función de la cantidad de inhibidores "salvoconducto", y diluida según los tiempos de digestión, lo que explica efectos más moderados que comienzan 30-60 min después de la ingestión y duran 2-3 horas. Comparar los dos efectos sería como comparar, con todas las diferencias del caso, los efectos del alcohol puro inyectado en vena respecto al presente en un vino y absorbido durante la digestión.

141 El rango de concentración en el plasma humano de DMT después de la ingestión de ayahuasca corresponde a 0.5-50 ng/ml (véase tab. 11), cientos de veces inferior a la ingestión de DMT pura. Además, las *β-carbolinas*, al inhibir las enzimas MAO, si por un lado favorecen la absorción de la DMT, también inhiben la degradación de la serotonina, principal antagonista de la DMT misma: la DMT debe competir por los sitios de unión del receptor con los aumentados niveles de serotonina (5-HT) y probablemente de otras monoaminas endógenas, dado que también otros derivados triptamínicos son catabolizados por la MAO (Callaway, 1995a). Riba y colegas muestran con evidencia del ElectroEncefaloGrama los efectos pro-serotoninérgicos y pro-dopaminérgicos de la ayahuasca y concluyen reafirmando el antagonismo presente a nivel de los mismos receptores entre serotonina, dopamina y DMT, y la resultante moderación de los efectos de la DMT misma sobre el SNC (Riba *et al.*, 2002b). El resultado es que la DMT contenida en la ayahuasca nunca llega a niveles plasmáticos correspondientes a la de la administración de 50 mg de DMT por vía nasal o parenteral (Bianchi, 2004).

Tabla 11. Rango de concentración de la DMT en el plasma humano

		(a) mg/kg	(b) ng/ml	(c) ng/ml
Ingestión oral de Ayahuasca	Callaway *et al.*, 1996 y 1999	0.48	0.5-50	15.8
	Riba *et al.*, 2003; Yritia *et al.*, 2002 (1)	0.60	0.25-50	~ 16.0
	Riba *et al.*, 2003; Yritia *et al.*, 2002 (2)	0.85	0.25-50	~ 22.5
(a) Cantidad de DMT administrada a los voluntarios (mg/kg de peso corporal)				
(b) Rango evaluado de concentración plasmática de DMT				
(c) Pico máximo medio medido de concentración plasmática de DMT				

Algunos autores ya han propuesto varios términos para definir la peculiaridad del efecto de la ayahuasca diferenciándolo del de las sustancias alucinogénicas y comparándolo más bien con una acción que permite hacer manifiestos los mecanismos que regulan normalmente el control entre estado de vigilia y sueño[142]. El Prof. Carlini, del Departamento de Biopsicología de la Universidad de São Paulo, aclara que la expansión de conciencia en el consumidor de ayahuasca «no significa modificaciones de la personalidad sino alteraciones temporales a nivel sensorial» (Silva Sá, 1996).

142 Los datos neurofisiológicos y clínicos subrayan una diferencia respecto a las sustancias normalmente clasificadas como alucinógenas (Frecska, 2004; Andrade *et al.*, 2002; Riba *et al.*, 2001a y 2003; Don *et al.*, 1998; Mabit, 2000, 2002a y 2002b; Bianchi, 2004). Antonio Bianchi utiliza el neologismo "deslatentización" de los mecanismos que regulan el paso entre el estado de vigilia y los sueños para describir el efecto de la ayahuasca.

Resultados clínicos muestran que en la fase aguda de la experiencia con la ayahuasca, tanto los efectos psicológicos (véase Grob *et al.*, 1996; Riba *et al.*, 2003), como los efectos fisiológicos sobre sistema neuroendocrino, cardíaco, circulatorio, respiratorio (Callaway *et. al.*, 1999; Andrade *et al.*, 2002; Riba *et al.*, 2003), aunque existentes y medibles, no comportan alteraciones con relevancia clínica. La ayahuasca presenta una buena tolerabilidad a nivel cardiovascular y respiratorio (*ibidem*).

Los trabajos de Rivier y Lingren (1972) y Callaway *et al.* (1999) mencionan que es frecuente la aparición de vómito, náusea e incluso diarrea después de la ingestión de ayahuasca. De las observaciones del Dr. Mabit resulta que el efecto purgante es frecuente y evidente en el novicio, el cual vomita, tiene diarrea, suda abundantemente, etc., sobre todo al inicio de las tomas de ayahuasca y puede verificarse incluso durante varios meses, especialmente para quien tiene el cuerpo particularmente intoxicado desde el punto de vista alimentario o por sustancias tóxicas como alcohol, heroína u otras drogas intoxicantes. Estas manifestaciones inconstantes e irregulares se atenúan con el tiempo, con la ingestión repetida y sobre todo con las dietas y los ayunos de desintoxicación (Mabit, 2002a). Según Fericgla, y es también la opinión derivada de las experiencias de quien escribe, los efectos eméticos de la bebida tienen origen psicosomático: «naturalmente los espasmos propios del vómito son físicos, pero creo que con esto el cuerpo somatiza y expulsa tensiones, conflictos y contradicciones del ánimo o psíquicas [...]. Las personas que consumen de forma periódica pueden llegar incluso a percibir, con anterioridad respecto a la misma ingestión, si muy probablemente les provocará vómito o no, según el estado de ánimo previo a la experiencia. Por otro lado, y esto parece muy significativo, *después del vómito la potencia extática del enteógeno aumenta considerablemente*» (Fericgla, 1997, p. 35).

Desde el punto de vista de olor y sabor, las muestras analizadas de ayahuasca presentan el aspecto de una suspensión marronácea de olor ácido y con una marcada acidez (pH = 3,63) (Riba *et al.*, 2001a), y el sabor descrito por los usuarios resulta ser ácido, repulsivo y nauseabundo. Las severas dietas alimentarias respetadas en las tradiciones indígenas y *mestizos* pueden también ayudar a reducir la náusea, aunque seguramente no la eliminan. Es la ingestión de *β-carbolinas*, incluso solas, la que puede provocar a menudo diarrea y vómito (Stafford, 1977).

De la literatura médica resulta que la ayahuasca es inofensiva para la salud y no provoca ninguna forma de dependencia física o psicológica[143], o síndrome de abstinencia (Grob *et al.*, 1996; Fericgla, 1997; Callaway *et al.*, 1999; Mabit, 2000 y 2000a; Barbanoj y Riba, 2000). Tras las investigaciones de campo realizadas en Ecuador entre 1992 y 1997, después de haber auto-experimentado la ayahuasca durante tres años y haber observado cerca de 500 consumidores, algunos regulares otros ocasionales, el prof. Fericgla afirma:

> En primer lugar, no se puede hablar de una sustancia ni física ni psíquicamente adictiva, ya que ninguno que consume ayahuasca de forma regular tiene un deseo o impulso compulsivo o irrefrenable de asumirla de nuevo. Su ingestión implica una decisión consciente ya que la excursión psíquica que induce, puede manifestarse tanto en una experiencia de bienestar de carácter extático, como en una exploración dolorosa de los propios límites y carencias del sujeto.
>
> (Fericgla, 1997, p. 32)

De las observaciones clínicas sobre más de 8.000 ingestas de ayahuasca (durante diez años) por parte de su equipo, el Dr. Mabit concluye:

> Es esencial subrayar que no hay ninguna dependencia causada por la ayahuasca, cualquiera que sea el sujeto. Nadie nos puede hablar de ningún estado de crisis de privación. Nosotros mismos hemos interrumpido las sesiones durante varios meses sin experimentar síndrome de abstinencia. Este dato puede ser considerado como un hecho comprobado. No hemos encontrado ninguna excepción entre los curanderos y los pacientes entrevistados y observados clínicamente.
>
> (Mabit, 2002a)

Asimismo, Callaway y colegas (1999, p. 245) y Grob y colegas (1996) concluyen que esta bebida no crea dependencia ni física ni psicológica. Además de no generar ninguna forma de dependencia, se ha constatado que el consumo regular de ayahuasca no genera tampoco tolerancia (es decir, habituación) a la sustancia, sino al contrario se puede desarrollar

143 Tampoco la DMT aislada en síntesis (química), fumada o inyectada, induce dependencia (Nizzoli y Pissacroia, 2003).

una cierta sensibilidad física a través del uso regular[144] (Callaway *et al.*, 1994; Fericgla, 1997, p. 37; Mabit, 2000, 2002a y 2002b). A medida que se consume periódicamente, se reconoce antes el efecto, siendo necesaria una cantidad menor de la sustancia para obtener la misma intensidad en la experiencia. Según Fericgla, se puede hablar de un «proceso de aprendizaje psíquico y probablemente bioquímico». Con el paso de los años, los chamanes ayahuasqueros disminuyen la cantidad que deben ingerir para entrar en el estado de trance extático. Muchos de ellos afirman que, con la edad y la experiencia, no necesitan tomar más que algunas gotas, o incluso nada, para entrar en el estado modificado de conciencia que persiguen (Fericgla, 1997, p. 37).

Farmacología humana de la ayahuasca

Proyecto "Human Pharmacology of Hoasca" (EE.UU. - Finlandia - Brasil)

Según las conclusiones de la investigación científica titulada "*Human Pharmacology of Hoasca*" (Farmacología Humana de la Hoasca), iniciada en el verano de 1993 y firmada por algunas de las mayores autoridades mundiales en toxicología, etnobotánica, psiquiatría y psicofarmacología, resulta que, en conjunto, no hay efectos desfavorables sobre la salud después de diez años de ingestión regular de ayahuasca (véase Grob *et al.*, 1996; Callaway *et al.*, 1999).

La dirección de la investigación fue confiada al psiquiatra norteamericano Charles Grob, de la División de Psiquiatría de la Infancia y la Adolescencia, Universidad de California, apoyado por Dennis McKenna, al frente de un equipo de otros siete investigadores de

144 La *tolerancia* (habituación) representa el fenómeno general según el cual todo organismo, cuando entra en contacto con una sustancia, se organiza para disminuir su impacto, obligando a quien quiere encontrar los mismos efectos iniciales a aumentar las dosis. Al contrario, el fenómeno por el cual es necesaria una dosis progresivamente menor de una sustancia para obtener los mismos efectos se define como *sensibilidad*. Según Callaway (1994) el uso regular de ayahuasca genera sensibilidad como reacción al periódico incremento en los niveles de los neurotransmisores que sigue a la ingestión de ayahuasca (en particular del neurotransmisor serotonina - 5-HT).

instituciones académicas de los Estados Unidos. Entre los científicos norteamericanos, cabe destacar la presencia del psiquiatra de la Universidad de Nuevo México Rick Strassman. También relevante fue la presencia de James Callaway de la Universidad de Kuopio, Finlandia[145]. El estudio fue financiado a través de donaciones privadas puestas a disposición mediante varias instituciones sin ánimo de lucro que patrocinaron la investigación, entre ellas la *Botanical Dimensions*, el *Heffter Research Institute* y MAPS (*Multidisciplinary Association for Psychedelic Studies*). La investigación científica involucró a nueve centros universitarios e instituciones de investigación de EE.UU., Finlandia y Brasil. La investigación comenzó a planificarse en 1991. Durante el verano de 1993, un grupo multinacional de investigadores en biomedicina se reunieron en Manaos, la capital del Estado Brasileño del Amazonas, para llevar a cabo un análisis de los efectos psicológicos y bioquímicos de la ayahuasca. La investigación se realizó también en función de una solicitud previa por parte del movimiento religioso de la União do Vegetal (UDV), que ilustró la necesidad de un estudio científico objetivo para aclarar rigurosamente las propiedades y los efectos de la ayahuasca en el cuerpo y la mente humanos. El grupo de investigadores tomó la decisión de analizar uno de los núcleos más antiguos de la UDV, el de Manaos, donde un gran porcentaje de los miembros había ingerido regularmente ayahuasca, en las sesiones rituales, durante más de diez años.

La investigación se estructuró en dos partes, una relativa a la investigación de los efectos de la ayahuasca sobre las funciones psicológicas (Parte Psiquiátrica), la otra examinó los efectos de la ayahuasca sobre la bioquímica humana (Parte Clínica). Consistió en la aplicación de pruebas de laboratorio y cuestionarios, dentro de los modelos de procedimiento científico, a 15 usuarios de ayahuasca, elegidos por sorteo,

145 Por Brasil, participaron en la investigación Claudio Torres de Mirando, Cristiane Tacla y Eliseu Labigalini Junior, del Departamento de Psiquiatría de la Escola Paulista de Medicina; Osvaldo Luis Saide, del Departamento de Psiquiatría de la Universidad del Estado de Río de Janeiro; José Cabral, del INPA; Alcidarta Galheda, de la Universidad del Amazonas; Alba Brito y João Ernesto Carvalho, de la Unicamp; y Guilherme Oberleander, de la Sociedad Brasileña de Psiquiatría Biológica. Por la Universidad de Kuopio, Finlandia, James Callaway (Departamento de Farmacología y Toxicología) y David Nichols (Departamento de Química Médica y Farmacología).

de edad variable, de ambientes urbanos y rurales, asiduos asistentes al culto (una frecuencia constante de mínimo dos sesiones al mes durante al menos diez años), y 15 que nunca habían utilizado ayahuasca, denominados como *grupo de control* (los individuos del grupo de control debían respetar los siguientes criterios: edad y estado económico-social equiparables con los de los usuarios, no debían ser usuarios de ninguna droga o alcohólicos, preferiblemente tampoco fumadores, y no debían ser portadores de VIH).

Estudio psiquiátrico: efectos sobre las funciones psicológicas

Los resultados de la parte psiquiátrica presentados a continuación están extraídos de la publicación de Charles Grob y colegas de 1996. Se utilizaron varios parámetros para determinar los niveles pasados y presentes de las funciones psicológicas. Ambos grupos en estudio, usuarios y de control, fueron analizados a través de entrevistas estructuradas de diagnóstico psiquiátrico, pruebas de personalidad y pruebas neuropsicológicas[146]. Además, se solicitó al grupo de usuarios, pero no al de control, completar un cuestionario adicional (*Halluginogen Rating Scale* - HRS) después de una sesión con la ayahuasca. Cada uno de los sujetos usuarios también fue entrevistado según un modelo semi-estructurado para analizar sus historias de vida.

Diagnósticos psiquiátricos

Los diagnósticos psiquiátricos revelan que, aunque un apreciable porcentaje de los 15 sujetos usuarios había tenido trastornos debidos al alcohol, depresión o ansiedad, antes de su adhesión a la UDV, todos los trastornos terminaron sin ninguna recaída después del inicio del consumo ritual con la ayahuasca. Este cambio es particularmente acentuado en el área del consumo excesivo de alcohol. Grob y colegas observan:

146 Respectivamente la *Composite International Diagnostic Interview* - CIDI, el *Tridimensional Personality Questionnaire* - TPQ, y el *WHA-UCLA Auditory Learning Verbal Memory Test*.

> Todos los 11 sujetos con trastornos anteriores por alcohol han alcanzado una completa abstinencia inmediatamente después de la afiliación a la iglesia que usa Hoasca. Además de sus problemas debidos al uso crónico de la sustancia (alcohol), los sujetos pusieron el acento en el hecho de que tuvieron transformaciones radicales en su comportamiento, en su actitud hacia los demás, y en su visión de la vida. Están convencidos de que fueron capaces de eliminar su ira crónica, su agresividad y su alienación, así como fueron capaces de adquirir gran autocontrol, responsabilidad hacia la familia y la comunidad, y realización personal, a través de su participación en las ceremonias con Hoasca de la UDV. Aunque los efectos saludables de un fuerte sistema de apoyo de grupo y de la afiliación religiosa no pueden ser minimizados, no es excluible que el uso a largo plazo de la Hoasca en sí mismo pueda haber tenido un efecto directo positivo y terapéutico sobre el estado psiquiátrico y funcional de los sujetos en estudio. (Grob, *et al.*, 1996, p. 92)

Pruebas de personalidad

Se ha constatado que los usuarios de ayahuasca de la UDV, en comparación con el grupo de control, se han mostrado más «reflexivos, resistentes, leales, estoicos, tranquilos, frugales, ordenados y constantes»; y además, más «confiados, optimistas, serenos, desinhibidos, disponibles y enérgicos»; también han exhibido «alegría, euforia, determinación y elevada confianza en sí mismos» (pp. 90, 93).

Pruebas neuropsicológicas

Los sujetos que usaban ayahuasca desde hacía mucho tiempo registraron una puntuación significativamente más alta en la prueba neuropsicológica en comparación con los sujetos de control. En particular, las pruebas neuropsicológicas constataron interesantes niveles de capacidad mnemónica: «los examinados de la UDV presentan un desempeño significativamente mejor respecto a los del grupo de control en cuanto a la capacidad de recordar las palabras en el quinto intento» (p. 93). También fueron mejores en el «número de palabras recordadas, recuerdo tardío, y recuerdo de palabras después de interferencia». En las conclusiones de los científicos, sin embargo, se evidencia que la falta de datos históricos retrospectivos no permite determinar si la ayahuasca tiene o no un efecto de mejora cognitiva, aunque no se excluye la posibilidad. Las indicaciones finales son que, dados los análisis efectuados, el consumo a largo plazo de la ayahuasca dentro de un sistema estructurado de ceremonias parece no provocar un efecto deletéreo en la función neuropsicológica (p. 93).

Entrevistas sobre la historia personal

Los sujetos han reportado que desde su entrada en la UDV sus vidas han pasado por profundos cambios. Además de haber dejado completamente el uso de alcohol, cigarrillos y otras drogas, han enfatizado que los aspectos relativos a su conducta cotidiana y a relacionarse con el mundo a su alrededor han pasado por una reestructuración radical. En particular, se ha evidenciado un aumento del sentido de responsabilidad, una evolución hacia una condición descrita como: «ser un buen padre, un buen marido, un buen amigo, un buen trabajador» (p. 92). De las entrevistas resulta el énfasis en la importancia de «practicar las buenas acciones», observar las propias palabras, tener respeto por la naturaleza. Finalmente, han registrado mejoras de memoria y concentración, continuos estados positivos de ánimo, realización en sus interacciones cotidianas, y un sentido de coherencia en sus vidas.

En conclusión, los estudiosos que han evaluado el impacto a largo plazo del uso ceremonial regular de ayahuasca en el cuerpo y la mente humanos en este proyecto de investigación, han evidenciado que, en un contexto de ingestión estructurado, el uso ritual de la ayahuasca:

> [...] no parece que ejerza un efecto deletéreo sobre las funciones neuropsicológicas. [...] es claramente un fenómeno muy distinto de la noción convencional de "abuso de drogas". Al contrario, su aparente impacto en los sujetos evaluados en el curso de nuestras investigaciones parece haber sido positivo y terapéutico, tanto desde los informes personales como desde las pruebas objetivas.
>
> (Grob et al., 1996, p. 93)

Los resultados preliminares obtenidos por los estudios de Grob y colegas están en línea con los observados por el equipo de Fericgla en un grupo heterogéneo de 113 indígenas Shuar ecuatorianos, elegidos entre ambos sexos en base a diferentes edades y diversa frecuencia de consumo de la ayahuasca (desde nunca en la vida hasta frecuencia de ingestión regular).

Las conclusiones estadísticas de comparación entre los datos relativos a las vidas personales de los sujetos, las pruebas psiquiátricas con los relativos a la frecuencia del consumo de ayahuasca muestran claramente la existencia de correspondencias positivas entre el consumo de enteógenos y el bienestar psico-físico y social de los sujetos analizados (Fericgla, 1997, p. 91 ss.). En particular, de los resultados estadísticos referidos a las pruebas psiquiátricas[147] «se observa claramente que a *mayor consumo de ayahuasca menor cantidad de respuestas afirmativas; es decir, mayor salud mental*», como resultado de las elaboraciones estadísticas, Fericgla concluye que «el consumo de ayahuasca tiene un peso probablemente definitivo y positivo en los procesos de adaptación y en la salud mental que muestran los sujetos analizados. Se puede afirmar también que, estadísticamente, hay una relación clara e importante entre el consumo de ayahuasca y el bienestar psíquico (y, por lo tanto, social, dada la naturaleza social del ser humano)» (*ibidem*, p. 97).

Estudio clínico: efectos bioquímicos

Dentro del Proyecto "*Human Pharmacology of Hoasca*" se realizaron análisis clínicos divididos en dos estudios distintos: Estudio Comparativo de Base, que evaluó la situación clínica de usuarios de largo tiempo de ayahuasca (diez años o más de uso mínimo bisemanal) en comparación con los individuos del grupo de control que nunca habían ingerido la bebida; Evaluación de los Efectos Fisiológicos Agudos después de la ingestión de la bebida, en el grupo de los usuarios de ayahuasca.

Todos los individuos usuarios y del grupo de control fueron sometidos a análisis clínico y examen físico, además de un conjunto de pruebas de laboratorio conocido como SMAC-24 (incluido el electrocardiograma). La evaluación de las funciones fisiológicas en el grupo de usuarios, de la fase aguda (después de la ingestión de la ayahuasca) se realizaron en un templo de la UDV inmediatamente después de una sesión ritual. La ayahuasca, preparada según las normas tradicionales,

147 SRQ (*Self Report Questionnaire*) y PERI (*Psychiatric Epidemiology Research Instrument*).

fue administrada en la cantidad de 2 ml por kilogramo de peso corporal. Se realizaron seis sesiones de experimentación para la recogida de datos. Los investigadores médicos responsables de la evaluación clínica recogieron, durante la fase aguda del efecto de la bebida, datos relativos a las siguientes variables: temperatura oral, diámetro de la pupila, frecuencia cardíaca, presión arterial, frecuencia respiratoria y electrocardiograma. Todas las variables se recogieron en intervalos regulares: tiempo cero (justo antes de tomar la ayahuasca) y después de 20, 40, 60, 90, 120, 180 y 210 minutos después de la ingestión. También se recogieron muestras de sangre (de forma indolora) en los mismos intervalos de tiempo y también 8 horas después de la ingestión. Finalmente, todas las orinas de cada usuario fueron recogidas en las 24 horas siguientes a la ingestión.

Evaluaciones clínicas de base

Las conclusiones comparadas entre los datos de los dos grupos han sido positivas, confirmando que la ayahuasca es inocua desde el punto de vista toxicológico: los exámenes de laboratorio[148], la entrevista clínica y el examen físico «no han evidenciado ninguna diferencia significativa en el sistema neurosensorial, circulatorio, renal, respiratorio, digestivo, endocrino, entre los grupos de usuarios y de control» (Andrade E. N., *et al.*, 2002, p. 626). Las Evaluaciones Clínicas de Base han demostrado que los usuarios de ayahuasca durante más de diez años de modo regular «no presentan ninguna disfunción clínica en la comparación con el grupo de control» (*ibidem*, p. 630).

148 No se verificaron diferencias estadísticamente relevantes en todas las siguientes variables: glóbulos rojos, glóbulos blancos, creatinina, fosfatasa alcalina, colesterol total y fracción HDL, transaminasa glutámico-oxalacética (TGO), transaminasa glutámico-pirúvica (TGP), bilirrubina total y fracciones, sodio, potasio y calcio. Se verificó una diferencia estadísticamente significativa en la cantidad de plaquetas: el grupo de control presenta una media más elevada en la cantidad de plaquetas (359.000/mm^3) respecto a los usuarios (271.000/mm^3) (Andrade E. N., *et al.*, 2002, p. 625).

Evaluaciones fisiológicas agudas

Aparte de solo dos casos de vómito después de 30 minutos de la ingestión, ningún otro tipo de efecto problemático se manifestó entre los usuarios. En particular:

> Todos se mantuvieron conscientes y lúcidos durante el tiempo de experimentación de la fase aguda después de la ingestión del té, colaborando con el equipo de investigación para la realización de los procedimientos de evaluación de las funciones fisiológicas y satisfaciendo prontamente todas las solicitudes de los investigadores.
>
> (Andrade E. N., et al., 2002, p. 627)

En relación a las evaluaciones de las mediciones fisiológicas realizadas durante el efecto agudo de la ayahuasca, el análisis de parámetros como la presión arterial y la frecuencia cardíaca ha evidenciado un discreto aumento al inicio del período de experimentación (entre los 20 y los 90 minutos) y una posterior disminución. Sin embargo, «tales modificaciones no han tenido ninguna relación clínica importante o, aún, ninguna relación con daño clínico» (*ibidem*, p. 630)

Para un mayor detalle de la evaluación farmacológica sobre los valores registrados en la fase aguda del efecto, se puede consultar la publicación de Callaway y colegas (Callaway *et al.*, 1999), donde se ilustran detalladamente los efectos automáticos (dilatación de las pupilas, ritmo de respiración, temperatura corporal - p. 248), los de los sistemas neuroendocrino (incremento temporal en el plasma de hormona del crecimiento, prolactina y cortisol - pp. 248-249) y cardiovascular (p. 253).

Cuantificación de DMT y β-carbolinas en el plasma humano (Callaway et al., 1996 y 1999)

Se determinaron las cantidades de DMT, harmina, harmalina y THH presentes en el plasma humano de los 15 voluntarios respectivamente en los intervalos fijados durante las sesiones con la ayahuasca. Los resultados muestran un rango de concentración plasmática de las *β-carbolinas* totales de aproximadamente 20-500 ng/ml, y de la DMT de 0.5-50 ng/ml. La concentración máxima media de DMT resultó ser de 15.8 ± 4.4 ng/ml después de un promedio de 107 minutos aproximadamente desde la ingestión (Callaway *et al.*, 1999).

De los resultados de los estudios clínicos publicados, los investigadores coinciden en que la intensidad, la duración, la calidad de los efectos farmacocinéticos de la experiencia con la ayahuasca «difieren considerablemente» respecto a los de la DMT sintética ingerida por vía intravenosa (Callaway *et al.*, 1999, p. 252). En las conclusiones a este estudio se afirma:

> Una larga y continua historia de uso regular indica la utilidad de la *hoasca*. No se han observado signos de deterioro físico o psicológico como consecuencia de su uso. Por el contrario, el uso regular de la *hoasca* en un contexto ceremonial parece incrementar la habilidad del individuo para adaptarse psicológicamente al proceso a largo plazo de su propia vida (Grob *et al.*, 1996).
>
> Gracias a la investigación sobre las reacciones humanas a los agentes psicotrópicos, comenzamos a colmar la distancia entre la neuroquímica y los procesos cognitivos. Los datos clínicos y farmacocinéticos obtenidos de este estudio prospectivo indican algunas direcciones para ulteriores investigaciones sobre la compleja psicofarmacología de *hoasca*, y sustancias relacionadas, en voluntarios humanos sanos. Aunque de naturaleza preliminar, los resultados derivados de este estudio sugieren que tales agentes neuroquímicos representan potentes herramientas que pueden permitir una comprensión más profunda de la mente.
>
> (Callaway *et al.*, 1999, p. 255)

"Human Pharmacology of Ayahuasca on Healthy Volunteers" (Barcelona, España)

En 2001 se llevaron a cabo investigaciones clínicas de Farmacología Humana de la Ayahuasca en la Fundación de Neuropsicología del Hospital de Sant Pau, en Barcelona, en colaboración con el Departamento de Farmacología y Terapéutica de la Universidad Autónoma de Barcelona. La experimentación clínica se realizó a través de la administración de Santo Daime (proporcionado por Brasil luego deshidratado y congelado) a 18 voluntarios con buena salud y sin trastornos psiquiátricos presentes o pasados, y de edad comprendida entre los 19 y los 38 años[149].

Efectos subjetivos (Riba et al., 2001a y 2003)

Los efectos físicos y psicológicos comenzaron a ser detectados por los usuarios después de aproximadamente 30-45 minutos, alcanzaron un pico entre los 60 y los 120 minutos para luego disminuir gradualmente hasta desaparecer por completo después de aproximadamente 240-360 minutos; la experiencia fue considerada positiva estimulando sentimientos de bienestar, euforia y efectos somáticos. Según Riba *et al.* (2003, p. 80), los resultados de los efectos subjetivos están en línea con estudios previos de otros investigadores, en particular Grob *et al.* (1996), teniendo en cuenta que la dosis "baja" era inferior, y la "alta" superior, a la servida por Grob y colegas; también en línea al considerar los efectos de la ayahuasca diferentes de los de la DMT inyectada. En particular:

> En ningún momento del estudio alguno de los voluntarios perdió la conciencia o el contacto con la realidad. Comparados con los efectos de la DMT endovenosa (Strassman *et al.*, 1994), claras diferencias se encontraron en la intensidad y en la duración de la experiencia. (Riba *et al.*, 2001a, p. 92-93)

Los *efectos cardiovasculares* (Riba *et al.*, 2003) muestran que la ayahuasca fue tolerada bien desde el punto de vista cardiovascular; la

149 Cabe destacar que los 18 voluntarios (15 hombres y 3 mujeres), aunque elegidos con experiencias previas de consumo de otros psicodélicos, nunca habían tomado ayahuasca (excepto dos, solo una vez) antes de la experimentación clínica. El Santo Daime fue servido según dos dosificaciones ("baja" y "alta", véase tabs. 10 y 11) de modo que proporcionara una cantidad de DMT a cada voluntario respectivamente de 0.6 mg/kg de peso corporal (dosis baja) y 0.85 mg/kg (dosis alta). Cada voluntario participó en cuatro sesiones experimentales en las que se le administraba, sin saber cuál, o la dosis baja, o la alta o un placebo. Antes y durante las sesiones se tomaron muestras de sangre y orina, durante y después de las sesiones se realizaron diversas mediciones sobre los efectos subjetivos, físicos y psicológicos, incluidos VAS - *visual analog scale*, y cuestionarios personales como HRS (*Hallucinogen Rating Scale*) y ARCI (*Addiction Research Center Inventory*). Mediciones cardiovasculares (presión sanguínea y ritmo cardíaco) cada 15-20 min.

determinación de DMT y β-carbolinas en el plasma humano (Yritia *et al.*, 2002) y la *farmacocinética* (Riba *et al.*, 2003) resultan en línea con los valores detectados por Callaway y colegas.

ElectroEncefaloGrama farmaco-topográfico (Riba et al., 2002b)

Los efectos de la ayahuasca en el cerebro fueron medidos en los 18 voluntarios a través de catorce EEG desde el tiempo cero hasta 8 horas después de la ingestión de ayahuasca. Los resultados muestran que el EEG puede medir los efectos psicoactivos de la ayahuasca, los cuales resultaron en correlación temporal con los otros datos examinados (efectos físicos, psicológicos y farmacocinéticos).

También realizaron mediciones del EEG bajo el efecto de la ayahuasca el equipo del prof. Fericgla durante las investigaciones en Ecuador en los primeros años noventa[150]; y un equipo de investigadores de EE.UU., Japón y Brasil, en 1998 en algunos voluntarios del Santo Daime de Río de Janeiro (Don *et al.*, 1998)[151]. La única frecuencia en la que se midieron variaciones en el estudio de Don y colegas es la más rápida, llamada "40 Hz", que antes casi nunca se medía. Los mecanis-

150 Se realizaron EEG en 24 voluntarios, de los cuales 12 indígenas Shuar y 12 occidentales. Los datos registrados han llevado a hipotetizar que el consumo de ayahuasca aumenta la importancia relativa y absoluta de la actividad bioeléctrica del cerebro asociada a las amplitudes de la onda theta.

151 Don y colegas, durante el análisis con ElectroEncefaloGrama (EEG) de la actividad cerebral de una amplia muestra de médiums, *curanderos* y otras personas relacionadas con estados modificados de conciencia, efectuaron un análisis en 11 voluntarios daimistas (6 hombres y 5 mujeres) del Céu do Mar de Río de Janeiro, la edad de los voluntarios iba de los veinte a los cincuenta años, y su consumo histórico de ayahuasca variaba de cuatro meses a 15 años. Para cada uno de los voluntarios se registró el EEG farmaco-topográfico antes y después de la ingestión de ayahuasca durante cuatro rituales del calendario oficial del centro del Santo Daime. Las cuatro muestras de Daime utilizadas, servidas en función del peso corporal, fueron posteriormente analizadas (véase tab. 10) mostrando en promedio la presencia de DMT equivalente a 0.67 mg/kg de peso corporal, harmina equivalente a 0.90 mg/kg y THH equivalente a 0.71 mg/kg. Los resultados muestran variaciones no significativas de tres frecuencias de actividad cerebral sobre cuatro, en particular efectos «no significativos» en el EEG sobre frecuencia Theta, Alpha y Beta, y efectos «significativos y casi-significativos» sobre la frecuencia "40 Hz" (Don *et al.*, 1998).

mos relativos a oscilaciones de la onda a "40 Hz" han sido definidos como "*consciousness-generating mecchanism*" ("mecanismos generadores de consciencia" - *ibidem*, p. 94) que producen generalmente estados de sueño, que se manifiestan durante el sueño REM o también como "*daydreaming*": sueños con los ojos abiertos. Esto confirma la conclusión de que los efectos de la ayahuasca son reconducibles a una acción sobre los mecanismos que regulan el estado de vigilia y el de sueño, estimulando la actividad de aquellos neurotransmisores que permiten, tanto en estado de vigilia como durante el sueño REM, incrementar las altas frecuencias cerebrales, típicas de los estados del soñar.

Estas evidencias clínicas están en línea con el conocimiento médico actual sobre la función de la DMT en el cuerpo humano: la DMT endógena, secretada por nuestro cuerpo a través de la glándula pineal, es responsable de regular la producción de los sueños nocturnos (Fericgla, 2000) según las hipótesis presentadas por Callaway respecto al papel de DMT y *β-carbolinas* endógenas en la regulación de los ciclos del sueño y de los estados de rápido movimiento de los ojos (Callaway, 1988, op. cit. en: McKenna, 2004, p. 116). Estas consideraciones, derivadas de la medición de los efectos de la ayahuasca mediante EEG y del estudio de las propiedades de la DMT endógena en el cuerpo humano, representan un eslabón de unión entre la ciencia y el saber tradicional chamánico, que desde siempre considera la experiencia con la ayahuasca del mismo modo que los sueños. Como hemos visto en los capítulos sobre el uso indígena y *mestizo*, la cultura nativa ayahuasquera equipara la realidad de la producción visionaria de la ayahuasca con la de los sueños, e identifica ambas experiencias como los únicos dos modos a su disposición para acceder directamente a la dimensión espiritual de la realidad.

Psicofarmacología humana de la ayahuasca: nota sobre el efecto serotoninérgico

Es importante observar que las *β-carbolinas* contenidas en la ayahuasca actúan predominantemente *en el tracto gastrointestinal*, posiblemente en el hígado (Riba *et al.*, 2003), más que a nivel del sistema nervioso central (SNC)[152]; «esto puede explicar por qué casos de crisis hipertensiva después de la ingestión de ayahuasca son raros, si no inexistentes» (Brito, 2002).

Vista la acción serotoninérgica (es decir, que aumenta la serotonina a nivel cerebral) de la ayahuasca, en los años 1980-90 los primeros investigadores (en particular McKenna y Grob) habían lanzado una alarma en cuanto a los posibles riesgos de síndrome serotoninérgico en caso de ingestión conjunta de ayahuasca con algunos fármacos antidepresivos (como por ejemplo el Prozac) que tienen propiedades serotoninérgicas actuando como inhibidores MAO *a nivel sináptico*, en el sistema nervioso central.

En 50 años de estudios científicos y amplio consumo de ayahuasca a nivel mundial no ha sido detectado por la literatura científica ningún caso de síndrome serotoninérgico, riesgo que ahora es considerado solamente teórico y no efectivo, como afirman también Maia *et al.* en un reciente artículo de 2023:

> [...] Debido a la acción serotoninérgica de la ayahuasca, las preocupaciones *teóricas* reiteran la interacción con otros agentes serotoninérgicos, sobre todo fármacos de tipo antidepresivo (Callaway & Grob, 1998; dos Santos, 2013); sin embargo, este aspecto es escasamente explorado y un estudio transversal en usuarios religiosos de ayahuasca *no ha constatado efectos adversos en aquellos que hacían uso de antidepresivos* (Durante *et al.*, 2020). En conjunto, la ingestión de ayahuasca, sobre todo en contextos controlados, es considerada fisiológica y psicológicamente segura (Riba *et al.*, 2001; Riba *et al.*, 2003; Rossi *et al.*, 2022; Santos *et al.*, 2017).
>
> (Maia et al., 2023)

Uso terapéutico de la ayahuasca

Las aplicaciones terapéuticas de la ayahuasca se basan en sus efectos fisiológicos y psicológicos. Según el Dr. Josep Mª Fericgla (1994a, 1994b,

152 Las *β-carbolinas* son inhibidores altamente selectivos para la MAO-A, forma enzimática para la cual la serotonina, y probablemente otras triptaminas, incluida la DMT, son los sustratos preferenciales. Esta selectividad de las *β-carbolinas* para la MAO-A respecto a la MAO-B, de cierta manera corresponde con su relativamente baja afinidad por la MAO en el hígado respecto a la MAO en el cerebro (McKenna, 2004; Brito, 2002).

2000), los resultados más importantes que han emergido de los diversos estudios científicos llevan a concluir que, en términos psicológicos, los efectos de la ayahuasca consisten en abrir el contenido del inconsciente humano, de lo que derivan las visiones de carácter onírico que aparecen a menudo cuando se está bajo su efecto. Ya se han realizado diversos estudios aplicativos sobre este aspecto, usando la ayahuasca para el tratamiento de las toxicodependencias (ver siguiente apartado: *Un ejemplo de aplicación terapéutica: el Centro Takiwasi en Perú*). Frente a los resultados positivos que han desarrollado estas terapias experimentales se está creando un centro hospitalario también en Brasil para ofrecer tratamientos a personas afectadas por comportamientos compulsivos y dependencias. Dado que al abrir el inconsciente se producen experiencias agradables pero al mismo tiempo también otras más difíciles de soportar (por ejemplo, se liberan recuerdos vergonzosos que todos mantenemos escondidos) «es totalmente improbable el uso recreativo de este psicoactivo» (Fericgla, 2000, p. 5).

De las observaciones del Dr. Jacques Mabit (2000, 2002a, 2002b) en el Centro Takiwasi, resulta que nunca se ha podido constatar la más leve habituación o dependencia a esta sustancia, que al contrario se usa en la medicina tradicional para tratar las dependencias del alcohol, y que en el contexto del proyecto del Takiwasi ha permitido tratar (hasta el 2000) cerca de 350 pacientes toxicodependientes de diferentes sustancias, como la cocaína y la heroína, con resultados superiores a la media de los otros tratamientos usuales. El Dr. Mabit comenta:

> En su empleo natural, esta sustancia no induce alucinaciones verdaderas sino el surgimiento de material psíquico inconsciente en forma simbólica, lo que permite explorar el universo interior del sujeto y que puede ser empleada con fines terapéuticos. [...] La ayahuasca contiene sustancias (IMAO) reconocidas y empleadas convencionalmente en psiquiatría debido a sus efectos antidepresivos. Contiene también DMT, sustancia secretada naturalmente por el organismo y presente en todos los cerebros humanos. Teniendo en cuenta que tenemos que ver con una [sustancia] natural, no existe prácticamente ningún riesgo de sobredosificación debido a los fenómenos de autorregulación fisiológica, capaces de inducir reacciones naturales de expulsión (diarrea, vómito, etc.) y que forman parte de los efectos terapéuticos de desintoxicación deseados cuando se ingiere esta sustancia, por ejemplo para desintoxicar a los toxicodependientes.
>
> (Mabit, 2000)

Es importante por tanto tener presente que el efecto terapéutico en el tratamiento de toxicomanías, al contrario de las terapias basadas en la sustitución, deriva de las propiedades desintoxicantes de la ayahuasca que se manifiestan a través de fenómenos fisiológicos, que llevan a los ya citados efectos naturales de catarsis del cuerpo (vómito, diarrea, etc.) y de la psique (por los efectos de desbloqueo y remoción de antiguos traumas).

> *Ficha 3 - Ayahuasca y psicología transpersonal*
>
> La experiencia con la ayahuasca se acerca particularmente a los procesos terapéuticos utilizados en la psicología transpersonal. Stanislav Grof ha mostrado que experiencias transpersonales que conciernen a eventos relativos al nacimiento (procesos perinatales) y a la muerte (envejecer, morir, dolor, invalidez) son responsables del éxito terapéutico en el paciente (véase Andritzky, 1989, pp. 84-85). En los rituales colectivos con la ayahuasca, en las iniciaciones de los ayahuasqueros, y en las ocasionales ingestiones por parte de personas enfermas para obtener una cura, las experiencias visionarias aparecen equivalentes a los estadios delineados por Grof en las fases relativas a los procesos de nacimiento y en los consecuentes efectos sobre las experiencias individuales. El proceso de cura dentro del uso mágico-religioso de la ayahuasca, con una fase de trabajo no verbal definida ritualmente y una breve conversación al inicio y/o al final, encuentra su propia analogía en la terapia de la psicología transpersonal. Grof ha insistido en el hecho de que las experiencias directas son las fuerzas primarias de transformación, mientras la interacción verbal está limitada a fases antes y después de la situación terapéutica central. El terapeuta favorece solo un contexto de apoyo, que facilita al paciente y ofrece una técnica para activar su propio inconsciente (*ibidem*).
>
> La terapia transpersonal, así como otras psicoterapias occidentales que utilizan danza, trance, música, terapias de grupo, y métodos narrativos, parece mostrar una fuerte convergencia hacia los contextos arcaicos, ancestrales, como por ejemplo las ceremonias con la ayahuasca.

También de la ya citada investigación "*Human Pharmacology of Hoasca*" resulta que, utilizado en contexto religioso, sin adición de otras sustancias, en los modelos adoptados por los rituales de los modernos movimientos religiosos eclécticos (ICEFLU-Santo Daime y UDV por ejemplo), el uso ritual de la ayahuasca ha sido de gran valor en la recuperación y reintegración de alcohólicos y otros toxicómanos. Los resultados científicos publicados han sorprendido notablemente al mostrar que un alto porcentaje de consumidores de ayahuasca sufrían anteriormente de depresiones, ansiedad, toxicodependencia o alcoholismo. Estas dependencias y enfermedades desaparecieron radicalmente cuando comenzaron a frecuentar las sesiones con ingestión de ayahuasca, presentando un cambio radical respecto a comportamiento, valores, sentido de la vida personal y ajena (Grob, *et al.*, 1996; Andrade, *et al.*, 1996; Brito, *et al.*, 1996). Según las observaciones del Dr. Brito, la ayahuasca es ingerida por los miembros de la UDV cada quince días «sin que cause vicio ni dependencia; se producen curas apreciables, mejoras de enfermedades, beneficios psicológicos. Historias de transformaciones morales a partir de toxicodependencias, alcoholismo, violencias domésticas, asuntos fraudulentos, etc.» (Brito, *et al.*, 1996). Además, los usuarios se han mostrado «más ciudadanos, mejores trabajadores, mejores amigos, mejores padres, mejores esposos, más solidarios, más respetuosos con la Naturaleza» (Brito, *et al.*, 1996; véase Grob *et al.*, 1996). En general se puede concluir que, ingerida en el contexto apropiado, la ayahuasca (Santo Daime, Daime o Hoasca) produce beneficios para la salud.

En el estudio etnobotánico del médico nutricionista Diego A. Montalvo y colegas (2000), se subraya que en países como Brasil, el mismo organismo gubernamental de Salud Pública ha reconocido el uso de la bebida y su efecto positivo para la salud pública; la misma constatación ha ocurrido del organismo de Salud Pública de Perú, el cual ha realizado un informe favorable acerca del uso de la ayahuasca con fines médico-rituales para tratar, dentro de las estructuras clínicas médicas existentes, a los jóvenes con problemas de toxicodependencia.

Un ejemplo de aplicación del uso terapéutico: el Centro Takiwasi en Perú

Jacques Mabit (véase nota 13 del cap. 3) ha fundado y dirigido desde 1992 el Centro TAKIWASI de Rehabilitación de Toxicodependientes y de Investigación sobre las Medicinas Tradicionales (Tarapoto, Perú), como proyecto piloto de aplicación de los recursos de las medicinas tradicionales para formular una alternativa al tratamiento de los toxicodependientes[153].

Antes de abrir el Takiwasi, el Dr. Mabit y su equipo pasaron un período de seis años, de 1986 a 1992, desarrollando un trabajo de investigación sobre los sistemas de las prácticas de curación en el Departamento de San Martín (Perú). Este trabajo los llevó a encontrar setenta *curanderos* ayahuasqueros de la región (Río Mayo y Río Huallanga), y algunos de otras regiones de Perú (Pucallma, Iquitos, Puerto Maldonado), así como algunos extranjeros (de Brasil, Colombia, Venezuela, Ecuador). En las prácticas y en las concepciones de los *curanderos mestizos* se observó la existencia de una clara influencia indígena, en particular, en la región de referencia, la mayor influencia es la de los indios Lamistas. Grupo originario del pueblo Lamas, a 30 km de Tarapoto, de lengua quechua. Los grupos Lamas tienen una reputación de centros de "poder", admirados y temidos en el restringido círculo de las prácticas terapéuticas (Mabit, 2002a).

Una vez llegados a la Amazonía peruana, las observaciones del Dr. Mabit y de su equipo sobre el conocimiento indígena y sus técnicas terapéuticas llevaron a diversas conclusiones. Primero aprendieron de los expertos de medicina tradicional indígena que las sustancias ingeridas en su forma natural, usadas de modo que respeten las naturales barreras digestivas del cuerpo (es decir por vía oral), no solo no generaban ninguna dependencia, sino que ya eran utilizadas en el contexto urbano para tratar el moderno fenómeno de la toxicodependencia. En segundo lugar, concluyeron que deberían permanecer abiertos a cualquier inducción de *estados modificados de conciencia* a través de los posibles diversos métodos (como música, danza, ayuno, aislamiento, ejercicio físico, dolor, etc.), resultando ser una manera para la aplicación de técnicas terapéuticas que crean tanto un espacio de contención

153 Proyecto reconocido y financiado durante cinco años por la Misión Interministerial de Lucha contra la Droga y las Toxicomanías (antes DGLDT, ahora llamada MILDT) que depende directamente del Primer Ministro (Francia), y de otras instituciones internacionales. Este proyecto fue evaluado oficialmente en 1997 a petición de la Embajada de Francia en Perú, por el Dr. Christian Brulé, médico psiquiatra que era en aquella época Presidente del Instituto de Formación y de Lucha contra las Drogas (IFLD) y del Centro Europeo contra las Drogas (CECD) cuyas conclusiones fueron globalmente muy positivas, sugiriendo que se continuase la financiación del proyecto por parte de las instituciones gubernamentales francesas (Mabit, 2000).

temporal como una auténtica estructura simbólica que, como ocurre en los rituales indígenas, integra terapeutas y pacientes (Mabit, 2002b).

Además de no haber ningún riesgo de dependencia, observaron que el de toxicidad era igualmente inexistente en cuanto los principios activos de las plantas eran idénticos a los neurotransmisores secretados naturalmente por nuestros cuerpos (*ibidem*). En caso de sobredosificación (que es generalmente difícil de producir dado el sabor extremadamente desagradable de la bebida), estas sustancias son eliminadas naturalmente por el vómito. Este fenómeno autorregulador es parte integrante de los efectos esperados de la ingestión, así como los de purga-desintoxicación. El contexto de ingestión requiere rigurosas reglas de dieta, de comportamiento y de abstinencia sexual. En el curso de sucesivas ingestiones, la sensibilidad crece en vez de crear un hábito (es decir, no genera tolerancia o habituación sino lo contrario). Como resultado, las dosis gradualmente disminuyen: por lo tanto su uso en terapia sobre toxicodependencias no es en absoluto una sustitución, sino por el contrario un desintoxicante (*ibidem*).

Dentro de una estructura institucional, el sistema terapéutico que se ha estructurado en el Centro Takiwasi combina la aplicación clínica de las prácticas indígenas (en particular el uso de cerca de cuarenta plantas medicinales depurativas y/o psicoactivas, y en particular de la ayahuasca) con la psicoterapia contemporánea. Los resultados obtenidos han sido alentadores, en cuanto positivos en dos tercios de los pacientes (Mabit, 2002a y 2002b). En este modelo, el toxicómano es considerado un sujeto pensante y consintiente, y es invitado a asumir las responsabilidades de sus propias acciones. Según el Dr. Mabit, los métodos del tipo "máquina represiva", que apunta a sustituirse al sujeto tomando las decisiones por él, revocando su responsabilidad y, al final, reforzando un esquema interno de comportamiento de dependencia, llevan a un enfoque que atrae la racionalidad del toxicómano[154]. Al

154 «Moviéndose más allá de la rígida posición de que el objeto final de la terapia sobre toxicomanías sea la completa abstinencia, el mundo Occidental ha respondido a sus fracasos y limitaciones considerando la posibilidad de reducir meramente los riesgos. La noción de sustitución, como en la terapia con metadona para la dependencia de heroína, indica una cierta tolerancia frente a los estados alterados de conciencia. En este modelo, que trata estos estados como de algún modo "inevitables", uno estaría ahora satisfecho limitando sus negativos efectos secundarios.

contrario este modelo acepta la autenticidad de la búsqueda del sujeto, incluso si a menudo es inconsciente, de una verdadera libertad que a veces ha sido confundida con un capricho.

Del testimonio del mismo Dr. Mabit:

> En el contexto de este proyecto piloto de investigación clínica y etnobotánica hemos hecho uso, en un contexto terapéutico y de acuerdo a la legislación peruana, de la bebida tradicional de las prácticas médico-religiosas ancestrales autóctonas, llamada ayahuasca en Perú, y hemos observado así más de 8.000 ingestiones individuales de dicha bebida. Nunca se ha podido constatar la más leve habituación o dependencia a esta sustancia, que al contrario se usa tradicionalmente para tratar las dependencias del alcohol, y que en el contexto de nuestro proyecto ha permitido tratar cerca de 350 [hasta 1999, ndt] pacientes toxicodependientes de diferentes sustancias, como la cocaína base y la heroína, con resultados superiores a la media de los otros tratamientos usuales. Esta sustancia induce un aumento de la sensibilidad general, lo que explica que, contrariamente a la toxicodependencia, cuanto más se bebe la ayahuasca, tanto más deberá ser disminuida la dosis.
>
> (Mabit, 2000)

También según Mabit, los efectos visionarios de esta bebida no deben considerarse alucinógenos, sino un estímulo a la aparición de material psíquico inconsciente en forma simbólica, lo que permite explorar el universo interior del sujeto y que puede ser empleado con fines terapéuticos. En particular:

> Los efectos enteógenos o visionarios de esta bebida han sido apresuradamente llamados "alucinogénicos", estigmatizando un producto que podría ser un significativo campo de investigación. [...] Hemos argumentado que las imágenes estimuladas por el uso de la Ayahuasca en un contexto terapéutico manifiestan simbólicamente el contenido del inconsciente. Además, estas imágenes no son sin objeto (siendo este psicológico), lo que las diferencia completamente de las "ilusiones sin objeto" que son por definición "alucinaciones". La exploración del inconsciente a través de la Ayahuasca permite la rápida extracción

---

Parece ahora pensable que la toxicodependencia sea un intento, ciertamente torpe y a veces extremadamente peligroso, de auto-cura. Los usuarios de drogas pueden estar respondiendo a una necesidad real de evadirse del estado constriñente de un estilo de vida seco y desvitalizado, de las perspectivas poco excitantes o carentes de esperanzas» (Mabit, 2002b).

> de material psicológico extremadamente rico y altamente coherente, que puede luego ser trabajado a través de varios métodos psicoterapéuticos. Las visiones, como los sueños, indican el inicio de una integración en el nivel cortical superior.
>
> (Mabit, 2002b)

La conclusión respecto al hecho de que la producción visionaria vivida durante la experiencia con la bebida aparezca como una válida y verídica manifestación del inconsciente, la cual no tiene nada que ver con fenómenos alucinogénicos, está soportada según Mabit por las siguientes características.

- *Coherencia:* la experiencia visual proveniente de la ayahuasca puede parecer sorprendente, pero no se percibe nunca como incoherente y caótica. Al término de la sesión y posteriormente, lo que se ha vivido durante no se ha tomado nunca como una experiencia destructiva o totalmente irracional.
- *Carácter colectivo:* aunque no sea constante, los varios participantes han compartido las mismas apreciaciones respecto a lo vivido durante la sesión.
- *Capacidad adivinatoria:* requiere un cierto nivel de práctica, pero ha permitido al equipo del Dr. Mabit descubrir acontecimientos en el pasado de sus propios pacientes cuya historia personal era completamente desconocida.
- *Eficacia:* la visión es capaz de modificar la existencia cotidiana del sujeto, su carácter, su ánimo, su conducta. Y esto puede ocurrir incluso cuando el mismo no ha identificado todavía de manera clara el sentido de sus visiones (en contraposición con la mayoría de las psicoterapias académicas en las que la toma de conciencia, la integración intelectual es indispensable).
- *La flexibilidad:* como ya se indicó anteriormente (en el capítulo sobre la tradición *mestiza*), la *mareación*, el efecto psicoactivo que lleva a la producción visionaria, puede ser dirigido y modificado por quien gestiona la sesión a través de varias técnicas (la más importante es el uso del canto) que han sido identificadas empíricamente en las observaciones clínicas del equipo del Dr. Mabit.

Después de seis años de enseñanzas por parte de curadores amazónicos, el equipo del Dr. Mabit ha desarrollado un método terapéutico que usa la *modificación controlada de los estados de conciencia*. El proyecto tiende a combinar el saber ancestral (técnicas que involucran las plantas medicinales y los métodos naturales de desintoxicación, estimulación sensorial y privación sensorial) con las prácticas de la psicoterapia contemporánea, trabajando en el respeto de los requisitos de la mentalidad Occidental. El programa, en el cual no se ejerce ningún método coercitivo, acepta grupos de no más de quince pacientes voluntarios a la vez. El Centro Takiwasi está situado en un parque de más de dos hectáreas, a lo largo de un río, justo fuera de la ciudad de Tarapoto, en la Alta Amazonía Peruana, dentro del denominado piedemonte de los Andes.

La terapia está basada en un modelo que incluye tres métodos: el uso de las plantas, la psicoterapia, y la vida comunitaria. En primer lugar, gracias al uso de plantas depurativas reaparecen los sueños. Los toxicodependientes no tienen sueños porque están completamente desconectados de su propio mundo inconsciente. Una vez recuperados, este material onírico es trabajado en dinámica de grupo y con entrevistas personales de psicoterapia clásica, acompañadas por actividades que involucran a la comunidad entera: trabajo comunitario, deporte, etc. Este proceso continúa con los retiros de aislamiento, fundamentales en el chamanismo. Estos retiros en la selva son llamados "dietas", y no consisten solo en una dieta alimentaria, sino que comportan también un aislamiento de todo lo que pueda perturbar al enfermo en su trabajo energético. En estos períodos no puede consumir sal ni ingerir ciertas plantas que lo puedan reconectar con su mundo emocional. El paciente permanecerá completamente aislado, solo con la Naturaleza (con la única precaución de un vigilante del equipo médico que se sitúa a unos doscientos metros de distancia). Hay una total soledad, dentro de la cual surge un trabajo de confrontación consigo mismo, de introspección espontánea. Según Mabit, en la selva todo retoma un sentido, el toxicodependiente se hace consciente de que más allá de lo que se ve existe un orden y que él no puede hacer lo que le parece y cuando le parece, porque eso no representa la libertad.

Este proceso de retiro-dieta se repite tres o cuatro veces, y cada vez que se hace una dieta se manifiesta un salto cualitativo. La dieta supone ocho días de aislamiento total para luego volver al Centro, donde se permanece otros quince días con un control especial sobre ciertos alimentos o cosas que no se pueden hacer. Después continúa la terapia, se retoma ayahuasca y después de dos meses, de nuevo otra dieta (este es más o menos el esquema). La duración del tratamiento es generalmente de nueve meses, y el siguiente seguimiento es idealmente de dos años.

El Centro está situado en la primera área de producción mundial de coca; por lo tanto, la mayoría de los pacientes sobre todo al principio han sido oriundos de la zona con pocos recursos económicos, algunos llegados de las ciudades de la costa. Con el tiempo (aproximadamente desde 1999) han comenzado a llegar extranjeros y otros pacientes de todo origen social y cultural. El mantenimiento de cada paciente costaba cerca de 500 dólares al mes (en 2000), pero el equipo del Centro se adapta a lo que los pacientes disponen y la mayor parte no paga nada. Los recursos financieros necesarios derivan por tanto de donaciones, subvenciones de organismos internacionales, gobiernos, etc., entre los que se encuentran el Gobierno Francés, la Unión Europea, la ONU, la Orden de Malta, varias embajadas y ONG.

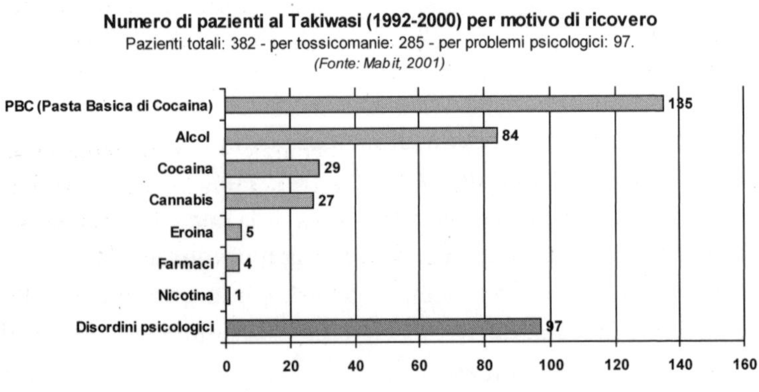

Fig. 13 - Número de pacientes en el Takiwasi
por motivo de ingreso (período 1992-2000)

Evaluaciones y Resultados

La evaluación se realiza de tres maneras. Una la realiza el mismo paciente a través del análisis de sus propios sueños y visiones; según el Dr. Mabit, «la planta indica al paciente aspectos interesantes o nos lo indica a nosotros cuando, en nuestros trabajos con la ayahuasca, visualizamos al paciente. Para nosotros es una verdadera fuente de información, muy válida para tomar decisiones»[155]. Además, existe el trabajo clásico de evaluación clínica, física y psicológica. Es importante subrayar que primero se trabaja sobre el cuerpo con la depuración física; después viene lo que concierne a la vida familiar, las emociones, los afectos, la seguridad; finalmente, en la tercera etapa, se aborda la parte espiritual: «las dos cosas que curan en el Takiwasi son el espíritu y el amor»[156]. De un estudio sobre los primeros siete años de actividad (1992-1998), resulta que, de todos los pacientes que han completado el programa entero, han obtenido una evaluación positiva ("buena" o "mejor") el 67% (Mabit, 2002b).

Conclusiones

El fenómeno de la toxicodependencia es característico de las sociedades occidentalizadas y continúa siendo prácticamente desconocido en las poblaciones indígenas o entre personas libres de una prolongada influencia occidental. Según las palabras del mismo Dr. Mabit:

> Acercándose y utilizando este antiguo saber indígena con respeto y un atento estudio, parece posible restablecer una auténtica relación con el Misterio de la Vida a través del retorno sobre los pasos de la iniciación. Dando valor a la legítima búsqueda del usuario de drogas y redireccionándola en una experiencia estructurada y llena de significado, quizás podemos evitar el blando derrotismo de la actitud «cualquier cosa está bien» así como la rígida e inútil belicosidad del «todo está prohibido».
>
> (Mabit, 2002b)

155 De una entrevista al Dr. Mabit realizada por el periodista Manuel Almendro en el Reportaje sobre el Takiwasi: "*Método revolucionario para curar toxicómanos*", publicado en la revista española *Más Allá*.

156 *Ibidem.*

Y además:

> En este mismo momento, los mismos poseedores de esta antigua sabiduría se dan cuenta de que su mundo está terminando y que si no lo transmiten, su saber irá desapareciendo. Por esto he encontrado mucha apertura en los *curanderos*, que identifican rápidamente si una persona viene con sinceridad. Es una angustia para ellos morir sin poder transmitir lo que saben. Pero tampoco hay que idealizar el indigenismo, que con certeza sabe gestionar muy bien el mundo del inconsciente y el mundo espiritual, de las energías, etc., pero tiene también carencias dado que se trata de un conocimiento que se desarrolla inicialmente en un contexto tribal, donde usar las técnicas de guerra chamánica para hacer daño al enemigo es hacer el bien. Porque cuando surge la noción crística del amor al prójimo ya no se puede proyectar la sombra, sino que hay que integrarla en nuestra dinámica psíquica como agente activo.[157]

Ayahuasca, estados modificados de conciencia y psicología cognitiva

Estados modificados de conciencia

De los estudios sobre las difundidas manifestaciones culturales del hombre en las que el uso de plantas psicoactivas tiene un papel relevante, se ve cómo en las culturas nativas —y no solo en ellas—, es fundamental y siempre constante la profunda sacralidad atribuida a las plantas psicoactivas, consideradas uno de los medios para poder entrar en contacto con la realidad espiritual que impregna el universo y la vida del hombre. El uso de sustancias psicoactivas forma parte de un conjunto más amplio de técnicas que desde siempre han sido utilizadas por el hombre para alcanzar los que han sido definidos como los *estados modificados de conciencia*. Entre las numerosas técnicas que estimulan estados modificados de conciencia recordamos: técnicas de meditación, *mantras*, oración prolongada, ayuno y aislamiento, sonidos o música[158], técnicas de respiración (por ejemplo la hiperventilación rít-

157 De la entrevista al Dr. Mabit ya citada (ver nota 43).

158 Por ejemplo las técnicas, presentes en ciertas culturas indígenas, que utilizan el efecto catalizador de la prolongada percusión de tambores para alcanzar el trance extático.

mica), aislamiento sensorial, sexo, inducción hipnótica, inmersión en paisajes naturales, las llamadas "*near-death experiences*", etc. En elpasado,o los estados modificados de conciencia han sido descuidados por la investigación científica en cuanto juzgados carentes de aquellos requisitos de objetividad necesarios para la aplicación de las ciencias naturales. Por otro lado, resultan ser un componente históricamente característico en la vida de cada hombre, e incluso un fenómeno cuyas máximas manifestaciones, piénsese en profetas y místicos de toda época y nación, han llevado profundas transformaciones culturales en la vida social de la humanidad, así como las comunes experiencias de conciencia individuales llevan a cambios relevantes en lo pequeño de la vida personal de cada uno. La relevancia de los fenómenos relativos a la conciencia en la vida del hombre es un hecho que no se puede apartar e ignorar, o pensar en relegar de modo reduccionista al ámbito exclusivo de las religiones. A tal propósito, Metzner comenta:

> Dentro del paradigma científico materialista, basado en la observación empírica y cuantitativa, cualquier *insight* o enseñanza recibida durante sueños, trance, intuiciones, éxtasis místico u otro similar, sería visto como "puramente subjetivo" y limitado a aquellos estados modificados, por lo tanto no teniendo general aplicabilidad o "realidad". Sin embargo, los fenómenos que se verifican durante los estados modificados de conciencia pueden ser observados empíricamente, por lo tanto si partimos del presupuesto científico del empirismo ("todo conocimiento deriva de la experiencia") y lo llevamos a su máxima radicalidad, todos los fenómenos que conciernen a la conciencia, incluidas las experiencias religiosas y paranormales, dado que pueden ser directamente objeto de experiencia, no deben ser excluidos del análisis científico.
>
> (Metzner, 1999)

En este pasaje, el psicólogo estadounidense Ralph Metzner[159] retoma un concepto de la filosofía de empirismo radical del filósofo americano

159 *Ralph Metzner* es uno de los mayores expertos en el campo de los estudios de la conciencia, de los estados modificados de conciencia y del uso de sustancias sintéticas y plantas naturales psicoactivas, con una experiencia de más de cuarenta años de trabajo sobre estos temas. En los años 60 trabajaba en la Harvard University con Timothy Leary y Richard Alpert, en la investigación sobre las aplicaciones terapéuticas de algunas sustancias psicoactivas. En los años 70 pasó a estudiar los métodos para alcanzar los estados modificados de conciencia sin el uso de sustancias psicoactivas,

William James (1842-1910), considerado uno de los grandes padres de la psicología científica. Muchas décadas después de la exposición de estas observaciones por parte de William James, ciencias humanas como la psicología y los estudios cognitivos, aplicadas al análisis de las experiencias derivadas de estados modificados de conciencia, han descrito exhaustivamente y con rigor científico los procesos psicológicos y los estilos cognitivos relativos a los estados modificados de conciencia, experiencias que han acompañado la vida del hombre desde siempre y constituyen un componente característico presente en todas las culturas, en particular en su aspecto religioso, tanto occidentales como orientales, tanto las llamadas primitivas como las llamadas evolucionadas.

Psicología cognitiva de la ayahuasca[160]

Con el término *estados modificados de conciencia* se designan aquellos momentos en los que se pasa del habitual mecanismo mental dualístico (o esto o aquello, o ahora o más tarde, o aquí o allá, o tú o yo) a un estilo de funcionamiento cognitivo en el que la conciencia (la mente) se observa a sí misma mientras dialoga consigo misma (Fericgla, 1996).

---

como el yoga, la meditación, la alquimia y los nuevos métodos de psicoterapia basados en los estados modificados de conciencia. En los años 80 entró en contacto con los estudios sobre las tradiciones chamánicas que en cada parte del mundo adoptan técnicas para llevar a estados modificados de conciencia, quedando particularmente interesado en las tradiciones, a veces de origen prehistórico, que usan plantas psicoactivas sagradas.

160 La psicología cognitiva es la disciplina aplicada al estudio empírico y teórico de la vida mental de los seres humanos. Sus temas paradigmáticos están relacionados con el lenguaje, la memoria, los procesos del pensamiento, los aspectos psicológicos del conocimiento y, por último, pero no de menor importancia, con la conciencia. Los estudios psicológicos existentes sobre la ayahuasca, incluidos los que hemos presentado dentro de este capítulo, pertenecen principalmente a otros campos de la psicología, como la psicología médica, clínica y psiquiátrica. Esto es bastante natural dadas las propiedades y los usos terapéuticos de la bebida, aunque algunos autores afirman que la disciplina más importante para su estudio es precisamente la psicología cognitiva (Shanon, 2002), la cual permite investigar los procesos cognitivos y dinámicos asociados a la experiencia con la ayahuasca. Para una mayor profundización sobre este tema, se evidencian, además de los estudios del Prof. Fericgla, también los del Prof. Shanon (*Hebrew University* en Jerusalén, Israel).

La suspensión de la mente dualística es el objetivo principal, por ejemplo, de las prácticas orientales de meditación y de yoga, de las técnicas antiestrés y de la psicología analítica. Este objetivo se alcanza gracias a los estados modificados de conciencia, en los cuales se ha observado y experimentado científicamente un paso de la mente dualística cotidiana a un nivel de conciencia jerárquicamente superior constituido por el "dialogismo cognitivo": el mecanismo cognitivo basado en el diálogo interno de la conciencia misma, en el que nuestra mente habla consigo misma, se auto-observa, reelabora sus contenidos emotivos, toma conciencia de sí, etc. (*ibidem*).

Este paso de estilo cognitivo, de la mente dualística al diálogo interno (dialogismo cognitivo), alcanzado con los estados modificados de conciencia está en la base de aquellas experiencias que permiten hacer aflorar y elaborar fuertes cargas emotivas internas a través de la producción de imágenes mentales impregnadas de significados simbólicos codificados. Es el estado de profunda reflexión en el que la mente accede a una producción visionaria interna para manifestar los resultados emotivos del autoanálisis en curso. En las técnicas orientales de meditación este estado es llamado *samadhi*, en la observación de las prácticas chamánicas ha sido definido como *trance extático*, en las tradiciones religiosas *éxtasis místico*, en el vegetalismo mestizo *mareación*, en las modernas religiones ayahuasqueras *miração*, en la psicología *dialogismo cognitivo*. Todos términos equivalentes para definir el estado de conciencia en el que la mente dialoga consigo misma y al mismo tiempo se observa desde arriba mientras vive este diálogo interno que se manifiesta con imágenes mentales impregnadas de fuerte carga emotiva.

Ficha 4 - Alcaloides endógenos y estados de conciencia

Es interesante hacer un breve inciso respecto a los descubrimientos biomédicos relativos a los alcaloides endógenos en el cuerpo humano (y presentes en la ayahuasca) y los estados modificados de conciencia. Como se ha mencionado al inicio del capítulo, las sustancias llamadas *β-carbolinas* están presentes en la glándula pineal del hombre y de varios animales (Stafford, 1977). En una conferencia de 1977 en San Francisco, Bo Holmstedt (Karolinska Institute, Suecia), un pionero en la investigación sobre los alcaloides harmalínicos, ha sugerido por primera vez que tales sustancias son *producidas* dentro de la glándula pineal, así como las sustancias tipo-DMT endógenas (*ibidem*). El psiquiatra Claudio Naranjo concluyó que estas sustancias endógenas están involucradas en el control de los estados de conciencia (*ibidem*). Posteriormente también Rick Strassman ha deducido que la DMT presente en el tejido cefalorraquídeo humano es sintetizada dentro de la glándula pineal, órgano dentro del cual están presentes las sustancias involucradas en el control de los estados de conciencia. En particular:

> He comenzado a interesarme en las triptaminas como la DMT y la 5-Metoxi-DMT hace algunos años cuando me resultó obvio que la glándula pineal podría posiblemente sintetizar estos compuestos. He quedado fascinado por el posible papel de la pineal en estados inusuales de conciencia, y la hipótesis de que la pineal podría mediar biológicamente estos estados ha tenido un gran atractivo.
>
> (Strassman, 1991)

El Dr. Micheal Winkelman describe detalladamente el entero proceso bioquímico que involucra la interacción de serotonina, plantas psicoactivas (que define como *psicointegradores*) y el sistema nervioso central. Este proceso da como resultado un "flujo emocional" en el que aflora espontáneamente material inconsciente propio de cada individuo; además estimula la conexión entre las diferentes áreas del cerebro, en particular la ruta de base seguida por las informaciones que parten del sistema sensorial del cuerpo (sistema límbico) para alcanzar la corteza frontal (Winkelman, 2000, pp. 131-132, 221-223). Según el Dr. Winkelman, los psicointegradores activan el cerebro paleomamífero (*paleomammalian brain*), evocando y procesando emociones y recuerdos, y el complejo cerebral reptiliano (*reptilian complex*), manteniendo un estado de alerta y conciencia. En particular:

> Las modalidades de elaboración de la información de cerebros reptiliano y paleomamífero involucran procesos cognitivos que no están basados en el lenguaje, sino en formas de representación mental y social ligadas al proceso primario y a la comunicación no verbal. Estas estructuras carecen de representación lingüística; pero tienen conciencia, inteligencia, y conciencia; juegan un papel dominante en la gestión de la vida emocional y social.
>
> (Winkelman, 2000, p. 222)

Según Metzner, la evolución de la conciencia es un proceso de transformación que consiste primariamente en el logro de *insights* y comprensión, o gnosis; la aceleración de este proceso es un componente integral de los tradicionales sistemas de transformación, incluido el chamanismo, la alquimia y el yoga (Metzner, 1988). Evolución de la conciencia significa desarrollo de la conciencia, que puede ser vista como un órgano *sutil* del hombre, el cual tiene la posibilidad, y la tarea, de ampliar y reforzar en el curso de la propia vida con finalidades no solo concernientes a la propia evolución espiritual, sino también de *adaptación evolutiva* de la humanidad a la vida misma para la preservación de la especie.

El *examen de conciencia* en la base de la doctrina cristiana es un instrumento fundamental para el desarrollo de la conciencia y representa el intento principal con el que deberíamos acercarnos a cualquier estado modificado de conciencia para obtener los mejores frutos respecto a la resolución de los propios problemas (físicos, mentales y espirituales), en otras palabras, para aprovechar al máximo la oportunidad de transformación *adaptativa* de los propios mecanismos de comprensión y comportamiento. Esto quiere decir que una cosa es la intuición reveladora (*insight*) y la comprensión que deriva sobre la propia condición, y otra cosa es la implementación de esta comprensión a través de una modificación del propio comportamiento en la vida cotidiana que permita *adaptarnos* a la dinámica de la realidad que nos rodea. Es más, significa que una cosa es reconocer qué es el bien y qué es el mal, otra cosa es *hacer el bien* en la vida de todos los días.

Josep Mª Fericgla (1996) evidencia tres elementos clave para comprender los estados modificados de conciencia y en particular, lo que llama la propiedad *adaptógena*, es decir, adaptativa endógena, del consumo de ayahuasca. En primer lugar, subraya que las investigaciones etnográficas muestran claramente que los seres humanos consumen ayahuasca con una finalidad directa y explícitamente conectada a la mejora y adaptación del propio comportamiento[161]. Esto significa que el uso ritual de la ayahuasca, en las diversas tradiciones, es buscado precisamente para un autoanálisis finalizado a la comprensión de cuáles

161 Usando las palabras de Fericgla, el objetivo explícito y consciente del uso tradicional de la ayahuasca está conectado con «algunos procesos cognitivos que permiten una mejora en la eficacia adaptativa» (Fericgla, 1997).

son los cambios de comportamiento necesarios para la resolución de los propios problemas a nivel personal y social. En este caso la adaptación no es pasiva, debida a presiones desde el exterior, sino que se manifiesta a través de acciones activas basadas en la modificación consciente de la auto-organización interna del individuo: los propios esquemas de interpretación, mapas cognitivos, modelos culturales, formas de comportamiento. Su *consumo ritual* finalizado a la «automodificación consciente y voluntaria como estrategia adaptativa» denota la propiedad *adaptógena* de la ayahuasca relativamente al contexto de ingestión.

En segundo lugar, también Fericgla ilustra cómo en el caso de la producción visionaria, o imaginación mental generada por la ayahuasca, «no se trata de fantasía vacía» sino que concierne a «constantes simbólicas personales y universales, verificadas tanto por la psicología como por la etnología». En general los estados modificados de conciencia favorecen la emergencia de material inconsciente perteneciente a cada individuo a través de «una lógica propia de la imaginación mental» caracterizada por una intensa carga emotiva. Por este motivo el contexto de ingestión de la ayahuasca usualmente es, y debe ser, religioso o terapéutico o de todos modos amistoso.

Finalmente, el paso de la mente dualística cotidiana al diálogo interno (*dialogismo cognitivo*) es considerado una subida jerárquica de conciencia en la que se mantiene un "ojo observador" que permite conservar una conciencia vigilante sobre el curso de la experiencia y la manifestación emotiva[162].

En conclusión, en los contextos tradicionales de ingestión, religiosos y terapéuticos, la ayahuasca es consumida con la precisa intención de auto-analizarse para comprender los cambios necesarios en el propio comportamiento cotidiano con el fin de poder adaptarse al desarrollo del curso de la propia vida, resolviendo los propios problemas físicos, mentales y espirituales. Esta consideración de psicología cognitiva

162 Se recuerda que de los análisis clínicos de los diversos estudios sobre el consumo de la ayahuasca resulta que los usuarios (tanto históricos como por primera vez) no han mostrado nunca signos de pérdida de conciencia, control o contacto con la realidad, y que recuerdan toda la experiencia vivida (Riba *et al.*, 2001a). Por este motivo la experiencia con la ayahuasca, según Fericgla, puede ayudar a disminuir el peligro de patologías psicológicas y neurosis, en las cuales se verifica un dialogismo mental no controlado y no consciente (como por ejemplo en la llamada disociación mental).

coincide perfectamente con las conclusiones del psiquiatra estadounidense Charles Grob respecto a los análisis psiquiátricos sobre los usuarios desde más de diez años de la UDV, de los cuales ha podido verificar la correspondencia real de la eficacia adaptativa de la ayahuasca en los test psicológicos y en las historias de su vida (véase Grob *et al.*, 1996). El autoanálisis se profundiza gracias a la temporal expansión de conciencia que alcanza el *dialogismo cognitivo* en el que se mantiene la supervisión de un "ojo observador", este estilo cognitivo «permite evidenciar, para el entendimiento del sujeto, sus carencias, problemas y desacuerdos» (Fericgla, 1996). Este profundo *examen de conciencia* genera una revaluación de las propias actitudes (de comportamiento y mentales) y lleva a una mayor comprensión y aceptación de la propia realidad. De esto deriva «la importantísima función adaptógena de la ayahuasca» (*ibidem*).

La lógica específica de este estilo cognitivo (*dialogismo*) se manifiesta gracias a la imaginación mental, cuyas características principales conciernen a la carga emotiva y un lenguaje basado en constantes simbólicas personales y universales (para estas últimas se puede hacer referencia a los *arquetipos* de Jung). Por este motivo resulta importante un contexto de ingestión que garantice un ambiente emocionalmente amistoso y protector, cuales son los contextos religioso y terapéutico, en los cuales el simbolismo ritual tiene la precisa función de facilitar y reorientar la experiencia de la expansión de conciencia. Esta siempre ha sido la función, por ejemplo, de los cánticos chamánicos, ya sean cantos indígenas, *ícaros*, himnos o salmos.

En relación a estos estados mentales ricos desde el punto de vista emotivo (propios de los estados modificados de conciencia en general):

> [...] se puede afirmar que [...] despiertan en el sujeto una comprensión de sí mismo y de su ambiente en base a una lógica de las imágenes, y al mismo tiempo despiertan un elevado compromiso del individuo hacia su situación vital. Con esto estoy afirmando que se trata de lo opuesto a un proceso alienante.
>
> (Fericgla, 1996)

y además:

> [...] los procesos de comunicación intra e interpersonales basados en el dialogismo y en la introspección permiten adquirir una visión más amplia de la

situación en la que uno se encuentra, ya que mediante este estilo cognitivo se aprende a observar los pensamientos, percibiendo su adecuación o la falta (en religión lo llamarían veracidad). [...] El ser humano puede abrirse a situaciones nuevas solo si es capaz de tomar conciencia de sus modelos cognitivos e intenta acciones adaptativas para tratar de superarlos.

(*ibidem*)

Finalmente:

[...] siento poder afirmar que el uso de la ayahuasca permite explorar con detalle el funcionamiento de la mente humana y hacerlo además en relación al origen de la producción cultural, su manifestación más elevada. Similarmente, el consumo de este y de otros enteógenos es un válido medio que permite incentivar mecanismos endógenos de adaptación, [...]; y que potencialmente puede ser usado como un importante instrumento para la educación emotiva adecuada a nuestro momento histórico, lo que indudablemente conduciría a la formulación de un campo común a la ciencia y a las religiones no estrictamente dogmáticas.

(*ibidem*)

Respecto a este último punto, nos vienen a la mente las consideraciones del escritor y filósofo de la educación Aldous Huxley sobre el potencial de las plantas psicoactivas como instrumentos de educación en la cultura occidental. En su última obra literaria, *La isla*, Huxley hace un retrato de una cultura ideal que ha alcanzado un equilibrio entre el pensamiento científico y el espiritual, y que también ha incorporado el uso ritual de plantas psicoactivas para la educación.

La expansión de conciencia derivada de los estados modificados de conciencia, como también en el caso del uso de la ayahuasca, es un instrumento fundamental buscado históricamente por el hombre para la propia evolución espiritual y la resolución de los propios problemas. Al mismo tiempo, sigue siendo solo un instrumento, acelerador del potencial proceso de transformación, sí, pero privado de un mecanismo interno de dirección para obtener los mejores resultados. Esto significa que no es suficiente el estado modificado de conciencia en sí mismo para llegar a aprovechar sus propiedades de comprensión y de auto-mejora adaptativa, e introduce el discurso respecto a la importancia de otros dos factores que están involucrados en cualquier experiencia de estado modificado de conciencia: la *intención personal* con la que uno se acerca a la experiencia y el *contexto* en el que tal experiencia está inmersa.

Set and Setting

La importancia de la *intención personal* y del *contexto* ha sido desde siempre implícitamente reconocida en todas las tradiciones de espiritualidad religiosa, y manifestada a través de la construcción de una cosmología de lo sagrado que permita introducir el contexto de la experiencia en un simbolismo ritual y estimular un enfoque de respeto reverencial hacia el lado espiritual de la realidad.

En la investigación científica en psicología, y en particular en la investigación médico-psiquiátrica sobre los efectos de las sustancias psicoactivas, las "*set-and-setting hypothesis*", por primera vez formuladas por Timothy Leary[163] a inicios de los años 60, han sido aceptadas desde hace tiempo por la mayoría de los profesionales en este campo. La teoría describe cómo el contenido de las experiencias derivadas del uso de sustancias psicoactivas está influenciado de modo determinante por el "*set*" (intenciones, actitud, personalidad, estado de ánimo del usuario) y por el "*setting*" (contexto de ingestión interpersonal, social y ambiental); y que la sustancia psicoactiva funciona como un estímulo, catalizador o amplificador no específico. Ha sido reconocido por la psicología (Tart, 1972; Zimberg, 1977) que estas hipótesis pueden ser aplicadas para comprender cualquier estado modificado de conciencia.

Es la específica *intención personal* con la que uno se sumerge en la expansión de conciencia, la que, por ejemplo, puede hacer la experiencia mística y positivamente fructífera: los factores internos del "*set*", incluida preparación, expectativas e intenciones, son los determinantes del hecho de que una particular experiencia pueda ser auténticamente religiosa. No solo, sino que es aún la *intención inflexible*, como diría Don Juan a Carlos Castaneda, el elemento necesario para producir una mejor transformación a largo plazo en los propios mecanismos comportamentales[164]. Tener una intuición reveladora no significa

---

163 Precursor, junto con Ralph Metzner y Richard Alpert en el estudio de las llamadas sustancias sintéticas psicodélicas en la Universidad de Harvard (EE.UU.)

164 Sobre este tema Metzner (1988) cita el trabajo de William James "*Varieties of*

automáticamente ser capaz de aplicarla. La intención es crucial para que una expansión de conciencia genere duraderos y positivos cambios comportamentales. A tal propósito:

> La intención es como un tipo de puente desde el estado de realidad ordinaria al estado de conciencia ampliada; y puede también proporcionar un puente desde ese estado amplificado de vuelta a la realidad ordinaria. [...] La sustancia psicoactiva es solo un instrumento, un catalizador para alcanzar ciertos estados modificados de conciencia que, por otro lado, dependen de las intenciones del usuario. Además, incluso cuando el estado inducido es benigno y expansivo, que lleve o no a cambios positivos y duraderos es una cuestión de intenciones y disposición mental.
>
> (Metzner, 1988)

La intención, el *set*, con que el individuo afronta un estado modificado de conciencia es por tanto fundamental desde dos puntos de vista: (1) determina la calidad y el contenido de la experiencia derivada de la expansión de conciencia; esto significa que influye en la eficacia del examen de conciencia, la profundidad del autoanálisis introspectivo, y la comprensión de las acciones necesarias para la resolución de los propios problemas; (2) determina la efectiva puesta en práctica en la vida cotidiana de las instrucciones comprendidas durante la experiencia, es decir, estimula el concreto cambio finalizado a la mejora de la propia conducta, haciendo efectivos los mecanismos de adaptación a la vida cuya comprensión ha emergido durante la experiencia de conciencia ampliada.

Igualmente importante es el contexto, o *setting*, en el que ocurre la experiencia de conciencia ampliada. En el caso de la ayahuasca, a los fines del contenido de la experiencia y de sus resultados positivos, es importante el contexto de ingestión. Por este motivo el uso de la bebida es, y debe ser, usualmente ritual y/o terapéutico. Las tradiciones indígenas, *mestizas* y de las modernas religiones ayahuasqueras muestran claramente un contexto de ingestión altamente estructurado y ordenado, que involucra tanto el espacio físico: organización del lugar, simbolismo, disposición de los participantes; como el contexto social y la organización del ritual mismo: clima de respeto y profunda sacralidad, control

---

Religious Experience".

y supervisión de la sesión ritual por parte de quien dirige la celebración y de sus colaboradores, técnicas de gestión del ritual mismo como por ejemplo la utilización de los cantos y de las músicas.

Conclusiones

Cada uno de nosotros vive en un mundo que construye según los instrumentos interpretativos a su disposición y en cierto acuerdo con los demás. Las funciones cognitivas de nuestra mente (los mecanismos de comprensión), que interpretan y construyen el mundo en el que estamos inmersos, actúan a través de la construcción de metáforas "personalizadas" de lo que sucede (Fericgla, 1999). El mismo fenómeno que Don Juan describía a Carlos Castaneda a través de la imagen de que cada individuo pasa la vida construyendo un "inventario" de todo lo que hay en el mundo, incluida la idea que tiene del "yo". La superación de la mente dualística y la activación de una conciencia dialógica (dialogismo cognitivo), a través de la cual la mente se observa y genera una auto-representación, puede llegar a reconocer las metáforas o los "inventarios" como tales, como modelos virtuales proyectados sobre la representación de los hechos.

Según Fericgla, el malestar psicológico difundido en la sociedad occidental, que se manifiesta particularmente en actitudes compulsivas como por ejemplo las relativas a las toxicomanías, deriva principalmente de un mismo origen: un profundo vacío interior, la falta de un sentido en la propia existencia. Es decir, una mala metáfora del yo y del mundo. Falta una buena auto-representación. El cerebro probablemente necesita una mayor actividad *ordenada*, que le permita aumentar el intercambio de información interna y generar una mayor estabilidad del sistema, en definitiva una mayor conciencia (*ibidem*). Para eliminar este vacío existencial primero la persona debe ser capaz de auto-observarse, hacer el examen de conciencia. Para poder llegar a auto-observarse eficazmente es necesario que el sujeto tenga a su disposición *herramientas interpretativas simbólicas* adecuadas, es decir, una metáfora correcta que pueda aplicar a sí mismo y al mundo que lo rodea. Históricamente se han desarrollado diversos sistemas metafóricos con exactamente esta finalidad: todas las religiones y mitologías (incluida la metáfora de las "plantas maestras"), las filosofías como el budismo, las diversas escuelas de meditación zen, la psicología analítica, el análisis de los sueños, la misma ciencia, etc. A tal propósito Fericgla afirma estar seguro de que «un día se podrá verificar biológicamente el efecto que produce el hecho de tener una mejor metáfora de la vida y del mundo», y que tal «correspondencia será una mayor conexión neuronal y un mayor intercambio de informaciones entre las distintas partes del cerebro» (Fericgla, 1999). Esta afirmación coincide con las consideraciones psico-biológicas de Winkelman (2000), expuestas en la anterior ficha 4, sobre la acción estimulante de los psicointegradores (plantas enteógenas) en el desarrollo de la interconexión entre las diversas partes del cerebro.

En la psicología cognitiva, el estilo de *dialogismo cognitivo* al que llega la conciencia una vez superada la mente dualística, es un denominador fundamental «en todo lo que está asociado con los espíritus, los muertos, las experiencias de sacralidad y las excursiones psíquicas» (Fericgla, 1996). Resulta claro el porqué la expansión de conciencia generada por una sustancia psicoactiva como la ayahuasca resulta, gracias a una adecuada intención personal y a un contexto de sacralidad ritual, una herramienta extremadamente eficaz para despertar las propias potencialidades espirituales y autocurativas, para alcanzar una comprensión más profunda de los aspectos más elevados del propio ser, para desarrollar la conciencia de la presencia espiritual y divina en el universo entero y dentro de cada individuo, es decir, para contribuir a alcanzar una conciencia del sentido de la propia vida.

La experiencia mística en la sociedad occidental, cuya mentalidad materialista tiende incluso a ridiculizar el tema y a quien cree en la posibilidad de vivirla directamente de modo auténtico, ha sido tradicionalmente experimentada solo por santos, profetas y pocas otras personas. La realidad de que plantas psicoactivas comúnmente usadas durante miles de años, como la ayahuasca, puedan ser consideradas herramientas para estimular experiencias de contacto inefable con lo divino y procesos evolutivos de adaptación comportamental, debe ser tomada en consideración como un factor muy importante para el general despertar espiritual de la conciencia colectiva de la humanidad.

En este apéndice queremos presentar las evidencias de algunos artículos científicos elegidos entre las numerosas publicaciones sobre la ayahuasca de los últimos 20 años, desde la fecha de la primera redacción del presente volumen en 2005. Recordamos que solo en la década 2012-2022 se han publicado 347 artículos científicos sometidos a revisión por pares sobre la Ayahuasca[165].

Las temáticas relevantes responden a las cuestiones de si están presentes riesgos para la salud en el consumo de ayahuasca, en particular dentro de un contexto ritual controlado, y si hay bases para demostrar las potencialidades del uso terapéutico.

La dirección prácticamente unitaria de la investigación científica acreditada internacionalmente es que, con las usuales consideraciones y prudentes notas sobre los posibles excepcionales efectos adversos de una sustancia, la ayahuasca es presentada como de buena tolerabilidad y beneficiosa para el cuerpo humano. Emerge, en verdad, una buena seguridad del uso de la ayahuasca, específicamente en contexto ritual controlado, con beneficios para la salud de los usuarios a medio-largo plazo, y se confirman las potencialidades de las propiedades terapéuticas de la ayahuasca.

Como veremos más en detalle en el capítulo 11, el Ministerio de Salud Italiano, con decreto ministerial, en 2022 ha prohibido la ayahuasca en Italia, basándose en la instrucción del Instituto Superior de Sanidad (ISS) que concluye sobre la toxicidad de la bebida, en cuanto atribuye un cierto nivel de toxicidad al consumo tanto de DMT como de *ß*-carbolinas.

No es nuestra intención poner en discusión el decreto ministerial en sentido absoluto, porque, dado el fenómeno global de difusión del consumo de ayahuasca, que en cierto modo puede parecer también una moda, no siempre el contexto de ingestión resulta ser seguro. No obstante, el tema es precisamente este, o sea que la cuestión concierne al contexto de ingestión y no a la sustancia en sí y su presunta toxicidad.

165 Dato obtenido con fecha 23 de abril de 2022 de https://pubmed.ncbi.nlm.nih.gov/ introduciendo la palabra clave "ayahuasca".

En las mismas notas del ISS usadas para la instrucción a efectos del decreto ministerial en cuestión, que hemos obtenido mediante acceso a los actos, se indica que la toxicidad del consumo de *ß*-carbolinas se produce solo por encima de un umbral mínimo de dosificación (medido en mg por kg de peso corporal). El punto es que tal umbral es ampliamente superior a las cantidades ingeridas normalmente en un ritual de Santo Daime. Por lo tanto, en base a las mismas consideraciones del ISS, el consumo de las normales dosis de Santo Daime en el contexto ritual controlado, no debería presentar riesgos de toxicidad.

Considerando que está de por medio también el derecho universal a la libertad de religión, el tema resulta mucho más complejo respecto a la solución "blanco/negro" a menudo común en las políticas sobre las drogas, por lo que una sustancia en un cierto punto es demonizada sin tener en consideración los casos de ingestión, en particular la dosificación y el contexto de ingestión que en cambio son elementos sustanciales y determinantes para evaluar los efectivos riesgos para la salud y el orden público.

Abordaremos de nuevo este argumento en el capítulo 11, mientras que en este apéndice queremos citar algunos artículos científicos de particular interés (y de los que aconsejamos la lectura integral), subrayando que *todos* los cinco artículos a continuación citados han sido utilizados por el ISS en sus notas para defender la hipotética toxicidad de la ayahuasca (¿pero en qué condiciones?) y en consecuencia el decreto ministerial.

El ISS cita estos artículos para sostener la idea de los riesgos para la salud por un lado, y de la falta de bases para demostrar las potencialidades del uso terapéutico por el otro. Sin embargo, si se lee íntegramente su texto, emerge que tales artículos, en verdad, evidencian una buena seguridad del uso de la ayahuasca (específicamente en contexto ritual), los beneficios para la salud de los usuarios a medio-largo plazo, y las potencialidades de las propiedades terapéuticas de la ayahuasca.

En el primer artículo, de Dennis Mckenna (2004), titulado *Clinical investigations of the therapeutic potential of ayahuasca: rationale and regulatory challenges*, el autor concluye afirmando: "Es deseable que la finalización de estudios clínicos recientes, aunque preliminares, en Brasil y en España, y la posible aprobación de su uso en un contexto religioso, abran la puerta a ulteriores rigurosas investigaciones científicas sobre el potencial de curación de la ayahuasca".

En las consideraciones finales del segundo artículo, de Dos Santos (2013), encontramos que "la administración aguda de ayahuasca a voluntarios sanos es relativamente segura. [...] el consumo ritual de ayahuasca a largo plazo por parte de adultos y adolescentes no parece ser seriamente tóxico o dañino. [...] la ayahuasca no parece ser tóxica para las mujeres embarazadas o para sus niños".

A continuación presentamos algunos pasajes del tercer artículo, de Maia L.O. *et al.* (2023), titulado *Ayahuasca's therapeutic potential: What we know - and what not*, una revisión de la literatura científica reciente, de la que aconsejamos la lectura integral a los apasionados en la materia, en particular en lo que se refiere a la seguridad del uso de la ayahuasca, a los efectos del uso a medio-largo plazo en el contexto religioso, y al notable potencial terapéutico.

> Resumen
> El potencial terapéutico de la infusión psicodélica ayahuasca ha sido investigado en estudios preclínicos y clínicos. Actualmente, las pruebas más consistentes se refieren a la depresión. Sin embargo, diversos estudios sugieren que la ayahuasca puede tener beneficios terapéuticos en otras condiciones de salud. [...]
>
> Seguridad y tolerabilidad (pág. 50)
> Los estudios experimentales sobre los efectos negativos y daños potenciales indican respuestas fisiológicas agudas moderadas (por ejemplo, aumento de la frecuencia cardíaca y de la presión sanguínea) y reacciones adversas (por ejemplo, náusea y vómito) (Santos *et al.*, 2017). Las reacciones psicológicas adversas graves (por ejemplo, episodios de psicosis prolongada, ansiedad grave) son consideradas raras, limitadas a individuos susceptibles y a contextos no controlados (Santos *et al.*, 2017). [...] En conjunto, la ingestión de ayahuasca, sobre todo en contextos controlados, es considerada fisiológicamente y psicológicamente segura (Riba *et al.*, 2001; Riba *et al.*, 2003; Rossi *et al.*, 2022; Santos *et al.*, 2017). El uso de la ayahuasca no es considerado una dependencia (Fabregas *et al.*, 2010; Gable, 2007; Lawn *et al.*, 2017).

Riesgos relacionados con la psicosis (pág. 50)
[...] el uso a largo plazo de ayahuasca en contextos religiosos no está asociado a un aumento de la incidencia de trastornos psicóticos (Dos Santos *et al.*, 2016a). [...] No se han reportado casos de reacciones psicóticas prolongadas inducidas por la ayahuasca en contextos de investigación experimental/clínica (Dos Santos *et al.*, 2017).

Discusión (Pág. 55)
A medida que la comprensión científica de la ayahuasca crece, crece también su uso con propósito terapéutico. En Brasil, que reglamenta su uso religioso (Labate & Feeney, 2012), las personas se dirigen a religiones o grupos "chamánicos" en busca de beneficios terapéuticos (Cruz & Nappo, 2018; Maia *et al.*, 2021). Algunos profesionales de la salud mental apoyan a los pacientes que han probado la ayahuasca en contextos rituales, para integrar la experiencia (Diament *et al.*, 2021). La expansión del uso terapéutico de la ayahuasca suscita debates sobre su reglamentación en Brasil y en el mundo. Las oportunidades y los desafíos de la ayahuasca en los contextos terapéuticos y en los sistemas sanitarios involucran aspectos sociales, políticos, médicos y científicos y requieren el diálogo de científicos, políticos, operadores comunitarios, profesionales sociales y sanitarios, líderes espirituales, comunidades indígenas, proveedores de ceremonias y activistas (Dos Santos *et al.*, 2021a). Esto es particularmente importante, considerando que está en curso una carrera para transformar la ayahuasca y otras moléculas psicodélicas en fármacos aprobados por las agencias de reglamentación. Este movimiento comporta millones de dólares y la perspectiva de crear análogos de la ayahuasca, sea modificando sus moléculas sea combinando la DMT con otros inhibidores MAO (Aday *et al.*, 2020). En esta óptica, es fundamental discutir cómo integrar la medicina tradicional en los sistemas de salud pública, como subrayado por la Organización Mundial de la Salud (Ona *et al.*, 2021). En particular, las culturas occidentales deberían ser bien conscientes de los conocimientos tradicionales y de las injusticias epistémicas, dado que la ayahuasca fue originalmente utilizada por las comunidades indígenas para fines médicos, sociales, culturales y espirituales. Por lo tanto, los derechos de los indígenas deberían ser respetados y deberían ser desarrolladas políticas de reciprocidad y de compartición de los beneficios (Dos Santos *et al.*, 2021a; Sanabria, 2021; Schenberg & Gerber, 2022). Las prácticas de medicina tradicional pueden ser valiosas para el cuidado de la salud mental en la comunidad y mitigar los problemas de las intervenciones farmacológicas psiquiátricas, incluidas la eficacia y los efectos adversos (Ona *et al.*, 2021). Contemporáneamente, debería ser implementada la administración clínica de ayahuasca, similar a la terapia psicodélica asistida con otros psicodélicos (por ejemplo, MDMA, psilocibina), que probablemente será

pronto reglamentada en Norteamérica (Busby, 2022; Herrington, 2022). En este complejo escenario, se espera que "se pueda realizar un continuum dinámico y colaborativo que vaya de los usos rituales y terapéuticos en los grupos indígenas y religiosos a los usos psiquiátricos y psicoterapéuticos en las sociedades no indígenas/tradicionales" (Dos Santos *et al.*, 2021a, p. 906). A la luz de la historia del uso religioso de la ayahuasca en Brasil (Labate & Feeney, 2012), este podría ser el primer País en establecer leyes para reglamentar las terapias asistidas por la ayahuasca y en implementarlas en el sistema sanitario público. Se espera que esta revisión pueda contribuir a los desarrollos de la reglamentación de estos procesos.

Conclusiones (pág. 55)
La evidencia de los beneficios terapéuticos de la ayahuasca es más consistente para la depresión, con numerosos y diversos estudios (preclínicos, observacionales, clínicos). Sin embargo, un número creciente de pruebas sugiere un potencial en otras condiciones igualmente relevantes para la salud pública. Esto incluye estudios preliminares sobre ansiedad, SUD, duelo, trastornos alimentarios, PTSD, trastornos de personalidad, enfermedad de Parkinson y Alzheimer y graves enfermedades físicas (cáncer, condiciones crónicas). Además, *estudios epidemiológicos preliminares con amplias muestras de usuarios a largo plazo no indican ningún daño a la salud mental, física o social, sino posibles beneficios para la salud individual y colectiva.* [...]

Todavía enfocado en el potencial terapéutico es el cuarto artículo, una revisión de Rodrigues L.S. *et al.* (2022) titulada *Effects of ayahuasca and its alkaloids on substance use disorders: an updated (2016-2020) systematic review of preclinical and human studies*:

Conclusiones
Estudios preclínicos y observacionales sugieren que la ayahuasca puede tener efectos terapéuticos en el tratamiento de las SUD. Aunque la mayoría de los voluntarios que componían las muestras de los estudios tenía un consumo mayor de sustancias (sobre todo alcohol y tabaco) respecto a los grupos de control, este consumo era inferior en el último año antes de la participación en los estudios. Además, la ayahuasca también ha aumentado la calidad de vida y reducido los síntomas depresivos y de ansiedad. En los estudios realizados en modelos animales, los datos sugieren que la ayahuasca puede favorecer el bloqueo del CPP inducido por el alcohol y promover la remisión en el autoconsumo de anfetamina diluida en agua. Los datos preclínicos sugieren también que la ayahuasca promueve la remisión de la expresión de la proteína cFos en las regiones cerebrales correlacionadas con la toxicodependencia.

Finalmente, el quinto artículo es una revisión narrativa de Arenson A. *et al.* (2023) que toma en consideración en particular el tratamiento de las dependencias de opiáceos, reproducimos solo el *Resumen* (Abstract):

> La epidemia de opioides y el acceso limitado a los tratamientos para la abstinencia de opioides (OW) y el trastorno por uso de opioides (OUD) han llevado a las personas a buscar tratamientos alternativos. Esta revisión narrativa tiene el objetivo de educar a los médicos sobre los mecanismos de acción, la toxicidad y las aplicaciones de sustancias psicoactivas de origen vegetal que los pacientes podrían utilizar para auto-tratar el OUD y el OW. En particular, la ayahuasca, la ibogaína y el kratom, en cuanto presentan el mayor número de pruebas de aplicaciones en OUD y OW en la última década (2012-2022). Las evidencias sugieren que estas sustancias pueden tener eficacia en el tratamiento del OW y del OUD a través de diversos mecanismos terapéuticos, entre los cuales sus efectos farmacodinámicos únicos, los rituales realizados alrededor de la ingestión y el aumento de la neuroplasticidad. Las pruebas actuales de su aplicación terapéutica en el OUD y el OW se basa principalmente en pequeños estudios observacionales o en animales. Son necesarios estudios longitudinales de alta calidad para aclarar la seguridad y la eficacia de estas sustancias en el tratamiento de OW y OUD.

CAPÍTULO X

USO CONTROLADO DE SUSTANCIAS PSICOACTIVAS Y POLÍTICAS SOCIALES

Introducción

¿Qué significa el término "droga"? Hasta ahora en el texto no se ha utilizado deliberadamente este término por la conciencia de que cada palabra, la cual pueda suscitar conceptos diferentes en el imaginario del lector en función del contexto de referencia y de la preparación cultural del lector mismo, debe ser primero "presentada" en la acepción compartida por el significado asumido en el texto.

El término "droga" puede referirse, en función del contexto, a múltiples significados. Por ejemplo, en la acepción popular más amplia por droga se entiende el nombre de varias sustancias vegetales secas, aromáticas, llamadas también especias (vendidas precisamente por el "droguero"). En el imaginario colectivo de la sociedad contemporánea, influenciado por el uso estereotipado de los mass-media, con el término droga se refiere comúnmente solo a las sustancias psicoactivas *ilícitas* como heroína, cocaína, LSD, marihuana, etc., que sin embargo representan solo una pequeña parte de las drogas existentes. Técnicamente de hecho, "droga" es un término del campo médico, sinónimo de fármaco, del cual deriva la farmacología, es decir, el estudio de los fármacos, o de las drogas. En el correcto contexto médico-farmacológico "droga" es cualquier producto natural (vegetal o animal) que contenga uno o más principios activos (alcaloides, glucósidos, aceites esenciales, sustancias amargas, purgantes, aromáticas, etc.), o sintético, que produzca un efecto farmacológico en el organismo humano. Para cualquier droga, la medicina estudia los efectos farmacológicos en el cuerpo: fisiológicos y psíquicos, tóxicos o beneficiosos, a corto y a largo plazo, etc., en particular, en función de la reacción del cuerpo y la mente a su acción farmacológica, la medicina puede describir las propiedades beneficiosas o nocivas, terapéuticas y/o tóxicas, si genera dependencia o no, tolerancia (habituación) o sensibilidad, etc.

Actualmente en el mundo científico en general, no solo médico, y en el lenguaje corriente el término "droga" es usado comúnmente para designar ese subconjunto de fármacos, naturales o sintéticos, con propiedades psicoactivas[166] (de ahí la deformación mass-mediática de hacer coincidir la palabra "droga" con el significado de sustancia psicoactiva exclusivamente *ilícita*), independientemente de la legitimidad legal o no de la sustancia. Las drogas comprenden las sustancias psicoactivas ilícitas (heroína, cocaína, LSD, marihuana, éxtasis, etc.), lícitas (alcohol, tabaco, café, y otras sustancias psicoactivas naturales o sintéticas no prohibidas), y aquellas administradas con prescripción médica (por ej. valium, barbitúricos, psicofármacos en general). El término "estupefaciente" en cambio es un término puramente jurídico sin ninguna validez de tipo científico que identifica las sustancias consideradas ilícitas en función de parámetros de tipo político. No se puede decir, de hecho, que el término jurídico "estupefaciente", y por tanto la definición de las sustancias prohibidas, siga necesariamente motivaciones de tipo científico-farmacológico, dado que es universalmente conocido desde el punto de vista médico que sustancias como alcohol y tabaco son en absoluto entre las drogas "más duras" (desde el punto de vista de toxicidad, dependencia, habituación y, en particular para el alcohol, "efecto drogante") consumidas en la sociedad occidental.

No solo, sino que en el caldero de las sustancias jurídicamente "estupefacientes", y por tanto criminalizadas de la misma manera, terminan indiferentemente sustancias psicoactivas con efectos farmacológicos y niveles de peligrosidad completamente diferentes. La separación que se ha hecho entre las llamadas drogas "duras" y las "blandas" ha tenido el propósito de tratar de contener, de manera totalmente insuficiente, la grave falta de precisión, desde el punto de vista jurídico, en la clasificación de las sustancias psicoactivas consideradas ilegales.

El estudio histórico del nacimiento y de la evolución del prohibicionismo, tanto para las drogas actualmente lícitas (como alcohol, tabaco y café) como para las ilícitas, muestra claramente la necesidad de desilusionarse de la idealización científica de las elecciones que

166 Por psicoactividad se entiende una acción farmacológica a nivel de la psique, es decir sobre el Sistema Nervioso Central - SNC.

reglamentan el uso de sustancias psicoactivas, que, al contrario, dependen principalmente de relaciones de poder político y motivaciones socio-económicas. Las políticas de prohibicionismo aún presentes a nivel internacional derivan, bajo la fuerte presión de EE.UU., de la Convención Única de las Naciones Unidas que se celebró en Nueva York en 1961 que abrogó y sustituyó los acuerdos internacionales precedentes. En esta Convención, y en la sucesiva de Viena de 1971 (sobre la base de la cual se han desarrollado las legislaciones nacionales), «emerge claramente que el criterio adoptado para la definición de estupefacientes no es el médico sino político» (Averni, 2002c, p. 49). El sistema adoptado es el "tabular": las Convenciones han establecido como estupefaciente cualquier sustancia natural o sintética insertada en las correspondientes tablas. Se reporta el comentario del autorizado farmacólogo Prof. Luciano Angelucci[167] para evidenciar la falta de cientificidad en la definición de los estupefacientes:

> No existe absoluta coincidencia entre definición farmacobiológica de estupefaciente, sustancia psicotrópica y definición penal ya que el alcohol etílico (tan cercano a los barbitúricos por efectos psicofarmacológicos y mecanismos biológicos, hasta dar tolerancia cruzada) puede entrar en la primera pero queda excluido de la segunda. Esto atestigua el valor no secundario de factores socioculturales, sociopolíticos y socioeconómicos, respecto al valor sociosanitario en la criminalización y en la definición penal.
>
> (Angelucci, en *Enciclopedia médica* voz "estupefacientes", Florencia 1987, p. 530, cit. en: Averni, 2002c, p. 50)

Volviendo al significado compartido del término genérico "droga", la acepción corriente utilizada también por el mundo científico, que se considera que es la más correcta, comprende las sustancias con efectos psicoactivos, sean lícitas o ilícitas, incluidos los psicofármacos. Por lo tanto, a continuación en el texto, la palabra droga será utilizada con este significado.

Dentro del conjunto de las sustancias psicoactivas, tenemos un vasto subconjunto de sustancias sintéticas o naturales que han sido definidas como *psicodélicos*, término que literalmente significa "que manifiestan la mente". Estas sustancias han sido llamadas con términos diferentes

167 Profesor Emérito de farmacología en la Universidad la Sapienza de Roma.

en función de la variedad de actitudes e intenciones, de *set-and-setting* con que han sido abordadas: inicialmente fueron definidas *psicotomiméticos*, "imitadores de psicosis", término luego abandonado por el mundo médico en cuanto se reveló no correcto (Zimberg, 1984); en otras ocasiones *psicolíticos*, "que liberan la psique"; luego precisamente *psicodélicos*, "que manifiestan la mente"; o también *alucinogénicos*, "inductores de alucinaciones". En las últimas décadas se ha utilizado el término *enteógenos*, "que conectan con lo divino interior" (véase nota 1 a la Introducción) para diferenciar, respecto a las otras sustancias consideradas psicodélicas, aquellas sustancias de origen vegetal con una larga tradición histórica de consumo con propósito religioso.

La agrupación "psicodélicos" resulta un conjunto de sustancias sintéticas o naturales que, aunque aunadas por *mecanismos* farmacológicos asimilables, contienen principios activos diferentes unas de otras y cada una con sus propias propiedades toxicológicas específicas, y específicos efectos fisiológicos y psíquicos diferentes de las otras en la misma categoría. En particular, hay que diferenciar entre los *psicodélicos* sintéticos (por ej. LSD, DMT sintético, MDMA, etc.) con los que se ha intentado imitar algunos principios activos presentes en la naturaleza, y los *enteógenos* naturales (hongos, peyote, san pedro, ayahuasca, etc.) utilizados comúnmente durante miles de años en numerosas tradiciones culturales de todas partes del planeta. El consumo tradicional milenario de una sustancia natural es un hecho relevante también para el mundo científico dado que permite analizar sus efectos relativos a la salud individual y social de modo mucho más preciso respecto a las nuevas sustancias psicoactivas sintetizadas en laboratorio, de las cuales no se conocen desde el principio los efectos colaterales que pueden tener en el organismo (Metzner, 1988).

El psicólogo estadounidense Ralph Metzner, uno de los pioneros del estudio sobre las aplicaciones de los psicodélicos sintéticos en la Harvard University, después de haber comprendido los riesgos conectados con el uso de sustancias sintéticas creadas en laboratorio, ha abandonado la experimentación en ese campo para dedicarse al estudio de los estados modificados de conciencia inducidos con métodos tradicionales, entre los cuales meditación, yoga, alquimia y técnicas chamánicas indígenas. La primacía (y la sustancial diferencia) de las sustancias psicoactivas naturales respecto a las sintetizadas en laboratorio ha sido reconocida en ambiente médico-científico también por aquellos que han sido los precursores del descubrimiento de moléculas psicoactivas creadas químicamente en laboratorio. Por ejemplo:

> Cuando Hofmann regresó a visitar a la chamana Mazateca Maria Sabina con psilocibina sintética con la intención de obtener su evaluación de cuán cercano estaba el ingrediente sintetizado al producto natural, los "honguillos mágicos", él estaba apropiadamente reconociendo la primacía de lo botánico sobre lo sintético.
>
> (Metzner, 1988)

> Dándome cuenta de que existían tradiciones de origen incluso prehistórico que involucraban el uso respetuoso de plantas psicoactivas para propósitos chamánicos, me volví mucho más interesado en plantas y hongos que tienen una historia de tal uso, más que en las potentes drogas [psicodélicas] recién descubiertas, cuyo uso a menudo implica riesgos desconocidos.
>
> (Metzner, 1997)

En general es importante tener presente que cada sustancia natural o sintética individual, aunque pueda actuar con *mecanismos* farmacológicos similares a los de otras, tiene sus propias características farmacológicas que conciernen a principios activos específicos y efectos psico-fisiológicos específicos, a corto y a largo plazo, y no puede ser comparada o peor considerada igual, ni desde el punto de vista científico ni desde el jurídico, con otras sustancias llamadas psicodélicas que presentan características psicoactivas diferentes y riesgos mucho mayores.

En particular, la ayahuasca, como hemos visto, aunque contenga DMT en forma natural no puede ser comparada, desde el punto de vista médico-farmacológico, ni siquiera con la DMT pura sintetizada en laboratorio. Aunque desde el punto de vista de los mecanismos farmacológicos pueda ser incluida en la categoría de las sustancias alucinogénicas, en la realidad de los efectos fisiológicos y psicológicos, tanto médicos, farmacólogos, psicólogos, expertos de los estudios cognitivos[168], como expertos en el campo de las ciencias sociales y políticas[169] han declarado que la posible producción visionaria derivada

---

168 Cfr. Mabit, 2000 y 2002; Bianchi, 2001; Fericgla, 1996; Montalvo *et al.*, 2000.

169 Por ejemplo los representantes del Consejo Nacional Antidroga del Gobierno Brasileño que han visitado las comunidades del Santo Daime y de la UDV, participa-

del uso de la ayahuasca representa un efecto completamente distinto del concepto desviado de "alucinación", más bien una manifestación de la imaginación emotiva, con contenidos reales y lenguaje simbólico, común a todos los estados modificados de conciencia y altamente positiva desde el punto de vista de la resolución de problemas personales y del desbloqueo de traumas psíquicos (Mabit, 2000 y 2002a; Fericgla, 1996). En realidad el mismo término *alucinogénico* (o *alucinógeno*) tiene un significado literal engañoso e incorrecto, así como ha sido mostrado para los efectos de la ayahuasca, también para la descripción de los efectos de otras de las sustancias comúnmente incluidas en la clase psicodélicos.

Algunos autores ya han propuesto varios términos para definir la peculiaridad del efecto de la Ayahuasca diferenciándolo del de las sustancias alucinogénicas y comparándolo más bien con una acción que permite hacer manifiestos los mecanismos que regulan normalmente el control entre estado de vigilia y sueño. Los datos neurofisiológicos y clínicos subrayan una diferencia respecto a las sustancias normalmente clasificadas como alucinógenas (Don *et al.*, 1998; Riba *et al.*, 2003). El concepto clásico de sustancia alucinógena resulta por tanto superado; los estados psicodélicos son de hecho considerados más cercanos al sueño lúcido, caracterizado por un estado mixto de conciencia onírica y de vigilia, resultando por tanto ser material fundamental para la integración psicoterapéutica (Kraehenmann, 2017). En tal contexto, en vez de alucinógeno, el término "enteógeno", es decir sustancia psicodélica de uso sacramental que puede inducir experiencias místicas y espirituales (Tupper, 2002), resulta más adecuado para tales tipos de sustancias como la Ayahuasca (Griffiths *et al.*, 2019).

Ante todo es necesaria una correcta diferenciación desde el punto de vista farmacológico entre sustancia y sustancia, incluida una correcta información sobre las diferencias. Además, no todas las sustancias psicoactivas (lícitas o ilícitas) son tóxicas, no todas causan dependencia y/o habituación. Y también entre las sustancias actualmente prohibidas, como para las lícitas, los riesgos relativos a toxicidad y

do personalmente en los rituales religiosos para verificar de qué se trata exactamente —mayores detalles en el próximo capítulo— y analizado durante diez años los efectos sociales del uso periódico de la ayahuasca.

dependencia pueden variar muchísimo en función de la moderación o no de su consumo.

En segundo lugar es importante tener presente que el uso de cualquier sustancia psicoactiva, lícita o ilícita, puede tener efectos completamente diferentes en el consumidor en función de su propia intención personal y del contexto de ingestión. Es demostración de ello por ejemplo el consumo de la droga alcohol en la sociedad occidental, cuyo *uso* social controlado está justamente diferenciado de su *abuso*, extremadamente peligroso para la salud individual y para el orden público, y nadie soñaría demonizar el uso social controlado del alcohol a causa de los comportamientos compulsivos que pueden llevar al alcoholismo, o a causa de los accidentes y de los actos criminales cometidos bajo el efecto provocado por un abuso de la sustancia.

Por este motivo tiene aún menos sentido comparar el abuso de sustancias psicodélicas sintéticas con el uso ritual de plantas psicoactivas en un contexto de plena sacralidad y profundo respeto, el cual ha sido y es todavía la base de numerosas tradiciones culturales y también ampliamente difundido en las sociedades occidentales pre-industriales en las que han vivido nuestros antepasados (Metzner, 1997).

Una de las distinciones básicas de un correcto enfoque al tema de las sustancias psicoactivas es por tanto el de distinguir ante todo entre *uso* y *abuso* de una sustancia, definiendo los riesgos (si los hay) propios de uno y otro, y esto para cada sustancia, sin caer en el grave reduccionismo aproximativo de condenar indiscriminadamente todo junto: uso controlado y abuso de sustancias además con características farmacológicas intrínsecas diferentes.

La conciencia de que el consumo de no todas las sustancias psicoactivas en general (ver alcohol y tabaco) y de no todas las consideradas psicodélicas en particular, puede ser considerado de la misma manera, lleva a la reflexión sobre una justa distinción entre uso y abuso de cada sustancia en función de las propiedades farmacológicas de cada una, de la intención personal con la que son consumidas y del contexto de ingestión (que incluye también la dosificación).

En particular el contexto de ingestión es un factor principal para encuadrar el consumo de una sustancia como un uso controlado no peligroso o no. No es casualidad que en EE.UU. haya sido reconocida jurídicamente la libertad del *uso ritual* del cactus psicoactivo Peyote, sacramento nativo de uso milenario, por parte de la *Native American Church*, y que en diversos países del mundo (incluido EE.UU.) está ocurriendo el mismo reconocimiento jurídico para el *uso ritual* de la Ayahuasca. El motivo es muy simple, para usar las palabras del Prof. Richard Evans Schultes (1915-2001), Director del Museo Botánico de Harvard: «El consumo [ritual de la ayahuasca] no da dependencia y no hay abuso de la sustancia como han demostrado las ceremonias en las que he participado hasta hoy»[170].

En 1996, el jurista Domingos Bernardo Gialluisi da Silva Sá, presidente del Grupo de Trabajo instituido por el Consejo Federal sobre los Estupefacientes de Brasil (CONFEN) para una evaluación gubernamental sobre el uso ritual de la ayahuasca, durante un discurso después de más de diez años de estudio y evaluación sobre las tres principales religiones ayahuasqueras, afirmaba:

Desde el principio afirmo la plena convicción de que la ecuación costo x beneficio, en materia de drogas, es, esencialmente, cultural o, dicho en otras palabras, ¿cómo sería explicable, desde el punto de vista exclusivamente médico o farmacológico, por ejemplo, la plena asimilación del uso de alcohol y tabaco en nuestra sociedad?

170 De la carta escrita por el Prof. Schultes en 1992 y presentada a las autoridades españolas con ocasión del reconocimiento jurídico del uso ritual de la ayahuasca. El texto integral reza: «Durante cientos de años la liana de la selva Banisteriopsis Caapi conocida en la Amazonía occidental de Brasil, Colombia, Ecuador y Perú como ayahuasca, caapi, o yagé ha sido usada como sacramento en rituales y ceremonias religiosas. En los últimos 48 años de investigación etnofarmacológica en la Amazonía noroccidental he tenido la oportunidad de entender el valor de esta planta en culturas indígenas. De hecho, gran parte de mi investigación ha sido dedicada a esta especie, en cuanto si algunos de sus compuestos químicos activos fueran estudiados con métodos fitoquímicos modernos, se podría probar que contienen potenciales aplicaciones medicinales. La ayahuasca es una planta psicoactiva que, según creencias indígenas, pone al individuo en contacto temporal con fuerzas espirituales. El consumo no da dependencia y no hay abuso de la sustancia como han demostrado las ceremonias en las que he participado hasta hoy. Habitualmente está bajo el control del chamán que a menudo predica en su lengua una buena conducta de vida. Siendo respetada como elemento sagrado, la utilización profana diaria no sería tolerada. Entre las tribus donde he trabajado, (el uso del sacramento) resulta un agente muy eficiente en el estímulo a la unión y a la paz tribal».

> [...] estamos tratando del uso de una sustancia [la ayahuasca] que bajo la óptica exclusivamente técnica, es clasificada como alucinogénica. Creo que este es el punto más instigador que pretendo abordar en el curso de este trabajo: la clasificación estrictamente química o farmacológica de una sustancia, como alucinógena, ¿agota toda la cuestión, respecto a la evaluación sobre la aceptación o no de su uso? ¿Y qué significa alucinógeno? ¿Qué es alucinación?
>
> [...] Algunos de los Centros utilizadores de ayahuasca tienen casi setenta años de existencia [...].
>
> Es esencial evidenciar el hecho de que el uso ritual de la ayahuasca no es una moda o una novedad pasajera [...].
>
> Los diversos estudios antropológicos e históricos realizados sobre este uso de la bebida han evidenciado la conducta pacífica y ordenada de las diversas sectas, cuyos valores de base coinciden con aquellos considerados emblemáticos de las sociedades cristianas occidentales. Lejos de llevar a un uso abusivo y destructivo de sustancias psicoactivas, la tendencia más observada es la de promover estilos de vida recogidos y austeros, dirigidos hacia el culto, la espiritualidad y los valores de la familia y de la comunidad.
>
> (Silva Sá, 1996)

El contexto de profunda sacralidad y respeto es la base del uso ritual de plantas psicoactivas en todas las tradiciones culturales en las que está difundido, y este es el motivo por el cual tal uso nunca ha creado problemas sociales incluso en aquellas sociedades donde no existían, y no existen, leyes destinadas a limitar o prohibir su uso. Probablemente, una de las causas de fondo por las que se ha llegado al moderno prohibicionismo indiscriminado de muchos psicoactivos, ha sido precisamente la desacralización del uso de estas medicinas nativas y de las sustancias sintéticas creadas en laboratorio para tratar de imitarlas. Esto ha causado la rápida difusión de aquellos casos de *abuso* de sustancias sintéticas, y consecuentes comportamientos compulsivos, que han llevado a una reacción histérica por parte de las autoridades gubernamentales desembocada en la "guerra total contra las drogas" fuente de un prohibicionismo que ha criminalizado indiscriminadamente sin hacer distinciones para cada sustancia y para sus modalidades de ingestión. La esperanza es que la histeria pase, y las autoridades se orienten hacia la profundización de la materia en cuestión para comprender sus dinámicas reales.

Una profundización historiográfica sobre la política prohibicionista permite detenerse en la reflexión de las reales causas históricas que han llevado ciertas decisiones de tipo legislativo. Esta reflexión sugiere no asumir como preestablecidos e indiscutibles conceptos que la sociedad actual ha heredado del pasado y que, por presuntuoso paternalismo y falta de interés en un enfrentamiento correcto, no han sido todavía profundizados y evaluados conscientemente por las instituciones. Diversos episodios históricos en relación con la manera en que los gobiernos han afrontado el tema de las sustancias psicoactivas muestran posiciones nacidas sobre el interés de grupos de poder y alimentadas con propagandas que deforman la realidad con el fin de manipular la opinión pública y obtener su consenso[171].

---

171 El término "prohibicionismo" deriva de la lengua inglesa *prohibitionism* (de *prohibitionist*: "prohibicionista"). El origen del término se remonta al movimiento surgido con la finalidad de obstaculizar el consumo de alcohol a través de acciones legales de prohibición a la producción y al despacho de los alcohólicos. En la antigüedad las únicas medidas de las que se tiene conocimiento, dirigidas a la prohibición social del consumo de una sustancia, conciernen a sistemas de prohibición del uso de alcohólicos intentados por los Aztecas, por China, por el Japón feudal, por las islas de la Polinesia (Averni, 2003a, p. 131). Se puede decir que el primer relevante episodio histórico, precursor del prohibicionismo, de intolerancia y aversión contra el uso de psicoactivos naturales entra en la obra de la Inquisición medieval de la Iglesia Romana, durante la cual las personas expertas en el uso de las plantas sagradas y en la alquimia fueron demonizadas, criminalizadas y exterminadas en cuanto detentoras de un saber reputado "pagano" y por tanto "demoníaco". Eran druidas y magos, o quizás a menudo apenas "herboristas", más o menos equivalentes a las figuras del chamán en las sociedades tribales, que, independientemente de que fueran simplemente sanadores expertos en la medicina natural o verdaderos practicantes de magia negra o a menudo solamente personas "sospechosas", fueron todos etiquetados como brujas y brujos dignos solo de acabar en la hoguera. La Inquisición prohibió por ejemplo el consumo de *Cannabis* en España (siglo XII) y Francia (siglo XIII). Se reporta que: «La jerarquía de la Iglesia acusaba de "brujería" a cualquiera que hiciera uso de *hashish*, para uso médico o para otro. El acusado era a menudo torturado hasta que no se declaraba culpable o no moría. Luego, las propiedades del consumo eran confiscadas y divididas entre los Inquisidores» (Averni, 2003b, p. 60). Para una profundización sobre el tema de la historiografía del prohibicionismo, citamos las interesantes obras del Abogado Angelo Averni, Cátedra de Medicina Social Facultad de Jurisprudencia, Universidad de los Estudios de Roma La Sapienza, en particular: "Historiografía del prohibicionismo del alcohol, del tabaco y del café", "Historiografía del prohibicionismo del *cannabis*", "Historiografía del prohibicionismo del opio",

Es deseable que cualquiera que quiera asumir posiciones de juicio, y en particular cualquiera que deba evaluar y decidir en la materia, profundice las fuentes y las raíces históricas que han llevado en el pasado a ciertas posiciones hoy adquiridas en la legislación y dadas por sentadas en la mentalidad de la sociedad contemporánea. Es asimismo deseable que esta profundización sea hecha específicamente para cada sustancia sintética o natural evitando groseras y baratas aproximaciones que pueden causar graves daños sociales a causa de la criminalización salvaje ligada al principio genérico "drogas".

Los daños sociales causados por el prohibicionismo del alcohol, una "droga dura" cuyo *abuso* es en absoluto uno de los más dañinos, han sido ampliamente mostrados por el análisis historiográfico. El estudio de la historia es lo que puede permitir evitar repetir sus errores, es un examen de conciencia del ánimo colectivo. Los orígenes históricos de los prohibicionismos de diversas sustancias, como por ejemplo el alcohol o el *Cannabis* (pero no solo), muestran la aplicación de resoluciones tomadas por pocos en función de sus propios intereses particulares, y apoyadas por muchos tras la influencia de la propaganda de los pocos. La palanca social en ambos casos citados ha sido la de alimentar el miedo de los muchos con noticias falsificadas y sensacionalismo alarmista, de modo que crear agresividad (a menudo racista), causa de propensión a una condena violenta, en particular hacia algo a veces desconocido, más que a la búsqueda de una comprensión (véase Averni, 2003a, 2003b, 2003c, 2003d).

Es deseable que la evolución de las instituciones sociales lleve a una toma de conciencia responsable sobre el tema en cuestión, evitando los efectos distorsionantes heredados de políticas sociales, en origen interesadas, basadas en asunciones extremadamente groseras, pero dadas por sentadas.

Poco después de la mitad del siglo pasado fueron descubiertos los nuevos psicodélicos sintéticos (LSD, etc.) en el intento de imitar principios activos presentes en plantas naturales. A pesar de la profunda integridad espiritual y moral de muchos de los primeros científicos,

---

"Historiografía del prohibicionismo de la coca y de la cocaína" y otros extractos del: *Tratado completo de los abusos y de las dependencias*, dirigido por Nizzoli y Pissacroia, Volumen I, Piccin Nuova Libraria, Padova, 2003; y también Averni A.: *Prohibicionismo y antiprohibicionismo*, Roma, 1999.

como Albert Hofmann y Alexander Shulgin, que sintetizaron estas sustancias químicamente y a pesar de los esfuerzos de filósofos como Aldous Huxley y psicólogos como Timothy Leary para promover una actitud de respeto y sacralidad hacia estas sustancias, tomó impulso el abuso indiscriminado y desacralizador de estos psicodélicos sintéticos que acabó por involucrar, en parte, también el consumo de las plantas sagradas de tradiciones ancestrales (Metzner, 1988).

Según el psicólogo Ralph Metzner, la rápida y completa desacralización, por parte de la cada vez más materialista sociedad occidental, de las plantas sagradas de curación utilizadas por las culturas nativas (como tabaco, coca, café, hongos sagrados y otros enteógenos), y el concomitante uso excesivo, indiscriminado y no-sacramental de los nuevos psicoactivos sintéticos, han provocado en el imaginario colectivo y en las instituciones su rápida categorización como sustancias puramente recreacionales o narcóticas, o ambas (Metzner, 1988). Esto ha causado la persecución indiscriminada de todas las sustancias psicoactivas sin ninguna diferenciación o voluntad de entender efectivamente cuáles son los riesgos y los peligros de cada una y cuáles en cambio no presentan problemas para la salud y para el orden público, excepto sin embargo aquellas sustancias consideradas "lícitas" por motivos puramente económicos y políticos independientemente de su peligrosidad, como alcohol, tabaco y café.

Esta tendencia de exceso y abuso desacralizador de sustancias psicodélicas sintéticas alcanzó el ápice cultural con la "*drug revolution*" de los años 60, que se puso en evidencia como un intento de subvertir los valores culturales dominantes. Con la propagación exponencial del consumo de drogas sintéticas, crecieron también los casos de *abuso*, causando varios episodios de dependencia, comportamientos compulsivos y problemas psicológicos, y determinando una fuerte reacción represiva por parte de las instituciones, la que por numerosos estudiosos ha sido definida sucesivamente como la *histeria* de la guerra total contra las drogas (véase Zimberg, 1984; Henman, 1986).

La política prohibicionista generalizada ha generado consecuencias sociales no previstas por la inicial voluntad de eliminar del todo el consumo de psicoactivos, objetivo que ha sido completamente fallido desde el principio visto que los datos oficiales (véase Zimberg, 1984, cap. 7) muestran un crecimiento impresionante de usuarios de drogas en EE.UU. que continúa desde los años 60 hasta hoy. Diversos estudiosos[172] han puesto en luz los costos sociales de la política prohibicionista intolerante, y se está tomando cada vez más conciencia de que estos costos sociales son extremadamente elevados, probablemente mucho más elevados respecto a políticas que en cambio trataran de estimular la comprensión del fenómeno "consumo de psicoactivos" y apuntaran a favorecer un uso controlado, limitando su abuso, más que sobre acciones de "tolerancia cero", cuyas consecuencias están asumiendo resultados contraproducentes[173].

---

172 Para un análisis de las investigaciones sobre las políticas de prevención del abuso de drogas en función de la importancia del contexto psico-social, citamos, además de Zimberg (1984), también al sociólogo estadounidense Howard S. Becker, "The Social Bases of Drug-induced Experiences" en: Lettieri J.J., Mayers M., Pearson H.W. (eds.), *Theories on Drug Abuse NIDA Research Monograph 30*, NIDA, Rockville, 1980, pp. 180-190; el sociólogo holandés Jean-Paul Grund (1993); el antropólogo brasileño Edward MacRae (1996, s/d y 2004); los sociólogos franceses Robert Castel y Anne Coppel, "les controles de la toxicomanie" en: Ehrenberg A. (ed.), *Individus Sous Influence*, Paris, Editions Esprit, 1991, pp. 237-256.

173 Algunos de los costos sociales subrayados por Zimberg y otros investigadores son: costo social de considerar indistintamente a los usuarios de sustancias ilícitas como criminales, desviados o incluso descreídos, con consiguiente condena moralista, marginación; el número de usuarios no disminuye, al contrario continúa aumentando, al mismo tiempo la represión prohibicionista tiene el efecto de desalentar a los consumidores más moderados, que son los que pueden instaurar "controles informales" en el uso de los psicoactivos, dejando crecer en porcentaje el número de consumidores más extremos y por tanto más sujetos al riesgo de abuso; información oficial no transparente y dirigida sobre los reales riesgos para la salud del uso y del abuso de cada psicoactivo; influencia dominante de la política prohibicionista sobre la investigación científica: muchos investigadores fueron fuertemente influenciados por la visión moralista sobre el hecho de que el uso de todas las sustancias ilícitas fuera automáticamente "malo", inevitablemente dañino, o creara dependencia psicológica o fisiológica, y que la abstención total fuera la única alternativa; esta actitud derivada de la histeria contra la droga influencia a los investigadores en la medida en que cada estudioso debe considerar, también en función de poder obtener la financiación, que el propio trabajo se dirija prevalentemente a desalentar el uso más que a observar objetivamente los hechos. En tal contexto la búsqueda de la verdad tiende a volverse deductiva más que inductiva. Finalmente, pero no de menor entidad, graves riesgos para la salud por adulteración de los productos ilícitos (causada por la llamada "*iron law of Prohibitionism*" por la que en el mercado ilegal acaban sustancias que respondan a requisitos de mayor potencia y menor volumen de estorbo), desarrollo de la criminalidad organizada ligada al tráfico de drogas ilícitas, enormes ganancias

Frente al fracaso de las políticas represivas de los años 60, que habían surgido del presupuesto de poder eliminar del todo el uso de drogas de la sociedad, el mismo gobierno de EE.UU. ha instituido dos comisiones gubernamentales que en los años 70 han evaluado el creciente fenómeno del consumo de psicoactivos[174]. Las mismas comisiones de EE.UU., compuestas por conservadores de referencia han dado un mensaje claramente "anti-histeria" subrayando que la sociedad tenía que ver con un fenómeno que no se habría podido remover en un futuro previsible y sobre todo:

> [...] señalaron la necesidad de más distinciones entre los tipos de uso, documentando que la eliminación del abuso de droga de nuestra sociedad era un objetivo irrealista (1975) y que las drogas eran "peligrosas a niveles diferentes" (1977). Pero la *Shafer Commission* en cierta medida, y la Comisión Presidencial sobre la Salud Mental en medida mucho mayor, fueron más allá. Estas dos comisiones, que estaban bien financiadas y tenían vastos equipos, concluyeron no solo que era importante hacer distinciones entre los diferentes tipos de drogas y los diferentes tipos de uso sino también que la falta de realizar tales distinciones había resultado en una política social extremadamente costosa, exactamente como lo había sido la Volstead Act [la ley de prohibición del alcohol de 1920].
>
> (Zimberg, 1984, cap. 7)

Esta cuestión nos permite introducir un argumento que concierne al tema ya mencionado de la necesidad de un análisis completo para estudiar el fenómeno del consumo de sustancias psicoactivas (independientemente de que sean consideradas jurídicamente lícitas o ilícitas), que tenga en cuenta todos aquellos aspectos, además de las propiedades

para la criminalidad derivadas de tal negocio que pueden re-emplear en otras empresas criminales, enorme empleo de energías por parte de las fuerzas del orden para contener esta criminalidad, congestión de la administración de la Justicia (tribunales, cárceles). Todo esto en un círculo vicioso por el que las fuerzas del orden muestran un problema en continuo crecimiento para obtener las financiaciones necesarias para contenerlo, y cada año la criminalidad gana cifras que le permiten hacer crecer el problema ulteriormente, etc.

174 La *Shafer Commission* y la *Comisión Presidencial sobre la Salud Mental*. La *Shefer Commission* publicó dos informes: *Marijuana, A Signal of Misunderstending* (1973) y *Drug Use in America: Problem in Perspective* (1972); ambas cit. en: Zimberg, 1984, cap. 7.

farmacológicas, que determinan el contenido y las características del uso de una sustancia psicoactiva. Aspectos que permiten diferenciar claramente cuando el consumo de una droga, legal o prohibida, puede ser considerado *uso controlado* y cuando *abuso*, identificando sus riesgos o aspectos positivos para cada tipo de uso y de sustancia.

Uno de los pioneros en el estudio del llamado "uso controlado" de psicoactivos, es el médico psiquiatra estadounidense Norman Zimberg. Este ha trabajado desde 1962 en el campo del análisis de los usuarios de sustancias psicoactivas, desarrollando investigaciones con prestigiosas universidades e instituciones federales americanas. En 1971 fue enviado a Vietnam como consultor del Departamento de Defensa para estudiar el problema de la elevada difusión del consumo de heroína entre los militares del ejército americano. Desde 1973 se convirtió en consultor del *Drug Abuse Council* (DAC) estadounidense que financió sus sucesivas investigaciones científicas. En 1984 publicó un texto titulado "*Drug, Set and Setting*" donde resumió los resultados clínicos de más de veinte años de trabajo en contacto con consumidores de sustancias psicoactivas, en particular heroína, alcohólicos, marihuana y psicodélicos (Zimberg, 1984).

SET-AND-SETTING Y USO CONTROLADO DE PSICOACTIVOS

El uso social de sustancias psicoactivas se remonta a la prehistoria y es un componente intrínseco, con diversas finalidades, difundido en las tradiciones culturales en todas partes del planeta. Su uso en general nunca fue considerado una real amenaza para el orden social, aunque a veces fue perseguido por motivos religiosos y políticos. La mentalidad prohibicionista madurada en la primera mitad del siglo XX se basó en un proceso de atribución a estas sustancias de ciertos poderes de atracción y constricción a los cuales para el individuo era casi imposible resistir, una característica intrínsecamente nefasta análoga a aquella demoníaca que les había sido atribuida en los tiempos de la Inquisición. Según el Prof. Edward MacRae[175], la exasperación de esta demonización fue tal que oscureció y descuidó otras variables como las de naturaleza socio-cultural y negó muchas veces su importancia (MacRae, s/d, p. 1). Aunque

175 Cfr. nota 7 del cap. 9.

surgieron críticas respecto al excesivo reduccionismo de este enfoque, estas eran esporádicas y recibían poca atención. Fue solo a partir de los años 60 que el análisis *bio-psico-social* (farmacología - intención personal - contexto) comenzó a recibir mayor credibilidad y la influencia del contexto socio-cultural de consumo se convirtió en objeto de investigaciones más amplias (*ibidem*, p. 1). En particular:

> Como corolario de esta tendencia hay hoy una mayor receptividad para la idea de que, más que pensar en términos de necesidad de prevenir contra el uso de drogas en general, debemos buscar evitar su abuso, es decir, el mal uso que puede llevar a importantes amenazas para la salud del individuo o de la sociedad.
>
> (*ibidem*, p. 1)

De un análisis de la dimensión sociológica del consumo de psicoactivos emerge que para cualquier tipo de droga (desde la marihuana al alcohol, al tabaco, hasta la heroína) existen reglas de comportamiento que dependen del conocimiento adquirido sobre la sustancia misma por parte de los usuarios. La información disponible para los usuarios influye de modo determinante en sus modelos de consumo y sus reacciones a los efectos de la sustancia (véase Becker, 1980, cit. en: MacRae, s/d, p. 2). Este tipo de "conocimiento" sobre el uso de ciertas sustancias forma parte de lo que ha sido definido como "cultura" o "subcultura" de la droga (*ibidem*).

Uno de los primeros estudiosos que ha profundizado el tema concerniente a la comprensión de la lógica interna al consumo de psicoactivos, es el ya citado psiquiatra estadounidense Norman Zimberg. De sus estudios clínicos en más de veinte años de trabajo con usuarios de drogas emerge claramente que los modelos de consumo de psicoactivos y la experiencia derivada dependen no solo de las propiedades farmacológicas de la sustancia sino también de la influencia determinante de la intención personal del usuario (*set*: intenciones, personalidad, estado de ánimo, expectativas) y sobre todo del contexto de ingestión (*setting*: contexto físico y social) dentro del cual ocurre la experiencia con la sustancia: «*the power of the social setting, of cultural and social attitudes, to influence drug use and its effects*»[176]. Según Zimberg, es el

176 «El poder del contexto social, de actitudes culturales y sociales, de influir en el uso de droga y su efecto» (Zimberg, 1984, Premisa).

contexto social, a través del desarrollo de los que define "sanciones" y "rituales" sociales, el que mantiene el uso de sustancias psicoactivas bajo control.

El consumo de cada sustancia lícita o ilícita involucra valores y reglas de conducta, o sanciones sociales, y modelos de comportamiento, o rituales sociales. Sanciones y rituales constituyen los *controles sociales informales*. Las sanciones sociales definen cuándo y cómo una específica sustancia debería ser consumida. Pueden ser informales y compartidas por el grupo social, como por ejemplo las comúnmente asociadas al consumo social de alcohol, o formales, como las varias leyes de regulación del consumo de drogas, la máxima "no conduzcas cuando estés ebrio" representa una sanción informal que luego ha sido hecha formal por las políticas para reglamentar el uso de alcohol. Los rituales sociales representan los modelos de comportamiento preestablecidos que conciernen al consumo de una sustancia. Tienen que ver con el modo en que la sustancia es procurada y administrada, la elección del contexto físico y social para el consumo, las actividades emprendidas después de la ingestión de la sustancia, y las maneras para evitar sus efectos indeseados. Para el caso del alcohol, son ejemplos de rituales sociales: el comportamiento social relativo al aperitivo antes de la cena, que incluye la elección del ambiente, la moderación en el consumo de la sustancia, etc.; o la común invitación "bebamos algo (por ej.: una cerveza, un vaso de vino)" automáticamente entiende algún grado de control, en contraste con un "emborrchémonos" que implica el abandono de toda restricción.

De las investigaciones de Zimberg resulta claramente que los controles sociales informales (sanciones y rituales) son aplicados en el uso de todas las drogas, no solo el alcohol, operando en una amplia variedad de contextos sociales de ingestión, desde los grupos sociales más amplios que representan la cultura común, a los más pequeños y discretos. La existencia de sanciones y rituales sociales no significa necesariamente que son siempre efectivos, y ni siquiera que todas las sanciones y los rituales están constituidos como mecanismos para ayudar al control.

Ciertamente, la aplicación de los controles sociales, en particular en el caso de las drogas ilícitas, no siempre garantiza un uso moderado. La moralista expectativa de que el uso de sustancias, lícitas o ilícitas, debería ser siempre moderado y el comportamiento siempre socialmente aceptable, ha sido la razón principal por la que históricamente no se ha reconocido todavía suficientemente la importancia del papel del contexto social de ingestión. Aunque episodios de pérdida de control y abuso de sustancia pueden ocurrir (por ejemplo la embriaguez), no significa que todos y siempre deban perder el control sobre la sustancia. La realidad muestra que no es posible una concepción por la que frente al uso de una droga, solo haya dos alternativas: total abstinencia o exceso incontrolado que lleva a la dependencia. Aunque la masiva evidencia de lo contrario, muchas personas continúan creyendo esto obstaculizando el desarrollo de una comprensión racional del uso controlado (*ibidem*).

El contexto social, con sus controles formales e informales, con su capacidad de desarrollar nuevos rituales y sanciones sociales informales y con su transmisión de informaciones en numerosos modos informales, es un factor crucial del uso controlado de cualquier sustancia lícita o ilícita. Esto no significa que las propiedades farmacéuticas de una droga o las actitudes y la personalidad del usuario cuenten poco o nada. Las tres variables —sustancia, intención personal y contexto de ingestión— deben ser incluidas en cualquier válida teoría sobre el uso de drogas. Es necesario comprender cómo las específicas características de la droga y de la personalidad del usuario interactúan y son modificadas por el contexto social y sus controles.

Rituales y sanciones sociales informales que promueven el control existen dentro de las subculturas de los usuarios de drogas. De los análisis clínicos conducidos por Zimberg en consumidores de heroína, alcohol, marihuana y psicodélicos, resulta que estos controles sociales informales funcionan en cuatro maneras básicas (véase Zimberg, 1984, cap. 1):

- las sanciones definen el uso moderado y condenan el uso compulsivo (abuso);
- las sanciones limitan el uso a aquellos contextos físicos y sociales que favorecen una experiencia "segura" y positiva;
- las sanciones identifican efectos potencialmente negativos de la sustancia. Los rituales incorporan las precauciones que deben ser tomadas antes y durante el uso;
- sanciones y rituales operan para integrar el uso de la droga en la propia vida sin que esto invada los otros momentos, y aún

más apoyan el respeto de deberes y relaciones no conectados al consumo de la sustancia (por ejemplo los usuarios estructuran su propio consumo de modo que no interfiera con la performance profesional).

El sociólogo holandés Jean-Paul Grund retoma el modelo de Zimberg y lo desarrolla en base a los resultados de investigaciones clínicas efectuadas en usuarios de psicoactivos ilícitos en Holanda. Según sus conclusiones, serían necesarias algunas elaboraciones en sentido *dinámico* del modelo, correcto pero a su parecer *estático*, de Zimberg, tomando en consideración también variables como la *disponibilidad de la sustancia* y la *estructura de vida* del usuario (véase Grund 1993, cit. en: MacRae, s/d). Por estructura de vida se entienden todas las regulares actividades cotidianas, tanto las convencionales como las relacionadas al consumo de droga. Según Grund, estas dos variables inciden de manera relevante en la creación de sanciones y rituales sociales que definan y mantengan un uso moderado de la sustancia, creando un modelo de comportamiento de auto-organización circular. Los controles sociales informales son respetados en función de la disponibilidad de la sustancia y de la estructura de vida (trabajo, deberes, relaciones interpersonales, etc.) que debe ser mantenida. Al mismo tiempo una vida altamente estructurada y una adecuada disponibilidad de la sustancia llevan a la formulación y al mantenimiento de sanciones y rituales sociales informales adecuados.

En sus conclusiones Grund enfatiza que el uso de psicoactivos (incluso de las "drogas duras") no lleva necesariamente a modelos de uso fuera de control o nocivos. Aunque el uso de psicoactivos pueda volverse una actividad predominante, raramente es aislada y es generalmente social. Su modelo, aunque circular, no es un circuito cerrado independiente; los tres elementos —disponibilidad de la sustancia, sanciones y rituales sociales informales, estructura de vida— están sujetos a variables y procesos externos que incluyen factores psicológicos personales (set) y también reglamentos formales. Grund considera que, por tanto, el uso de psicoactivos no puede ser aislado de su contexto social y, de acuerdo con Zimberg, afirma que el control sobre el uso de estas sustancias es principalmente determinado por variables sociales (véase Grund 1993, cit. en: MacRae, s/d).

Tabla 12 - Elementos que influyen en el consumo de una sustancia psicoactiva y el contenido de la experiencia

<table>
<tr><td rowspan="8">Modelo de Grund</td><td rowspan="6">Modelo de Zimberg</td><td colspan="6">Propiedades farmacológicas</td></tr>
<tr><td colspan="6">Intención personal (set): intenciones, personalidad, estado de ánimo, expectativas</td></tr>
<tr><td rowspan="4">Contexto de ingestión (setting)</td><td colspan="5">Contesto fisico</td></tr>
<tr><td rowspan="3">Contexto social</td><td rowspan="2">Sanciones sociales</td><td>Formal</td><td>Leyes y políticas para reglamentar el uso de la sustancia</td><td>Controles sociales formales</td></tr>
<tr><td>Informal</td><td>Valores y reglas de conducta informales compartidas por el grupo</td><td rowspan="2">Controles sociales informales</td></tr>
<tr><td>Rituales sociales</td><td>Informal</td><td>Modelos de comportamiento de consumo</td></tr>
<tr><td colspan="7">Estructura de vida del usuario</td></tr>
<tr><td colspan="7">Disponibilidad de la sustancia</td></tr>
</table>

Conclusiones

El uso de psicoactivos tiene raíces psico-sociales que se han manifestado históricamente en numerosas tradiciones culturales en todo el planeta. La historia del consumo de drogas, en particular en el último siglo, muestra que no es posible pensar en eliminar este fenómeno. Es más, a pesar de las rígidas políticas prohibicionistas los datos muestran un continuo aumento en el número de los usuarios. Estas políticas intolerantes han nacido en función de la convicción de que la abstinencia total era la única alternativa al abuso excesivo y dañino. Zimberg subraya cómo el objetivo de la prohibición permanente es solo "ampliamente académico":

> Primero, aunque el abuso de droga, como el embarazo, puede ser evitado con la abstinencia, el género humano no ha optado todavía por la total continencia en ambos casos de droga o sexo. Y segundo, el intento de prohibir el uso de drogas en este País no ha sido más eficaz que el intento de poner fuera de la ley el uso de alcohol en los años 20.
>
> (Zimberg, 1984, cap. 7)

Los costos sociales de una política inflexible e intolerante son extremadamente elevados, e incluyen también la pérdida de credibilidad por parte de las instituciones políticas. El prohibicionismo intolerante, a cualquier nivel social es un acto extremadamente deseducativo. Los expertos del campo, incluidas autorizadas instituciones gubernamentales estadounidenses, han documentado la necesidad de distinguir entre diferentes tipos de sustancias y diferentes tipos de uso. Adoptar un enfoque objetivo y científico al evaluar la actual política sobre las drogas no significa querer estimular su uso. Las propuestas radicales de liberalización de todas las sustancias ilícitas no representan una alternativa válida y tampoco realista. Los investigadores moderados recomiendan que se distinga entre las dos tipologías básicas de consumo de psicoactivos: el que es "experimental, recreacional y circunstancial" y por tanto tiene bajos costos sociales; y el que es intenso de modo disfuncional y compulsivo, y por tanto con altos costos sociales. El primero es un uso controlado, el segundo es abuso.

Para poder distinguir el uso del abuso, hay que prestar mucha atención a cómo las drogas son usadas (las condiciones de consumo) más que a prevenir genéricamente el uso. El énfasis debe ser desplazado de la prevención de todos los usos a la prevención del abuso, o uso disfuncional. De esta manera, en función de estudios precisos sobre los varios tipos de sustancia y condiciones de uso, se establecerían estrategias políticas diferentes para cada tipo individual de sustancia. Las variables a considerar son, además de la farmacología específica de cada psicoactivo, la cantidad, el método de administración, los modelos de consumo y el contexto social.

Uso ritual de la ayahuasca como ejemplo de reducción del daño

Dentro de una reflexión internacional sobre la cuestión del consumo de drogas, ha emergido en los años 80, aunque las raíces están presentes ya en los años 70 y algunos las hacen remontar al inicio del siglo, un modelo de políticas sociales denominado de "reducción del daño". Este modelo, que durante los años 90 ha obtenido crecientes consensos a nivel internacional, propone un enfoque menos ideológico y orientado sobre el pragmatismo y sobre la integración: buscar reducir lo más posible el daño asociado al consumo de psicoactivos (lícitos o ilícitos). La asunción implícita es la aceptación realista del consumo en cuanto tal. Este enfoque contrasta con las intervenciones tradicionalmente inspiradas en la "guerra total contra las drogas" que han llevado al prohibicionismo intolerante.

Los sostenedores de las políticas de reducción del daño relacionado al consumo de psicoactivos proponen acciones orientadas a la limitación de los efectos indeseables a través de estrategias de prevención de los daños integradas con los mecanismos de comportamiento ya existentes entre los consumidores, tratando de "modificarlos desde dentro" con el fin de disminuir los factores problemáticos.

En los varios Países las medidas de reducción del daño han llevado a encendidos debates, contrastadas por argumentaciones que acusan a estas medidas de estimular y alentar el consumo de drogas. Actualmente la reducción del daño ha sido aceptada en las políticas nacionales de casi todos los Países Europeos en cuanto parece que no influye en la tendencia de consumo y al mismo tiempo ha favorecido la disminución de los accidentes. Fuera de la Unión Europea continúa siendo obstaculizada en EE.UU., mientras en Australia y Canadá se está afirmando como un nuevo modelo de políticas sobre la droga.

Las hostilidades a las políticas de reducción del daño disminuyen cuando se aplican a las drogas lícitas como alcohol y tabaco. En particular hacia la reducción del daño por tabaco de cigarrillos se han implementado diversas medidas (información —por ejemplo en los mismos paquetes de cigarrillos— limitaciones al consumo en lugares y horarios, etc.).

El enfoque de reducción del daño presupone una comprensión más compleja de la cuestión de las drogas que trascienda aquel reduccionismo que considera el efecto de estas sustancias como determinado principalmente por propiedades de naturaleza farmacológica. Las actividades de reducción del daño tienden en primer lugar a alterar los contextos socioculturales y físicos en los que ocurre el uso de psicoactivos, buscando así evitar los efectos indeseables tanto a nivel personal como social. Por tanto se vuelve importante un enfoque multidimensional al fenómeno, que tome en consideración, además del componente farmacológico de cada sustancia, también los aspectos relativos a la psicología del usuario (*set*) y al contexto sociocultural de consumo (*setting*), incluido la estructura de vida del usuario y el grado de disponibilidad de la sustancia.

Una atención multidimensional es el factor crítico de éxito para concretizar las recomendaciones de científicos e instituciones internacionales sobre la importancia de distinguir (según la terminología usada por Zimberg) entre un uso controlado de psicoactivos, con bajos costos sociales, y un uso compulsivo, con elevados costos sociales.

El escocés-brasileño Edward MacRae, profesor de antropología y ya miembro del Consejo Nacional Antidroga (CONAD) del Gobierno Brasileño, ha subrayado, en un informe presentado en 2004 al departamento técnico-científico del CONAD, cómo desde el punto de vista bio-psico-social es interesante pensar en el *uso controlado* de enteógenos naturales aún difundido en diversas poblaciones del planeta, y en particular en la América indígena. En estos casos el respeto de prescripciones y rituales tradicionales representan «ejemplos paradigmáticos de las teorías de Becker, Zimberg y Grund» (MacRae, 2004, p. 2).

Si observamos las diversas tradiciones del uso ritual de la ayahuasca: las tradiciones indígena-*mestiza* con su profunda sabiduría fitoterapéutica; y las modernas religiones como Santo Daime, Barquinha y UDV, que se han desarrollado sobre todo en ambientes sociales burgueses, urbanos y semi-urbanos, inspirando un impulso espiritual y ecológico basado en el auto-conocimiento y en afrontar los grandes problemas existenciales relativos al sentido de la vida y de la muerte; podemos notar contextos rituales altamente estructurados que comprenden valores y reglas de conducta extremadamente claros y compartidos por toda la comunidad espiritual.

En estos contextos ocurre lo que se puede llamar un "uso ritualmente controlado de psicoactivos", en el momento en que la sustancia es utilizada dentro de una estructura social jerárquica, donde son vehiculados valores doctrinales, reglas de conducta y prácticas rituales, son propuestos modelos de reestructuración de la vida de los seguidores y se reglamenta la disponibilidad de la sustancia (*ibidem*, p. 3). De esta manera, aunque en contextos socioculturales diferentes según las tradiciones individuales, el uso de enteógenos ocurre regulado y sus efectos, tanto a nivel personal como social, son modelados de modo que reduzcan los riesgos (si los hay) y optimicen los resultados positivos.

Tomemos como ejemplo la doctrina del Santo Daime, la más antigua de las modernas religiones ayahuasqueras, la cual ha proporcionado, para el análisis médico-social, modelos de vida comunitaria integrada con el uso ritual de la ayahuasca algunos de los cuales existentes desde hace más de setenta años o que pueden involucrar singularmente hasta diversos cientos de seguidores. El análisis sobre la doctrina del Santo Daime puede ser paralelamente aplicado también a Barquinha y UDV. Recordemos que grupos numéricamente apreciables del Santo Daime y de la UDV están presentes, además de en la mayoría de las grandes ciudades de Brasil, desde los años 80 también en diversos Países Europeos, EE.UU., Canadá, Japón y Australia.

Pasemos a analizar ahora las variables que hemos definido como influyentes en el consumo de psicoactivos y el contenido de la experiencia derivada (véase tab. 12), aplicándolas al caso del ritual del Santo Daime. En primer lugar, los estudios científicos sobre las propiedades farmacológicas y psicofarmacológicas de la ayahuasca han mostrado la ausencia de riesgos para la salud personal del individuo tanto desde el punto de vista de la no toxicidad en el organismo, como por el hecho de que no genera ningún tipo de dependencia ni habituación. Además, las características propiedades purgantes (eméticas y laxantes) representan mecanismos de autorregulación fisiológica que no permiten la ingestión de cantidades particularmente elevadas de la sustancia, y de todos modos ampliamente inferiores a las dosis necesarias para poner en riesgo la salud del individuo. Finalmente, ha sido ampliamente documentada la ausencia de peligrosidad en el equilibrio psicológico de los consumidores de ayahuasca, es más, en función del contexto social de ingestión, ha sido verificado un apreciable desarrollo de cualidades psico-sociales de comportamiento consideradas positivas en el sistema social occidental (por ejemplo: sentido de responsabilidad, confianza, calma, respeto por los valores de la familia, por las instituciones, conciencia ambiental, etc.).

En segundo lugar, el Santo Daime no es considerado por los seguidores de la doctrina de Mestre Irineu ser una droga, sino un sacramento que representa "la sangre de Cristo", o también un "ser divino" con grandes poderes que manifiesta el espíritu de la conciencia Crística. Cuando una persona ingiere el Santo Daime, se cree que tiene la posibilidad de entrar en comunión, en contacto directo con lo Divino y recibir comprensión para resolver sus propios problemas o también una cura de enfermedades que la afligen, como testimonian diversos miembros del movimiento.

Esta concepción sagrada de la bebida determina un acercamiento por parte del usuario de elevado respeto reverencial, por tanto una intención personal finalizada a aprovechar la comunión con la sustancia para profundizar el conocimiento de sí, un estado de ánimo confiado, y expectativas dispuestas a acoger e interpretar los mensajes espirituales así como los momentos de purificación (vómito y diarrea). Por este motivo poca relevancia es puesta por los miembros del movimiento en los aspectos que pueden ser relacionados a los efectos farmacológicos: grado de concentración ("potencia"), cantidad de la dosis servida, etc., más relacionados a conceptos corrientes como el de droga. La sacralidad atribuida a la bebida crea un clima social por el que "todo el Daime es bueno", independientemente de que sea "ligero" o "concentrado", o de la cantidad a disposición. Dada la gran variabilidad de los efectos producidos por la misma cantidad de un mismo "lote" de Daime, en diferentes individuos y en momentos diversos incluso para el mismo individuo, poca importancia es normalmente dada a estas cuestiones. También porque el interés en cuestiones que conciernen al lado material de la bebida son sentidas como tendientes a olvidar su naturaleza divina y a compararla con una "droga" (véase MacRae, 2004, p. 4). Del mismo modo cada trabajo espiritual es visto como una ocasión de aprendizaje y de cura.

En tercer lugar, el contexto social de ingestión del sacramento es altamente estructurado con reglas y valores compartidos tales que hacen definir los trabajos espirituales del Santo Daime como "rituales del orden" (Couto, 2002) que promueven la cohesión jerárquica del grupo y la búsqueda de armonía tanto interna como externa. Entre las "sanciones" y los "rituales" sociales asociados a los trabajos espirituales del Santo Daime recordamos:

- las prescripciones relativas a la preparación de cada participante, a respetarse en los tres días precedentes y en los tres días sucesivos al ritual, que incluyen la abstinencia sexual por motivos religioso-espirituales y la observación de reglas alimentarias aptas a evitar el consumo de alcohólicos u otras sustancias intoxicantes, y a seguir una alimentación sana. Estas prescripciones «preparan la actitud del participante para un acontecimiento importante que sale de la rutina cotidiana» (MacRae, 2004, p. 4);
- una organización jerárquica en la cual un "presidente/comandante" o "padrinho" es reconocido como dirigente de la sesión, ayudado por un staff de fieles con experiencia y por un equipo de "fiscales" responsables del orden del salón y del ritual, y de la asistencia a los nuevos participantes, en particular a las personas que pueden sufrir los efectos purgativos de la bebida;
- el control del acceso a la ingestión de la bebida, bajo la responsabilidad de algunos entre los miembros con más experiencia, los cuales sirven el sacramento solo en los momentos oportunos y con las dosificaciones indicadas por la dirigencia del trabajo;
- la organización del contexto físico y del comportamiento ritual. Como ya descrito en el capítulo 6: el Salón es organizado a través de un simbolismo religioso que sanciona la profunda sacralidad del ritual; las personas están dispuestas en filas cada una en un lugar preciso que a veces está delimitado por un rectángulo en el pavimento, separadas por sexo y edad; en el caso del baile, los participantes se mueven sincronizados al ritmo de la música, promoviendo un intenso clima de armonía e integración.

Ulteriores características del contexto de ingestión que manifiestan la tensión a la uniformidad del grupo para estimular su cohesión son representadas por ejemplo por el uso de los uniformes (camisa blanca y corbata azul) que estimulan y ayudan a mantener un clima de sobriedad. Además, las actividades de los participantes son controladas por el equipo de los "fiscales" encargados que se aseguran el respeto de simples normas de comportamiento que mejoran la experiencia, como por ejemplo aquellas respecto a la postura del cuerpo (cabeza erguida, piernas y brazos relajados).

Influyen todavía en el contexto la música y los cantos. Las melodías, las voces, los instrumentos musicales permiten una fuerza de cohesión y armonización fundamental, y así como en las antiguas prácticas chamánicas, constituyen el puerto seguro, el mapa astral para guiar la navegación, el escenario de fondo cuya presencia da seguridad y sostén en el desarrollo emotivo de la experiencia. Los mensajes de doctrina cristiana contenidos en los textos de los himnos son ulteriores instrumentos de reflexión e interpretación de los acontecimientos de la vida de cada uno a la luz de valores universales.

Los mecanismos cognitivos ya evidenciados (véase cap. 9, § *Ayahuasca, estados modificados de conciencia y psicología cognitiva*) hacen de la experiencia un profundo examen de conciencia, gracias al dialogismo cognitivo en el que la mente se observa mientras dialoga consigo misma, facilitando el auto-conocimiento y la toma de conciencia de los propios comportamientos en la vida cotidiana. De este modo el participante tiene la ocasión de observar sus propios defectos y de interpretar las problemáticas de su propia vida a través de una toma de conciencia de los mecanismos comportamentales que debe esforzarse en mejorar. La medida en la que logra esta toma de conciencia y en su aplicación en la vida cotidiana depende fundamentalmente de la intención personal de cada uno. Seguramente el clima de sacralidad, sobriedad y respeto favorecen el desarrollo de un estado de ánimo confiado y de intenciones constructivas.

La participación en la tradición de la comunidad espiritual del Santo Daime, así como de la Barquinha y de la UDV, involucra aquellos elementos socioculturales que han sido evidenciados por los enfoques multidimensionales de los estudios presentados de Zimberg y Grund. La práctica espiritual de las religiones ayahuasqueras manifiesta todos aquellos requisitos que han sido definidos importantes para identificar un uso controlado de psicoactivos, menos arriesgado y más socialmente integrado.

El contexto del uso ritual de la ayahuasca muestra un ejemplo de sistema de consumo de acuerdo con el modelo de Grund (véase tab. 12): la estructura religiosa garantiza la disponibilidad de la sustancia y restringe su uso exclusivamente a las fechas rituales, al mismo tiempo la doctrina, a través de la compartición de valores éticos y reglas de conducta que coinciden con aquellos reconocidos en la base de nuestra sociedad, estimula al miembro del movimiento a estructurar su propia vida con centralidad de la familia y del trabajo. La implicación a nivel de comunidad espiritual y de integración social va aún más allá, en la medida en que la doctrina prescribe una serie de normas de comportamiento a respetar no solo durante la participación en los rituales, sino también en cada momento de la vida cotidiana.

En conclusión, al afrontar en general la cuestión del consumo de psicoactivos no se puede prescindir de las variables socioculturales que determinan la tipología de uso de cualquier sustancia. Las teorías reductivas (unidimensionales) al análisis de las solas propiedades farmacológicas se han revelado extremadamente burdas además de contradictorias (como en el caso de alcohol y tabaco) y han conducido a medidas ideológicas como el prohibicionismo intolerante de la "guerra total contra las drogas", medidas que han hecho perder credibilidad a las instituciones mismas y se han demostrado abundantemente contraproducentes.

Diversos investigadores e instituciones (incluidas comisiones gubernamentales estadounidenses - véase Zimberg, 1984) han evidenciado la importancia de la necesidad de distinguir con precisión los riesgos conectados a cada sustancia individual, y de diferenciar el uso controlado, con bajos riesgos sociales, del abuso, con altos costos sociales. Los sostenedores de las políticas de reducción del daño reiteran la necesidad de evaluar realistamente las variables psico-sociales que influyen en el consumo de psicoactivos, teniendo en cuenta elementos fundamentales como el estado psicológico del consumidor y el contexto de ingestión. En una óptica de este tipo el objetivo es aquel pragmático de canalizar los recursos sociales, limitados, para la reducción de los daños derivados del consumo de psicoactivos, aceptando la realidad social del uso y trabajando en la prevención del abuso, más que buscar ideológicamente eliminar el uso de los psicoactivos *ilícitos* de la sociedad, objetivo que las autoridades ya se han desilusionado ampliamente de poder alcanzar.

En particular el uso *ritual* de la ayahuasca, además de no presentar riesgos para la salud y para el orden público desde el punto de vista farmacológico, se presenta como un ejemplo de uso controlado de psicoactivos en un contexto psico-social (*set-and-setting*) cuidadosamente estructurado de modo que minimice los riesgos y maximice la integración social y los efectos positivos de la experiencia con estados modificados de conciencia.

Por estos motivos de carácter sociológico y por el derecho fundamental del hombre a la libertad de religión, está ocurriendo un gradual reconocimiento jurídico a nivel internacional del uso ritual de la ayahuasca que ya ha involucrado diversos Países.

CAPÍTULO XI

HISTORIOGRAFÍA DEL RECONOCIMIENTO JURÍDICO DEL USO RITUAL DE LA AYAHUASCA

Introducción

En 1971, la Asamblea General de las Naciones Unidas, con la Convención de Viena sobre Sustancias Psicotrópicas, explicitó la lista completa de las sustancias psicoactivas bajo el control internacional y, por tanto, prohibidas. Todas las Naciones individuales ratificaron posteriormente esta Convención e incluyeron las tablas de sustancias bajo control en sus respectivas legislaciones nacionales. Estas últimas son independientes de la Convención de Viena de 1971 en el sentido de que pueden modificar la lista formulada a nivel internacional sin ninguna vinculación con la ONU. Cada nueva modificación, a nivel de Estado individual, de las tablas de sustancias prohibidas debe hacerse a través de la actividad legislativa (en Italia con un decreto ministerial del Ministerio de Salud). La responsabilidad internacional sobre la materia relativa a las sustancias psicotrópicas bajo control ha sido confiada al INCB —*International Narcotics Control Board* de la ONU, que trabaja directamente bajo la dirección de la OMS— Organización Mundial de la Salud.

La lista de sustancias prohibidas es detallada e incluye explícitamente todas y solo las sustancias consideradas bajo control, las cuales pueden ser principios activos sintéticos (aislados en laboratorio) o sustancias naturales (plantas u otros)[177].

177 Las tablas listan explícitamente: determinados alcaloides aislados químicamente en laboratorio como, por ejemplo, THC, psilocibina, mescalina, LSD, cocaína, heroína, etc.; y otras sustancias específicas consideradas bajo control como, por ejemplo, la planta *Cannabis*, la sustancia *Hashish*, los hongos *Psilocybe sp.*, los cactus Peyote (*Lophophora williamsii*) y San Pedro (*Trichocereus pachanoi*), las sustancias denominadas opiáceos, la hoja de la planta *Coca*, etc. Cada sustancia explícitamente

Naturalmente, no todas las sustancias psicotrópicas están prohibidas; por ejemplo, el alcohol, la nicotina (y el tabaco), la cafeína y otras menos conocidas no se consideran bajo control, así como tampoco las *β-carbolinas* (entre ellas la harmina, harmalina y THH), contenidas también en la ayahuasca, no están incluidas en las tablas internacionales ex Convención de Viena de 1971.

La ayahuasca utilizada en los rituales de las modernas religiones sincréticas y en las experimentaciones médico-terapéuticas se obtiene exclusivamente por decocción de los tallos de la liana *Banisteriopsis caapi* y de las hojas del arbusto *Psychotria viridis*[178]. Ambas plantas con las que se prepara la ayahuasca no están incluidas en las tablas internacionales de sustancias prohibidas (en los años 80, el propietario de un laboratorio farmacéutico estadounidense obtuvo incluso la patente sobre la planta Ayahuasca - *B. caapi*, posteriormente revocada definitivamente en 2003 por la oficina de patentes de USA[179]).

---

incluida en la lista es considerada bajo control y las sustancias no incluidas no están prohibidas.

178 En 1991, las religiones ayahuasqueras firmaron, con apoyo de los organismos federales brasileños en materia de estupefacientes, una "Carta de Principios para el Uso de la Ayahuasca", entre los cuales se incluyen también los métodos de preparación.

179 El 4 de noviembre de 2003, la oficina de patentes y marcas registradas de USA (PTO), en Washington, decidió revocar la patente existente sobre la planta *Banisteriopsis caapi*. Fue el resultado de una lucha emprendida por los pueblos indígenas de nueve países de la cuenca Amazónica y de Sudamérica. La sentencia del PTO llegó en respuesta a la segunda solicitud de revisión de la patente, presentada en marzo de 2003 por la Coordinación de las Organizaciones Indígenas de la Cuenca Amazónica (COICA), por la Alianza para los pueblos Indígenas y Tradicionales de la Cuenca Amazónica y por el Centro de Derecho Internacional del Ambiente (CIEL). Durante la década de los años 80, el propietario de un laboratorio farmacéutico estadounidense, Loren Miller, obtuvo plantas de ayahuasca (*Banisteriopsis caapi*) del pueblo indígena Cofán del Ecuador y, llegado a USA, obtuvo la patente sobre la planta. En 1996, la COICA presentó la primera solicitud para anular la patente de la planta sagrada. A pesar de la anulación de la patente, esta fue restablecida nuevamente por Loren Miller en 2001. La planta, que fue comercializada en USA, fue reconocida como nativa de la selva amazónica y el PTO canceló definitivamente en 2003 la patente con la motivación de que existían ya antes de la solicitud de la patente publicaciones "conocidas y disponibles" que describían la *Banisteriopsis caapi*, por lo tanto no representaba ningún "descubrimiento".

La química de las lianas del género *Banisteriopsis* ha evidenciado solamente la presencia de sustancias denominadas genéricamente *β-carbolinas*. Las hojas del género *Psychotria* contienen sustancias tipo-DMT (DMT y 5-MeO-DMT) (véase tabs. 8-10 en el cap. 9). Las *β-carbolinas*, con propiedades psicoactivas relajantes y sedativas, incluso en su forma sintética aislada en laboratorio, no están incluidas en la lista de sustancias bajo control de la Convención. La DMT pura sintetizada químicamente en laboratorio está incluida en las tablas de sustancias bajo control.

En el Informe anual del INCB de 2012, en la pág. 46 (párrafo 6), se define que ni la ayahuasca ni las plantas relacionadas están bajo control internacional ex Convención Viena 1971:

> 6. Materiales vegetales no sometidos a control internacional que contienen sustancias psicoactivas
>
> 328. La utilización de preparados a base de plantas que no están sometidas a control internacional y que contienen psicoactivos naturales es a menudo parte de los rituales tradicionales indígenas, de la medicina tradicional y de las ceremonias religiosas. [...]
>
> 329. El Consejo ha subrayado algunos de los problemas relacionados con la utilización de estos materiales vegetales fuera de su contexto socioeconómico de origen en su informe anual para 2010 (párrafos 284-287). Desde entonces, se ha notado el creciente interés por el uso de tales materiales vegetales para fines recreativos, quizás fomentado por la falta de claridad sobre el estado de control de las plantas a nivel nacional o internacional. Actualmente, ninguna planta, incluidas aquellas que contienen ingredientes psicoactivos, está controlada en virtud de la Convención de 1971, aunque los principios activos que contienen a veces están sujetos a control internacional. Por ejemplo, la catina y la DMT son sustancias psicotrópicas incluidas en la lista I de la Convención de 1971, mientras que las plantas y las preparaciones a base de plantas que las contienen, es decir, el khat y la ayahuasca, respectivamente, no están sujetas a restricciones o medidas de control. [...]

La rápida expansión geográfica en Brasil y en el extranjero que ha involucrado a las religiones ayahuasqueras (en particular Santo Daime y UDV) desde los años 1980 y sobre todo en los años 1990, ha llevado a las autoridades nacionales individuales a enfrentarse con este fenómeno y en particular con la evaluación respecto al hecho de si existen o no riesgos para la salud o el orden público en relación tanto con el consumo genérico de ayahuasca como en particular con el uso ritual de la ayahuasca en un contexto religioso controlado, teniendo en cuenta el derecho inviolable del hombre a la libertad religiosa.

Como veremos, esta evaluación se realizó primero en Brasil desde mediados de los años 80, y posteriormente en algunos de los numerosos países donde desde hace décadas están activos diversos centros religiosos que practican el uso ritual de la ayahuasca. En otros países aún, la cuestión se está abordando en este período histórico.

A continuación, un *excursus* de los que nos parecen los casos nacionales más significativos: Brasil, Perú, USA, Holanda, Francia, Bélgica, España, Canadá e Italia. Hemos omitido presentar detalles sobre todos los países que han tenido casos jurídicos porque de lo contrario se habría necesitado un volumen aparte solo para este capítulo.

Brasil (1985-2006)

Según testimonios de antropólogos y contemporáneos de Raimundo Irineu Serra[180], fundador del Santo Daime, alrededor de 1915 los hermanos Costa, que habían dado a conocer la bebida sagrada a Mestre Irineu presumiblemente en 1912, abrieron un centro para la ingestión ritual de la ayahuasca en la ciudad de Brasiléia (Estado de Acre -BR- en la frontera con Perú y Bolivia), llamado *Círculo de Regeneração e Fé - CRF*. En 1916-17, Irineu Serra llegó a participar en las sesiones rituales organizadas por los hermanos Costa, pero saldría de su organización espiritual debido a las persecuciones que la ayahuasca estaba enfrentando en esa época por parte de la policía y de los responsables eclesiásticos del Municipio de Brasiléia, en el que la religión predominante era el Catolicismo.

Cuando Mestre Irineu abrió los trabajos espirituales de Santo Daime en 1930 en Rio Branco, y posteriormente fundó el Alto Santo en 1945, sus buenas relaciones con las instituciones del Estado de Acre

180 Véase el testimonio de Jairo Da Silva Carioca (miembro del Directivo CICLU "Alto Santo"), recogido con ocasión del centenario del nacimiento del Mestre (1992) y publicado en la "*Revista do centenário do Mestre Raimundo Irineu Serra*", Rio de Janeiro, Ed. Beija-Flor, diciembre 1992.

garantizaron cierta seguridad y protección para su comunidad espiritual, aunque hay testimonios de esporádicos intentos de persecución en función de los diferentes gobiernos de Estado que se sucedieron en el tiempo. En los años posteriores al fallecimiento de Mestre Irineu, ocurrido en 1971, se tiene conocimiento de un período difícil para el Alto Santo debido a la reanudación de las amenazas por parte de la policía contra el uso de la ayahuasca.

En 1967, la policía de Porto Velho (Estado de Rondônia) perseguía y llegaba a arrestar al Mestre José Gabriel, que había fundado la União do Vegetal en 1961. En 1970, tras una ulterior persecución por parte de la *División de Seguridad y Guardia del Territorio de Guaporé*, la UDV emprendió una acción legal con la que obtuvo una decisión histórica a su favor en la *Corte Federal* en Brasilia, Capital de Brasil, contra el jefe de la policía del Estado de Rondônia.

En los años siguientes, la amenaza de emprender una acción legal contra la UDV se repropone con frecuencia en las declaraciones de las fuerzas policiales locales y federales. Según Henman (1986), la inmunidad de la UDV durante la notable expansión que tuvo en las grandes ciudades en los años 70 y 80 se explica solo inicialmente por el hecho de que los nuevos adeptos eran sobre todo empleados federales que retornaban a sus ciudades natales después de haber prestado servicio en la Amazonia, y sin duda algunos de estos jóvenes oficiales de la Fuerza Aérea protegieron a la organización de la hostilidad de la Policía Federal brasileña, la inteligencia militar y el *Servicio Nacional de Informaciones* (SNI). En una segunda fase, en cambio, la inmunidad de la UDV frente a las amenazas de las autoridades policiales resulta más sorprendente dado que muchos de los adherentes eran sobre todo jóvenes profesionales de la clase media urbana. Según Henman, una ayuda para contener la hostilidad de las autoridades derivó de la posición de la doctrina de la UDV respecto al enérgico rechazo de cualquier sustancia ilegal, así como también de los "vicios" legalizados (alcohol y tabaco).

En la década de los años 80 ocurrieron una serie de acciones represivas contra el uso de la ayahuasca que tuvieron como consecuencia la decisión por parte de la División Fármacos del Ministerio de Salud (DIMED) de incluir en 1985 la *Banisteriopsis caapi* entre las sustancias integrantes de la lista de productos prohibidos en el territorio nacional.

Tras esta decisión, las Iglesias del Santo Daime y la União do Vegetal dirigieron una petición al Consejo Federal sobre Estupefacientes (CONFEN) solicitando que esta medida fuera anulada. El presidente del CONFEN requirió que se organizara un Grupo de Trabajo para proporcionar el apoyo necesario para las deliberaciones sobre este tema. El Grupo de Trabajo[181] fue instituido y realizó todas las investigaciones posibles sobre el tema, visitando también las comunidades de Santo Daime y UDV, algunas existentes desde varias décadas, y participando en los rituales espirituales de los dos grupos.

El parecer oficial del grupo de trabajo instituido fue presentado por los consejeros, médicos y profesores Dr. Isaac Karniol y Dr. Sérgio Seibel y aprobado por unanimidad en la sesión del CONFEN del 31 de enero de 1986.

Se observaron los siguientes aspectos:

- la ayahuasca ha sido utilizada durante varias décadas sin que se observaran perjuicios sociales;
- entre los usuarios de la bebida predominan modelos morales y éticos de comportamiento «en todo semejantes a aquellos existentes y recomendados en nuestra sociedad, a veces incluso de forma bastante rígida»;
- sería necesario examinar todos los aspectos de este uso ritual de las comunidades religiosas indígenas: sociológicos, antropológicos, químicos, médicos, psicológicos y de salud en general.

La Disposición de la DIMED había incluido la *Banisteriopsis caapi* entre las drogas prohibidas sin observar la obligación de previa audiencia del CONFEN (al cual corresponde la orientación normativa de las actividades disciplinarias del sistema nacional de prevención, fiscalización y represión de los estupefacientes), por lo tanto no era válida y fue anulada, liberando nuevamente el uso de la *B. caapi* y de la ayahuasca después de un año de suspensión.

181 El Grupo de Trabajo del CONFEN, presidido por el jurista Domingos B. G. Silva Sá, incluyó diversos consejeros de ámbito académico con varias especializaciones, además de Suely Rosenfeld (DIMED y Ministerio del Tesoro), Isaac Karniol (Asociación Médica Brasileña), Sérgio Seibel (Ministerio de la Previsión y Asistencia Social) y Paulo G. Magalhães Pinto (División de Represión de los Estupefacientes de la Policía Federal).

El Grupo de Trabajo realizó varias expediciones en la Amazonia, y durante dos años acompañó y analizó a los usuarios en sus sedes, con entrevistas y estudios. Los psiquiatras Isaac Karniol y Sérgio Seibel hicieron una primera expedición en 1985 en Rio Branco, donde tuvieron la oportunidad de visitar tres comunidades espirituales que hacían uso de la ayahuasca: el núcleo de Rio Branco de la UDV, la *Colônia 5000* y el *Alto Santo* del Santo Daime.

En 1986, se realizaron otras cinco visitas a comunidades usuarias de la ayahuasca. La segunda y la tercera fueron efectuadas en la comunidad denominada *Céu do Mar* de Rio de Janeiro, dirigida por el psicólogo Paulo Roberto Silva e Souza, donde tuvieron la oportunidad de participar en un trabajo espiritual que duró aproximadamente seis horas, tomando tres veces la ayahuasca que describieron como un «líquido de color castaño, con sabor extremadamente áspero, repulsivo y nauseabundo, que nos provocó los previstos vómito y diarrea» (Silva Sá, 1996). Los efectos reportados comprenden la ampliación de las percepciones y «lo que la ciencia oficial denomina como alucinación» (Silva Sá, 1996).

La cuarta visita se desarrolló en la comunidad denominada *Céu da Montanha*, situada en una localidad en el Estado de Rio de Janeiro, y dirigida por Alex Polari de Alverga. También en esta ocasión todos los visitantes gubernamentales participaron en un trabajo espiritual, experimentando de nuevo los «efectos fuertemente eméticos de la bebida», y observando que podían ser de algún modo atenuados participando en el baile y los cantos. Se describen también los trabajos espirituales del domingo por la mañana para los niños, a los que se sirve una cucharadita de café de Daime, y los testimonios de las mujeres embarazadas que participaban en todos los trabajos espirituales. Otras mujeres contaron sus propias experiencias, consideradas muy positivas, de utilización del Daime en ocasión del parto.

La quinta visita fue realizada en la sede central de la doctrina del Santo Daime, en el *Céu do Mapiá*, en medio de la selva virgen del Estado de Amazonas. Los protagonistas gubernamentales de la expedición describen el largo y difícil viaje hasta el corazón de la selva, cuya parte final solo puede realizarse en canoa con pernoctación a mitad del trayecto en una cabaña en la que instalaron sus hamacas y mosquiteros. Quedaron muy sorprendidos al encontrar un continuo ir y venir de peregrinos de todas partes de Brasil e incluso del extranjero que entraban y salían de la selva para visitar el *Céu do Mapiá*, a pesar de todas las incomodidades y dificultades que debían afrontarse.

En 1986, época de la visita, la comunidad nacida cuatro años antes contaba con aproximadamente doscientas cincuenta personas. El Grupo de Trabajo tuvo la oportunidad de participar en diversos trabajos espirituales incluido el *feitio* del Santo Daime. La sexta y última visita fue realizada en el núcleo de la União do Vegetal de Rio de Janeiro. También en esta ocasión el Grupo de Trabajo participó en la preparación de la bebida y en la sesión ritual, de una duración de aproximadamente cuatro horas.

Al término de los trabajos de análisis y evaluación, y de la redacción del informe sobre las visitas e investigaciones realizadas, en 1986, el Consejo Federal sobre Estupefacientes (CONFEN) decidió mantener la exclusión de la *Banisteriopsis caapi* de la lista de sustancias prohibidas.

De las actividades de investigación y las visitas efectuadas, resultaron una serie de constataciones por parte del Grupo de Trabajo sobre los efectos relativos a la bebida y al contexto de ingestión. Edward MacRae cita y comenta estos pareceres en sus "*Observações sobre o Documento de Trabalho do CONFEN*" ("Observaciones sobre el Documento de Trabajo del CONFEN") (1988). Por ejemplo:

> *Efectos sociales*: Los efectos sociales observados no pueden ser atribuidos solamente a la acción de la infusión sobre el organismo sino al ambiente en su totalidad, incluidas las músicas y las danzas. Se consideró que las comunidades rurales estaban muy bien integradas en su contexto natural y se observó una gran uniformidad en términos doctrinales y de prácticas dentro de las dos grandes tradiciones estudiadas (ICEFLU y UDV).
>
> La "disposición de espíritu" o "preparación", por su dificultad, es necesariamente comunitaria, dándose división de roles por género y ceremonias especiales de alto significado simbólico religioso. Las reacciones comunes de vómito y diarrea llevan también a suponer que la ayahuasca no se presta a un uso fácil, indiscriminado y recreativo del público en general.
>
> El Grupo de Trabajo no logró encontrar ni un solo caso objetivamente comprobado que llevara a la demostración inequívoca de perjuicios sociales causados realmente por el uso que se está haciendo de la ayahuasca. Al contrario, los modelos morales mantenidos son severos, los seguidores del movimiento religioso aparecen tranquilos y, orientados por el uso ritual

de la infusión, buscan un bienestar social, dentro de un contexto pacífico y trabajador.

La Naturaleza de las Experiencias: El informe final presentado por el Presidente del Grupo de Trabajo, al abordar la cuestión de la naturaleza visionaria de la ayahuasca dice:

«Lo que es posible afirmar es que la búsqueda de una forma peculiar de percepción, emprendida por los usuarios de la ayahuasca en sus diversos trabajos no parece alucinación, si se toma el término en su acepción de delirio o falta de salud mental. Se ha constatado en todos los grupos visitados la existencia de un proyecto rigurosamente comunitario: la búsqueda de lo sagrado y del autoconocimiento. Tampoco compete al Grupo de Trabajo definir si la forma de experimentar lo sagrado y el autoconocimiento es ilusión, delirio o fantasía — otras acepciones de alucinación» (fls. 29 del informe).

Más adelante, el informe, en referencia a la descripción de Tomás de Aquino sobre las facultades del alma (que asume el sentido de capacidad humana de conocer), comenta: «[...] tantas veces, con superficialidad, clasificamos como alucinaciones la utilización de facultades que todos poseemos al menos fundamentalmente» (fls. 30).

La recomendación final del informe concluyó con la exclusión definitiva de la ayahuasca de la lista de los productos prohibidos y permitir la bebida para el uso ritual.

Después de otros siete años de investigación multidisciplinar (médico-psico-farmacológica, social y jurídica), este parecer fue ratificado por unanimidad por el CONFEN en 1992, reconfirmando el reconocimiento del uso religioso de la ayahuasca. El CONFEN no permitió más ser puesto bajo presión para revisar su decisión.

En 1996, el jurista Silva Sá, presidente del Grupo de Trabajo sobre la ayahuasca, comentaba:

Desde hace más de diez años, el uso ritual de la ayahuasca ha sido reconocido jurídicamente en Brasil, tras la prohibición de 1985, suspendida en 1986, y no se tiene noticia de un solo caso, científicamente comprobado, de problemas mentales efectivamente causados o generados por el uso referido. Menos aún se tienen referencias de abuso o cualquier otro comportamiento perturbador del orden social. [...]

El uso ha sido siempre ritual, incluso por los mismos efectos provocados por la bebida que la hacen, como ya indicado por Clodomir Monteiro[182], "casi exclusivamente social", con la constante de una liturgia, siempre observada.

182 Profesor de Antropología de la Universidad de Acre (Brasil).

> Además de esto, conforme a lo referido anteriormente, es eficientísimo el control ejercido por las direcciones de las diferentes comunidades.
>
> (Silva Sá, 1996)

Finalmente:

> Afirmo, con serena convicción, que la búsqueda de una forma peculiar de percepción, emprendida por los usuarios de la ayahuasca, en sus "sesiones" o "trabajos", no puede ser definida, impulsivamente, como alucinación, si tomamos el término en la acepción de desviación o insania mental. Hubo sí, la constatación de una realidad rigurosamente común a todos ellos: la conciencia de expandir las virtualidades individuales y comunitarias, en busca de lo sagrado y del autoconocimiento.
>
> (Silva Sá, 1996)

El 4 de noviembre de 2004, con la Resolución n. 4, el CONAD (Consejo Nacional Antidroga del Gobierno Brasileño - ex CONFEN), después de casi veinte años de análisis multidisciplinar en materia del uso ritual de la ayahuasca, ha reconocido definitivamente de manera jurídica no solo el uso ritual de la ayahuasca, sino también la libertad de participación para niños y mujeres embarazadas, y la importancia de la investigación sobre el uso terapéutico de la ayahuasca. Para este fin ha instituido un Grupo Multidisciplinar de Trabajo (GMT) para definir todos los argumentos para reglamentar lo indicado en la Resolución de 2004.

En 2006, el Grupo Multidisciplinar de Trabajo ha publicado su *Relatorio Final* que instituye el *Cadastro Nacional das Entidades Usuárias da Ayahuasca* e identifica los principios que regulan su uso, en particular:

- la definición del uso ritual-religioso,
- la incompatibilidad del uso ritual protegido por la ley con el comercio, con la promoción de los "paquetes" turísticos, con la publicidad,
- la sostenibilidad ambiental de la producción de la ayahuasca,
- la asociación de la ayahuasca con otras sustancias,
- la creación de nuevos centros,
- la autosostenibilidad de las entidades usuarias,

- los procedimientos para acoger a nuevas personas interesadas,
- la ilicitud del curanderismo para la ley Brasileña,
- la investigación científica para el uso terapéutico,
- los mecanismos para hacer efectivos los principios éticos formulados.

Perú (años 1990-2008)

Desde finales del siglo XX se consolida en Perú el interés institucional por la protección de las medicinas tradicionales indígenas. En 1999 se constituye el *Instituto de Medicinas Tradicionales*.

A petición del Gobierno Regional de San Martín, en el marco de un proceso de salvaguarda y protección de los conocimientos y recursos tradicionales, considerados emblemáticos en la región y en el País, se ha realizado una investigación para solicitar la Declaración del Ritual Ancestral de la Ayahuasca como Patrimonio Cultural de la Región de San Martín.

Para su redacción se han respetado las normas indicadas por el Instituto Nacional de Cultura, concentrándose en los aspectos que han evidenciado su interés socio-cultural, su pertenencia a la tradición de la región de San Martín y del resto de la Amazonia peruana, su papel y su influencia en otros campos del saber, social, medicinal y artístico, así como la validez y el potencial desarrollo actual del rito.

Esta investigación ha llevado al Instituto Nacional de Cultura de la República del Perú, con fecha 24 de junio de 2008, a publicar la *Resolucion Directoral National* n. 836/INC en la que declara Patrimonio Cultural de la Nación los "Conocimientos tradicionales y los usos de la ayahuasca practicados por las comunidades nativas amazónicas".

Estados Unidos de América (1999-2009)

Tanto Santo Daime como UDV han abierto sus propios centros religiosos en diversos estados de USA. El caso legal más relevante respecto al proceso de reconocimiento jurídico del uso ritual de la ayahuasca en USA involucra a los miembros de la União do Vegetal en New Mexico. La UDV abrió oficialmente su núcleo en Santa Fe en 1993, año en el cual el Estado de New Mexico reconoció jurídicamente el "*Centro Espírita Beneficente União do Vegetal*" (UDV-USA, Inc.) como una organización religiosa sin ánimo de lucro. El grupo había comenzado a operar informalmente ya desde 1988 y en 2005 el núcleo contaba con aproximadamente 140 miembros. En 2000, el gobierno emprendió una acción legal contra la UDV para bloquear la realización de sus rituales basados en el uso sacramental de la ayahuasca. El resumen de los acontecimientos jurídicos que se presenta a continuación se basa en los documentos oficiales depositados en los tribunales de referencia[183].

El 21 de mayo de 1999, agentes de la DEA (*Drugs Enforcement Administration*) interceptaron un envío de aproximadamente 30 galones (ca. 114 litros) de *hoasca* que desde Brasil habían sido enviados a la dirección de la oficina del presidente local de la UDV. Tras el registro de la oficina, los agentes encontraron y confiscaron cantidades adicionales de hoasca y documentos relativos a la UDV. No se arrestó ni se acusó a nadie. El 21 de noviembre de 2000, un año y medio después, la UDV presentó su moción ante la Corte Distrital de Albuquerque (New Mexico) pidiendo a la corte que declarara la confiscación una violación ilegal de la libertad de religión de los miembros de la UDV, que prohibiera al gobierno ulteriores interferencias en sus prácticas religiosas, y que ordenara la restitución de la hoasca confiscada.

La Corte Distrital concedió varios meses a las partes para preparar una argumentación completa para la disputa, que tendría lugar aproximadamente un año después. La audiencia de las pruebas relativas a la moción de la UDV duró dos semanas, en noviembre de 2001. El acta de la audiencia es de 2037 páginas, incluidas las declaraciones de diecinueve testigos. En sus documentos, el Gobierno nunca puso en duda la *bona fide* de la religión de la UDV o la sinceridad de sus creencias

183 En particular: "*Response in opposition to emergency stay application*", Ashcroft v. UDV, n. 04A469 (Supreme Court of the Unites States, 2004); y las sentencias: Gonzales v. UDV, n. 04-1084 (Supreme Court of the Unites States, 21 Febrero 2006); UDV, 2004 WL 2569531; UDV v. Ashcroft, 342 F.3d, (10th Cir. 2003); UDV vs. Ashcroft, 282 F. Supp. 2d, (DNM 2002). Una completa cronología de este caso y los enlaces a los documentos públicos relativos a los procesos pueden encontrarse en la web del Center for Cognitive Liberty and Ethics (http://www.cognitiveliberty.org/dll/udv_index.htm); y también en la web www.santodaime.it.

y prácticas[184]. Dadas estas concesiones, según el *Religious Freedom Restoration Act* (RFRA) vigente en USA, se convirtió en obligación del gobierno demostrar que tenía un "interés ineludible" (*compelling interest*) en la criminalización del uso sacramental de la ayahuasca de la UDV y que había adoptado los medios menos restrictivos para preservar ese interés. Durante la audiencia, expertos y testigos declararon por ambas partes respecto a los dos intereses elegidos por el gobierno para la disputa: los riesgos para la salud y la seguridad públicas, y la posibilidad de desviación hacia un uso no religioso.

Según la Corte, las evidencias del gobierno revelaron que las preocupaciones sobre los riesgos para la salud no eran sustanciales, así como las preocupaciones respecto al hecho de que la ayahuasca pudiera ser desviada para un uso no religioso. Por ejemplo, uno de los propios expertos del gobierno, Dr. Genser, testificó que «estaría más preocupado por el hecho de que una persona bebiera zumo de pomelo mientras está tomando un fármaco contraindicado, que por un miembro de la UDV que tomara hoasca en un contexto ceremonial»[185]. Las numerosas declaraciones de expertos y de testigos presentadas por la UDV mostraban que no hubo y no había habido riesgos para la salud asociados con el uso ritual de la ayahuasca, en USA o en Brasil; que el riesgo de desviación del uso era entre insignificante y no existente, dada la desagradable y nauseabunda naturaleza de la ayahuasca y la fácil y rápida disponibilidad de sustancias menos desagradables, menos voluminosas y mucho más potentes; y que ninguna desviación había ocurrido nunca durante los muchos años en que la UDV ha practicado su religión sin ser molestada por el gobierno. Además, el gobierno nunca intentó explicar por qué había asumido firmemente que la posición sobre el Peyote (igualmente a la DMT una sustancia bajo control en la Tabla I, y al mismo tiempo reconocido jurídicamente libre para el uso ritual por parte de los miembros de la *Native American Church*) no es de preocupación para el gobierno, y es una justa excepción a las leyes en la materia, mientras el uso ritual de una sustancia similar por parte de la UDV debe ser criminalizado.

184 Cfr. UDV vs. Ashcroft, 282 F. Supp. 2d, p. 1236 (DNM 2002).

185 *Ibidem*, p. 1260.

La Corte Distrital de New Mexico concluyó que «el Gobierno no ha mostrado que la aplicación de la prohibición sobre la DMT contra el uso de la hoasca por parte de la UDV sustente un interés ineludible», rechazando ambas afirmaciones del gobierno[186]. La Corte Distrital constató que el gobierno no había logrado probar que la «hoasca suponga serios riesgos para la salud de los miembros de la UDV que beben el té en un contexto ceremonial»; y que «permitir a los miembros de la UDV consumir hoasca llevaría a una desviación significativa de la sustancia hacia un uso no religioso»[187]. La Corte Distrital concluyó: «*It is therefore ordered that the Government permits the UDV's hoasca use*», era agosto de 2002[188].

En los dos años siguientes a esta sentencia, el gobierno rechazó la negociación para evaluar el mérito de la materia en cuestión, y tampoco trató de presentar nuevas pruebas a la atención de la Corte Distrital. En cambio, recurrió en apelación primero a la Corte de Apelación del 10° Circuito (segundo grado), luego a la Corte de Apelación de New Mexico (tercer grado). Ambas confirmaron, respectivamente en 2003 y en 2004, la anterior decisión de la Corte Distrital[189].

Colectivamente, las Cortes de Apelación y la Distrital rechazaron tres veces las siguientes argumentaciones avanzadas por el gobierno: la salvaguardia de la ley general sobre las drogas no hacía necesario que el gobierno demostrara el respeto de los requisitos del *Religious Freedom Restoration Act* (RFRA) dado que, al estar la DMT prohibida, automáticamente existe un interés ineludible en criminalizar su posesión y distribución; la existencia de riesgos para la salud y la seguridad; el

186 Cfr. UDV vs. Ashcroft, 282 F. Supp. 2d, p. 1255 (DNM 2002).

187 *Ibidem*, p. 1255.

188 Es necesario precisar que la decisión de la Corte no dio a la UDV un permiso *permanente* para practicar su religión a través del uso ritual de la ayahuasca. La Corte acordó que la UDV pudiera continuar regularmente sus propias prácticas religiosas durante el período en que la determinación de la libertad de tal práctica religiosa fuera realizada o a través de un proceso de negociación, que el juez ordenó y el Gobierno rechazó, o con la sentencia de un juez después de un procedimiento denominado *full hearing*. Este permiso acordado a la UDV se llama *Temporary Restraining Order* y ordenó al gobierno no impedir a la UDV en el uso ritual y en la importación de la ayahuasca.

189 Cfr. UDV v. Ashcroft, 342 F.3d, pp. 1170-1172 (10° Cir. 2003); UDV, 2004 WL 2569531 al *1.

papel de liderazgo a nivel internacional del gobierno de EE.UU. en la represión de las drogas y en hacer respetar la Convención de 1971 sobre Sustancias Psicotrópicas[190].

Respecto a este último punto, la Defensa presentó, en relación con la no contradicción con la Convención de 1971, la carta de Mr. Schaepe, el Secretario Ejecutivo del INCB de la ONU, en respuesta formal a la consulta del Ministerio de Salud Holandés respecto al hecho de que la ayahuasca no resulta bajo control respecto a la Convención de 1971 (véase párrafo sobre el caso Holandés). Además de esto, intervino directamente el Embajador Herbert Okun, el diplomático estadounidense responsable de representar la posición de USA durante la Convención de 1971, que con una declaración a la Corte del 10° Circuito, reiteró que su opinión concuerda con la del INCB, el cual es la principal autoridad en la interpretación de todos los tratados internacionales en materia de drogas[191].

Después del triple rechazo de las acciones legales emprendidas por el gobierno, ya que las pruebas presentadas no habían apoyado las argumentaciones, el gobierno decidió recurrir, con una ulterior apelación (*Emergency Stay Application* de diciembre de 2004) a la Corte Suprema de los Estados Unidos.

La solicitud del Gobierno a la Corte Suprema avanzaba la argumentación de que es necesaria una suspensión de la actividad de la UDV para proteger el derecho del gobierno de perseguir a los violadores de las leyes generales en materia de drogas. Según la Defensa y las Cortes que rechazaron las órdenes gubernamentales, en este caso, el gobierno no está persiguiendo a alguien que ha violado las leyes sobre las sustancias bajo control, sino que está solo persiguiendo a los miembros de un pequeño grupo religioso, que han probado en tribunal que sus prácticas religiosas no son dañinas para sí mismos o para cualquier otro.

El hecho de que el gobierno sostuviera que no debería probar tener un interés ineludible en este caso porque tal interés era automático respecto a la "aplicación uniforme" de la ley sobre las sustancias bajo control, mostraba cómo el motivo real de tal persecución contra el uso ritual de la ayahuasca entraba solamente en la salvaguardia de la política

---

190 Cfr. UDV v. Aschcroft, n. 04A469, p. 26-27 (Supreme Court, 2004).

191 Honorable Herbert S. Okun, Ginebra, Suiza, 7 de diciembre de 2002, en: Apéndice 4 al documento: UDV v. Aschcroft, n. 04A469 (Supreme Court, 2004).

de "guerra total contra las drogas" de la que el gobierno de USA se hacía portador a nivel internacional, independientemente de tener o no un "interés ineludible" en hacerlo, es decir, independientemente de los derechos fundamentales del hombre, en particular la libertad de culto sancionada en USA por el *Religious Freedom Restoration Act.*

El interés para el gobierno, por tanto, habría sido la protección de la aplicación general de una ley represiva sin tener en cuenta los vínculos de una ley de grado superior que tutela las libertades inviolables del hombre, que puede ser derogada solo en función de un real interés ineludible, como por ejemplo la tutela de la salud o del orden público, ninguno de los cuales estaba amenazado en este caso singular. Además, el hecho de que tanto el Secretario Ejecutivo del INCB como el Embajador Okun, miembro USA de la Agencia responsable de monitoreo e implementación de la Convención de la ONU, concordaran en afirmar que la ayahuasca no estaba incluida en las sustancias bajo control, quitaba todo fundamento a la argumentación avanzada por el gobierno de que el "papel de liderazgo" de USA en la lucha contra las drogas sería desvirtuado a los ojos de las otras naciones que han firmado la Convención si hubiera ignorado las obligaciones del tratado. Siendo firme que, según la Defensa y las Cortes de Apelación involucradas, incluso en el caso hipotético de que la ayahuasca hubiera sido considerada bajo control, la salvaguardia de la primacía del derecho fundamental del hombre a la libertad de religión debía ser respetada cuando no fuera demostrado ningún riesgo apreciable para la salud y el orden público.

La Corte Suprema de los Estados Unidos se reunió para revisar el caso el 1 de noviembre de 2005[192] y el 21 de febrero de 2006 expresó su opinión confirmando las sentencias de los Tribunales locales de New Mexico (USA) y declarando ilegítima la persecución, realizada por parte del Gobierno de EE.UU., contra el uso ritual de la Ayahuasca en el contexto religioso de la UDV: «*we conclude that the courts below did not err in determining that the Government failed to demonstrate a compelling interest in barring the UDV's sacramental use of hoasca*» [concluimos que las cortes de grado inferior no erraron al determinar

192 La copiosa documentación depositada por el Gobierno, por la UDV y los nueve informes de los *Amicus curiæ* (grupos religiosos, científicos y jurídicos en apoyo a la posición de la UDV) están disponibles en la web estadounidense www.udvusa.com.

que el Gobierno fracasó en demostrar un interés ineludible en impedir el uso sacramental de la hoasca por parte de la UDV][193].

La conclusión de la Corte Suprema de los Estados Unidos se puede resumir en los siguientes tres principales puntos:

1. el gobierno debe probar que tiene un interés irrenunciable para perseguir el uso del té incluso en fase preliminar;
2. el hecho de que la DMT sea considerada peligrosa por la ley no exime al gobierno de la obligación de demostrar que lo es también en este caso específico. La Corte ha rechazado todos los llamados intereses irrenunciables propuestos por el gobierno, declarando que el gobierno simplemente ha fracasado en probar sus argumentaciones;
3. el gobierno ha fracasado en probar que las convenciones internacionales en la materia requerirían al gobierno prohibir la ayahuasca.

Para los dos primeros puntos, las argumentaciones más relevantes de la Corte se refieren al hecho de que la Libertad de Religión sancionada por el RFRA (Acta sobre la Libertad Religiosa) es superior a la ley sobre las sustancias estupefacientes, por lo que el gobierno, antes de obstaculizar las funciones religiosas en cuestión, debe probar que efectivamente el uso de la ayahuasca (es decir, la DMT ingerida a través de la ayahuasca en el contexto ritual) es peligroso para la salud, y no puede apelar en general a la ley sobre las drogas sin probar que en este caso específico hay un riesgo para la salud. Este punto ha sido hecho particularmente fuerte por la existencia, desde hace 35 años, de la libertad del uso del Peyote por parte de la Iglesia Nativa Americana. Es decir, un precedente jurídico que permite el uso particular de una sustancia prohibida (Peyote) al no existir pruebas de la peligrosidad de tal uso para la salud en el contexto específico, también esta vez en nombre de la libertad de religión.

Finalmente, sobre el punto 3, la Corte Suprema concluye: «En esta fase, es suficiente observar que el Gobierno ni siquiera ha presentado prueba alguna respecto a las consecuencias internacionales de garantizar [el uso ritual de la Ayahuasca]. El gobierno simplemente ha aportado dos testimonios de oficiales del Departamento de Estado atestiguando

193 Gonzales vs. UDV, n. 04-1084 (Supreme Court of the Unites States, 21 Febrero 2006), p. 18.

la importancia general de honrar las obligaciones internacionales y de mantener la posición de liderazgo de los Estados Unidos en la guerra internacional contra las drogas. [...] No dudamos de la validez de estos intereses [...] pero bajo el RFRA la invocación de estos intereses tan generales, por sí solos, no es suficiente»[194].

También las Iglesias del Santo Daime del Estado de Oregón han afrontado con éxito un importante caso jurídico que concluyó con la sentencia del Tribunal de segundo grado del Estado de Oregón.

En 1999, contemporáneamente a la confiscación de hoasca de la UDV en New Mexico, fue interceptado a su regreso de Brasil y arrestado el dirigente de una de las Iglesias del Santo Daime en Oregón, con confiscación de una cantidad de Santo Daime.

Después del arresto y la confiscación del sacramento, los representantes del Santo Daime intentaron, a través de un abogado, negociar un acuerdo con el Departamento de Justicia de los Estados Unidos. Sin embargo, el Departamento rehusó considerar una exención religiosa.

La Iglesia del Santo Daime tuvo más éxito con el Estado de Oregón. En 2000, el *Oregon Board of Pharmacy* estableció que el uso religioso del té Daime por parte de la Iglesia era un uso "no farmacológico" y, por tanto, no sujeto a las leyes y a los reglamentos estatales sobre fármacos. Desde entonces, para la ley de Oregón, el té Daime goza de un estatus similar al del peyote cuando es usado como sacramento por la Iglesia de los nativos americanos.

Después de los arrestos en 1999, los fieles del Santo Daime decidieron practicar su religión en secreto, así que dejaron de llevar los registros de los suministros de sacramento y de las actividades de la iglesia. En 2006, después de la decisión de la Corte Suprema en el caso UDV, la Iglesia del Santo Daime volvió a llevar los registros, y

194 «The Government simply submitted two affidavits by State Department officials attesting to the generalimportance of honoring international obligations and of maintaining the leadership position of the United States in the international war on drugs. See Declaration of Gary T. Sheridan (Jan. 24, 2001), App. G to App. to Pet. for Cert. 261a; Declaration of Robert E. Dalton (Jan. 24, 2001), App. H, id., at 265a. We do not doubt the validity of these interests, any more than we doubt the general interest in promoting public health and safety by enforcing the Controlled Substances Act, but under RFRA invocation of such general interests, standing alone, is not enough» (*ibidem*, p. 17-18).

en septiembre de 2008 presentó una querella contra el Gobierno de Oregón por las persecuciones sufridas.

El Tribunal de segundo grado del Estado de Oregón publicó la sentencia el 19 de marzo de 2009 concediendo de hecho todo lo que había sido solicitado por las Iglesias del Santo Daime; en particular, el Tribunal «inhibe permanentemente» al Gobierno de prohibir el uso del sacramento en las ceremonias religiosas de la Iglesia, y de tratar el té Santo Daime como una sustancia ilícita a tenor de la Ley sobre Sustancias Controladas (CSA)[195].

La decisión del juez se basa en el hecho de que el Gobierno ha fracasado en demostrar que el consumo ritual del Santo Daime pueda tener riesgos para la salud o para el orden público, incluso específicamente en el caso de consumo por parte de niños y de mujeres embarazadas.

El juez cita el precedente relativo al uso del peyote por parte de la iglesia de los nativos americanos, y también la sentencia de la Corte Suprema sobre la UDV de 2006. La conclusión es siempre la misma: la libertad de religión está protegida en USA por el RFRA (Religious Freedom Restoration Act), que es una ley jerárquicamente superior a la ley sobre las drogas; al no haber demostrado el Gobierno que el uso ritual del Santo Daime en contexto religioso controlado pueda determinar riesgos para la salud o el orden público, no está presente ningún "interés ineludible" (*compelling interest*) en prohibir tal sacramento y las relativas prácticas religiosas.

De particular interés es que, dentro de la sentencia, el juez da una serie de indicaciones sobre los procedimientos a respetar en cuanto a cómo deberá ser tratado el sacramento, relativamente a la importación (etiqueta con número de lote, indicación de la cantidad de DMT para cada lote, volumen; para cada importación entrega de una muestra a la DEA y conservación de una muestra en la sede de la iglesia durante 3 años, etc.), a la conservación (en frigorífico en una habitación cerrada con llave, etc.), y a los registros que deben llevarse para cada ceremonia (número de participantes, cantidad de Santo Daime utilizada, etc.). Lógicamente, el juez enfatiza que el Santo Daime debe

195 Sentencia 08-cv-03095-PA Document 161 Filed 03/19/2009 - In The United States District Court For The District Of Oregon - Church Of The Holy Light Of The Queen, Et A1, Plaintiffs, Vs Michael B. Mukasey, Et Al., Defendants.

ser consumido única y exclusivamente para uso ritual en el contexto religioso controlado.

Desde 2009, las Iglesias del Santo Daime importan regularmente el sacramento desde Brasil al Estado de Oregón con autorización oficial de la DEA, y desarrollan sus propias ceremonias religiosas con plena transparencia y legalidad.

Holanda (1999-2020)

Después de algunos años en los que el consumo ritual de la ayahuasca en Holanda ocurría en un ambiente poco más que familiar, el 20 de abril de 1995 se constituyó en Holanda la Asociación "CEFLU Cristi - Céu da Santa Maria", persona jurídica holandesa afiliada a la ICEFLU brasileña.

El 6 de octubre de 1999, poco antes del inicio de una celebración ritual del Céu da Santa Maria de Amsterdam, fueron confiscados aproximadamente 17,5 litros de Santo Daime a la responsable de la Asociación, en el lugar de culto donde se habría desarrollado la sesión ritual. Fueron arrestadas dos señoras responsables del Centro en Amsterdam, que tuvieron que pasar una noche en la cárcel antes de ser liberadas a la espera de juicio. Los análisis de la Policía Científica revelaron la presencia de 3-4 gramos de DMT dentro de los 17,5 litros[^14]. La acusación fue de posesión de sustancia prohibida, la DMT, por la Ley Holandesa. Las argumentaciones de la Defensa estaban fundadas en dos puntos principales. En primer lugar, la ayahuasca, aunque conteniendo DMT, no está sujeta a las disposiciones de la Ley sobre Drogas en cuanto plantas o partes de plantas que no están incluidas en la lista de sustancias bajo control no están sujetas a la Ley sobre Drogas, incluso si esas plantas o partes de plantas contienen sustancias que están incluidas en la lista. En segundo lugar, el uso de la ayahuasca es parte integral de la actividad de culto de esta Iglesia. La prohibición constituye, por lo tanto, una restricción ilegal de la libertad religiosa, según el Artículo 9 de la Convención Europea para la Salvaguardia de los Derechos Humanos y de las Libertades Fundamentales (CEDU)[196].

196 Art. 9 Libertad de pensamiento, de conciencia y de religión: 1) Toda persona tiene derecho a la libertad de pensamiento, de conciencia y de religión; este derecho

Por lo que respecta a la protección del Artículo 9 de la CEDU, el Fiscal acusador argumentó que la limitación a la imputada del derecho de libre práctica de su propia religión está justificada por razones de salud pública, dado que, según el párrafo 2 del artículo citado, la libertad de manifestar la propia religión no puede estar sujeta a ninguna restricción salvo aquellas que, establecidas por ley, constituyen medidas necesarias para la protección del orden público, de la salud o de la moral pública, o para la protección de los derechos y de la libertad de los demás.

Las autoridades holandesas (Ministerio de salud) solicitaron una consulta al *United Nations International Narcotics Control Board* (INBC de la ONU) en Viena, respecto al estatus de la ayahuasca frente a la Convención de 1971 sobre Sustancias Psicotrópicas. El Secretario del INCB de la ONU, Mr. Herbert Schaepe, escribió al Director del Inspectorado para la Asistencia a la Salud del Ministerio de Salud Pública Holandés, Mr. Lousberg, una carta de respuesta en la que, tras la consulta con ambas la Sección Científica y la Sección Legal de la oficina de las Naciones Unidas en materia de drogas, se concluye:

> Ninguna planta (material natural) que contenga DMT está actualmente controlada bajo la Convención de 1971 sobre Sustancias Psicotrópicas. Consecuentemente, las preparaciones (ej. decocciones) de estas plantas, incluida la Ayahuasca, no están bajo control internacional y, por lo tanto, no están sujetas a ninguno de los artículos de la convención de 1971.
>
> (INCB de la ONU, 17/01/2001 -
> Ref: INCB-PSY 10/01 - Archivo:141/1 NET)

---

incluye la libertad de cambiar de religión o de creencia y la libertad de manifestar su religión o creencia individual o colectivamente, tanto en público como en privado, mediante el culto, la enseñanza, las prácticas y la observancia de los ritos. 2) La libertad de manifestar su religión o sus convicciones no puede ser objeto de más restricciones que las que, previstas por la ley, constituyen medidas necesarias, en una sociedad democrática, para la seguridad pública, la protección del orden, de la salud o de la moral públicas, o la protección de los derechos o las libertades de los demás. (de la CEDU - Convención Europea para la Salvaguardia de los Derechos Humanos y de las Libertades Fundamentales, Concluida en Roma el 4 de noviembre de 1950 - Aprobada por la Asamblea federal el 3 de octubre de 1974).

Mr. Lousberg, del Ministerio de Salud Pública de Holanda, enviando al juez la carta recibida del INCB de la ONU, añadió que «el uso de la bebida ayahuasca no representaba en este momento ningún riesgo para la salud pública»[197]. La misma oficina del Ministerio de Salud declaró también que no hay ningún riesgo para la seguridad pública y ninguna prueba de cualquier implicación criminal por parte de los usuarios de la bebida.

En apoyo a la posición respecto al hecho de que las acciones de la imputada están protegidas por el Artículo 9 de la CEDU, la Defensa presentó diversos peritajes de expertos, algunos a petición del juez supervisor[198]. La conclusión final del documento presentado por el experto del Prof. Dr. F. A. De Wolff, químico clínico y toxicólogo, fue que «no es plausible, sobre la base del conocimiento científico actual, que el consumo de ayahuasca represente una amenaza para la salud pública»[199].

El 21 de mayo de 2001, la Corte de Amsterdam concluyó que resultaba claramente que las convicciones de la imputada y de la comunidad relacionada debían ser consideradas una religión, la cual, por tanto, goza de la protección del artículo 9 de la CEDU; que el Fiscal había citado exclusivamente la salud pública como único interés en riesgo que justificara la prohibición; que, vistas las informaciones proporcionadas por los expertos como el Prof. De Wolff y otros, resultaba que el uso ritual de la ayahuasca no implicaba ningún riesgo para la salud. En base a estas asunciones, deliberó la plena absolución de las imputadas.

---

197 Ministerio de Salud Pública Holandés - Inspectorado de Salud; Referencia: FMT-CT-U-01-00881; Objeto: Evaluación del riesgo de la DMT efectuada por la Oficina de Evaluación y Monitoreo de Nuevas Sustancias (Coordinatiepunt Assessment en Monitoring nieuwe drugs - CAM); Informaciones de Dr. R.J.J.C. Lousberg; fecha: 23 de enero de 2001.

198 Entre los peritajes, el del antropólogo brasileño Edward MacRae, de la Universidad de Bahía en Brasil, para el análisis histórico e internacional de esta iglesia; el del Dr. F. A. M. Snelders, historiador en la Vrije Universiteit of Amsterdam (Universidad Libre de Amsterdam); el del Dr. R. Kranenborg, teólogo y experto en estudios religiosos en la Vrije Universiteit of Amsterdam; la carta de B.C. Labuschagne, abogado y filósofo del derecho en la University of Leiden; el documento del experto Prof. Dr. F.A. De Wolff, químico clínico y toxicólogo.

199 Cfr. Corte Distrital de Amsterdam, Sentencia del 21 de mayo de 2001, Número de caso: 13/067455-99.

En conclusión, la Corte de Amsterdam ha señalado que el único motivo por el que el uso ritual de la ayahuasca habría podido ser excluido de la protección del Artículo 9 de la CEDU sobre la libertad de religión, habría podido ser el riesgo para la salud pública. Dado que, en base a la documentación científica, no existen hechos concretos y circunstancias sobre la base de los cuales se pueda decir que exista una amenaza real a la salud pública ligada al uso ritual de la ayahuasca, entonces prevalece el derecho fundamental del hombre a la libertad de religión.

Al veredicto del Tribunal de Amsterdam emitido con fecha 21 de mayo de 2001 no se presentó ningún recurso, convirtiéndose así en definitivo.

En 2006 y en 2012, las Iglesias Holandesas del Santo Daime tuvieron que afrontar otros dos casos (el de 2012 llegó hasta la Alta Corte - 2° grado - de Amsterdam), en ambos de los cuales se confirmó la misma sentencia de 2001 a favor de la libertad religiosa.

En 2017, frente a algunas confiscaciones de Santo Daime en el aeropuerto de Amsterdam, se abrió un ulterior caso jurídico contra la Iglesia del Santo Daime, pero en este caso el juez revocó la sentencia histórica, afirmando que había riesgos para la salud al consumir Daime incluso dentro del rito religioso. En 2018, el Céu da Santa Maria (CDSM) recurrió a la Corte de Apelación de Amsterdam, que sin embargo confirmó la sentencia negativa del tribunal inferior. El CDSM apeló entonces a la Corte Suprema, que confirmó la sentencia negativa el 1 de octubre de 2019, haciendo ilegal el uso ritual del Santo Daime después de 17 años de legalidad por la libertad de religión.

La Corte Suprema holandesa estableció que la prohibición de importación de la ayahuasca en virtud del *Opium Act* tiene precedencia sobre el derecho a la libertad religiosa. Esta sentencia se aparta de anteriores decisiones judiciales que reconocían el derecho de la iglesia de trabajar con la ayahuasca como sacramento en el contexto de sus propias prácticas religiosas. La iglesia de Santo Daime, en marzo de 2020, presentó un recurso a la Corte Europea de Derechos Humanos (CEDU) de Estrasburgo, sosteniendo que su derecho a la libertad religiosa había sido violado por la interpretación del *Oppium Act*. La Iglesia sostuvo que la eventual violación debería ser evaluada caso por caso, considerando las circunstancias específicas y el riesgo insignificante que la ayahuasca representa para la salud pública.

Las iglesias holandesas del Santo Daime han argumentado además que los tratados y las convenciones internacionales suscritos por los Países Bajos obligan al País a proteger a las minorías religiosas que tradicionalmente utilizan medicinas naturales, entre ellas la ayahuasca. También han subrayado que no existe ninguna obligación internacional para los Países Bajos de criminalizar la ayahuasca y que la prohibición debería ser considerada inútil y desproporcionada.

En octubre del mismo año (2020), la CEDU respondió declarando inadmisible el recurso del CDSM, y así cerrando definitivamente cualquier ulterior posibilidad de recurso jurídico para la libertad del uso ritual de la ayahuasca en Holanda.

Esto no quiere decir que no haya más caminos que recorrer para las Iglesias del Santo Daime en Holanda, sino que tales caminos no pueden pasar ya por los tribunales, y deben plausiblemente pasar por un recorrido institucional-político que lleve a la obtención de una derogación/autorización por parte de las autoridades competentes en la materia (Ministerio de salud o Ministerio del interior) específicamente concedida a una entidad particular (por ejemplo, CDSM) en base a un protocolo de funcionamiento compartido y aprobado por las mismas autoridades institucionales.

Francia (1999-2008)

Hacia mediados de los años 90, algunos daimistas franceses, junto a un daimista brasileño que estaba realizando el Doctorado en Literatura Francesa en París, dieron inicio a un pequeño grupo de la doctrina del Santo Daime en la capital francesa. Desde 1997 el Daime llegaba oficialmente desde Brasil, por transporte aéreo, sin ninguna disimulación, y los trabajos espirituales se realizaron sin ningún problema hasta el 18 de noviembre de 1999. En ese día la policía francesa, tras una denuncia, arrestó a tres daimistas (dos franceses y el brasileño) con una orden de detención provisional, acusándolos de narcotráfico, uso de estupefacientes, asociación para delinquir, charlatanería y curanderismo. Fueron confiscados 100 litros de Santo Daime. Después de algunos días fueron acusados también otros tres practicantes del Santo Daime de otro grupo del sur de Francia. Después de tres semanas en prisión, los tres daimistas de París fueron liberados, bajo control judicial.

Comenzó entonces una larga investigación policial que, después de aproximadamente dos años, no había reunido aún las pruebas necesarias para el envío a juicio. En 2001 la Defensa solicitó la cancelación del proceso. El juez de instrucción dio la respuesta a la solicitud presentada en 2001 solamente en junio de 2003, concediendo una cancelación parcial: fueron eliminadas todas las acusaciones de asociación para delinquir, charlatanería y curanderismo, pero el juez mantuvo la acusación de uso y tráfico de estupefacientes. Se fijó la audiencia para el día 11 de diciembre de 2003 en el Tribunal de París.

La tesis de la Defensa recorría las argumentaciones de los otros procesos ya ocurridos en Holanda y España, con evidencias científicas sobre la no peligrosidad para la salud del uso ritual de la ayahuasca, documentos de antropología y de historia de las religiones. El Tribunal admitió que la libertad religiosa es un principio superior de naturaleza constitucional pero que este principio no puede prevalecer en caso de perturbación del orden público, añadiendo por ejemplo que la legislación francesa no admite prácticas como los sacrificios humanos, aunque estas puedan ser clasificadas como prácticas religiosas. Además, aun reconociendo que las plantas utilizadas para la preparación de la ayahuasca no están bajo control de la legislación francesa e internacional, los jueces consideraron que las personas que preparan la ayahuasca lo hacían con el objetivo de extraer el principio activo y alucinógeno, la DMT. Por lo tanto, según los jueces, resultaba evidente que el delito sancionado es el uso de DMT, sustancia clasificada como estupefaciente, y que los imputados habían importado las plantas del extranjero con el objetivo de extraer una sustancia clasificada como estupefaciente. Este Tribunal, con sentencia del 15 de enero de 2004, condenó a los imputados a penas que variaban entre los cuatro y los diez meses de prisión con suspensión de la pena.

La Defensa recurrió en apelación contra la decisión del Tribunal de primer grado y obtuvo la audiencia en segundo grado ante la Décima Corte de Apelación del Tribunal de Instancia Superior de París, el 4 de noviembre de 2004. Las argumentaciones de la Defensa siguieron siendo las mismas, con mayor énfasis en el hecho de que la ayahuasca no es DMT, no puede ser equiparada a la DMT ni desde el punto de vista médico-farmacológico ni desde el punto de vista jurídico, como indica el parecer oficial del INCB de la ONU. En el proceso en París testificó directamente también el Prof. James Callaway (Universidad de Kuopio, Finlandia), conocido farmacólogo a nivel internacional y una de las máximas autoridades en el campo de la Farmacología Humana de la Ayahuasca.

La Defensa presentó también dos documentos de autoridades públicas francesas[200] que declaraban considerar, en línea con la consulta del INCB de la ONU, la ayahuasca no incluida en la lista de las sustancias bajo control. La Corte de Apelación del Tribunal de París aceptó las argumentaciones de la Defensa y concluyó que «la Ayahuasca no es DMT y, por tanto, no puede ser clasificada como un narcótico», la sola presencia de una sustancia bajo control en un producto natural «no permite a la autoridad de Justicia considerarlo como incluido en las tablas», «las operaciones de "decocción", "infusión" o "maceración", operaciones de técnica farmacéutica [con las que se puede definir la preparación de la ayahuasca], no permiten obtener una "sustancia [pura]" en el sentido de la Convención de Viena de 1971» y no pueden ser consideradas una "preparación conteniendo sustancia estupefaciente" en sentido técnico, farmacológico y jurídico; «la preparación es una operación de técnica farmacéutica que consiste en tener previamente a disposición sustancias puras antes de mezclarlas con otras sustancias»[201].

El 13 de enero de 2005, la Décima Corte de Apelación del Tribunal de Instancia Superior de París absolvió con absolución plena a los cinco daimistas franceses y al brasileño de la acusación de uso y tráfico de sustancias estupefacientes, y ordenó la restitución de los 100 litros de Santo Daime confiscados en 1999.

Después de un largo proceso judicial concluido con la absolución de los imputados y el reconocimiento jurídico de que la ayahuasca no está bajo el control de las leyes francesas, la euforia de los exponentes

200 El informe de la Agencia Francesa de Seguridad Sanitaria de la República Francesa, Dirección de Evaluación de Fármacos y Productos Biológicos, Unidad sobre Estupefacientes y Psicotropos, enviado con fecha 19 de junio de 2002; y el informe del Etablissement Public de Santé Paul Gulraud, del 20 de octubre de 2004.

201 COUR D'APPEL DE PARIS, 10ème chambre, section B, DOSSIER N° 04/01888 Extrait des minutes du Secrétariat - Greffe, 13 Enero 2005.

franceses del Santo Daime por su propia libertad de religión fue sin embargo interrumpida por el gobierno francés: el 3 de mayo de 2005 se publicó un decreto ley en el que se incluyen las plantas con las que se prepara la ayahuasca, otras plantas que contienen DMT, y los alcaloides *ß*-carbolínicos en la lista de las sustancias prohibidas por el gobierno de Francia[202] (esta medida legislativa incluye también alcaloides, del grupo de las *ß-carbolinas*, comúnmente usados en farmacología, nunca considerados estupefacientes por ninguna legislación nacional e internacional a cuyo grupo pertenecen algunas sustancias con efectos idénticos presentes también en el tabaco de cigarrillos). Los exponentes franceses del Santo Daime recurrieron en apelación al Consejo de Estado, que es una de las dos cortes supremas de Francia (la otra es la Corte de Casación), pero el Consejo de Estado rechazó la apelación en 2008.

Las posibilidades de recurso legal en Francia han terminado con tal rechazo, queda la vía de una solicitud administrativa al Ministerio de salud (u otro órgano gubernamental) para una exención a la ley para un uso ritual controlado en nombre de la libertad de religión.

Bélgica (2010-2016)

Como en tantos otros países de Europa, también en Bélgica el Santo Daime se ha difundido desde los años noventa en adelante. Posteriormente, en los años 2000 han comenzado a estar presentes grupos neo-chamánicos.

Tras un registro en octubre de 2010 y la confiscación de botellas de ayahuasca en el aeropuerto internacional de Bruselas en enero de 2011, se formularon acusaciones contra un practicante de ayahuasca que realizaba ceremonias neo-chamánicas peruanas en Flandes. Fue acusado de importación, posesión e incitación al uso de ayahuasca. En

202 Del texto del decreto ley: «Art. 1 - En el anexo IV del edicto del 22 de febrero, 1990 arriba citado, se incluya "Banisteriopsis caapi, Peganum harmala, Psychotria viridis, Diplopterys cabrerana, Mimosa hostilis, Banisteriopsis rusbyana, harmina, harmalina, tetrahidroharmina (THH), harmol, harmalol"» publicado el 3 de mayo de 2005 en: JOURNAL OFFICIEL DE LA RÉPUBLIQUE FRANÇAISE - Texte 18 sur 138 DÉCRETS, ARRÊTÉS, CIRCULAIRES [Diario Oficial de la República Francesa - Texto 18 sobre 138 Decretos, Edictos, Circulares].

2014, el tribunal de Gante lo condenó a una pena de prisión suspendida de seis meses y a una multa de 5.500 euros. El imputado presentó recurso contra esta sentencia y en marzo de 2015 la Corte de apelación de Gante confirmó el veredicto de culpabilidad y lo condenó a 80 horas de trabajos socialmente útiles y a una multa suspendida de 5.500 euros. Finalmente, en octubre de 2015, el imputado principal llegó a un acuerdo extrajudicial con el fiscal de Gante después de llevar el caso a la Corte de Casación, la más alta corte de apelación, en el que el caso se resolvió con una multa de 1500 euros. Además, las acusaciones penales fueron canceladas de su expediente penal personal.

Hasta 2011 la Iglesia del Santo Daime había operado regularmente sin problemas legales. Tras una denuncia presentada en 2011 por una disputa financiera no relacionada con la ayahuasca por algunos miembros de uno de los grupos contra otros miembros del grupo, la policía comenzó a controlar todo el movimiento Santo Daime en Bélgica.

Después de la confiscación de dos paquetes que contenían Daime en el aeropuerto nacional de Bruselas, el líder de uno de los grupos más grandes y la organización sin ánimo de lucro que coordinaba sus actividades fueron acusados de importación ilegal, posesión y entrega de una sustancia controlada.

En 2014, el tribunal de Brujas declaró a los imputados culpables pero los liberó sin ninguna pena. Los imputados presentaron recurso contra esta decisión, solicitando la absolución y el reconocimiento de su libertad de culto. La Corte de apelación de Gante confirmó el veredicto de culpabilidad en 2015. El líder del grupo —que no tenía antecedentes penales ni intención de comerciar la ayahuasca— no fue condenado, pero la organización sin ánimo de lucro recibió una multa suspendida de 18.000 euros. El tribunal consideró que la ayahuasca era un peligro para la salud pública. Finalmente, en 2016, la Corte de Casación belga confirmó el veredicto de la Corte de apelación.

En 2012, el antropólogo y escritor Jeremy Narby, famoso entre los apasionados de la ayahuasca por haber escrito el libro *La serpiente cósmica*, dio una conferencia en Lieja sobre las poblaciones indígenas de la Amazonia y sobre las plantas medicinales. Su intervención formaba parte de una serie de conferencias y exposiciones que promueven la justicia ambiental y llaman la atención sobre las amenazas que se ciernen sobre los bosques tropicales. Durante tres minutos de la intervención de una hora, Narby abordó el tema de la ayahuasca, subrayando que la infusión no debe tomarse a la ligera y comporta algunos riesgos.

Dos meses después, con gran sorpresa suya, Narby supo que esa noche entre el público había un inspector de policía —con el objetivo de "infiltrarse en la escena de la ayahuasca", como dijo al director del local— y que varios organizadores del evento habían sido posteriormente interrogados por la policía, a veces de modo intimidatorio. Algunas semanas después, Narby recibió una carta de convocatoria de la sección antiterrorismo de la policía judicial belga que le ordenaba someterse a un interrogatorio en relación con la acusación de "incitación al uso de sustancias psicotrópicas". (En este caso, quizás por una sospecha de proselitismo, la policía belga ha relacionado la ayahuasca con actividades de culto, de las que se ocupa la Sección antiterrorismo).

Narby respondió que nunca había incitado a nadie a usar la ayahuasca durante su conferencia y envió una grabación y una transcripción de su discurso en apoyo de su declaración. Algunos meses después, supo que su expediente había sido transferido al fiscal. Desde entonces no se ha sabido nada más del caso, dejando a Narby a suponer que su caso haya sido archivado o simplemente bloqueado en el laberinto judicial belga.

Este episodio deja en suspenso algunas reflexiones, en particular sobre el motivo de la necesidad de "infiltrarse" en una conferencia pública, y sobre cuál pueda ser el "peligro" percibido de un antropólogo...

España (2000-2001)

El movimiento del Santo Daime comenzó a realizar los primeros trabajos espirituales en España en 1987, en las proximidades de Madrid. Algunos de los exponentes españoles comenzaron a viajar frecuentemente a la Amazonia, en contacto con las comunidades de la ICEFLU y también con las poblaciones indígenas de otros países (Perú, Bolivia, etc.). Por la necesidad de organizarse como grupo de apoyo para los proyectos de Cooperación y Desarrollo en Amazonia, se constituyó la AMICA (*Asociación Medioambiental de Intercambio e Cooperación con la Amazonia*).

El 5 de abril de 2000, dos exponentes brasileños del Santo Daime fueron detenidos a su llegada al aeropuerto de Madrid con aproximadamente ocho litros de Daime. Posteriormente fueron registrados los domicilios de algunos de los responsables españoles del movimiento y confiscadas otras muestras de la bebida, por un total de diez muestras (véase tab. 10). El Fiscal solicitó el arresto en prisión de los dos brasileños y del responsable español a nivel nacional, y la libertad con prohibición de salida del territorio nacional para otros cinco españoles a quienes se había encontrado Santo Daime en su domicilio. Dos días después, se concedía la libertad provisional al responsable español, previo aval bancario, mientras los dos brasileños tuvieron que permanecer en la cárcel durante aproximadamente dos meses.

Las acusaciones dirigidas a los imputados comprendían la introducción y la distribución en España de una sustancia, la ayahuasca, que contiene DMT, principio activo que «daña gravemente a la salud» y que produce efectos alucinógenos y estos últimos «generan una dependencia moral [...] además de una dependencia física»[203].

El responsable del movimiento en España era un conocido periodista del diario nacional *El Mundo*, desde muchos años especialista de este periódico en temas relacionados con la cuestión de la droga, y conocido también a nivel institucional (nacional y de Madrid) como acreditado experto en la materia, a menudo invitado con ocasión de congresos institucionales sobre el tema. Las acusaciones de un delito contra la salud pública que lo habían involucrado generaron una profunda conmoción en el mundo institucional y profesional a su alrededor. En una carta dirigida al juez, el imputado aclaró: «gracias a toda la experiencia mencionada creo estar en condiciones de distinguir perfectamente lo que es droga y lo que no lo es, lo que produce dependencia y lo que no la produce, entre lo que lleva desequilibrio en la vida de un ser humano y lo que lo ayuda a mejorar cada día».

El 25 de mayo, la Policía Científica de Madrid emitió el análisis cuantitativo de las muestras analizadas, con el resultado de la presencia, en el Santo Daime confiscado, de hasta el 87% de DMT. Posteriormente, el 6 de junio se envió un fax desde la Comisaría de la Policía Científica de Madrid con una corrección del informe anterior, explicando que los valores previamente emitidos no estaban expresados en unidades sino

203 Estas afirmaciones han sido ampliamente demostradas ser incorrectas por parte de los estudios médico-científicos, y resultan falsas también para la DMT pura (véase cap. 9).

en milésimas, por lo que la concentración máxima de DMT no era del 87% sino en realidad del 0,087%. En el informe cualitativo adjunto al análisis cuantitativo, el Dr. José M. Torrecilla Jiménez, Director del SIT (Servicio de Información Toxicológica - Instituto Nacional de Toxicología - Ministerio de Justicia), afirma que «para una presencia de DMT del 0,087%, la dosis individual necesaria [de ayahuasca] para producir los mismos efectos psicoactivos [de la DMT pura ingerida por vía intravenosa] debe ser al menos un litro, y probablemente muy superior»[204].

Entre la copiosa documentación presentada por la Defensa estaban presentes también cartas de apoyo escritas por Instituciones y miembros de la Iglesia Católica en Brasil. Entre estas, la carta de apoyo del ISER - *Instituto de Estudos da Religião*, fundado en 1977 en Río de Janeiro, evidencia que el Santo Daime «se trata de una alternativa religiosa que, por su comportamiento y valores, ha conquistado el respeto de otras religiones, de institutos de investigación y de las autoridades legalmente constituidas en Brasil»[205]. Se reproduce a continuación un extracto de la carta suscrita por trece Obispos Católicos reunidos en Asamblea Episcopal Nacional de Brasil (entre ellos el Cardenal Aloíso Lorscheider, Arzobispo de Aparecida, São Paulo, ex-Presidente de la Conferencia Nacional de los Obispos de Brasil - CNBB), del 27 de abril de 2000:

Somos obispos católicos reunidos en Asamblea Nacional. Hemos sabido que están detenidos en Madrid dos brasileños, [...]. Deseamos dar nuestro testimonio a su favor. Son miembros de la religión del Santo Daime, de origen amazónico, que participa en Brasil en un diálogo interreligioso serio y abierto, sin fanatismo. Desde la Conferencia Internacional de las Naciones Unidas en Río de Janeiro, ECO 92, esta religión es conocida por su fuerte integración con la naturaleza y la sensibilidad ecológica.[206]

204 Ministerio de Justicia Español, Instituto Nacional de Toxicología, Fecha 10 de julio de 2000, N/Ref. 04508/00 ampliación, S/Ref. D.P. n. 60/00.

205 Fernandes R. C. y Novaes R., Secretarios Ejecutivos del ISER de Río de Janeiro, 14.04.2000.

206 Han firmado la carta: Aloisio, Cardenal Lorscheider, Arzobispo de Aparecida, SP, ex Presidente de la Conferencia Nacional de Obispos de Brasil (CNBB); Luciano Pedro Mendes de Almeida, Arzobispo de Mariana, ex Presidente de la CNBB; Pedro

También otros exponentes católicos han enviado sus testimonios para el caso español: el Prof. Dr. Leonardo Boff, Petrópolis (RJ), teólogo y escritor de fama internacional; Don Mauro Morelli, Obispo católico de la Diócesis de Duque de Caxias; Marcelo de Barros Souza, Prior del Monasterio Benedictino de la Anunciación del Señor, Goiás, teólogo, consejero latinoamericano de la Asamblea del Pueblo de Dios (APD), afirma: «Considero esta religión [Santo Daime] una seria y válida experiencia de traducción y adaptación libre del Cristianismo a las culturas indígenas de la región amazónica. Muchas veces, he tenido la oportunidad de participar en sus cultos y una vez incluso pude probar la bebida que da nombre a la religión, el Santo Daime, sin constatar nada peligroso para la salud o perturbador de la conciencia. Doy testimonio de que las comunidades del Santo Daime son grupos ordenados, respetuosos de todas las leyes de la sociedad civil y que unen la fe en Dios al amor y a la defensa de la naturaleza»; también Fray Betto, fraile dominico y escritor, de São Paulo, declara: «Yo mismo ya he participado en el ritual del Daime y he tenido la oportunidad de ingerir la ayahuasca [...], nunca fue considerado "droga" por parte del gobierno brasileño, y favorece el bienestar espiritual. [...] Deseo destacar que el Santo Daime es una comunidad religiosa seria, profundamente religiosa, comprometida en la defensa del ambiente y, especialmente, de la Amazonia. Sus miembros son personas respetadas por la moral que testimonian, la simplicidad de vida, la disposición al servicio hacia el prójimo y el espíritu de oración».

Se presentaron diversos documentos de carácter científico sobre la ayahuasca, para ilustrar la farmacología, los efectos agudos y a largo plazo del consumo de ayahuasca[207]. A continuación se reproduce solo una consideración conclusiva al informe del Prof. Fericgla:

Casaldaliga, Obispo de São Felix de Araguaia, MT (español); Francisco Xavier Hernandez, Obispo de Tianguà, CE (español); Mauro Montagnoli, Obispo de Ilheus, BA (italiano); Heriberto Hermes, Obispo de Cristalandia, TO; Angelico Sandalo Bernardino, Obispo de Blumeau, SC; Waldyr Calheiros, Obispo Emérito de Volta Redonda, RJ; Candido Padim OSB, Obispo Emérito de Bauru, SP; Demetrio Valentini, Obispo de Jales, SP; Jacyr F. Braido, Obispo de Santos, SP; Antonio Franoso, Obispo Emérito de Crateus, CE; Antonio Celso Queiroz, Obispo de Catanduva, SP, ex Secretario General de la CNBB.

207 Entre los informes presentes, además de las investigaciones científicas respecto a la "*Human Pharmacology of Hoasca*" ilustradas en el cap. 9, también un documento

> No ha habido casos de abuso ni de dependencia de esta sustancia, no es tóxica, no genera dependencia (sino bien al contrario, es un excelente remedio para tratar otras dependencias) y no hay un solo caso de delincuencia asociada al consumo de DMT, con excepción de las personas que han sido detenidas en Europa y en USA por transportar ayahuasca.
>
> (Fericgla, 2000, p. 5)

Examinado el material disponible, la Corte de Madrid ha valorado relevante que la sustancia confiscada, dada su presentación en forma líquida, se revela un producto «incapaz de lesionar el bien jurídico protegido [salud pública]», además que los imputados «integrantes del grupo son consumidores habituales de la sustancia [...], que el lugar proyectado para el consumo es un lugar cerrado (templo instalado en Mentrida) sin que terceros desconocidos puedan mezclarse y ser partícipes de la distribución y del consumo [...]». En conclusión, la Corte, vista la no peligrosidad para la salud pública del consumo ritual de la ayahuasca, y visto que tal consumo se puede encuadrar como «autoconsumo», ha valorado que «no resulta justificada la perpetuación de delito» y consecuentemente ha decidido archivar el caso.

Posteriormente el grupo español ha fundado dos entidades jurídicas para regular ante la ley sus propias actividades religiosas y de cooperación internacional: la *Asociación de Daimistas de España* (ADE) y la entidad religiosa "ICEFLU España". Esta última, que establece en su propio estatuto la realización de los rituales espirituales con el uso sacramental del Santo Daime, obtuvo finalmente en 2003 el registro oficial en el registro español de las entidades de culto que operan a nivel nacional.

Desde el primer caso de 2000/2001 hasta el momento de la publicación de esta segunda edición del presente volumen (2024), la situación jurídica de la ayahuasca en España no ha sido, sin embargo, lineal. Aunque los grupos de Santo Daime han disfrutado y continúan disfrutando de una cierta protección y tolerancia hacia ellos, en cualquier

del Dr. Mabit, director del Centro Takiwasi, una carta del Prof. Schultes, Director del Museo Botánico de Harvard, e informes de científicos españoles como los farmacólogos Barbanoj y Riba, del Área de Investigación Farmacológica del Hospital Sant Pau de Barcelona, el médico biólogo Montalvo, el Prof. Fericgla, y la psiquiatra Tapioles.

caso el precedente del Tribunal de segundo grado de Madrid de 2001 no define con precisión el estatus jurídico, y no sanciona la legalidad de la ayahuasca en virtud de la ley, más bien sanciona precisamente una tolerancia, vista la ausencia de riesgos para la salud en el consumo ritual del contexto del Santo Daime, para un uso encuadrado como «autoconsumo», es decir, un uso personal de grupo, dentro de un grupo (religioso) privado que no publicita sus encuentros, no comercializa la bebida y permite el acceso al ritual solo a los fieles del movimiento religioso.

En estos años algunos grupos ayahuasqueros han sido perseguidos en España (por ejemplo "Ayahuasca International" de Alberto Varela, que efectivamente parece que tenía un enfoque claramente comercial), y en diversas ocasiones se han realizado confiscaciones de ayahuasca en el momento de la entrada en España desde países extraeuropeos.

Algunas veces estas confiscaciones han involucrado también a exponentes del Santo Daime al regresar de Brasil con el sacramento, y las motivaciones de los fiscales para justificar tales medidas cautelares indicaban que, aunque tolerado (y por tanto permitido) el uso ritual del Santo Daime, no consideraban permitida la importación del sacramento sino solo su posesión si ya estaba en el territorio nacional.

A pesar de la contradicción que emerge de tales afirmaciones, en cualquier caso tales confiscaciones de Santo Daime a lo largo de los años han llevado luego, casi siempre, a consecuentes desconfiscaciones y restitución del sacramento a los fieles. En particular en los años 2022 y 2023, hay evidencias de algunas restituciones de Santo Daime, pero también de simple ayahuasca, por parte de tribunales españoles.

En conclusión, la situación jurídica de la ayahuasca en España presenta un estatus globalmente positivo y un buen nivel de tolerancia, aunque por ahora su legalidad no ha sido sancionada de modo claro sino más bien, se puede decir, una "despenalización" de hecho en ciertos contextos de utilización.

Canadá (2000-2017)

También en Canadá el movimiento religioso del Santo Daime está presente desde hace varios años en Montreal y Toronto. El reconocimiento jurídico de la libertad del uso ritual del Santo Daime en

Canadá, desde cierto punto de vista, ha sido hasta hoy el más lineal y menos accidentado.

Hasta septiembre de 2000, la iglesia daimista del *Céu do Montréal* importaba regularmente el Santo Daime a través de la aduana canadiense, gracias a la documentación apropiada como producción agrícola (certificado fitosanitario). En ese período, un envío de Santo Daime destinado al centro fue interceptado por la aduana canadiense y entregado a la *Royal Canadian Mounted Police* (RCMP, la policía federal) para ser investigado y analizado. Después de explicar que el té es un sacramento usado solo para fines religiosos, el *Céu do Montréal* fue informado de que era necesaria una exención para poder importar el sacramento en el futuro, porque el té contenía la sustancia controlada DMT y alcaloides de la harmala. Es bueno señalar que los exponentes de la Iglesia han declarado que la policía federal fue extremadamente respetuosa durante toda su investigación.

En abril de 2001, se presentó solicitud a *Health Canada*, la Oficina sobre Sustancias Controladas, para obtener una exención para la importación, el transporte y la administración del sacramento. Siguieron cinco años de investigaciones e indagaciones y, en julio de 2006, la evaluación de la solicitud fue concluida y se concedió una exención, en principio, a la espera de recibir el permiso de exportación brasileño. En todo este período los funcionarios gubernamentales que se han ocupado del expediente han sido y han continuado siendo absolutamente respetuosos con la religión del Santo Daime y con la solicitud de la Iglesia de Montreal.

La solicitud del permiso de exportación brasileño reveló la complejidad de la situación: Brasil no tenía una política sobre la exportación del Sacramento Santo Daime y se debían examinar muchos factores, entre ellos las normativas nacionales brasileñas existentes y las leyes y las políticas internacionales que regulan la circulación de las sustancias controladas. La solicitud se encontró en un callejón sin salida: Brasil necesita un permiso de importación para permitir la exportación y Canadá necesita un permiso de exportación antes de conceder el permiso de importación.

El *Céu do Montréal* tuvo que afrontar luego ulteriores desafíos que se remontaban al momento de su solicitud inicial, en 2001.

Un caso judicial canadiense que involucraba a un chamán por la muerte de un anciano de las Primeras Naciones (pueblos indígenas canadienses) y una mezcla de ayahuasca —no relacionada con el centro daimista y sus prácticas— llevó casi dos años. *Health Canada* esperó el veredicto del tribunal para establecer si las dos plantas contenidas en el sacramento Santo Daime, la *Banisteriopsis caapi* y la *Psychotria viridis*, que se encontraban también en la infusión de ayahuasca confiscada, estaban involucradas en la muerte, cosa que resultó no ser cierta.

Las elecciones federales de 2006 llevaron a la instauración de un gobierno conservador, que permaneció en el poder hasta 2015, con políticas antagonistas a las solicitudes de la Iglesia.

Otro factor que retrasó los esfuerzos de la Iglesia daimista fue el hecho de que, a lo largo de algunos años, las reuniones organizadas con los varios departamentos del gobierno brasileño, que estaban interesados en la cuestión de la exportación del sacramento, eran regularmente pospuestas o canceladas.

En 2009, sobre la base de casos judiciales y de pruebas que demostraban cómo Brasil permitía la exportación de la ayahuasca a países que habían obtenido la autorización a la importación para uso religioso, como la filial estadounidense de la União do Vegetal (UDV) y las iglesias europeas del Santo Daime (es decir, Holanda y España), el *Céu do Montréal* solicitó nuevamente que *Health Canada* estudiara y tomara en consideración la cuestión de la autorización canadiense a la importación sin autorización a la exportación desde Brasil.

En 2012, tras presiones legales para empujar al entonces Ministro de salud a responder a la solicitud, llegó una carta del Ministro de salud en la que se informaba que la solicitud de exención había sido denegada, a pesar de la exención de principio recibida en 2006 y el completo apoyo de la Oficina de las Sustancias Controladas.

A finales de 2013, sabiendo que la UDV pretendía expandirse en Canadá, la dirigente del *Céu do Montréal* pidió a los referentes de la UDV USA, sus amigos personales desde hace años, si la UDV y el *Céu do Montréal* podrían unir sus esfuerzos en el proceso de legalización. La combinación del éxito de la UDV en 2006 ante la Corte Suprema de los Estados Unidos y de los esfuerzos y el apoyo de *Céu do Montréal* por parte de la Oficina de las Sustancias Controladas desde 2001 parecía la fórmula adecuada para alcanzar el objetivo común.

La estrategia principal no era la de ir a juicio, sino educar al gobierno canadiense sobre las dos religiones (Santo Daime y UDV) dentro de los varios departamentos interesados. En las elecciones federales del otoño de 2015 una mayoría liberal barrió al partido conservador. Se esperaba que el nuevo gobierno apoyara la decisión original de *Health Canada*, basada en la ciencia y en las pruebas de la legitimidad de la religión del Santo Daime y de la seguridad de las relativas prácticas rituales.

A petición suya, se presentó una nueva solicitud a la Oficina de sustancias controladas. La nueva solicitud de exención para importar y servir el Sacramento Santo Daime en los rituales fue acogida en junio de 2017. Al mismo tiempo, también la UDV recibió su exención. El permiso fue concedido por dos años y es renovable.

Gracias a los esfuerzos de la iglesia daimista de Montreal, se ha hecho posible, en principio, la obtención de una exención también por parte de otros; sin embargo, la exención concedida al *Céu do Montréal* no significa que el uso de la ayahuasca o del sacramento Santo Daime sea legal en Canadá. Cada organización legítima debe solicitar a *Health Canada* su propia exención y toda la información relativa al proceso de exención. Cualquier importación o actividad realizada con la ayahuasca o el Santo Daime sin la exención de *Health Canada* sigue siendo ilegal en Canadá.

Italia (2005 - en curso)

Como en los otros Países Europeos y Estadounidenses, también en Italia comenzaron a formarse algunos pequeños grupos de daimistas a principios de los años 1990, en particular dos centros afiliados a la ICEFLU, uno en Asís (PG) y el otro en las cercanías de Génova. Desde entonces estos dos pequeños grupos han continuado desarrollando sus propias prácticas espirituales siguiendo el calendario del Santo Daime, pudiendo contar con las modestas cantidades de sacramento que eran regularmente desaduanadas en Italia acompañadas del Certificado Fitosanitario emitido por el Ministerio de Agricultura de Brasil y reconocido por las autoridades Italianas. Las actividades de los centros daimistas italianos se desarrollaban con total transparencia y sin ninguna disimulación[208].

Con el fin de poder regularizar su posición jurídica, el 20 de junio de 2003 se presentó ante la Prefectura de la República de Perugia una solicitud de reconocimiento jurídico como entidad de culto operante a nivel nacional de la ICEFLU brasileña con sede italiana en Asís. Desde la Prefectura de Perugia, la solicitud de reconocimiento jurídico junto con todo el expediente adjunto fueron enviados al Ministerio del Interior.

Mientras tanto, el Ministerio de Agricultura de Brasil había dejado de emitir el Certificado Fitosanitario necesario para desaduanar en Italia. En agosto de 2004, un exponente italiano del Santo Daime fue detenido en la aduana del aeropuerto de Perugia con varios litros de sacramento. Los funcionarios de la aduana, al no estar presente el Certificado Fitosanitario, no pudieron hacer otra cosa que requisar el Santo Daime. Pocos días después llegó el aviso de inicio de

208 Se evidencia cómo el centro de Asís era bien conocido por el vecindario y por las instituciones locales. El Instituto Teológico de Asís, es decir, la universidad de teología de los franciscanos, en dos ocasiones tomó contacto con el centro del Santo Daime de Asís. La primera vez, con ocasión de una investigación conducida por el Instituto Teológico sobre la variedad de los movimientos religiosos en Umbría, publicada en el volumen titulado *L'Arcobaleno del Sacro in Umbria*, en el que fue documentada la existencia y la actividad del movimiento del Santo Daime en Asís y entrevistados algunos de los responsables del centro. La segunda vez, con ocasión de una tesina sobre el Santo Daime realizada para la especialización en teología fundamental por un religioso de la Cofradía de los Pequeños Hermanos de Focault, estudiante en el Instituto Teológico. Su tesina describe el movimiento del Santo Daime en general y analiza como caso específico el Centro de Asís, *Casa Regina della Pace* (véase Curuchich, T.C.Oswaldo: *Seminario di Studio: Chiesa Regina della Pace*, Istituto Teologico di Assisi, 2003). Además, el grupo italiano del Santo Daime junto a exponentes daimistas provenientes de la selva, ha participado oficialmente, como movimiento religioso de la selva amazónica, en el encuentro interreligioso celebrado en septiembre de 2003 para la inauguración de la nueva estatua de San Francisco ecuménico en el *Eremo delle Carceri* de Asís. En esta celebración el grupo del Santo Daime ha tenido la ocasión de cantar el himno *Sol, Lua, Estrela* de Mestre Irineu delante de los representantes de las diversas comunidades religiosas invitadas (cristiana católica, judía, musulmana, budista, hinduista) y de los Concejales de la Provincia de Perugia presentes en la celebración (el evento, dentro de una más amplia manifestación titulada *La Settimana della Pace*, organizada por la asociación cultural *Mandir della Pace* de Roma, fue filmado y transmitido en TelePerugia)."

investigaciones en cuanto había sido constatada la presencia de una sustancia estupefaciente dentro de la bebida. Hacia finales de septiembre del mismo año, fueron registrados el Centro del Santo Daime en Asís y las casas de algunos miembros del Centro, encontrando y confiscando otras modestas muestras de Santo Daime. Después del registro de finales de septiembre en el Centro de Asís, se suspendió la importación del sacramento en Italia, pero, al mismo tiempo, no fue destruido, por motivos religiosos, el Santo Daime que ya estaba presente en las casas de los fieles. En los meses siguientes ocurrieron otros registros en Roma, Trieste, Milán y en el Centro en las cercanías de Génova, con algunos hallazgos de modestas cantidades de Daime. En total fueron confiscados 37 litros de Santo Daime en Italia[209].

Entre el 15 y el 17 de marzo de 2005 fueron arrestadas y encarceladas 21 personas por asociación para delinquir orientada al tráfico internacional de estupefacientes. El día de los arrestos un diario local publicó un artículo en el que se describía el movimiento religioso del Santo Daime como una secta satánica basada en misas negras y ritos orgiásticos. En el mismo artículo se declaraba que habían sido arrestadas 24 personas pertenecientes a la "secta". Esas personas no habían sido aún arrestadas, pero leyeron en el periódico que serían arrestadas, como efectivamente ocurrió la noche siguiente. El diario local, por tanto, sabía dos días antes la noticia del arresto de 24 personas. La noticia rebotó en algunos de los mayores diarios nacionales y en la televisión, sin las macabras invenciones de aquel primer artículo en el diario local, pero siempre en tonos sensacionalistas ("desmantelada una secta que usa una nueva droga devastadora", "narcotraficantes disfrazados de pseudo-religión", etc.). Algunos periódicos nacionales escribieron que habían sido confiscados decenas de litros de DMT pura, los términos más utilizados eran "droga devastadora", una noticia de la Agencia Ansa hablaba de un valor comercial de 900.000 euros por siete litros de la bebida.

Entre las personas arrestadas se encontraban, además de una joven embarazada, también diversas señoras (arquitectas, contables, maestras) de cincuenta/sesenta años sin ningún antecedente jurídico sino más bien con una historia personal de clara integridad moral. En los

209 Posteriormente resultó que en todas las muestras de Santo Daime de la ICEFLU estaba presente una cantidad de DMT entre el 0,02% y el 0,06%.

cientos de páginas de grabaciones telefónicas y correos electrónicos interceptados, las mayores pruebas contra los acusados se referían a algunos miles de euros enviados a una ONG sin ánimo de lucro brasileña (para documentados proyectos ambientales y humanitarios). En las acusaciones no se evidenció suma alguna de dinero respecto a los resultados del supuesto narcotráfico internacional.

De las veinticuatro órdenes de arresto, se ejecutaron veintiuna. Los veintiún arrestados fueron puestos bajo arresto domiciliario después de aproximadamente una semana de cárcel. De estos, en la revisión después de tres semanas ante el Tribunal de Perugia, doce fueron dejados en libertad provisional por falta de elementos que pudieran involucrarlos directamente en las acusaciones. Los otros nueve permanecieron bajo arresto domiciliario por riesgo de contaminación de las pruebas y por riesgo de reiteración del delito.

La Defensa argumentó que la ayahuasca, como cualquier otro material natural que contiene DMT, no estaba incluida en las tablas de las sustancias prohibidas de la ley italiana e internacional, tal como evidenciado por la documentación jurídica internacional (INCB de la ONU y sentencias de las otras Cortes Europeas y Estadounidenses). Además, presentó la muestra de un producto herborístico en pastillas, comprado sin prescripción médica "en la farmacia de abajo de casa", que contenía DMT, como se podía leer en la composición en la etiqueta. El producto se vendía con autorización Ministerial. Los jueces rechazaron la petición de revisión argumentando que la ayahuasca no podía ser considerada un material natural porque era la «mezcla de dos plantas» y no la simple infusión de una sola planta. Después de un par de meses se concluyeron las investigaciones, con la consiguiente caducidad del riesgo de contaminación de las pruebas; quien estaba bajo arresto domiciliario permaneció allí por riesgo de reiteración del delito. Todos fueron finalmente liberados en los meses siguientes antes del final de julio.

La Defensa recurrió en Casación. El 7 de octubre de 2005, la Corte Suprema de Casación declaró que la acusación no había demostrado que la ayahuasca confiscada fuera un estupefaciente bajo control para la ley italiana y que, por tanto, todas las personas habían sido arrestadas sin motivación jurídica. En consecuencia, anuló los arrestos y reenvió el caso al Tribunal de Perugia para que lo reexaminara[210]. En su pronunciamiento, la Corte de Casación no toma posición respecto al estatus de la ayahuasca respecto a la ley italiana, sin embargo, da unas líneas guía para la interpretación de la ley que podemos resumir como sigue: si la ayahuasca es un «simple proceso derivativo de plantas naturales» las cuales no están prohibidas por la ley, y si las cantidades de alcaloides presentes en la ayahuasca y los efectos de su ingestión son comparables a los de las dos plantas originales al natural (ingeridas conjuntamente), entonces la ayahuasca no puede ser considerada prohibida por la ley italiana. Al no haber demostrado la acusación lo contrario, no habría podido ni debido ordenar los arrestos.

El 13 de enero de 2006, el Tribunal de Perugia reexaminó el caso conformándose plenamente al parecer de la Casación, confirmando la anulación de los arrestos y de todas las otras medidas cautelares, y declarando que no solo la acusación no había demostrado que la ayahuasca estuviera prohibida por la ley y que, por tanto, no habían existido los presupuestos jurídicos para arrestar a las personas, sino también que, de la documentación científica presentada por la Defensa, resultaba lo contrario. Tras este pronunciamiento, el fiscal se vio obligado por ley a solicitar el archivo del caso (aunque declarando no estar de acuerdo). El 4 de abril de 2006, poco más de un año después de los arrestos, el Juez acogió la solicitud del fiscal y el caso fue archivado en fase preliminar, sin siquiera ir a juicio, porque «no resultan hipótesis de delito» (Tribunal de Perugia, decreto de archivo del 4/4/06).

De las veinticuatro personas involucradas por las órdenes de arresto, aparte de seis que tenían escasos contactos con el grupo de la ICEFLU italiana y de las que no se ha podido recoger información detallada, las otras personas resultan, si se profundiza en la vida personal de cada uno, ciudadanos normales, todos sin antecedentes penales, con una loable propensión al apoyo de proyectos ambientales y obras de caridad humanitarias según los valores cristianos.

En los años posteriores a los eventos descritos, la Iglesia del Santo Daime continuó sus propias actividades creciendo, estructurándose y abriendo nuevos centros en el territorio nacional.

---

210 Para un comentario cualificado de la sentencia de la Casación se remite a la *Rivista Penale* 09/2006, p. 946-948.

El estatus jurídico de la ayahuasca no había sido definido aún con certeza, pero el precedente del Santo Daime llegado hasta la Corte Suprema de Casación daba una relativa tranquilidad jurídica. En diez años, de 2006 a 2016, la Iglesia del Santo Daime ha afrontado otros cuatro procedimientos, de los cuales tres penales y uno administrativo, los cuatro terminados a favor de los exponentes de la Iglesia del Santo Daime.

El 23 de abril de 2008, la Corte Suprema de Casación ordena la restitución de los 37 litros de Santo Daime que habían sido confiscados en 2004 con ocasión del primer caso. En total, hasta 2016, son tres las ocasiones en las que se devuelve el Santo Daime que había sido confiscado.

También en 2008, pocas semanas después de la ordenanza de la Corte Suprema, se había fijado en Asís la constitución de la asociación religiosa de los daimistas Italianos. El 13 de mayo el notario se presenta en la iglesia de Asís y en la mesa en forma de estrella del salón de los rituales se constituye la ICEFLU Italia.

Hasta 2022, otros intentos de importación de ayahuasca por parte de grupos neo-chamánicos o simples particulares llevan a confiscaciones e incluso a arrestos, pero los precedentes del Santo Daime contribuyen a defender jurídicamente también a los pequeños grupos independientes y a los particulares.

Está claro que el fenómeno del consumo de ayahuasca se está expandiendo y está convirtiéndose en un hecho social, aunque modesto, ya no residual. Desde cierto punto de vista es comprensible que, en un contexto de difusión incontrolada, en el que algunos grupos ayahuasqueros entran en actividades de comercio, publicidad e incluso contextos de ingestión no seguros, las instituciones públicas puedan alarmarse y orientarse hacia soluciones jurídicas de control de la sustancia. El tema de madurez cultural y social que sin embargo las instituciones deben afrontar es el ya expuesto de no caer en soluciones "blanco/negro" por las que el consumo de una sustancia psicoactiva o es totalmente libre, aunque tóxico (alcohol, tabaco, etc.), o es totalmente demonizado y prohibido, aunque beneficioso en cierto contexto de utilización.

Es así que, con Decreto ministerial del 23 de febrero de 2022, el Ministerio de salud incluye en la tabla I del DPR 309/1990 (ley

Italiana sobre las drogas) las siguientes plantas y sus componentes activos: ayahuasca, extracto, molido, polvo; harmalina, harmina, DMT; *Banisteriopsis caapi*; *Psychotria viridis*.

La ICEFLU Italia solicita el acceso a los documentos para estudiar la instrucción en la base del Decreto ministerial, y en particular las notas del Instituto Superior de Sanidad (ISS). La documentación se basa casi exclusivamente en la argumentación de que las *β-carbolinas* son sustancias alucinógenas, tóxicas, con graves riesgos para la salud, y que por tanto deben ser tabeladas. En consecuencia, la ayahuasca, al contener tanto *β-carbolinas* como DMT (ya tabelada), debe ser también puesta bajo control. Las notas del ISS están basadas en una bibliografía de 12 artículos científicos, todos muy antiguos (algunos de los años Cincuenta y Sesenta, el más reciente de 2012), muchos de los cuales redactados, sin embargo, por algunos de los principales defensores de las propiedades beneficiosas de la ayahuasca y de la seguridad de su uso ritual.

Para corroborar la tesis sobre los riesgos para el orden público y para la salud, en el expediente se reportan cinco casos de confiscaciones y dos de intoxicación. Pero leyendo atentamente los documentos emerge que solo dos casos de confiscación se refieren a la sustancia ayahuasca (y de todos modos ninguno relativo al Santo Daime o a la UDV), y que para ambos casos de intoxicación (uno de 2011 y uno de 2018) no hay datos clínicos y no ha sido posible determinar si efectivamente las personas habían ingerido ayahuasca, pero han sido incluidos porque las personas han entregado una serie de sustancias entre las cuales algunas conteniendo también harmina.

La ICEFLU Italia presenta recurso al Tribunal Administrativo Regional (TAR) del Lacio solicitando la anulación del Decreto por graves carencias de la instrucción y presentando amplia y reciente documentación científica internacional sobre la buena tolerabilidad humana de la sustancia y sobre la seguridad de su ritual para la salud y el orden público. En segunda instancia solicita la inconstitucionalidad de la prohibición de utilización de la ayahuasca en ámbito religioso, en nombre de la protección del derecho universal a la libertad de religión, sancionado por la Constitución italiana, estando científica y estadísticamente probada la buena seguridad para la salud y el orden público del uso ritual controlado.

En los anexos al recurso, además de los peritajes científicos de parte, también un informe sobre las actividades de la Iglesia en Italia desde 1990 (año del primer trabajo de Santo Daime en Italia) con estadísticas que presentan más de 50.000 ingestiones en 32 años de actividad, y ningún caso de intoxicación o de problemas de orden público; finalmente, diversos testimonios sobre casos de curaciones de dependencias de drogas "duras" (en particular heroína) gracias a la participación en los trabajos espirituales de Santo Daime; documentación sobre los proyectos sociales y humanitarios que la Iglesia gestiona desde hace años en Italia y en la Amazonia, entre los cuales también acogida de personas sin domicilio fijo, acompañada por cartas de apoyo por parte de Parroquias católicas, y de patrocinio de los Ayuntamientos italianos de pertenencia de los centros de Santo Daime.

La ley italiana sobre las sustancias psicotrópicas bajo control (DPR 309/1990) indica, en particular en los artículos 13 y 14, las características que tales sustancias deben presentar para ser incluidas en la lista (tablas). Sintetizando, los elementos fundamentales que clasifican las sustancias a poner bajo control se refieren a la toxicidad y el riesgo de abuso. El concepto de toxicidad, a nivel normativo, está estrechamente conectado al de la dependencia.

De la ayahuasca es sabido, compartido e indudable por parte de toda la comunidad científica internacional, que no genera dependencia y tampoco tolerancia (habituación). Los casos de abuso son extremadamente raros, y de todos modos no han sido registrados a nivel nacional italiano. En el art. 14 de la susodicha ley, sin embargo, se dice que, de todos modos, todas las sustancias alucinógenas, aunque no presenten otras características de toxicidad y/o abuso, son consideradas tóxicas solo por el hecho de que son alucinógenas, por tanto, deben ser tabeladas en todo caso y puestas bajo control.

La Iglesia del Santo Daime, en el recurso al TAR, explica cómo las visiones de tipo onírico inducidas por el uso ritual de la ayahuasca con dosificaciones controladas no pueden ser comparadas a los efectos alucinógenos de la DMT pura consumida por vía inhalatoria o intravenosa. No solo, sino que en general diversos científicos se han distanciado de una definición estrictamente alucinógena de los efectos visionarios inducidos por la ayahuasca, sino más bien de una manifestación del inconsciente a través de imágenes de alto contenido simbólico comparable a la de los sueños o de la meditación profunda. En todo caso, retomando precisamente una de las notas del ISS en la base del Decreto en cuestión, la dosificación (es decir, la cantidad de alcaloides ingerida por kg de peso corporal) es determinante para definir la toxicidad o no de la sustancia. En palabras pobres, cualquier sustancia o alimento puede ser tóxico o no en función de la cantidad de ingestión.

En conclusión, según la ICEFLU Italia, un uso ritual controlado, en un preciso contexto de ingestión que considera todos los aspectos de la experiencia incluida la dosificación bajo los umbrales definidos por el mismo ISS, no presenta apreciables riesgos para la salud y el orden público.

El TAR rechaza el recurso (abril de 2023) alineándose completamente con las consideraciones del Ministerio/ISS. Al no haber tomado en consideración las valoraciones científicas, producidas por la Iglesia del Santo Daime, sobre los efectos meramente oníricos más que alucinógenos, de la ayahuasca, se debe aplicar el art. 14 de la ley sobre las sustancias psicotrópicas, que indica que se deben tabelar todas las sustancias alucinógenas independientemente de otras valoraciones.

La ICEFLU Italia recurre en apelación al Consejo de Estado (CDS, la corte suprema en cuanto a materias de derecho administrativo). En noviembre de 2023, el CDS rechaza el recurso de la Iglesia del Santo Daime, sancionando definitivamente la permanencia del Decreto ministerial. No hay otros caminos en la jurisdicción Italiana para anular tal decreto.

La sentencia del CDS presenta, sin embargo, un aspecto de particular interés para la Iglesia del Santo Daime. Aunque rechazando la apelación, el máximo tribunal administrativo afirma, en la parte conclusiva de la sentencia:

> [...] no es a través de la (sobredimensionada) solicitud de anulación del d.m. 23 de febrero de 2023 en su totalidad que puede recibir tutela el pretendido uso religioso de la bebida denominada "Santo Daime", sino, si acaso y donde concurran los presupuestos, a través de la consecución de una específica derogación autorizativa al uso controlado, en un contexto ritual, de mínimas cantidades de ayahuasca diluida en la susodicha bebida, que el mencionado interés religioso podría recibir reconocimiento y tutela.[211]

211 Consejo de Estado, decisión n.9897/2023 del 20 de noviembre de 2023 de la

El CDS deja abierta la posibilidad, "donde concurran los presupuestos", de solicitar una derogación autorizativa para el uso religioso controlado del sacramento Santo Daime, considerado como una dilución de "cantidades mínimas de ayahuasca". A efectos jurídicos y administrativos, un concepto de fundamental relevancia es que el CDS no está haciendo referencia a una *autorización* para uso médico, según la ley sobre las sustancias psicotrópicas, sino a una derogación autorizativa, es decir, una *derogación* a tal ley, una *exención*, en línea con las *exemption* ya existentes en Canadá y USA. Es la primera vez que se lee una apertura de este tipo a nivel jurídico en Italia. También porque la ley en cuestión sobre las sustancias psicotrópicas no menciona de modo explícito cómo obtener tal derogación, mientras disciplina las autorizaciones para uso médico.

La ICEFLU Italia, en febrero de 2024, presenta Instancia al Ministerio de salud para solicitar una derogación para el uso religioso controlado del Santo Daime, pero el Ministerio de salud rechaza la primera Instancia fundamentalmente argumentando que el Ministerio concede autorizaciones para uso médico y no es competente en ámbito de uso religioso.

El 13 de mayo de 2024, la ICEFLU Italia recurre al Tribunal Administrativo Regional (TAR) del Lacio contra el rechazo del Ministerio de salud. Si el Consejo de Estado, el máximo órgano jurídico de Italia en ámbito administrativo, ha declarado que es posible la "consecución de una específica derogación autorizativa al uso controlado, en un contexto ritual", de algún modo las instituciones públicas deben poder hacer respetar tal aserción.

Este es el punto al que hemos llegado durante la revisión de esta segunda edición del presente volumen. Aclarado definitivamente que la ayahuasca entra en la noción de estupefaciente bajo control para la ley Italiana, así como en todos los otros Países en los que el uso ritual controlado está protegido (en particular Brasil, USA y Canadá), la sentencia del CDS abre a la posibilidad de la solicitud de una derogación a la ley, en nombre de la inviolabilidad de la libertad de religión del *uso ritual* del Santo Daime *independientemente* de que la ayahuasca sea considerada estupefaciente, habiendo aclarado que, según un

---

Sección Tercera.

adecuado protocolo de ingestión que decline específicamente el uso ritual, no hay riesgos apreciables para la salud y el orden público.

Conclusiones

El uso ritual de la ayahuasca, así como de diversos otros psicoactivos naturales, representa una tradición con orígenes milenarios. Desde los años Treinta del siglo XX esta tradición ha llevado al nacimiento y al desarrollo de formas religiosas eclécticas con sólidas bases ético-cristianas y con marcada sensibilidad y compromiso por la preservación ambiental. Sus prácticas espirituales se han integrado perfectamente con la cultura rural y urbana llamada occidental. La literatura científica ha mostrado, de acuerdo con las observaciones sobre comunidades cuyos fieles consumen regularmente la ayahuasca desde hace varias décadas, que los efectos agudos y los a largo plazo de su uso ritual presentan una buena seguridad para la salud y para el orden público; es más, se ha observado una influencia positiva sobre equilibrio, capacidad de resolución de los problemas y general adaptación a la vida de los consumidores analizados. La medicina está investigando y comenzando a aplicar las potencialidades terapéuticas de la ayahuasca, la primera entre todas la de "excelente desintoxicante". Entre las religiones ayahuasqueras, el Santo Daime en particular participa activamente en el diálogo interreligioso internacional y goza del respeto de Instituciones y exponentes religiosos de relieve en Brasil. La Iglesia de la ICEFLU ha constituido una ONG para implementar proyectos ambientales y humanitarios en la selva amazónica, esta colabora con los órganos gubernamentales brasileños del ambiente y con otras prestigiosas instituciones y ONG internacionales. La expansión de las religiones ayahuasqueras fuera de la selva se ha manifestado sobre todo dentro de la clase media urbana con alta escolarización; según McKenna, Grob y Callaway (1998) aproximadamente el 5-10% de los miembros de la UDV desarrolla profesiones en el sector médico-científico (médicos, psiquiatras, psicólogos, quiroprácticos, y homeópatas).

En Brasil, después de una provisional inclusión de la *Banisteriopsis caapi* en la lista de las sustancias prohibidas en 1985, los órganos gubernamentales responsables del control en materia de estupefacientes han reconocido legalmente el derecho al uso ritual de la ayahuasca después de un profundo análisis multidisciplinar que ha visto a juristas, psiquiatras, médicos y sociólogos estudiar durante dos años las comunidades religiosas usuarias de ayahuasca y verificar personalmente, participando en los rituales y tomando ayahuasca, de qué se trataba realmente. Los pareceres finales fueron positivos y después de veinte años desde la primera visita, tras ulteriores confirmaciones desde el punto de vista médico-científico de la no peligrosidad de la sustancia, los órganos gubernamentales han emitido una legislación que tutela el uso ritual de la ayahuasca, permite la participación también a los niños y a las mujeres embarazadas, y promueve la investigación en el campo de la ayahuasca terapéutica (2004 y 2006).

La expansión de las modernas religiones ayahuasqueras, aunque limitada desde el punto de vista dimensional, resulta muy vasta desde el punto de vista de cobertura geográfica. En algunos de los numerosos Países en los que están presentes y activas desde varios años comunidades religiosas afiliadas al Santo Daime y a la UDV, se han verificado y se están verificando confrontaciones con las autoridades gubernamentales para alcanzar un reconocimiento jurídico oficial de su propia práctica religiosa. Desde el punto de vista de la legislación internacional sobre las sustancias bajo control, según el INCB de la ONU la ayahuasca no está incluida en las tablas de la Convención de 1971 sobre Sustancias Psicotrópicas, origen de las legislaciones nacionales en materia de estupefacientes. Además de Brasil y Perú, los tribunales de España, la Corte Suprema de los Estados Unidos y el Ministerio de salud de Canadá han reconocido que no subsisten riesgos apreciables para la salud o el orden público en el uso ritual de la ayahuasca en el contexto religioso controlado de las Iglesias del Santo Daime y de la UDV, y que esta bebida sagrada no puede ser equiparada, ni desde el punto de vista jurídico ni farmacológico, a la sustancia bajo control, la DMT, contenida naturalmente en pequeños porcentajes en su interior.

En Brasil, USA y Canadá las autoridades han dado particular relieve al principio de la libertad de religión. Los gobiernos pueden poner límites al derecho inalienable del hombre a la libertad de religión solo si están motivados por ineludibles intereses de salud u orden público. En el caso del uso ritual de la ayahuasca en contexto religioso controlado no subsisten evidencias respecto a la apreciable existencia de estos riesgos. Queda sin embargo a cargo del gobierno demostrar lo contrario.

A pesar de la demonización propagada en algunos Países por una intolerante cultura prohibicionista, no hay evidencias ni científicas ni sociales de apreciables riesgos para la salud o para el orden público asociados al consumo ritual de la ayahuasca en contexto religioso controlado. Además de no dar dependencia y habituación, los efectos purgantes que causan vómito y diarrea garantizan una autorregulación fisiológica que no permite la ingestión de cantidades que no sean modestas de ayahuasca, en todo caso muy inferiores a dosis que podrían resultar peligrosas. Al contrario, drogas como alcohol, tabaco y café causan dependencia y habituación, con los bien conocidos problemas de salud y orden público conectados a tales toxicomanías; son tóxicas, en particular su consumo a largo plazo puede llevar a graves daños en los sistemas cardiocirculatorio, respiratorio y neuroendocrino, y puede resultar incluso letal; no poseen ningún mecanismo interno de regulación fisiológica y por tanto ponen al consumidor en la posibilidad de abusar hasta tal punto de la sustancia que puede arriesgarse a fallecer por los efectos agudos.

La desviación del uso religioso hacia un consumo hedonístico y recreacional de la ayahuasca es muy rara, como está claramente evidenciado por el hecho de que está sustancialmente ausente en el "mercado negro" de las drogas, por los siguientes motivos: las plantas para preparar la ayahuasca son originarias de la selva amazónica y acostumbradas a climas tropicales; la liana ayahuasca (*Banisteriopsis caapi*) emplea mínimo cinco años desde el nacimiento antes de poder ser recogida y utilizada para preparar la bebida; la preparación es extremadamente laboriosa y necesita una notable inversión de tiempo y fatiga; el gusto extremadamente desagradable de la bebida, descrito como áspero y nauseabundo, y sus efectos purgantes, sobre todo en quien se acerca a la bebida las primeras veces, la hacen no deseable para un consumo recreacional; además, en el "mercado negro" de las drogas existen compuestos sintéticos mucho más potentes, mucho menos voluminosos y sin efectos "poco divertidos" como náusea, vómito y diarrea.

La literatura científica no ha descrito la existencia de ningún otro modelo de consumo diferente de aquellos de los contextos mágico-religiosos, o rituales, o relacionados con la medicina tradicional amazónica, o con proyectos de experimentación médico terapéutica (Barbanoj y Riba, 2000).

En un sistema socialmente evolucionado y maduro los gobiernos no deberían poder limitar la libertad de practicar una sincera fe religiosa de los ciudadanos individuales sin antes demostrar la subsistencia de un real y concreto interés público que defender con tal limitación. El gobierno estadounidense había tratado de insistir en la primacía de la aplicación general de la ley represiva contra todas las drogas respecto al poder de las magistraturas de garantizar la libertad de religión, y argumentando, entre otras cosas, tener que mantener el "papel de liderazgo" internacional en la aplicación de las leyes contra la droga, a pesar de que las magistraturas federales le hayan hecho notar que a nivel internacional y nacional la ayahuasca no está incluida en la lista de las sustancias prohibidas. Parece haber sido un enfoque más maduro, evolucionado y civil el del Gobierno de Brasil que ha sacado las debidas conclusiones después de un profundo análisis multidisciplinar que ha visto a representantes de los órganos de control en la materia probar personalmente además de científicamente qué significa el uso ritual de la ayahuasca.

Una posición de ridiculización del fenómeno y de consecuente paternalismo represivo, además de la presunción, denota una profunda inmadurez de las personas y de las instituciones que la asumen, y una esclavitud intelectual respecto a preconceptos heredados del pasado, dados por sentados sin una concienzuda investigación sobre su validez. Ya ha ocurrido históricamente que antes de reconocer jurídicamente un derecho específico, la opinión pública a menudo lo ha considerado durante largo tiempo simplemente ridículo, y su violación irrelevante. Este ha sido, por ejemplo, originariamente el caso de cuando se ha debatido por la igualdad jurídica y política (derecho de voto) de las mujeres. En estos contextos, el pensador liberal John Stuart Mill ha evidenciado el papel fatal del «despotismo de las costumbres» como un obstáculo al progreso evolutivo (cit. en: Ree, 1998).

Estas son las mismas conclusiones a las que llega también el jurista Domingos Silva Sá, presidente del Grupo de Trabajo del Consejo Nacional Antidrogas que ha estudiado durante años la realidad de las religiones ayahuasqueras en Brasil. En particular:

Estos "conceptos" indiscutibles, intocables, estratificados a lo largo de las décadas, hacen más difícil un análisis del problema, principalmente cuando estos mismos "conceptos" se asocian a lo que Anthony Richard Henman identifica como literalmente: «necesidad de una "guerra total contra las drogas" que, a su vez, se basa en la histeria prohibicionista promovida por la *American Drugs Enforcement Administration* en los medios de comunicación locales»[212].

> De hecho, las preguntas del público en general sobre el uso de la ayahuasca reflejan el prohibicionismo, instilado por la sediciosa "guerra" de la que habla Henman. Estas preguntas esconden, en realidad, un prejuicio condenatorio.
>
> (Silva Sá, 1996)

La más frecuente de estas preguntas es: "¿la ayahuasca es alucinógena?". Pero el punto es: ¿qué significa alucinación? Si alucinación se refiere al delirio o algo que tenga que ver con la falta de salud mental, la respuesta coral de científicos, médicos, psiquiatras, sociólogos y juristas que han estudiado miles de casos o probado directamente sobre sí mismos los efectos, es: no, la ayahuasca no provoca alucinaciones.

En realidad, la colección de términos jurídicos, farmacológicos, botánicos o psiquiátricos y el enunciado de fórmulas químicas son conceptos, y aunque tengan todo su valor, la experiencia concreta de vida va más allá de los conceptos. Los casi cien años de práctica ritual con la ayahuasca en los centros urbanos de Brasil, así como los más de treinta años en Europa y USA, de forma ordenada y bien integrada con el ambiente social, son la propia vida. La terminología en la que se insiste en las discusiones teóricas de personas que nunca han experimentado la efectiva realidad de la materia, el uso ritual de la ayahuasca, sobre la que están debatiendo, resulta ser un concepto vacío, privado de sustancia vital, privado de conexión con la realidad de la experiencia, pero al mismo tiempo se trata de imponerlo como medida de la realidad, habiendo sido instilado por los mass-media que sostienen con alarmismo sensacionalista la histeria prohibicionista de la guerra total contra las drogas. Los casos jurídicos que han involucrado a exponentes de las religiones ayahuasqueras en los varios Países hasta la criminalización, el encarcelamiento y la demonización mass-mediática

212 Cfr. Henman, 1986.

de ciudadanos normales que desde hace años cultivaban sus propias prácticas religiosas muestran cuáles pueden ser los costes sociales de la varias veces citada *histeria*, instrumentalizada por los mass-media para manipular la realidad de los hechos por un lado y la misma opinión pública por el otro. Parece que las *alucinaciones* en la actual sociedad son causadas por otras fuentes.

Finalmente, los intentos de querer imponer la aplicación general de una ley por el principio abstracto de querer mantener la imagen política de la lucha contra las drogas, independientemente del análisis específico del caso, del contexto de ingestión (incluida la dosificación), e independientemente de la salvaguardia del derecho fundamental del hombre a la libertad de religión cuando no existan apreciables riesgos para la salud y el orden público, reflejan exactamente los intentos de querer imponer categorías conceptuales demonizantes como la de "alucinación" incluso cuando el terreno de la experiencia vivida, la vida real está en otro nivel de comprensión.

Frente a tales posiciones abstractas y descuidadas de la realidad concreta de la vida del hombre protegida por la misma ley, surge espontánea la cuestión bíblica que Jesús planteó a los fariseos respecto al sábado. ¿La ley está hecha para el hombre o el hombre para la ley?

Por otro lado, no podemos esconder que un instrumento tan potente como la ayahuasca deba necesariamente ser gestionado por organizaciones y personas con experiencia y estructura para garantizar la protección del consumo y la maximización de los beneficios para los participantes. No es tanto un tema de salud, sobre el que, a pesar de los débiles intentos de demonización a nivel local, nos parece que hay una buena compartición científica internacional de la seguridad, sino más bien un tema de orden público.

Aunque consideramos que el prohibicionismo es conceptualmente diseducativo, tanto a nivel social como en la educación familiar de los hijos, también un uso desenfrenado y descontrolado de algunos instrumentos particularmente potentes no nos parece que pueda ser considerada una solución madura y evolucionada.

En nuestra opinión, el equilibrio institucional está en contener y evitar cualquier uso no protegido de tales instrumentos, y al mismo tiempo consentir y *proteger* un uso ritual controlado dentro de un contexto religioso normado por un protocolo que nace de la experiencia de las mismas organizaciones que llevan adelante estas prácticas desde numerosas décadas de años y con resultados tangibles, indiscutibles y reconocidos a nivel internacional.

Hoy en día, en 2024, en todos los Países donde está reconocido legítimo, y protegido, el uso religioso (Brasil, Perú, USA, Canadá), tal reconocimiento está insertado en un marco jurídico en el que la ayahuasca en general está considerada ilícita y bajo control, y está consentido solo un uso controlado dentro de un contexto específico y normado por un protocolo de ingestión, originado por los mismos grupos usuarios y compartido con las Instituciones. Tal protocolo debe disciplinar los varios aspectos de la experiencia, desde los procedimientos de acogida de los novicios, a la seguridad de origen del sacramento, a la estructura del ritual y acompañamiento de los participantes también post-ritual, a un código ético para los dirigentes del centro (incluida la ausencia de fines comerciales), y a todos aquellos componentes que son necesarios para la seguridad del consumo ritual. En tal marco, el tema de los meros efectos farmacológicos resultaría incluso menos relevante dada la amplia literatura científica que concluye sobre la buena seguridad de la sustancia para la salud. No obstante, queriendo excluir todo riesgo, aunque teórico, bastaría que el protocolo tuviera en consideración también las dosificaciones administradas del sacramento, dado que cualquier sustancia o alimento puede ser seguro o intoxicante en función de la dosificación de ingestión.

En conclusión, nos parece que la solución que aporta los mayores beneficios sociales, minimiza los riesgos, y salvaguarda los ineludibles derechos universales es aquella de favorecer una autorregulación y un control internos de los grupos usuarios en contexto ritual, proteger el uso religioso controlado que deriva de ello, evaluando la eficacia de tal planteamiento en función de los resultados, de los frutos, que tal uso ha demostrado en casi cien años de historia, y continúa generando para el gran beneficio de todos los participantes en las sesiones rituales.

Citando de nuevo al Maestro Jesús (Mateo, 16-20):

> *Por sus frutos los conoceréis. ¿Acaso se recogen uvas de las espinas, o higos de los abrojos? Así, todo árbol bueno da frutos buenos, y todo árbol malo da frutos malos; un árbol bueno no puede dar frutos malos, ni un árbol malo dar frutos buenos. Todo árbol que no da buen fruto es cortado y echado al fuego. Así que, por sus frutos los conoceréis.*

CAPÍTULO XII

CONCLUSIONES Y REFLEXIONES

Tabla 13. Resumen cronológico de la evolución histórica del uso ritual de la ayahuasca

Período	*Acontecimientos históricos* *Santo Daime* *Barquinha* *UDV*
3000 a.C.	Cultura Valdivia (Ecuador): difusión de la cerámica para el uso de plantas psicoactivas - Probable inicio del uso ritual de la Ayahuasca.
1500 a.C. →	Difusión de la Ayahuasca desde las áreas de la selva Amazónica hacia las zonas costeras occidentales de Sudamérica gracias a los comercios trans-Andinos.
1600-1850	Primeros testimonios históricos por parte de misioneros y exploradores sobre el uso ritual de la Ayahuasca. En este período histórico se constata que el uso ritual de la Ayahuasca está ampliamente difundido en toda la cuenca amazónica en un área correspondiente a los actuales territorios de siete países sudamericanos.

1850-1900	**1852:** Identificación botánica de la liana Banisteria caapi gracias al botánico británico Richard Spruce. Su descubrimiento será publicado en 1858 tomando el nombre definitivo de *Banisteriopsis caapi.*
	1886: Primeras informaciones respecto al uso de mezclas de plantas diferentes en la preparación de la bebida Ayahuasca, gracias al testimonio del explorador Simson.
	1888: Abolición de la esclavitud en Brasil gracias a la Ley Áurea de la Princesa Isabel.
	1870-1900: Primera gran inmigración a la selva amazónica occidental por parte de obreros provenientes del noreste de Brasil.
	1890: Nace Raimundo Irineu Serra en el noreste de Brasil.
1900-1920	**1912**: Llegada de Irineu Serra a la selva Amazónica peruana como *seringueiro.* **1913-ss.**: Encuentro con la Ayahuasca y **revelación** de la Virgen de la Concepción-Reina de la selva a Mestre Irineu para fundar la Doctrina del Santo Daime.
1920-1940	**1923**: Aislado un alcaloide de la *B. caapi* con el nombre de *telepatina.* En el mismo año otros estudiosos aíslan dos alcaloides de la bebida, llamados *yajeína* y *yajeínina.*
	1931: Morton publica el primer estudio taxonómico serio después del descubrimiento de Spruce.
	1930: comienzan los primeros trabajos espirituales de Santo Daime en las campiñas de Rio Branco.
	1939: Chen y Chen demuestran que los alcaloides previamente aislados y denominados *telepatina, yajeína* y *banisterina* eran idénticos a la armalina, un alcaloide ya conocido anteriormente en relación con la planta asiática *Peganum harmala.*
1940-1950	**1940-45**: segunda gran inmigración en la Amazonía de los *soldados del caucho.*
	1943: José Gabriel da Costa llega a la Amazonía en la frontera con Bolivia como *seringueiro.*

Período	Acontecimientos
	1945: traslado de la sede del Santo Daime a la localidad denominada Alto Santo, inaugurada con el trabajo espiritual de San Juan Bautista la noche entre el 23 y el 24 de junio de 1945. **1945**: Daniel Pereira de Mattos es curado por Mestre Irineu mientras vive con él en Alto Santo. De regreso a Vila Ivonete pide permiso a Mestre Irineu para abrir una línea de trabajos espirituales con el Daime, el Mestre accede y le envía el Daime necesario para iniciar los trabajos.
	1945: Nace la Capelinha de São Francisco, más conocida como la Barquinha de Fray Daniel.
1950-1970	Análisis químicos llevan a identificar que los alcaloides contenidos en la *Banisteriopsis Caapi* son: armina, armalina y tetra-hidro-armina (THH), algunas de las sustancias denominadas *β-carbolinas*.
	1959: José Gabriel conoce la Ayahuasca a través de un ayahuasquero *mestizo* en el *seringal* entre Brasil y Bolivia.
	1961: Constitución de la Unión del Vegetal dentro de la Amazonía.
	1965: traslado de Mestre Gabriel a Porto Velho. **1967**: persecución de la UDV y arresto de Mestre Gabriel. **1970**: victoria legal ante el Tribunal de Brasilia contra la policía del Estado de Rondonia. **1970**: constitución jurídica del *Centro Espírita Beneficente União do Vegetal.*
1970-1980	**1971**: constitución jurídica del CICLU - Centro de Iluminación Cristiana Luz Universal. **1971, 6 de julio:** muerte corporal del Mestre Irineu.
	1971, 24 de septiembre: muerte corporal de Mestre Gabriel.
	1972: De los estudios de Rivier y Lindgren y posteriores, resulta que en las especies *Psychotria viridis* se encuentra la presencia de sustancias tipo-DMT, en particular DMT y 5-MEO-DMT..
	1974: Padrinho Sebastião constituye el CEFLURIS (Culto Ecléctico de la Fluente Luz Universal Raimundo Irineu Serra, que luego se convertirá en ICEFLU) con sede en la Colonia 5000.
	Difusión de la UDV en Brasil, los primeros núcleos están en Manaos y São Paulo.
	1982: Constitución en Río de Janeiro del primer centro del Santo Daime fuera de la Amazonía. Comienza la expansión del Santo Daime en las ciudades de todo Brasil y en el extranjero. **1983**: Padrinho Sebastião funda el CÉU DO MAPIÁ en medio de la selva virgen, que se convertirá en la sede matriz principal del Santo Daime.
	Expansión de la UDV en Brasil y en el extranjero, en particular en EE. UU.
	1982: Traslado de la Sede General de la UDV a Brasilia.

		Creación de dos nuevos centros de la Barquinha en Rio Branco: el *Centro Espírita Daniel Pereira de Mattos* y el *Centro Espírita Fé, Luz, Amor e Caridade*.
	1984: Dennis McKenna fue el primero en postular que el efecto psicoactivo de la ayahuasca se debe a la inhibición de las enzimas MAO por parte de las sustancias tipo β-carbolínico, lo que permitiría la absorción parcial de DMT a nivel gastrointestinal.	
	1985: La *Banisteriopsis caapi* está prohibida por un año en Brasil..	
	1986: El CONFEN (Consejo Nacional sobre Estupefacientes) brasileño declara que la *B. caapi* no está prohibida.	
1990-2000	**1992**: Confirmación gubernativa del reconocimiento jurídico del uso ritual de la ayahuasca en Brasil.	
	1992: Fundación del Centro Takiwasi en Perú.	
		Constitución de otros tres centros de la Barquinha en Rio Branco en **1991** (*Centro Espírita e Obras de Caridade Príncipe Espadarte* de Francisca Gabriel), en **1994** (*Centro Espírita Santo Inácio de Lodola*) y en **1998** (*Centro Espírita Nossa Senhora Aparecida*).

2000-2010	**2000**: Absolución en el proceso penal que involucraba a los exponentes del Santo Daime en España ante el Tribunal de segunda instancia de Madrid.
	2001: Absolución en el proceso penal que involucraba a los exponentes del Santo Daime en Holanda ante el Tribunal de Ámsterdam..
	2002: Primera declaración favorable de la Corte Distrital de Albuquerque (Nuevo México, EE. UU.) sobre el uso ritual de la ayahuasca a favor de la UDV..
	2003: CEFLURIS (Santo Daime) registrado en el registro de Entidades de Culto en España. **2003:** Segunda declaración a favor de la UDV por la Corte del 10° Distrito de Nuevo México.
	2004: Tercera declaración a favor de la UDV por la Corte de Apelación de Nuevo México. **2004**: Resolución del CONAD para la protección del uso ritual de la ayahuasca en Brasil.
	2006, enero: Absolución del proceso en Francia y reconocimiento de que la ayahuasca no está prohibida. **2006**: Cuarta declaración a favor de la UDV por la Corte Suprema de los Estados Unidos (Febrero): el gobierno estadounidense no logró probar tener un interés legítimo para obstaculizar la libertad de uso ritual de la ayahuasca. **2006**, abril: Archivo del caso jurídico en Italia que había involucrado 21 arrestos en 2005. **2006**, mayo: tras la absolución de enero, el gobierno francés promulga una nueva ley para prohibir la ayahuasca y las plantas con las que se prepara. **2006**: El Ministerio de Salud Canadiense da parecer positivo sobre la libertad de importación y utilización del Santo Daime a fines religiosos. **2006**: Documento final del Grupo de Trabajo Multidisciplinario que regula el uso ritual de la ayahuasca en Brasil.
	2008, Abril: La Corte Suprema de Casación en Italia ordena la devolución de 37 litros de Santo Daime incautados en 2004.. **2008,** Junio: El Ritual de la Ayahuasca es declarado Patrimonio Cultural Nacional en Perú.
	2009, Marzo: Absolución en el proceso penal que involucraba a exponentes del Santo Daime en Italia ante el Tribunal de Reggio Emilia. **2009**, Marzo: Absolución en el proceso penal que involucraba a exponentes del Santo Daime en Italia ante el Tribunal de Reggio Emilia..

2011-2022	**2016**: La Corte Suprema de Bélgica declara prohibida la ayahuasca en Bélgica.
	2017: Primera Iglesia del Santo Daime (Montreal) en obtener una *excepción* a la ley sobre drogas para el uso religioso controlado en Canadá.
	2019: La Corte Suprema de Holanda declara prohibido también el uso ritual de la ayahuasca y del Santo Daime en Holanda.
	2022: Decreto ministerial en Italia para prohibir la ayahuasca y las plantas con las que se prepara.

Elementos comunes en la experiencia con la ayahuasca

Del análisis de las diferentes tradiciones religiosas y terapéuticas del uso de la ayahuasca, se pueden evidenciar algunos rasgos destacados que caracterizan la experiencia relativa al consumo de la bebida sacramental. A continuación se proponen algunos aspectos comunes, detectados basándose en las consideraciones de algunos estudiosos en el campo del uso ritual y terapéutico de la ayahuasca y en la experiencia personal de quien escribe.

1. Importancia de la intención personal (set). En todas las tradiciones del uso ritual de la ayahuasca, incluido el uso psicoterapéutico, se considera de crucial importancia el estado de ánimo personal del individuo que se acerca al consumo de la bebida psicoactiva. El contenido de la experiencia y sus resultados en términos de comprensión y aplicación en la vida cotidiana de las enseñanzas obtenidas, depende del conjunto de intenciones, expectativas, personalidad y estado de ánimo de la persona. Podemos notar que tanto en las tradiciones indígena-*mestizo*, como en las de las modernas religiones ayahuasqueras, como en el enfoque terapéutico, es relevante, para la calidad y la utilidad de la experiencia, que los participantes en las sesiones con la ayahuasca manifiesten una intención positiva de sincero anhelo de autoconocimiento, y confianza en las potencialidades del ritual y en la posibilidad de obtener la comprensión necesaria para la resolución de sus problemas.

En la tradición indígena esta intención personal positiva es desarrollada naturalmente por todos los miembros del grupo tribal que crecen en la compartición de una cosmología común en la que el uso ritual de la ayahuasca es fundamento de la cosmología misma. Paralelamente en la tradición *mestizo*, el conocimiento del chamán deriva directamente de los espíritus de las plantas maestras, por lo que él en primera persona se acerca al uso de las plantas sagradas con un estado de ánimo de extremo respeto reverencial, así como quien se dirige al ayahuasquero en busca de curación, lo hace con la intención de buscar una solución a sus problemas confiando sinceramente en las potencialidades espirituales de las plantas. También en las religiones eclécticas brasileñas los miembros demuestran respeto y confianza al aproximarse a las sesiones rituales, y son conscientes de que las potencialidades de autocuración y los cambios positivos en el comportamiento dependen de la intención de cada uno. Constataciones que han resultado claras también a los investigadores científicos que han experimentado la ayahuasca con fines terapéuticos. El Dr. Mabit describe que la motivación, la voluntad de cambiar y la real confianza en los *insights* percibidos por los pacientes durante las sesiones con la ayahuasca son factores cruciales para la efectiva comprensión de sus problemas y para la eficaz mejora en los mecanismos de comportamiento cotidianos.

2. Importancia del contexto de ingestión (setting). Siguiendo la lógica puesta de relieve por la investigación científica en el campo del estudio de los estados modificados de conciencia, el otro componente fundamental, además de la intención personal (*set*), que condiciona la naturaleza y los contenidos de la experiencia con la ayahuasca es el contexto (*setting*) en el que ocurre el consumo de la bebida sagrada. La tradición ritual terapéutica del uso de la ayahuasca refleja perfectamente las conclusiones generales, en materia de estados modificados de conciencia, a las que ha llegado la lógica científica. Los rituales chamánicos de la tradición indígena y *mestizo* están cuidadosamente estructurados de modo que los participantes estén inmersos en un clima de profunda sacralidad y respeto, en el que la sesión de ayahuasca se desarrolla como una apertura para entrar en contacto con el mundo espiritual a través del acompañamiento, la guía y el apoyo del chamán maestro que dirige las fases de la ceremonia. En los rituales de Santo Daime, Barquinha y UDV, el trabajo espiritual está inmerso en un contexto religioso extremadamente simbólico y estructurado, con precisas reglas de conducta que inspiran un sentimiento al mismo tiempo de protección y de orden. En todas las tipologías de ritual no está prevista la posibilidad de "charlar" o abandonarse a distracciones que alejen del carácter sagrado de comunión espiritual. El componente de música y canto representa una parte fundamental dentro de los rituales de las diferentes tradiciones. Los cánticos del chamán maestro en el contexto tribal, los *ícaros* de los ayahuasqueros *mestizo*, los himnos, los salmos y las llamadas en los rituales de las religiones eclécticas, desarrollan en todas las tradiciones el mismo papel de guía para los participantes y mantienen la cohesión energético-vibratoria interna al grupo empeñado en el trabajo espiritual.

3. Imprevisibilidad. Cualquiera que sea el grado de preparación o evolución de quien toma la ayahuasca, la experiencia es siempre imprevisible. Es imposible anticipar (incluso para las personas más competentes y con experiencia) la naturaleza y la calidad de la sesión que se tendrá. Cada sesión es una aventura. Además, dentro de la misma sesión, también la evolución es generalmente imprevisible. Independientemente de la "fuerza" de la dosis o de la concentración de la bebida, es frecuente, sobre todo para quien la toma por primera vez, que no se manifieste ningún efecto. La experiencia varía de un sujeto a otro en el curso de la misma sesión, o de una sesión a otra para el mismo sujeto.

4. Integración cuerpo-mente-espíritu. La experiencia con la ayahuasca es vivida conjuntamente en los diferentes niveles componentes de la realidad humana, despertando la conciencia de la profunda interrelación entre la salud física, la psíquica y la espiritual. Usando las palabras de Ralph Metzner, los "niveles" representan conceptos analíticos, durante la experiencia no están separados sino simultáneos y coexistentes (Metzner, 1997).

5. Ausencia de pérdida de conciencia. «La experiencia corriente de la ayahuasca no está acompañada por una disolución de la conciencia, sino por una modificación de la misma» (Mabit, 2002a). El sujeto está siempre perfectamente consciente durante la sesión de sí mismo y de lo que está ocurriendo, recordando bien las experiencias y las visiones tenidas[213].

6. Sentimiento de veracidad de la experiencia. Este sentimiento se expresa particularmente en las visiones relacionadas con la vida del sujeto, y en particular aquellas que muestran claramente los propios defectos y mediocridades. Estas visiones sobre sí mismos o sobre el propio universo personal, en el fondo, no son verdaderos descubrimientos.

---

213 «De modo general, la ayahuasca amplifica la actividad cerebral y las percepciones sensoriales. [...] el sujeto percibe una ampliación de su conciencia, un aumento inicial de las facultades transrelacionales, psicoafectivas, emocionales (llamadas "protopáticas") con reducción simultánea de las facultades racionales, discriminantes y categorizantes (llamadas "epicríticas") respecto a lo habitual, permitiendo así una ampliación o trascendencia de su ego. En una segunda etapa de reintegración de lo vivido en el plano psicoafectivo se amplifican las funciones discriminantes. La capacidad de reflexión, de rápida conexión de *insights* y de resolución de problemas se encuentra multiplicada» (Mabit, 2002a).

Se perciben como revelaciones de algo "ya sabido". «Se manifiestan como una toma de conciencia de verdades subconscientes, latentes. El sujeto concluye diciendo "en el fondo, ya lo sabía"» (Mabit, 2002a). Los descubrimientos sobre sí mismos se perciben frecuentemente como "revelaciones" o "mensajes" de procedencia indeterminada, cuya fuerza de convicción se impone de manera indudable y que persisten después del fin de la experiencia, llevando cambios comportamentales en la vida cotidiana del sujeto. «*La videncia es evidencia*» (*ibidem*).

7. Acceso a un conocimiento oculto. Durante la experiencia se manifiesta un aspecto de comprensión intuitiva y reveladora conectado a los conceptos de diagnóstico, adivinación y clarividencia. El "ver" no es experimentado como una comprensión de orden intelectual, sino como un entendimiento inmediato, global e instantáneo que moviliza todos los sentidos y las funciones. La visión se manifiesta del mismo modo que un *insight*, que emerge del lado espiritual del individuo.

8. Percepción de otros mundos no materiales. El sentimiento que impregna al individuo le sugiere la presencia de un nivel no físico de la realidad, descrito variablemente como un mundo espiritual, un mundo interior, el otro lado de la realidad, el otro mundo, etc. En esta inmersión en el mundo no físico puede manifestarse la percepción de la presencia de entidades espirituales, normalmente invisibles, que pueden referirse a espíritus de la naturaleza, entidades religiosas o mitológicas, espíritus de difuntos.

9. Ausencia de progresión lineal. El progreso de aprendizaje y de evolución es claro pero no sigue una lógica de desarrollo lineal, en la cual cada sesión representa un paso directamente sucesivo al precedente, sino más bien una lenta clarificación, un enfoque con el tiempo más nítido de la propia situación (Mabit, 2002a).

10. Singularidad y pluralidad. La ayahuasca constituye por excelencia una experiencia colectiva. Se toma en grupo y cada uno puede experimentar el carácter colectivo de los efectos visionarios y de las interacciones muy estrechas que operan entre los participantes. Al mismo tiempo, la experiencia vivida con la ayahuasca se percibe siempre de extrema y solemne intimidad, totalmente singular e incluso indecible, inefable. Al final de la sesión los participantes se encuentran inmersos en un espíritu colectivo de comunión y compartición con los otros. Contemporáneamente tienen la sensación de haber vivido una experiencia profundamente personal e íntima. Como describe Mabit:

> Esta sensación no es disociativa, sino asociativa. La ambivalencia de estas manifestaciones se percibe en términos de complementariedad y no de oposición. Esta ambivalencia (etimológicamente: doble valor) no es ambigüedad (confusión de valores). La separación de los otros seres humanos y del universo se disuelve para permitir que se pueda encontrar una propia inserción en el *continuum* de la vida. El sujeto lo manifiesta claramente por la agradable sensación de relajación y de paz que generalmente sigue al uso de la ayahuasca.
>
> Dicho de otra forma, al pasar por una experiencia de "impersonalidad" relativa, el yo del sujeto se reestructura inmediatamente después con mayor amplitud y fuerza y se hace más abierto. La "indiferenciación" temporal permite recuperar en una segunda instancia una diferenciación más clara, una mejor definición de la propia identidad. Esta experiencia "trans-personal" genera, por naturaleza, seguridad en relación a sí mismos y al prójimo.
>
> (Mabit, 2002a)

11. La accesibilidad. Tanto en las tradiciones indígenas y *mestizo*, como en las de las modernas religiones eclécticas, cualquiera que esté suficientemente motivado puede seguir el proceso de aprendizaje con la ayahuasca, cuyo único requisito es la disponibilidad misma del individuo (el compromiso voluntario). Los sujetos pueden participar en las sesiones a partir de la adolescencia, o incluso antes (como en ciertos grupos étnicos amazónicos, o en las comunidades de las religiones ayahuasqueras). El mismo Mabit, director del Takiwasi, cuenta haber conocido niños de 7-8 años que ya participaban de manera discontinua en las sesiones rituales, y algunos de 11 años que ya conocían algunos *ícaros*. Las mujeres en las comunidades indígenas, las esposas de los *curanderos*, así como las mujeres en las comunidades del Santo Daime beben ayahuasca durante el embarazo y el parto, y a los recién nacidos se les pone alguna gota de ayahuasca en la boca para "hacer a los niños más fuertes" y para instaurar una relación amistosa con la planta maestra.

El uso ritual de la ayahuasca representa un ejemplo significativo del papel ancestral de las plantas psicoactivas en el desarrollo de la cultura social humana. El estudio historiográfico-antropológico no deja dudas sobre su valor médico, religioso y educativo en su significado más profundo, y sobre su función estructurante de la vida cotidiana de las sociedades en las que tal uso es y ha sido practicado. La fortuna de poder todavía observar directamente el uso nativo de las tradiciones enteogénicas permite constatar sin fantasiosos vuelos interpretativos su fuerza de cohesión social y su papel de depositarias del *logos* de la cosmología indígena: la *ley* y el *discurso* a través del cual conocer e interpretar la realidad fenoménica y espiritual.

El uso ritual de la ayahuasca es una inmersión completa en el *logos*, que permite al individuo penetrar y ser penetrado por la comprensión del orden que rige la realidad en la que vive y el universo entero. Esta comprensión es fuente de la resolución de los problemas personales y sociales, a nivel físico, psíquico y espiritual. Lejos de representar un momento de evasión con tendencia centrífuga respecto a las responsabilidades hacia las relaciones sociales, resulta ser el elemento principal para reconducir al individuo a una consciente integración en la comunidad, estimulando el orden y la paz tribal-ayahuasquera. Esta conciencia responde a la necesidad imprescindible del hombre de dar un sentido a su propio papel social y a su propia vida.

Es común reportar testimonios de exponentes de las religiones ayahuasqueras de los cuales resulta que uno de los trabajos más significativos de autoconocimiento que se realiza participando en las sesiones rituales es el de comprender gradualmente cada vez mejor cuál es el propio lugar en la sociedad, tal que corresponda a un orden superior y al mismo tiempo que satisfaga las más íntimas aspiraciones dentro de cada uno. Gracias a la profunda inmersión en el *logos* se comprende el *kosmos*, en la acepción original del término griego que significa tanto *cosmos* como el *orden* que lo rige. El reconocimiento del *kosmos*, el orden —espiritual— que impregna la realidad, implica el reconocimiento del propio lugar integrado en él, del propio papel, de las propias tareas en la vida, en definitiva del sentido de la propia vida en función de la comprensión de la existencia de un sentido en el universo entero. Es solo a través del reconocimiento del *kosmos*, y por tanto del sentido del mundo en el que se está inmerso, que se puede pensar en poder dar un sentido a la propia existencia. El orden superior y las más íntimas aspiraciones de cada ser coinciden.

El trabajo espiritual de Santo Daime, Barquinha y UDV, es un ejemplo de esta invasión cósmica que se invoca a través de la bebida, siendo útil para el discernimiento y la concentración, llevando a una reflexión, una meditación, una reconexión mental y espiritual con el propio Yo Superior. En este sentido el sacramento Santo Daime, o Vegetal, es un camino para la regeneración de los descreídos e incrédulos, porque es "ver para creer".

Los fieles de estas modernas religiones eclécticas están satisfechos de su propia elección espiritual por el hecho de que les responde sobre cuestiones profundamente existenciales. Esta rica experiencia no se resuelve en ámbito personal e individual, sino que se extiende a la familia y, en general, al ámbito social. Así como ocurría y ocurre en las tribus indígenas, la experiencia religiosa permite resolver los problemas relacionales, llevar mayor armonía al hogar doméstico y al trabajo. El *trabajo espiritual* trae los resultados en la vida cotidiana social, en cuanto no está limitado solo al desarrollo interior de los sujetos sino sobre todo orientado a una *educación permanente* que mejore la comprensión del vivir en comunidad, tanto familiar como social en general.

Una de las grandes fuerzas de estos movimientos religiosos es la integración de los fieles en una estructura en la que se sienten acogidos y sostenidos en un real y sincero sentimiento de *fraternidad*. La comunidad fraterna inspira un sentido de seguridad psicológica y religiosa muy positivo y constructivo que permite ayudar al individuo a afrontar y superar los obstáculos de la vida, las pruebas de la evolución espiritual, generando tanto confianza en sí mismo como responsabilización hacia la vida: en el Santo Daime, en la Barquinha y en la UDV, uno de los temas centrales más recurrentes es que todo lo que la persona dice debe tener una relación directa con la práctica de la vida cotidiana: «*é rezar e por em pratica*» («es rezar y poner en práctica») dice un himno de Padrinho Sebastião. La responsabilidad que cada uno demuestra en la familia, en el trabajo y en la sociedad en general, representa su grado de conciencia hacia la misma doctrina.

Lo que en la psicología cognitiva se expresa a través de la fórmula «el consumo de ayahuasca induce una conciencia dialógica», que se resume en la capacidad de observarse mientras se dialoga con uno mismo, según Fericgla (1996) equivale en términos religiosos a la afirmación "Dios está dentro de cada uno de nosotros". Es el mismo objetivo de autoconocimiento que desde la antigüedad ha sido indicado como una de las vías maestras para la evolución espiritual, la comprensión del universo que nos rodea y de las leyes que lo gobiernan. En el siglo V a.C., Heráclito sostenía que "indagarse a sí mismos" es la vía para comprender el *kosmos*.

En el sistema de creencias de la doctrina del Santo Daime el acento se pone en el concepto equivalente del "aprender conociéndose a sí mismos". Los rituales espirituales están finalizados al autoanálisis y al descubrimiento de sí mismos, en la misma acepción a la que se refería Heráclito. En lo profundo de la conciencia de cada uno se encuentran las respuestas para la resolución de los propios problemas y para la comprensión del mundo que lo rodea. Entonces el enteógeno asume el papel de instrumento para alcanzar la expansión de la conciencia, el contexto ritual de ingestión crea las condiciones de sacralidad y seguridad emotiva para facilitar la exploración del sí, y la intención personal de cada uno es la protagonista que puede llegar a los resultados de comprensión en función de la voluntad misma de llegar a ellos, de la sincera voluntad de conocerse, reconociendo y aceptando los propios defectos a través del examen de conciencia, primer paso necesario para quien quiere realmente corregirlos.

El trabajo de la doctrina del Santo Daime promueve una expansión de la conciencia hacia el interior. Una ampliación del espacio interior, una meditación entre lo exterior y lo interior, lo que viene a ser desarrollado sobre otras bases respecto a las que han sido definidas con el término *mediumnidad*. Aunque pueda favorecer varias tipologías de canalización de energías, el principal trabajo del Santo Daime es el de la mediumnidad del Sí Mismo, el Yo Superior:

> [...] La doctrina no existe, sino que se dice. Nadie adoctrina a nadie. Cada uno es su propio adoctrinante. [...] Debemos prepararnos para ser un pueblo santo... Debemos unirnos y mostrar lo que estamos aprendiendo con amor, buenas palabras, mansedumbre de ánimo. Hasta encontrar nuestro Yo Superior. Es en esto en lo que consiste nuestra doctrina...
>
> (Padrinho Sebastião[214])

---

214 De una entrevista registrada en el Céu do Mapiá durante el "1° Encuentro de

La Ayahuasca es considerada un potente agente de transformación, un acelerador del proceso de purificación kármica, un amplificador de la conciencia. Pero al mismo tiempo no puede sustituir el esfuerzo y el compromiso personal de nadie. Para llegar a la iniciación son necesarios dedicación, sacrificio, austeridad, disciplina, devoción, servicio desinteresado, mérito, equilibrio.

La comprensión interior debe ser acompañada por la aplicación en la vida cotidiana de los resultados del examen de conciencia, las religiones ayahuasqueras permiten comprender la proyección, la exteriorización de la conciencia espiritual objetivada en la materia: el espacio sagrado y al mismo tiempo cotidiano de Comunidad (entendida en sentido estricto de Comunidad Espiritual pero también en sentido amplio de Comunidad social en la que todos vivimos) se convierte en un gran Laboratorio donde se trabaja sobre las relaciones humanas, la convivencia, teniendo como meta la realización material y social cuya perfección y armonía conducen a la realización espiritual. Las religiones ayahuasqueras son, por tanto, una escuela de síntesis. Promueven y unen una profunda actividad de autoconocimiento y elaboración interior con una actividad de transformación en la vida cotidiana y progreso social. La contemplación y la actividad se encuentran unidas indisolublemente.

El estudio de la tradición indígena y *mestizo* del uso ritual de la ayahuasca saca a la luz un patrimonio cultural de enorme valor. En primer lugar, desde el punto de vista de la profunda, precisa y sofisticada sabiduría etnomédica de la cual la botánica y la farmacología occidentales han tenido y continúan teniendo notables inspiraciones para la comprensión fitoquímica y la aplicación farmacológica de los principios activos contenidos en numerosas plantas de la selva amazónica. En segundo lugar, desde el punto de vista de la comprensión espiritual de la realidad que facilita (no sin compromiso y esfuerzos personales) una evidente eficacia en la adaptación comportamental de la vida cotidiana. La integración unitaria de cuerpo, mente y espíritu representa uno de los elementos estructurales de la visión holística del uso ritual de la ayahuasca. Esta es una de las fundamentales lecciones que el mundo occidental puede aprender de tal tradición ancestral perfeccionada en

las Iglesias de la ICEFLU" realizado en mayo de 1989.

los siglos, después de haber sido ofuscado durante largo tiempo por el racionalismo materialista dominante en la actual sociedad industrial orientado a ridiculizar con prepotencia todo lo que sale de su ámbito restringido. La real ingenuidad está en la arrogancia paternalista y en la presunción pedante más que en el impulso místico-religioso integrado con la eficiencia de la vida cotidiana. Es necesario un enfoque abierto y de conciencia socrática (cuanto más se sabe más se sabe que no se sabe) para comprender que la diversidad cultural es fuente de riqueza y evolución, sin caer en la obtusidad del etnocentrismo y de la presunta superioridad cultural, sino con la humildad, firme en la conciencia del reconocimiento de los valores universales, de una actitud mental idónea para aprender de la confrontación cultural.

No hay que olvidar que la presunta superioridad cultural y religiosa ha proporcionado el pretexto a la sed de dinero y de poder material para cometer oprobios vergonzosos precisamente contra las poblaciones indígenas y para colmo en su propia casa. El *Homo homini lupus* ¿es una situación inmanente o una fase en la evolución de la conciencia del hombre? Quizás conviene reformular la pregunta en otros términos: las manifestaciones institucionales de la conciencia colectiva de las sociedades humanas ¿pueden superar la trampa cultural que ha permitido, justificándola, la opresión violenta y cruel de las poblaciones extranjeras y la supresión de sus expresiones tradicionales? La memoria del pasado no puede ni debe caer en el olvido, y el rescate de las acciones pasadas de la sociedad occidental, para poder ser obtenido, debe surgir de una sincera revaluación cultural (un examen de conciencia institucional) de las pasiones psicológicas que han movido y justificado la ofensa, y nunca podrá ser alcanzado sin un auténtico abandono de la discriminación cultural y sin una valorización del patrimonio sapiencial de las tradiciones "otras". La discriminación y la persecución de tradiciones ancestrales como la del uso ritual de enteógenos (común también en la historia de la sociedad occidental) representa un síntoma de que aún no se ha dominado la etnocéntrica pulsión psicológica de oprimir, por ignorancia y miedo a lo diferente, manifestaciones culturales de elevado contenido educativo y espiritual. La misma pulsión que ha justificado siglos de ofensa sanguinaria y explotación del hombre sobre el hombre. La *transformación* de tal pulsión en ese sublime fruto de la Sabiduría que es el *respeto* representa la llave de oro para superar los errores del pasado y conquistar un nuevo nivel de madurez colectiva en la escala de la evolución social. El rescate del valor del "otro" se vuelve necesario para rescatarse a sí mismos y el propio valor.

La cuestión es si la cultura occidental en su forma democrática más "evolucionada" es suficientemente madura, independientemente de que se autodeclare serlo, para comprender con espíritu crítico su propio pasado y hacerse portadora de reales y auténticos valores cristianos hacia las otras culturas, en particular la humildad y la valorización de su patrimonio tradicional en los aspectos que consolidan y refuerzan los valores universales. En síntesis, la cuestión es si la sociedad occidental es capaz de comprender y asimilar el concepto de *eclecticismo evolutivo*, sin cometer el conocido error de etnocentrismo "dogmático" y sin querer obstinadamente interpretar "lo otro" a partir de su propia forma de pensamiento. Después de más de quinientos años de persecución y exterminio de las poblaciones indígenas y en particular de los chamanes que representaban el símbolo de su sabiduría, es necesario mostrar aquella madurez cultural de la que se presume y se declara ser portadores. El principio de eclecticismo evolutivo se convierte en un factor crucial para la conciencia y la salvaguardia de la diversidad cultural y humana del planeta, cuestión de primaria importancia para la preservación misma de la especie humana sobre la Tierra.

La Doctrina de la Selva representa el rescate de la profunda espiritualidad nativa a través de la consagración *en* Cristo de la Ayahuasca, el sacramento indígena por excelencia. La *poética de espiritualidad de la naturaleza* del Santo Daime coincide con la de la tradición espiritual franciscana, tanto en contenidos como en forma expresiva, indicando en la reconciliación con la Naturaleza y en la conformación constante a las enseñanzas de Cristo la Vía para la evolución del hombre. Como San Francisco fue el gran profeta de la Reconciliación armoniosa del hombre con la Creación, del rescate, después de siglos de oscura demonización en reacción a la idolatría naturalista pagana, del origen Divino de la Naturaleza cuyos elementos son «*significatione*» del Altísimo, así la Ayahuasca asume hoy el papel simbólico de reconciliación auténtica con la Naturaleza y de rescate de la ancestral espiritualidad indígena después de siglos de negación y de opresión, cuya mentalidad dominante en el origen ha llevado, en la era industrial, a explotar sin escrúpulos el mundo natural del mismo modo que entonces explotó y exterminó sin piedad a enteras poblaciones nativas. Frente a la degradación de los ecosistemas terrestres, es deseable el crecimiento de aquella parte de la población mundial que sienta imprescindible la sensibilidad hacia las temáticas ambientales y en general hacia el Amor por la Naturaleza; en este contexto, las religiones ayahuasqueras representan un componente, dotado de intrínseca completitud, de la nueva conciencia religiosa, la cual se funda en una visión holística que involucra al hombre y al mundo entero, y en la que el "amor por la naturaleza" no representa un lema decoroso de conveniencia sino el despertar físico y espiritual, además de mental, de la conciencia de la profunda unidad consustancial con «*sora nostra madre Terra*», fuente de salud, bienestar y Vida. La misma conciencia inspiró a San Francisco al sentirse *hermano* de cada elemento de la Creación, tanto que la nueva conciencia religiosa puede ser comparada a un despertar del más auténtico naturalismo espiritual franciscano.

Como se ha visto, además de los contenidos de interés filosófico religioso, la tradición ritual de la ayahuasca representa la expresión de un sofisticado conocimiento botánico y etnomédico cuyo valor ha sido reconocido como único y sorprendente por autoridades mundiales en el campo científico. La clasificación indígena de las diversas categorías de *Banisteriopsis caapi* resulta ser mucho más precisa y cuidadosa que la de la botánica occidental; el conocimiento etnomédico tradicional del uso de numerosas plantas con específicas propiedades terapéuticas como aditivos de la ayahuasca ha producido en la tradición indígena *mestizo* una rica y elaborada farmacopea cuya eficacia ha sido considerada particularmente relevante por la comunidad médico-científica. El interés creciente por la mezcla mágico-médica de la cultura amazónica ha apasionado en las últimas décadas a numerosos estudiosos de diversos campos del saber científico y las actuales conclusiones a las que han llegado muestran que el uso controlado de la ayahuasca, tanto ritual como terapéutico, no solo no comporta riesgos apreciables para la salud en sus efectos agudos y a largo plazo, sino que posee también notables propiedades terapéuticas dignas de ser profundizadas por la ciencia, como por ejemplo la excelente calidad desintoxicante, que ha encontrado eficaz aplicación en la cura del alcoholismo y de otras toxicomanías. Los estudios realizados y los resultados clínicos obtenidos llevan a la percepción de que todavía hay mucho por descubrir y profundizar sobre la farmacología humana de la ayahuasca tanto desde el punto de vista fisiológico como desde el psicológico.

Queda todavía un gran misterio para la ciencia entender cómo el saber indígena, sin ningún conocimiento químico y farmacológico, ha podido alcanzar un resultado tan sofisticado de ingeniería vegetal como es el de la acción farmacológica binaria de los componentes de la ayahuasca.

Surge clara la comprensión de que el análisis del uso de plantas psicoactivas, como en el caso del uso ritual de la ayahuasca preparada con las especies *Banisteriopsis caapi* y *Psychotria viridis*, exige, siempre, un enfoque multidisciplinar, siendo un fenómeno que involucra antropología, etnobotánica, química, farmacología, medicina, psicología, sociología, historia de las religiones y derecho. Valoraciones jurídico-institucionales resultarían extremadamente áridas e incompletas si estuvieran basadas en un mero encuadramiento de nomenclatura farmacológica, el cual haría suficiente identificar los componentes químicos individuales (aislados) de una sustancia y constatar su poder psicoactivo para decretar su prohibición. Tal criterio, además de estar ampliamente en contradicción con la licitud de sustancias como alcohol y tabaco, resultaría ser un esquema preconcebido carente de contacto con la realidad concreta, fuente de injusticia y de ulterior violencia cultural; sin contar la exclusión de los aspectos beneficiosos a nivel socio-psicológico derivados del uso ritual de la ayahuasca y la grave ofensa, de carácter inconstitucional, contra la salvaguardia de los derechos fundamentales del hombre como el de libertad de religión.

El uso de la ayahuasca concierne a una práctica secular en toda la cuenca de la Selva Amazónica que estructura la vida de sus habitantes. Las nuevas religiones eclécticas proporcionan ejemplos de realidades comunitarias, tanto en Brasil como en el resto del mundo, con varias décadas de vida a sus espaldas integrada con el consumo regular del sacramento de la selva. Estas realidades espirituales resultan ser modelos, particularmente austeros, de adhesión a los valores éticos reconocidos como base de la sociedad occidental cristiana, con un énfasis en la integración de la vida espiritual con la realización material a perseguir a través del trabajo, la familia y la comunidad social. Para una correcta valoración del fenómeno relativo al uso ritual de la ayahuasca, y para evitar caer en el error de lo que se puede denominar fatalismo químico o determinismo farmacológico, es necesario, por tanto, un análisis multidisciplinar que tome en consideración por lo menos el trinomio sustancia, individuo y contexto de ingestión, siendo las variables psico-sociales, además de las farmacológicas, fundamentales para determinar la naturaleza de la experiencia con el consumo de psicoactivos.

En los Estados Unidos, la *American Drugs Enforcement Administration* (DEA) que solía promover en los mass-media mundiales una campaña histérica de "guerra total contra las drogas", ha tenido que garantizar ayer la libertad del uso ritual del Peyote para la iglesia nativa americana y hoy la de la Ayahuasca para las religiones ayahuasqueras.

Una comprensión madura y más evolucionada en materia de psicoactivos en general no puede aceptar la visión mecanicista de la cuestión, la óptica del determinismo farmacológico. Exactamente por este motivo hoy es de indiscutible aceptación la perspectiva holística multidisciplinar del tema.

La lógica restringida e intolerante, proponiendo garantizar la seguridad a través del control organizativo de la sociedad, exige que el hombre para el cual todo esto ha sido inventado se sacrifique al servicio de estos medios. Es el mismo discurso evangélico, ya citado en el capítulo anterior, de la *ortodoxia farisaica* la cual propone un idealismo despersonalizado sin tomar en consideración las situaciones existenciales.

El reconocimiento, sin idealizaciones o fanatismos, del valor de tradiciones y patrimonios culturales que han alcanzado elevados grados de evolución por vías cognoscitivas diferentes del racionalismo occidental representa una conquista evolutiva de fundamental importancia. Significa aceptar finalmente un aspecto perteneciente a la naturaleza del hombre mismo, del cual una parte del mundo occidental se ha alejado durante tanto tiempo. Esta aceptación tiene valencia colectiva e individual. Como comunidad social humana y como hombre individual significa reconciliarse con una parte indeleble y fundamental del ser humano. Revalorizar las tradiciones nativas significa reconciliarse con la raíz misma de la sociedad humana, corresponde al retorno a una antigua conciencia originaria consciente de sus propios aspectos ultra-racionales comunes a cada hombre, después de la larga opresión y represión por parte del racionalismo materialista y mecanicista, el cual ha olvidado que «la base del pensamiento está radicada en potencias irracionales, cuando no absolutamente inconscientes (afectividad, estética, estados de ánimo, pulsiones de diversa naturaleza, intuición, etc.)» (Fericgla, 1997, p. 121).

La revalorización de las doctrinas nativas, y por tanto también del uso ritual de la ayahuasca, es el ejemplo de un acto evolutivo de adaptación finalizado al necesario retorno a la completitud originaria, simbolizada en la visión holística de la cosmología chamánica, de la cual el hombre se ha alejado perdiéndose en el olvido de la soberbia dictada por la posesividad de la mente racionalista, dispuesta a sacrificar la conexión del hombre con el mundo real y concreto del que es miembro desde que existe, el Cosmos (y la Naturaleza como su manifestación en la Tierra), a favor de la ilusión de un mundo sintético y virtual construido por la presunción de un polvillo de materia.

Esto no es y no quiere ser una crítica a las *luces* de la razón, al contrario, quiere ser un elogio de la razón iluminante a través de la denuncia de su degradación sometida al pretencioso etnocentrismo cultural y cognitivo. La esterilidad del racionalismo posesivo que pretende ser la única o en todo caso la mejor forma de conocimiento e interpretación de la realidad, se manifiesta en el malestar general difundido en la sociedad occidental, síntoma del profundo vacío dejado en el ánimo humano por la falta de un sentido en la propia existencia. El despertar de la nueva conciencia religiosa en general, y la expansión del uso ritual de la ayahuasca en particular representan un ejemplo de superación del tabú que durante largo tiempo ha reprimido la búsqueda de la auténtica experiencia espiritual vivida en primera persona, el éxtasis místico es el mismo tanto para el chamán de la selva como para San Francisco, y es para cualquiera que quiera tener un contacto directo con el lado espiritual de la realidad. Lejos de ser un momento de evasión o de fuga, como podrían definirla algunos que nunca la han probado, resulta ser una potente fuente de autodisciplina y regreso al orden, en el que cada uno encuentra su propia ubicación integrante en el universo, y se redescubre como ser sagrado.

BIBLIOGRAFÍA

Nota: todas las citas en el texto que derivan de referencias bibliográficas en su lengua original son traducciones realizadas directamente por el Autor de este libro a partir de los textos en lengua original.

AGURELL, S. (1968), *Alkaloid content of Banisteriposis rusbyana.* American Journal of Pharmacy 140(5), pp. 148-151.

ANDRADE E.N., BRITO G.S., ANDRADE E.O., NEVES E.S., McKENNA D., CAVALCANTE J.W., OKIMURA L., GROB C., CALLAWAY J.C., *et al.*

(2002), "*Farmacologia humana da hoasca: estrudos clínicos (avaliação clínica comparativa entre usuários do chá hoasca por longo prazo e controles; avaliação fisiológica dos efeitos agudos pós-ingestão do chá hoasca)*" [1996], *in*: LABATE B., SENA ARAÚJO W. (diretto da), *O uso ritual da ayahuasca*, pp. 621-630.

ANDRADE, Afrânio Patrocínio de. (1995), *O fenomeno do chá e a religiosidade cabocla. Um estrudo centrado na União do Vegetal.* Tesi di Master in Scienze della Religione dell'Istituto Metodista de Ensino Superior, São Bernardo do Campo, Brasile.

ANDRADE, Afrânio Patrocínio de. (2002), "Contribuições e limites da União do Vegetal para a nova consciência religiosa" *in*: LABATE B., SENA ARAÚJO W. (diretto da), *O uso ritual da ayahuasca*, pp. 543-567.

ANDRITZKY, Walter (1989), *Sociopsychotherapeutic Functions of Ayahuasca Healing in Amazzonia.* Journal of Psychoactive Drugs, vol. 21(1), gennaio-marzo 1989, pp. 77-89.

AIRAKSINEN M.M., SVENSK H., TUOMISTO L. KOMULAINEN H. (1987) *Tetrahydro-β-carbolines and corresponding tryptamines: in vivo inhibition of serotonin and dopamine uptake by human blood platelets*. Acta Pharmacol Toxicol n. 46, pp. 308-313.

AQUINO T.T.V. e IGLESIAS M.P.M (1994), *Kaxinawá do rio Jordão. Historia, territorio, economia e desenvolvimento sustentado*. Rio Branco, CPI.

ARENSON A, CAMPBELL CI, REMLER I. (2023), *Psychoactive plant derivatives (ayahuasca, ibogaine, kratom) and their application in opioid withdrawal and use disorder - a narrative review*. J Addict Dis. 2023; 18: 1-11. doi: 10.1080/10550887.2023.2195777.

AVERNI, A. (1999), *Proibizionismo e antiproibizionismo*, Roma.

AVERNI, A. (2003a), "Storiografia del proibizionismo dell'alcol, del tabacco e del caffè" in: NIZZOLI U. e PISSACROIA M. (diretto da), *Trattato completo degli abusi e delle dipendenze*, Volume I, Piccin Nuova Libraria, Padova, pp. 131-145.

AVERNI, A. (2003b), "Storiografia del proibizionismo della *cannabis*" in: NIZZOLI U. e PISSACROIA M. (diretto da), *Trattato completo degli abusi e delle dipendenze*, Volume I, Piccin Nuova Libraria, Padova, pp. 59-70.

AVERNI, A. (2003c), "Storiografia del proibizionismo dell'oppio" in: NIZZOLI U. e PISSACROIA M. (diretto da), *Trattato completo degli abusi e delle dipendenze*, Volume I, Piccin Nuova Libraria, Padova, pp. 43-50.

AVERNI, A. (2003d), "Storiografia del proibizionismo della coca e della cocaina" in: NIZZOLI U. e PISSACROIA M. (diretto da), *Trattato completo degli abusi e delle dipendenze*, Volume I, Piccin Nuova Libraria, Padova, pp. 51-58.

BARBANOJ M., RIBA J. (2000), Informativa scientifica realizzata per il riconoscimento dell'uso dell'ayahuasca in Spagna.

BARKER S.A., MONTI J.A., CHRISTIAN S.T. (1980), *Metabolism of the halluginogen N,N-dimethyltryptamine in rat brain homogenates*. Biochem Pharmacol n. 29, pp. 1049-1057.

BARKER S.A., MONTI J.A., CHRISTIAN S.T. (1981), *N,N-Dimethyltryptamine: an Endogenous Hallucinogen*. International Review of Neurobiology, n. 22 (1981), pp. 83-110.

BECKER, H. (1980), "The Social Bases of Drug-induced Experiences" in: LETTIERI J.J., MAYERS M., PEARSON H.W. (diretto da), *Theories on Drug Abuse NIDA Research Monograph 30*, NIDA, Rockville, 1980, pp. 180-190.

BIANCHI, A. (1995), *Gli allievi delle piante maestro. Estasi sciamanica e piante psicotrope nella selva peruviana*, I Fogli di ORISS, vol. 3, pp. 81-96.

BIANCHI, A. (2001), Informativa depositata per il riconoscimento giuridico dell'uso rituale dell'ayahuasca in Francia (disponibile sul sito www.santodaime.it).

BIANCHI, A. (2004), *Relazione Tossicologica relativa alla bevanda Ayahuasca*, presentata per il riconoscimento giuridico dell'uso dell'ayahuasca in Italia.

BIANCHI A. e SAMORINI G. (1993), *Plants in Association with Ayahuasca*, Jahrbuch für Ethnomedizine, 2: 21-42.

BERDONCES, José Luís. (1999), *Gran Enciclopedia de plantas medicinales*, edizioni Tikal, Barcellona.

BRISTOL, M. L. (1966), *The psychotropic Banisteriopsis among Sibundoy of Colombia*. Botanical Museum Leaflets. Harvard University, vol. 21, n. 05, pp. 113-140.

BRISSAC, S. (2002), "José Gabriel da Costa: trajetoria de um brasileiro, mestre e autor da União do Vegetal" *in*: LABATE B., SENA ARAÚJO W. (diretto da), *O uso ritual da ayahuasca*, pp. 525-541.

CALLAWAY, J. C. (1993), *Tryptamines, β-carbolines and you*. MAPS, 4(2):30-32.

CALLAWAY, J. C. (1994), *Another warning about harmala alkaloids and other MAO inhibitors*. MAPS Newsletter, n. 4 (4), p. 58, 1994.

CALLAWAY, J. C. (1995°), *Ayahuasca, a volte*. Eleusis n. 1, Maggio 1995, p. 4-10.

CALLAWAY, J. C. (1995b), *Ayahuasca: una correzione*. Eleusis n. 2, Settembre 1995, p. 26-27.

CALLAWAY, J. C. (1999), "Phytochemistry and Neuropharmacology of Ayahuasca". *In*: METZNER, R. (a cura di) *Ayahuasca. Hallucinogens, consciousness and the spirit of nature*, pp.250-275. Thunder's Mouth Press, New York.

CALLAWAY, J. C. (2001), Lettera depositata per il riconoscimento giuridico dell'uso rituale dell'ayahuasca in Francia.

CALLAWAY J.C., AIRAKSINEN M.M., MCKENNA D.J., BRITO G.C., GROB C.S. (1994) *Platelet serotonin uptake sites increased in drinkers of ayahuasca.* Psychopharmacology n. 116, pp. 385-387.

CALLAWAY J.C., AIRAKSINEN M.M., GYNTHER J. (1995), *Endogenous β-carbolines and other indole alkaloids in mammals*, Integration, vol. 5.

CALLAWAY J.C., RAYMON L.P., HEARN W.L., MCKENNA D.J., GROB C.S., BRITO G.C. (1996), *Quantitation of N,N-dimethyltryptamines and Harmala Alkaloids in Human Plasma after Oral Dosing with Ayahuasca.* Journal of Analitical Toxicology n. 20, pp. 492-497.

CALLAWAY J.C., MCKENNA D.J., GROB C.S., BRITO G.S., RAYMON L.P., POLAND R.E., ANDRADE E.N., ANDRADE E.O., MASH D.C. (1999), *Pharmakinetics of Hoasca alkaloids in healthy humans* [1998]. Journal Of Ethnopharmacology, n. 65, pp. 243-256.

CAVATRUNCI C., FALDINI L., COLLOBI RAGGHIANTI L., RICCIU F., SARTOR M. (1989), *Splendori delle Civiltà Precolombiane.* Istituto Geografico De Agostani, Novara, 1989.

CHAUMEIL, J.-P. (1983), "Voir, savoir, pouvoir. Le chamanisme chez les Yagua du nordest peruvien", *in*: HAMES R. B., VICKERS W.T. (a cura di). *Adoptive Responses of Native Amazonians.* New York: Acandemic Press.

CHRISTIAN S.T. *et al.* (1977), *The in vitro Identification of Dimethyltryptamine (DMT) in Mammalian Brain and its Characterization as a Possible Endogenous Neuroregulatory Agent.* Biochemical Medicine, n. 18 (1977), pp. 164-183, cit. in: Meyer, Peter, 1992.

CUNHA, G. C. B. (1986), *O Império do Beija-Flor.* Fondazione Narciso Mendes, Brasile.

DE LA ROCHE COUTO, F. (2002), "Santo Daime: rito da ordem" in: LABATE B., SENA ARAUJO W., (orgs.), O uso ritual da ayahuasca, pp.339-365

DER MARDEROSIAN, A.H. *et al.* (1968), *Native use and occurence of N,N-dimethyltryptamine in the leaves of Banisteriposis rusbyana.* American Journal of Pharmacy 140(5)137-147.

DER MARDEROSIAN, A.H. (1970), *The use and hallucininatory principles of a psychoactive beverage of the Cashinahua tribe (Amazon Basin)*. Drug Dependence 5:7-14.

DE SOUZA BRITO, G. (1996), Farmacologia Humana da Hoasca. Cha preparado de plantas alucinogenas usado em contexto ritual no Brasil.

DOBKIN DE RIOS M. (1970), *Banisteriopsis in Witchcraft and Healing Activities in Iquitos, Peru*. Economic Botany, n. 24.

DOBKIN DE RIOS M. (1972), "Ayahuasca e It's Mechanisms of Healing", taken from: *Visionary vine: hallucinogenic healing in the Peruvian Amazon*, Chandler Publishing, San Francisco.

DOBKIN DE RIOS M. (1996), *Commentary on "Human Pharmacology of Hoasca": A Medical Anthropology Perspective*. The Journal of Nervous and Mental Desease, n. 184 (2), pp. 95-98.

DON N.S., MCDONOUGH B.E., MOURA G., WARREN C.A., KAWANISHI K., TOMITA H., TACHIBANA Y., BÖHLKE, FARNSWORTH N.R. (1998) *Effects of Ayahuasca on the human EEG*. Phytomedicine, vol. 5(2), pp. 87-96.

DORIA, G. (1949), *Storia del Brasile*. Enciclopedia Italiana Treccani, 1949, vol. VII, pp. 751-765.

DOS SANTOS R.G. (2013), *Safety and side effects of ayahuasca in humans-an overview focusing on developmental toxicology*. Journal of psychoactive drugs 2013; 45: 68-78.

ELIADE, M. (1983), *Lo sciamanismo e le tecniche dell'estasi*. Roma, Edizioni Mediterranee, 1983, 547 p.

EMBODEN, W. (1972), *Narcotic Plants*. London: Studio VisW, 1972.

FERICGLA, J. Mª. (1994), *Los jíbaros, cazadores de sueños*, Integral Oasis, Barcellona.

FERICGLA, J. Mª. (1996), *Teorie e applicazioni dell'immaginazione generata dall'ayahuasca*. Eleusis, n. 5, pp. 3-18.

FERICGLA, J. Mª. (1997), *Al trasluz de la ayahuasca*, La Liebre de Marzo, Barcellona.

FERICGLA, J. Mª. (2000), Informativa scritta per il riconoscimento giuridico dell'uso rituale dell'ayahuasca in Spagna.

FLATTERY D.S. e SCHWARTZ M. (1989), *Haoma and Harmaline. The Botanical Identità of the Indo-Iranian Sacred Halluginogen*

"Soma" and its Legacy in Religion, Language, and Middle Eastern Folklore, Berkley e Los Angeles, University of California Press.

FORNI P. M. (1993), (a cura di). *I Fioretti di San Francesco*. Garzanti Libri Spa, Milano, 2003.

FRANCO M.C.P. e CONCEIÇÃO O.S. (2002), "Breve revelações sobre a ayahuasca. O uso do chá entre o seringueiros do Alto Juruá" in: LABATE B., SENA ARAÚJO W., (orgs.), *O uso ritual da ayahuasca*, pp. 199-225.

FRECSKA E., WHITE K.D., LUNA L.E. (2004), *Effects of ayahuasca on binocular rivary with dichoptic stimulus alternatin*, Psychopharmacology, 173,79-87

FREEDLAND C.S. e MANSBACH R.S. (1999), *Behavioral profile of constituents in ayahuasca, an Amazonian psychoactive plant misture* [1998]. Drug and Alcohol Dependance, n. 54 (1999), pp. 183-194.

FRENOPOULO, C. (2004), *The Mechanics of Religious Synthesis in the Barquinha*. REVER, Revista de Estudos da Religião, nº 1, 2004, pp. 19-40.

FRÓES, V. (2000), Studio realizzato dall'Istituto di Studi Culturali e Ambientali (Brasile) per la Fondazione FIOCRUZ sull'uso e conseguenze delle piante psicoattive che compongono l'Ayahuasca, 27 aprile 2000.

GAMBOSO, V. (1983), (a cura di). *Francesco d'Assisi - Scritti*. Edizioni Messaggero Padova.

GATES, B. (1986), *La taxonomia de las malpigiaceas utilizadas en el brebaje de la ayahuasca*. America Indigena, vol. XLVI, pag. 49-72.

GENTIL L.R.B. e GENTIL H.S. (2002) "O uso de psicoativos em um contexto religioso: a União do Vegetal" in: LABATE B., SENA ARAÚJO W., (orgs.), *O uso ritual da ayahuasca*, pp. 513-523.

GOW, P. (1991), *Asleep, drunk, allucinating: altering bodily state through comsuption in Eastern Peru.*

GRIFFITHS, R. R., HURWITZ, E. S., DAVIS, A. K., JOHNSON, M. W., & JESSE, R. (2019), *Survey of subjective "God encounter experiences": Comparisons among naturally occurring experiences and those occasioned by the classic psychedelics psilocybin, LSD, ayahuasca, or DMT*. PLoS ONE, 14(4), e0214377.

GROB C.S., McKENNA D.J., CALLAWAY J.C., BRITO G.S.B., NEVES E.S., OBERLANDER G., SAIDE O.L., LABIGALINI E., TACLA C., MIRANDA C.T., STRASSMAN R.S., BOONE K.B. (1996), *Human Psychopharmacology of Hoasca. A Plant Hallucinogen used in Ritual Context in Brasil.* The Journal of Nervous e Mental Disease, vol. 184, n. 2, pp. 86-94.

GRUND, J.-P. (1993), *Drug Use as a Social Ritual - Functionality, Symbolism and Determinants of Self-Regulation.* Rotterdam, Instituut voor Verslavingsondersock (IVO), Erasmus Universiteit.

HENMAN, A. R. (1986), *Uso de la ayahuasca en un Contexto Autoritario. El Caso de la União do Vegetal en Brasil.* Publicato in: América Indígena, vol. XLVI, nº 1, PP. 219-234, Cidade do México, 1986.

HOCHSTEIN F.A e PARADIES A.M. (1957), *Alkaloids of Banisteria caapi and Prestonia amazonicum.* Journal of the American Chemical Society 79:5735-5736.

HOFMANN A., SCHULTES R.E. (1995), *Plantas de los Dioses,* FCE, México.

KEIFENHEIM, B. (2002), "*Nixi pae* como partecipação sensivel no principio de transformação da criação primordial entro os indios Kaxinawa no Leste do Peru" in: LABATE B., SENA ARAÚJO W., (orgs.), *O uso ritual da ayahuasca*, pp. 95-125.

KUSURKAR R.S., GOSWAMI S.K. e VYAS S.M. (2003), *Efficient one-pot synthesis of anti HIV and antitumor compounds: harman and substituted harmans.* Tetrahedron Letters N° 44 (2003), pp. 4761-4763.

IMBELLONI, J. (1949), *Il Perù Precolombiano.* Enciclopedia Italiana Treccani, vol. XXVI, pp. 888-895 (1949).

ICEERS - INTERNATIONAL CENTER FOR ETHNOBOTANICAL EDUCATION, RESEARCH AND SERVICE (2023), *Ayahuasca global consumption & reported deaths - Executive Summary.*

INCB - INTERNATIONAL NARCOTICS CONTROL BOARD (UNITED NATIONS, New York, 2013), *Report of the International Narcotics Control Board for 2012 (E/INCB/2012/1).*

JACCOUD, S. (1992?), *O Terzeiro Testamento. Um fato para a história...* Página Um Editora Ltda, Brasile.

KRAEHENMANN, R. (2017), *Dreams and Psychedelics: Neurophenomenological Comparison and Therapeutic Implications*. Current Neuropharmacology, 15(7), 1032.

LABATE, B. C. (2002), "A literatura brasileira sobre as religiões ayahuasqueiras" *in*: LABATE B., SENA ARAÚJO W., (orgs.), *O uso ritual da ayahuasca*, pp. 199-225.

LABIGALINI, E. Jr. (1998), *O uso de ayahuasca em um contexto religioso por ex-dependentes de alcool - um estudo qualitativo*. Master of Sciences Thesis, Federal University of São Paulo, pp. 1-67.

LABIGALINI E.J., MIRANDA C. e TACLA C. (1995), *O uso ritualizado de ayahuasca: alternativa terapeutica para alcoolismo*. Seminario Internationale "O Uso e o Abuso de Drogas", CETAD/UFBa, Salvador, p. 107.

LAGROU, E. M. (1991), *Uma etnografia da cultura Kaxinawà, entre a cabra e o Inca*. Tesi del master post-laurea in Antropologia Sociale, UFSC.

LANGDON, E. J. (1979), "Siona Clothing and Adornment, or You Are What You Wear", *in*: CORDWELL C., SCHWARZ R. *The Fabric of Culture: Anthropology of Clothing and Adornment*. La Haya, Mouton Pubblishers, pp. 297-312.

LANGDON, E. J. (1986), *Las clasificaciones del yagé dentro del grupo Siona: etnobotanica, etnoquimica e historia*. America Indigena, vol. XLVI, n. 1, gennaio-marzo.

LANGDON, E. J. (1997), "Shamanism, narratives and the structuring of illness" in: AGUERO, Oscar, (org.), *Horizontes Antropologicos*, vol. 6, Porto Alegre, pp. 45-58.

LANGDON, E. J. (2002), "A tradição narrativa e aprendizagem com yagé (ayahuasca) entre os indios Siona da Colombia" *in*: LABATE B., SENA ARAÚJO W., (orgs.), *O uso ritual da ayahuasca*, pp. 67-91.

LIWSZYC G.E., VOURI E., RASANEN I., ISSAKAINEN J. (1992), *Daime - a ritual herbal potion*. Journal of Ethnopharmacology 36: 91-92.

LUNA, L. E. (1984°), *The Healing Practices of a Peruvian Shaman* [1983]. Journal of Ethnofarmacology, n. 11, pp. 123-133.

LUNA, L. E. (1984b) *The Concept of Plants Teachers among four Mestizo Shamans of Iquitos, Northeastern Perù.* Journal of Ethnofarmacology, n. 11, pp. 135-156.

LUNA, L. E. (1986), *Vegetalismo: Shamanism among the mestizo population of the Peruvian Amazon.* Stockholm, Sweden, Almquist and Wiksell International.

LUNA, L. E. (1995), *Ayahuasca em Cultos Urbanos Brasileiros. Estudo Contrastivo de alguns Aspectos do Centro Espírita e Obra de Caridade Príncipe Espadarte Reino da Paz (a Barquinha) e o Centro Espírita Beneficente União do Vegetal* UDV. Lavoro presentato per il concorso di professore associato in atropologia. Florianópolis: Dipartimento di Scienza Sociali, Universidade Federal de Santa Catarina (Brasile).

LUNA, L. E. (2002) "Xamanismo amazônico, ayahuasca, antropomorfismo e mundo natural" *in*: LABATE B., SENA ARAÚJO W., (orgs.), *O uso ritual da ayahuasca*, pp. 179-198.

LUNA L.E. e AMARINGO P. (1999), *Ayahuasca Visions: The Religious Iconography of a Peruvian Shaman* [1991]. North Atlantic Books, Berkeley, California.

LUZ, P. (2002), "O uso amerindio do caapi" in: LABATE B., SENA ARAÚJO W., (orgs.), *O uso ritual da ayahuasca*, pp. 35-65.

MABIT, J. (2000), Lettera scritta per il riconoscimento giuridico dell'uso rituale dell'ayahuasca in Spagna.

MABIT, J. (2001), *Ritualized Use of Amazonian Psychoactive Plants in the Treatment of Addictions: 7 years of Experience at Takiwasi Center.* Lecture for Addictions "2000+1", Challenges and Opportunities for a new Millennium, ISAM's International Scientific Conference, Tel Aviv, Israel, Sept. 2001. Comments of *power point projection.*

MABIT, J. (2002°), "Produção visionária da ayahuasca no contexto curanderil da Alta Amazônia peruana", *in*: LABATE B., SENA ARAÚJO W., (orgs.), *O uso ritual da ayahuasca*, pp. 145-178.

MABIT, J. (2002b), *Blending Traditions: Using Indigenous Medicinal Knowledge to Treat Drug Addiction.* MAPS, Bulletin of the Multidisciplinary Association for Psychedelic Studies, vol. XII, nª2, pp. 25-32, USA, estate 2002 (tradotto da Kartina Amin).

MABIT J., CAMPOS J., ARCE J.(1993), *Consideraciones acerca del brebaje ayahuasca y perspectivas terapéuticas.* Revista Peruana de Neuropsiquiatría, Lima, Junio 1993, LV (2), 118-131.

MacRAE, E. (1988), *Observações sobre o Documento de Trabalho do CONFEN.*

MacRAE, E. (1992), *Guiado pela Lua. Xamanismo e uso ritual da ayahuasca no Culto do Santo Daime.* São Paulo, Brasiliense, 1992.

MacRAE, E. s/d "*Aspectos Socioculturais do Uso de Drogas e Políticas de Redução de Danos*", pubblicato sul sito www.neip.info (maggio 2005).

MacRAE, E. (2004), "*O Uso Ritual Substâncias Psicoativas na Religião do Santo Daime como um Exemplo de Redução de Danos*". Testo presentato per la Camera di Assessoramento Tecnico-Scientifico del Consiglio Nazionale Antidroga (CONAD) del Governo Brasiliano, Brasilia, 2004. Pubblicato sul sito www.neip.info (maggio 2005).

MAIA L.O., DALDEGAN-BUENO D., WIEßNER I., ARAUJO D.B., TÓFOLI L.F. (2023), *Ayahuasca's therapeutic potential: What we know - and what not.* European Neuropsychopharmacology 66(2023):45-61.

McKENNA D.J., TOWERS G.H.N., ABBOTT F. (1984), *Monoamine oxidase inhibitors in South American hallucinogenic plants: tryptamine and beta-carboline constituents of ayahuasca.* Journal of Ethnopharmacology 10:195-223.

McKENNA D.J., LUNA L.E., TOWERS G.H.N. (1986), *Ingredientes Biodinamicos en las Plantas que se mezclan al Ayahuasca. Una Farmacopea Tradicional no Investigada.* America Indigena, vol. XLVI, n. 1, gennaio-marzo, pp. 73-98.

McKENNA D.J., CALLAWAY J.C. e GROB C.S.(1998), *The Scientific Investigation of Ayahuasca: A Review of Past and Current Research.* The Heffer Review of Psychedelic Research, Vol. 1, 1998, pp. 65-76.

McKENNA, D. J.(1999), "Ayahuasca: an ethnopharmacologic history". *In*: METZNER, R. (ed) *Ayahuasca. Hallucinogens, consciousness and the spirit of nature.* Thunder's Mouth Press, New York.

McKENNA, D. J (2004), *Clinical investigations of the therapeutic potential of ayahuasca: rationale and regulatory challenger.* Pharmacology e Therapeutics, n. 102, pp. 111-129, 2004.

MERCANTE, M. S.(2002), *Ecletismo, caridade e cura na Barquinha da Madrinha Chica.* [*Ecleticism, charity, and healing at the Barquinha of Madrinha Chica*]. Humanitas, 18(2), 47-60.

METZNER, R.(1988), *Molecula Mysticism: The Role of Psychoactive Substances in Shamanic Transformations of Consciousness.* Shaman's Drum, primavera 1988.

METZNER, R.(1999) "Amazonian Vine of Vision", introduzione presa *da:* METZNER R., *Ayahuasca - Human Consciousness and the Spirit of Nature.* Thunder's Mouth Press, New York.

METZNER, R.(1993) *The Split between Spirit and Nature in European Consciousness.* Noetic Sciences Rewiew, primavera 1993.

METZNER, R.(1997) *The Reunification of the Sacred and Natural.* Eleusis n. 8, agosto 1997.

MEYER, D. M.(2003) *The Seringueiro, the Caboclo, and the Forest Queen Origin - Myths of the Santo Daime Church.* Realizzato per il *MA Degree* nella Facoltà del Dipartimento di Antropologia, Università della Virginia, USA, aprile 2003.

MEYER, D. M.(2005) *Religious Freedom and United States Drug Laws: Notes on the UDV-USA Legal Case.* Pubblicato sul sito www.neip.info nel settembre 2005.

MEYER, P. (1992), *Apparent Communication with Discarnate Entities Induced by Dimethyltryptamine (DMT).* Collected by Thomas Lyttle, pubblicato sul sito www.lycaeum.org, maggio 2005.

MONTALVO D.A., ALBIACH J.M.S., CANDIANI L., PANACH J.V.R., HIDALGO B. (2000) *Estudo Etno-botanico sobre la Ayahuasca y DMT*, del 4 maggio 2000.

MONTEIRO DA SILVA, C. (1983), *La Cuestión de la Realidad en la Amazzonia: Un Análisis a Partir del Estudio de la Doctrina del Santo Daime.* Amazonia Peruana n. 6 (11), pp. 87-106.

MOREIRA P. e MACRAE E. (2011), *Eu venho de longe: mestre Irineu e seus companheiros.* Edizioni EDUFBA, Salvador.

NADELMANN E., COHEN P., DRUCKER E., LOCHER U., STIMSON J., WODAK A.(1996), *L'Indirizzo sul Controllo della Droga a favore della Riduzione del Danno: Progressi Internazionali*

[1994]. Quaderno n. 2 - L'Europa delle droghe: riduzione del danno e politiche delle città, Torino, 18 marzo 1996, Rassegna di materiali (pubblicato su www.fuoriluogo.it).

NARANJO, C. (1976), "Aspectos psicológicos de la experiencia del yagé en una situación experimental", *in*: HARNER, Michael. *Alucinogenos y xamanismo*. Madri, Guadarrama, Punto Omega.

NARANJO, P. (1979), *Hallucinogenic Plant Use and Related Indigenous Beliefs System in the Ecuadorian Amazon*. Journal of Ethnopharmacology 1:121-145.

NARANJO, P. (1984), *Ayahuasca: Etnomedicina y Mitologiá*. Quito, Ecuador: Ediciones Libri Mundi.

NARANJO, P. (1986), *La ayahuasca en la Arqueología ecuadoriana*. América Indígena, vol. XLVI, n. 1, gen-mar.

NARANJO, P. (1995), "Archaeology and Psichoactive Plants" in: SCHULTES R.E. e VON REIS S., *Ethnobotany: Evolution of a Discipline*. Dioscorides Press, USA.

NICCOLI, M.(1949), *Gioacchino da Fiore*. Enciclopedia Italiana Treccani (1949), vol. XVII, p. 148-149.

NICHOLS D.E., OBERLENDER R. e McKENNA D.J.(1991), "Stereochemical aspects of hallucinogenesis", cap. 1, pp. 1-39 in: WATSON R.R. (diretto da), *Biochemistry and physiology of substance abuse*, vol. II. Boca Raton, Fl., CRC Press.

NIZZOLI U., PISSACROIA M.(2003), *Trattato completo degli abusi e delle dipendenze*, vol. 1, Piccin.

OTT, J. (1994),. *Ayahuasca Analogues*. Natural product Co. Kennewick, WA.

OTT, J. (1994b), *Pharmacoteon*, Liebre de Marzo, Barcellona.

OTT, J. (1998), *Pharmahuasca, Anahuasca and Vinho da Jurema: Human Pharmacology of Oral DMT Plus Harmine*. Pubblicato nell'Annuale di Etnomedicina (Yearbook for Ethnomedicine) 1997/98.

PERONE U., PERONE A., FERRETTI G., CIANCIO C. (1984), *Storia del Pensiero Filosofico*, vol. 1, SEI.

PETROCCHI, G. (2005), "La Letteratura Religiosa", in: CECCHI E. e SAPEGNO N. (diretto da), *La Letteratura Italiana*, vol. 1: "Le Origini e il Duecento", pp. 509-596.

POISSON, J. (1965), *Note sur le 'Natem', boisson toxique peruvienne et ses alcaloides*. Annales Pharmaceutiques Francaises 23(4):241-244.
POLARI DE ALVERGA, A. (1992), *O Guia da Floresta*. Editora Record, Rio de Janeiro, Brasile, 1992.
POLARI DE ALVERGA, A. (1998), *O Evangelho Segundo Sebastião Mota*. A cura di Alex Polari del Alverga, ICEFLU Editorial, Brasile, 1998.
POVEDA, J. Mª. (2002), *Chamanismo. El arte natural de curar*, Temas de Hoy, Madrid.
RAMIREZ DE JARA M.C., PINZÓN C.E. (1986), *Los Hijos del Bejuco Solar y la Campana Celeste. El Yagé en la Cultura Popular Urbana*. America Indigena, vol. XLVI, n. 1, gennaio-marzo 1986, pp. 163-188.
REE, E. van. (1999), *Drugs as a human right* [1998]. International Journal of Drug Policy n. 10, 1999, pp. 89-98.
REICHEL-DOLMATOFF, G. (1972), "The Cultural Context of an Aboriginal Halluginogen: Banisteriopsis Caapi", *in*: FURST, Peter. *Flesh of the Gods: The Ritual Use of Hallucinogens*. New York, Praeger Publishers, pp. 84-113.
RIBA J., RODRIGUEZ-FORNELIS A., URBANO G., MORTE A., ANTONIJOAN R., MONTERO M., CALLAWAY J., BARBANOJ M. J. (2001a), *Subjective effects and tolerability of the South American psychoactive beverage Ayahuasca in healthy volunteers* [2000]. Psychopharmacology, 2001, n. 154, pp. 85-95.
RIBA J., RODRÍGUEZ-FORNELLS A., STRASSMAN R.J. e BARBANOJ M.J.
(2001b), *Psychometric assessment of the Hallucinogen Rating Scale* [2000]. Drug and Alcohol Dependance, 2001, n. 62, pp. 215-223.
RIBA J., RODRIGUEZ-FORNELLA A., BARBANOJ M.J. (2002a), *Effects of ayahuasca on sensory annd sensimotor gating in humans as measured by P50 suppression and prepulse inhibition of the startle reflex, respectively*. Psychopharmacology, n. 165, pp. 18-28
RIBA J., ANDERER P., MORTE A., URBANO G., JANÉ F., SALETU B. e BARBANOJ M.J. (2002b), *Topographic pharmaco-EEG mapping of the effects of the South American psychoactive beverage ayahuasca in healthy volunteers*. Br J Clin Pharmacol, n. 53, pp. 613-628.

RIVIER L., RIBA J., VALLE M., URBANO G., YRITIA M., MORTE A., BARBANOJ M.J. (2003), *Human Pharmacology of Ayahuasca: Subjective and Cardiovascular Effects, Monoamine Metabolite Excretion, and Pharmacokinetics*. The Journal of Pharmacology and Experimental Therapeutics, vol. 306, n. 1, pp. 73-83.

RODRIGUES LS, ROSSI GN, ROCHA JM, L OSÓRIO F, BOUSO JC, HALLAK JEC, DOS SANTOS RG. (2022), *Effects of ayahuasca and its alkaloids on substance use disorders: an updated (2016-2020) systematic review of preclinical and human studies*. Eur Arch Psychiatry Clin Neurosci. 2022; 272: 541-556. doi: 10.1007/s00406-021-01267-7.

LINGREN J. (1972), *"Ayahuasca", The South American Hallucinogenic Drink: an Ethnobotanical and Chemical Investigation*. Economic Botany n. 26, pp. 101-129.

ROBICSEK, F.(1978), *The Smoking Gals. Tabacco in Maya Art, History and Religion*. Norman: University of Oklahoma Press, 1978.

ROHDEN, H. s/d *O Quinto Evangelho: a mensagem di Cristo segundo Tomé*. IV edizione, São Paulo, Alvorada, s/d, 190 pagine.

SAMORINI, G.(1990), *Sciamanesimo, funghi psicotropi e stati alterati di coscienza: un rapporto da chiarire*, Bollettino Camuno Studi Preistorici, 25/26: 147-150. Disponibile sul sito www.samorini.net.

SAMORINI, G.(1992), *The oldest representations of hallucinogenic mushrooms in the world (Sahara Desert, 9000-7000 BP)*, Integration, 2/3: 69-78. Disponibile sul sito www.samorini.net.

SAMORINI, G.(1995), *Gli allucinogeni nel mito. Racconti sull'origine delle piante psicoattive*, Nautilus, Torino, 172 pp.

SAMORINI, G.(2001), *Funghi allucinogeni. Studi etnomicologici*, Telesterion, Dozza BO, 250 pp.

SANTOS, R. Guimarães dos.(2004), *AYAHUASCA: chá de uso religioso - Estudo microbiológico, observações comportamentais e estudo histomorfológico de cérebro em Murídeos (Rattus norvegicus da linhagem Wistar)*. Tesi di Laurea in Scienze Biologiche, Centro Universitário de Brasília - UniCEUB, Faculdade de Ciências da Saúde - FACS, Brasília, 2004.

SCHULTES, R. E. (1972), "An Overview of Halluginogens in the Western Hemisphere", *in*: FURST, Peter. *Flesh of the Gods: The Ritual Use of Hallucinogens*. New York, Praeger Publishers, pp. 3-54.

SCHULTES, R. E. (1986), *El desarrollo historico de la identificacion de las malpigiaceas empleadas como alucinogenos*. America Indigena, vol. XLVI, num. 1, gennaio-marzo 1986.

SCHULTES, R. E. (2000), Lettera scritta per il riconoscimento giuridico dell'uso rituale dell'ayahuasca in Spagna.

SCHULTES, R.E. *et al.* (1969), *De plantis toxicariis e mundo novo tropicale commentationes III. Phytochemical examination of Spruce's original collection of Banisteriopsis caapi*. Botanical Museum Leaflets Harvard University 22(4):121-132.

SCHULTES R.E., HOFMANN A. (1980), *The Botany and Chemistry of Hallucinagens*, Springfield, III: Charles C. Thomas Publishers.

SCHULTES R.E., HOFMANN A. (1992), *Plants of the Gods: Their sacred, healing and hallucinogenic powers*. Rochester, VT: Healing Art Press.

SCHWARZ M.J., HOUGHTON P.J., ROSE S., JENNER P. e LEES A.D.(2003), *Activities of extract and constituents of Banisteriopsis caapi relevant to parkinsonism*. Pharmacology, Biochemistry and Behavior, n. 75 (2003), pp. 627-633.

SENA ARAÚJO, W. (1999), *Navegando nas Ondas do Daime: História, cosmologia e Ritual da Barquinha*. Campinas: Editora da Unicamp.

SENA ARAÚJO, W. (2002), "A Barquinha: espaço simbólico de uma cosmologia em costrução" in: LABATE B., SENA ARAÚJO W., (orgs.), *O uso ritual da ayahuasca*, pp. 495-509.

SHANON, B.(1993), *The representational and the presentational: an essay of cognition and the study of mind*. Londres, Harvester-Wheatsheaf, 1993.

SHANON, B.(1998), "Cognitive psychology and the study of ayahuasca", *in*: RAETSCH C. e BAKER J. (diretto da), *Yearbook of Ethnomedicine and the Study of Consciousnss*, n. 7, Berlino, VWB Verlag.

SHANON, B.(1998), *Ideas and reflections associated with ayahuasca visions*. MAPS, n. 8, 1998, pp. 18-21.

SHANON, B.(2002), "A ayahuasca e o estudo da mente" *in*: LABATE B. e SENA ARAÚJO W. (diretto da), *O uso ritual da ayahuasca*, pp. 631-659.

SHULGIN, A.T. (1982), "Psychotomimetic drugs: structure-activity relationship", in: INVERSEN L.L. e SNYDER S.D. (a cura di), *Handbook of Psychopharmacology*, vol. 11, New York, Plenum Press.

SILVA SÁ, Domingos Bernardo Gialluisi. (1996), "Ayahuasca, a consciência da expansão", in: *Discursos sediciosos. Crime, Direito e Sociedade*. Rio del Janeiro, Istitudo Carioca de Criminologia, Anno 1, n. 2, 2° sem. 1996, pp. 145-174.

SISKIND, J. (1978), *To hunt in the morning*. Oxford University Press.

STAFFORD, P. (1977), "Ayahuasca, Yagé and Harmaline", chapter seven of the: *Psychedelics Enciclopedia*. Berleley, CA, And / Or Press, 1977.

STRASSMAN, R. (1991), *A report on FDA approved human studies with DMT*, dalla Newsletter della Multidisciplinary Association for Psychedelic Studies (MAPS), Vol. 3, n. 1, Autunno 1991.

TART, C.T. (1972), *Altered States of Consciousness*. New York: Doubleday, 1972.

TOPPING, Donald M. (1998), *Ayahuasca and Cancer: One Man's Experience*. MAPS, vol. VIII, n. 3, pp. 22-26.

TOURNON, J. (1991), *Medicina y visiones, canto de un curandero Shipibo-Conibo, texto y contexto*. Amerindia, 16, pp. 179-209.

TUPPER, Kenneth W. (2002), *Entheogens and Existential Intelligence: The Use of Plant Teachers as Cognitive Tools*. Canadian Journal of Educational 27, 4 (2002), pp. 499-516.

WASSON R.G., RUCK C.A.P., HOFMANN A. (1978), *The Road to Eleusis: Unveiling the Senet of the Mystnies*. New York: Harcourt, Brace Jovanovich, 1978.

WEIL, A. (1983), *From Chocolate to Morphine*. Boston: Houghton Mifflin, 1983.

WEIL, A. (1985), *Talk at Second Esalen ARUPA Conference* (giugno, 1985), riportato in: Metzner (1988).

WEISS, G. (1969), *The cosmology of the Campa Indians of Eastern Peru and Brazil*. Tesi di dottorato, University of Michigan.

WINKELMAN, M. (2000), *Shamanism: The neural ecology of consciousness and healing*. Westport: Bergin e Garvey.

YRITIA M., RIBA J., ORTUÑO J., RAMIREZ A., CASTILLO A., ALFARO Y., DE LA TORRE R. e BARNABOJ M.J. (2002), *Determination of N,n-dimethyltryptamine and β-carboline alkaloids in human plasma following oral administration of Ayahuasca*. Journal of Chromatography, 779, 271-281.

ZIMBERG, N. (1977), *Altered States of Consciousness*. New York: The Free Press Macmillan, 1977.

ZIMBERG, N. (1984), *Drug, Set and Setting: the basis for controlled intoxicant use*. New Haven: Yale University Press, 1984.

ZULUAGA, G. (1994), *El aprendizage de las plantas: en la senda de un conocimiento olvidado*. Santafé de Bogotá, Seguros Bolivar, Excelsior Editores.

ZULUAGA, G. (2002) "A cultura do yagé, um caminho de indios", *in*: LABATE B., SENA ARAÚJO W. (diretto da), *O uso ritual da ayahuasca*, pp. 127-143.

ÍNDICE

Ayahuasca: la liana de los espíritus
de Walter Menozzi,
compuesto con tipos Montserrat en créditos
y portadillas, y DGP en el resto de las tripas,
maquetado bajo el cuidado de Daniel Vera,
y con la aprobación de Raúl Alonso
como editor de mesa de la obra,
se terminó de imprimir
el 18 de abril de 2025,
día del Viernes Santo.

LAUS DEO